Nachversteuerung als Rechtsfolge des Verstoßes gegen das unionsrechtliche Beihilfenverbot

Vorteilserstreckung als Alternative?

FINANZ- UND STEUERRECHT IN DEUTSCHLAND UND EUROPA

Herausgegeben von
Klaus-Dieter Drüen / Hanno Kube /
Rainer Wernsmann

Band 50

Zur Qualitätssicherung und Peer Review der vorliegenden Publikation

Die Qualität der in dieser Reihe erscheinenden Arbeiten wird vor der Publikation durch Herausgeber der Reihe geprüft.

Notes on the quality assurance and peer review of this publication

Prior to publication, the quality of the work published in this series is reviewed by editors of the series.

Michael Szymczak

Nachversteuerung als Rechtsfolge des Verstoßes gegen das unionsrechtliche Beihilfenverbot

Vorteilserstreckung als Alternative?

PETER LANG

Berlin - Bruxelles - Chennai - Lausanne - New York- Oxford

Bibliografische Information der Deutschen Nationalbibliothek
Die Deutsche Nationalbibliothek verzeichnet diese Publikation
in der Deutschen Nationalbibliografie; detaillierte bibliografische
Daten sind im Internet über http://dnb.d-nb.de abrufbar.

Zugl.: Heidelberg, Univ., Diss., 2024

D 16
ISSN 1863-141X
ISBN 978-3-631-91941-5 (Print)
E-ISBN 978-3-631-91951-4 (E-PDF)
E-ISBN 978-3-631-91952-1 (E-PUB)
DOI 10.3726/b21871

Verlegt durch: Peter Lang GmbH, Berlin, Deutschland

info@peterlang.com http: www.peterlang.com

Diese Publikation wurde begutachtet.

Vorwort

Die vorliegende Arbeit wurde von der Juristischen Fakultät der Ruprecht-Karls-Universität Heidelberg im Wintersemester 2023/2024 als Dissertation angenommen und zum Druck freigegeben.

Zuallererst möchte ich mich herzlichst bei meinem Doktorvater, Herrn Prof. Dr. Hanno Kube, LL.M. (Cornell), für die hervorragende Betreuung bedanken. Sein Qualitätsanspruch hat diese Arbeit in besonderem Maße geprägt. Der wissenschaftliche Austausch in unseren Gesprächen war fachlich und persönlich immer eine schöne Bereicherung.

Danken möchte ich ferner Herrn Prof. Dr. Ekkehart Reimer für die Erstellung des Zweitgutachtens und seine fachlichen Anregungen.

Mein persönlicher Dank gebührt auch meinen Eltern, meiner Ehefrau sowie meinen Freunden, die mich während der Promotionszeit begleitet und ermutigt haben, dieses Projekt erfolgreich abzuschließen.

Widmen möchte ich diese Arbeit meinen Eltern, die mich auf meinem gesamten Lebensweg stets von ganzem Herzen unterstützen.

Heidelberg, im April 2024

Inhaltsverzeichnis

A. Problemaufriss

I. Bedeutung des Beihilfenverbots für den Europäischen Binnenmarkt

Die Errichtung eines Binnenmarktes ist eines der wesentlichen Ziele der Europäischen Union.[1] In diesem Zusammenhang hat sich die Union dazu verpflichtet, auf *„eine in hohem Maße wettbewerbsfähige soziale Marktwirtschaft“* hinzuwirken.[2] Im Gegensatz zu der vom Bundesverfassungsgericht für das Grundgesetz angenommenen wirtschaftspolitischen Neutralität[3] bekennt sich das Unionsrecht ausdrücklich zum Grundsatz einer *„offenen Marktwirtschaft mit freiem Wettbewerb“*.[4] Dies erfordert Regelungen, die den Wettbewerb innerhalb des Europäischen Binnenmarktes vor Verfälschungen schützen.[5] Diesem Umstand tragen zum einen solche Regelungen Rechnung, die bestimmte Verhaltensweisen der am Markt teilnehmenden Unternehmen unterbinden (sog. unternehmensbezogene Regelungen). Dazu gehören insbesondere das Kartellverbot (Art. 101 AEUV), das Missbrauchsverbot einer marktbeherrschenden Stellung (Art. 102 AEUV) sowie die Fusionskontrolle.[6] Zum anderen dient das

---

1 Siehe Art. 3 Abs. 3 Uabs. 1 Satz 1 EUV; zum Binnenmarkt als Rechtsbegriff siehe etwa *Hatje*, in: Schwarze, Art. 26 AEUV Rn. 5 ff.

2 Siehe Art. 3 Abs. 3 Uabs. 1 Satz 2 EUV.

3 BVerfG, Urteil vom 20.7.1954, 1 BvR 459/52 u.a., BVerfGE 4, 7, 17 f.; BVerfG, Urteil vom 1.3.1979, 1 BvR 532, 533/77, 419/78 und 1 BvL 21/78, BVerfGE 50, 290, 338.

4 Siehe Art. 119 Abs. 1 AEUV sowie Art. 120 S. 2 AEUV; *Koenig/Schreiber*, Europäisches Wettbewerbsrecht, S. 2.

5 *Koenig/Schreiber*, Europäisches Wettbewerbsrecht, S. 1; Protokoll über den Binnenmarkt und den Wettbewerb, Abl. (EU) 2007, C 306, S. 156: „[…] UNTER BERÜCKSICHTIGUNG der Tatsache, dass der Binnenmarkt, wie er in Artikel 2 des Vertrags über die Europäische Union beschrieben wird, ein System umfasst, das den Wettbewerb vor Verfälschungen schützt […]“. In Art. 3 Abs. 1 lit. g) EG a.F. war noch die ausdrückliche Vorgabe enthalten, *„ein System, das den Wettbewerb innerhalb des Binnenmarkts vor Verfälschungen schützt“*, zu schaffen. Die Streichung hat materiell keine Folgen, da diese Vorgabe nunmehr in den Protokollen zu den Europäischen Verträgen enthalten ist; näher dazu: *Basedow*, EuZW 2008, 225; *Behrens*, EuZW 2008, 193.

6 VO (EG) Nr. 139/2004 vom 20.1.2004 über die Kontrolle von Unternehmenszusammenschlüssen, ABL (EG), L 24/1 (sog. „EG-Fusionskontrollverordnung“); zum Verhältnis der Fusionskontrolle zu Art. 101 und 102 AEUV siehe *Schuhmacher*,

unionsrechtliche Beihilfenrecht (Art. 107 bis 109 AEUV) der Sicherung des Wettbewerbs vor Verfälschungen durch staatliche Interventionen (sog. staatsbezogene Regelungen).[7] Adressaten des Beihilfenrechts sind, im Gegensatz zu den unternehmensbezogenen Wettbewerbsvorschriften, allein die Mitgliedstaaten der Europäischen Union, nicht dagegen die miteinander konkurrierenden Unternehmen.[8]

Art. 107 Abs. 1 AEUV statuiert ein grundsätzliches Verbot staatlicher Beihilfen.[9] Hintergrund ist, dass staatliche Beihilfen den freien Wettbewerb verzerren. Sie verschaffen Einzelnen Vorteile, die nicht auf eigener Leistung beruhen,[10] führen daher zur Chancenungleichheit unter den im Wettbewerb stehenden Unternehmen und befördern zugleich einen schädlichen Staatenwettbewerb in Form eines unkontrollierbaren Subventionswettlaufs zwischen den Mitgliedstaaten.[11] Des Weiteren tangieren sie regelmäßig die Entfaltung der europäischen Grundfreiheiten,[12] die ihrerseits unmittelbar der Verwirklichung des Binnenmarktziels dienen.[13] Das Beihilfenverbot bildet insoweit die „*Kehrseite der Medaille*"

---

in: Grabitz/Hilf/Nettesheim, Art. 101 AEUV Rn. 43 f.; *Schröter/Bartl*, in: von der Groeben/Schwarze/Hatje, Art. 102 AEUV Rn. 43, 44.

7 *Haratsch/Koenig/Pechstein*, Europarecht, Rn. 1164, 1261; *Koenig/Schreiber*, Europäisches Wettbewerbsrecht, S. 217; Bekanntmachung der Kommission vom 23.7.2019 über die Rückforderung rechtswidriger und mit dem Binnenmarkt unvereinbarer staatlicher Beihilfen, Abl. (EU), C 247/1, Rn. 10.

8 *Beljin*, in: Schulze/Zuleeg/Kadelbach, § 28 Rn. 42; *Koenig/Schreiber*, Europäisches Wettbewerbsrecht, S. 3; *Mestmäcker/Schweitzer*, in: Immenga/Mestmäcker, Abschnitt A. Die Beihilfenregeln im System des AEUV Rn. 2; zur Reichweite des Staates als Adressat des unionsrechtlichen Wettbewerbsrechts außerhalb des Beihilfenrechts siehe etwa *Schwarze*, EuZW 2000, 613 f.

9 EuGH, Urteil vom 22.3.1977, *Steinike & Weinlig*, Rs. 78/76, ECLI:EU:C:1977:52, Rn. 6, 8; *Cremer*, in: Calliess/Ruffert, Art. 107 AEUV Rn. 1, 9 m.w.N.; *von Wallenberg/Schütte*, in: Grabitz/Hilf/Nettesheim, Art. 107 AEUV Rn. 15. Vereinzelt ist auch von einem präventiven Verbot mit Erlaubnisvorbehalt die Rede, siehe beispielsweise *Englisch*, in: Schaumburg/Englisch, Rn. 9.58 sowie *Hey*, in: Tipke/Lang, § 19 Rn. 81.

10 *Mestmäcker/Schweitzer*, in: Immenga/Mestmäcker, Abschnitt A. Die Beihilfenregeln im System des AEUV Rn. 4.

11 *Mestmäcker/Schweitzer*, in: Immenga/Mestmäcker, Abschnitt A. Die Beihilfenregeln im System des AEUV Rn. 1; *Frenz*, Beihilfe- und Vergaberecht, Rn. 3.

12 *Frenz*, Beihilfe- und Vergaberecht, Rn. 6 f.; *ders.*, EWS 2020, 76 spricht von einem faktischen Zusammenhang zwischen Beihilfenrecht und Grundfreiheiten; zum Verhältnis von Beihilfenrecht und Grundfreiheiten siehe unten Abschnitt C. IV. 2.

13 *Frenz*, Europäische Grundfreiheiten, Rn. 269; *ders.*, EWS 2020, 76.

bzw. den „*Spiegel*" zu den europäischen Grundfreiheiten, mit denen die Errichtung von Hindernissen für grenzüberschreitende Tätigkeiten verhindert werden soll.[14] Ein einheitlicher Wirtschaftsraum kann nur funktionieren, wenn dort Wettbewerbsneutralität der finanziellen staatlichen Rahmenbedingungen gewährleistet ist (sog. „*level playing field*").[15] Das Beihilfenverbot ist deshalb von elementarer Bedeutung für den Europäischen Binnenmarkt.[16]

II. Bedeutung des nationalen Steuerrechts für die Mitgliedstaaten der Europäischen Union

Die Mitgliedstaaten der Europäischen Union begreifen ihre Fiskalhoheit als Kernbestand nationaler Souveränität.[17] Es darf somit nicht verwundern, dass sich das Steuerrecht nach der unionsrechtlichen Kompetenzverteilung weitestgehend im ausschließlichen Zuständigkeitsbereich der Mitgliedstaaten befindet. Diese Rechtsmaterie ist außerdem gem. Art. 114 Abs. 2 AEUV explizit aus dem Anwendungsbereich der Ermächtigung zur Rechtsangleichung nach Art. 114 Abs. 1 AEUV ausgenommen, sodass Harmonisierungen im direkten Steuerrecht nur vereinzelt erfolgten.[18] Lediglich in Bezug auf die indirekten Steuern beinhaltet Art. 113 AEUV einen Harmonisierungsauftrag. Infolgedessen ist der größte Teil des materiellen Umsatzsteuerrechts mittlerweile unionsrechtlich determiniert.[19] Im Übrigen ist eine Steuerrechtsvereinheitlichung kein eigenständiges Unionsziel.[20] Die Europäische Union ist keine

---

14 Schlussanträge des GA *Wathelet* vom 28.7.2016 zu *Kommission/World Duty Free Group*, verb. Rs. C-20/15 P und C-21/15 P, ECLI:EU:C:2016:624, Rn. 137.

15 *Soltész*, EuZW 2016, 846, 849; *Frenz*, Beihilfe- und Vergaberecht, Rn. 3.

16 *Kühling*, in: Streinz, Art. 107 AEUV Rn. 1; *Cremer*, in: Calliess/Ruffert, Art. 107 AEUV Rn. 5; *Frenz*, Beihilfe- und Vergaberecht, Rn. 3; *Reimer*, HFSt 6 (2017), 241, 242 spricht sogar von „*Kronjuwelen des Binnenmarkts*".

17 *Grube*, Der Einfluss des unionsrechtlichen Beihilfenverbots auf das deutsche Steuerrecht, S. 25; *Kube*, in: Schön/Heber, Grundfragen des Europäischen Steuerrechts, S. 41 f.

18 Nennenswert sind in diesem Zusammenhang etwa die sog. Mutter-Tochter-Richtlinie (90/435/EWG, erweitert durch 2003/123/EG), die Fusionsrichtlinie (90/434/EWG), das Schiedsabkommen (90/436/EWG), die Zins- und Lizenzgebührenrichtlinie (2003/49/EWG), die Richtlinie über Verfahren zur Beilegung von Besteuerungsstreitigkeiten in der Europäischen Union (2017/1852/EU) sowie die Richtlinien gegen Steuervermeidungspraktiken sog. ATAD I (2016/1164/EU) und ATAD II (2017/952/EU).

19 Dazu *Englisch*, in: Tipke/Lang, § 17 Rn. 6.

20 *Khan*, in: Geiger/Khan/Kotzur/Kirchmair, Art. 110 AEUV Rn. 1.

„Steuerrechtsunion“.[21]

Das Steuerrecht ist ein Rechtsgebiet, welches maßgeblich der Erfüllung staatlicher Aufgaben dient.[22] Der Vorstellung der Finanzverfassung des Grundgesetzes entspricht es, dass die Finanzierung der staatlichen Aufgaben in Bund und Ländern einschließlich der Gemeinden primär aus dem Ertrag der in Art. 105 ff. GG geregelten Einnahmenquellen erfolgt (sog. Prinzip des Steuerstaates).[23] Da der Staat weitgehend auf die Deckung seines Finanzbedarfs durch staatseigene Unternehmen verzichtet und den Markt im Wesentlichen der privaten Hand überlässt, ist dieser auf die Erhebung von Steuern angewiesen.[24]

Neben dem Fiskalzweck ist das Steuerrecht eines der wichtigsten Instrumente zur politischen Gestaltung.[25] Mithilfe von Steuererleichterungen und den damit einhergehenden Anreizen kann der Staat in besonderem Maße in den Wirtschaftsablauf lenkend eingreifen.[26] Die Wahl eines Staates als Standort für die Niederlassung von Unternehmen hängt neben einer qualifizierten Arbeitnehmerschaft, der Infrastruktur, der Kundennähe und der Rechtssicherheit insbesondere auch von günstigen steuerrechtlichen Rahmenbedingungen ab.[27] In ihrer wirtschaftlichen Wirkung kann mit steuerlichen Vergünstigungen dasselbe Ziel erreicht werden wie mittels Direktsubventionen. So vermag der Staat das Ziel der finanziellen Förderung bestimmter Wirtschaftsteilnehmer oder Produkte entweder in der Weise zu erreichen, dass aus dem Staatshaushalt offene Finanzhilfen gewährt werden, oder der Staat auf die Erhebung von Steuern partiell verzichtet.[28] Das Bundesverfassungsgericht hat die grundsätzliche Zulässigkeit von Subventionierungen im Wege der Steuergesetzgebung bestätigt.[29] § 3

---

21 *Gröpl*, in: Dauses/Ludwigs, Handbuch des EU-Wirtschaftsrechts, J. Steuerrecht Rn. 17; *Haase*, § 6 Rn. 795 m.w.N.; *Kokott*, Das Steuerrecht der Europäischen Union, § 5 Rn. 6.

22 *P. Kirchhof*, in: Isensee/Kirchhof, HStR, Band IV, § 88 Rn. 45 f.; *Kube*, in: Becker/Schön, Steuer- und Sozialstaat im europäischen Systemwettbewerb, S. 99 m.w.N.

23 BVerfG, Beschluss vom 8.6.1988, 2 BvL 9/85 und 3/86, BVerfGE 78, 249, 266 f.; *Seiler*, in: Dürig/Herzog/Scholz, Art. 105 GG Rn. 41 f.

24 Näher zur Rechtfertigung der Einkommensteuer *P. Kirchhof*, in: Kirchhof/Seer, Einleitung Rn. 1 ff.

25 *Khan*, in: Geiger/Khan/Kotzur/Kirchmair, Art. 110 AEUV Rn. 1.

26 So auch etwa *Kühn*, ISR 2018, 360; *Kingreen*, in: BK, Stand: Februar 2020, Art. 3 GG Rn. 730.

27 Vgl. *Valta*, in: Schaumburg, Internationales Steuerrecht, Rn. 5.1.

28 *Schön*, in: FS Spindler, 2011, S. 189.

29 BVerfG, Beschluss vom 2.10.1973, 1 BvR 345/73, BVerfGE 36, 66, 70 f. m.w.N. zur Rechtsprechung; BVerfG, Urteil vom 20.4.2004, 1 BvR 1748/99, 905/00, BVerfGE 110, 274, 292 f., Rn. 59 (juris); kritisch gegenüber der Vielzahl an Steuersubventionen zu

Abs. 1 Hs. 2 AO hält auf einfach-gesetzlicher Ebene ausdrücklich fest, dass die Erzielung von Einnahmen im Steuerrecht Nebenzweck sein kann.

III. Bindung an die unionsrechtlichen Maßstäbe auch im Steuerrecht

Die Mitgliedstaaten der Europäischen Union müssen ihre Befugnisse auch im steuerlichen Bereich, ungeachtet der ihnen zustehenden Fiskalhoheit, stets unter Wahrung des Unionsrechts ausüben.[30] Dem nationalen Gestaltungsraum werden im Steuerrecht primärrechtlich vor allem durch die Grundfreiheiten Grenzen gesetzt.[31] Zunehmenden Einfluss auf die nationalen Steuerrechtssysteme gewinnt darüber hinaus das Verbot staatlicher Beihilfen. Die Judikatur des Europäischen Gerichtshofs wirkt nicht nur mittels der Grundfreiheiten, sondern auch des Beihilfenrechts in großem Umfang auf die steuerlichen Rechtsordnungen der einzelnen Mitgliedstaaten ein.[32] Im Beihilfenrecht kommt zudem der Europäischen Kommission eine herausragende Stellung zu, die über besondere Befugnisse im Zusammenhang mit der Beihilfenkontrolle verfügt,[33] die sie über die Jahre zunehmend ausübt.[34] Es ist sogar die Rede von der neuen „*Wunderwaffe*" für die Kontrolle der nationalen Steuergesetze.[35]

Lenkungszwecken *P. Kirchhof*, DStR 2001, 913; *ders.*, in: Isensee/Kirchhof, HStR V, § 118 Rn. 46 ff.; ebenfalls Kritik übend *Hey*, in: Tipke/Lang, § 19 Rn. 6; a.A. hingegen *Weber-Grellet*, NJW 2001, 3657, 3664.

30 Ständige Rechtsprechung: Siehe nur EuGH, Urteil vom 14.2.1995, *Finanzamt Köln-Altstadt/Schumacker*, Rs. C-279/93, ECLI:EU:C:1995:31, Rn. 21; EuGH, Urteil vom 4.10.1991, *Kommission/Vereinigtes Königreich*, Rs. C-246/89, ECLI: EU:C:1991:375, Rn. 12; EuGH, Urteil vom 20.10.2011, *Kommission/Deutschland*, Rs. C-284/09, ECLI:EU:C:2011:670, Rn. 44.

31 Zum Einfluss der Grundfreiheiten auf das deutsche Steuerrecht ausführlich *Schlücke*, Die Umsetzung von EuGH-Entscheidungen in das deutsche Steuerrecht, 2014.

32 *Kube*, in: Schön/Heber, Grundfragen des Europäischen Steuerrechts, S. 42 m.w.N.

33 Näher zur Beihilfenkontrolle siehe unten Abschnitt D. I.

34 *Beljin*, in: Schulze/Zuleeg/Kadelbach, § 28 Rn. 41; *Koenig/Kühling/Ritter*, EG-Beihilfenrecht, Rn. 12; *Englisch*, in: Schaumburg/Englisch, Rn. 9.3 spricht in diesem Zusammenhang davon, dass sich die Beihilfenkontrolle durch die Kommission als machtvolles Instrument der industriepolitischen Steuerung der Mitgliedstaaten erweise. Zum Überblick über die zunehmende Kommissionspraxis im Bereich des Steuerrechts siehe *Englisch*, a.a.O., Rn. 9.5 f.

35 So ausdrücklich *Hummel*, GmbHR 2019, 390.

Der Beihilfenbegriff in Art. 107 Abs. 1 AEUV ist weit zu verstehen („*Beihilfen gleich welcher Art*"), sodass dieser nicht nur Subventionen in Form direkter finanzieller Zuschüsse beinhaltet, sondern auch solche staatlichen Maßnahmen, die in verschiedensten Formen Belastungen vermindern, die der Begünstigte „*normalerweise*" zu tragen hätte.[36] Vom Anwendungsbereich des Beihilfenverbots sind somit auch steuerliche Vergünstigungen (sog. Verschonungssubventionen[37]) erfasst. Einen Vorbehalt vom Beihilfenverbot zugunsten des Steuerrechts gibt es nicht.[38] Das Beihilfenverbot differenziert weder nach den Gründen noch nach den Zielen einer Maßnahme; entscheidend sind allein die Wirkungen.[39]

Der Gestaltungsspielraum des nationalen Steuergesetzgebers und das Effektivitätsprinzip zur Verwirklichung des Binnenmarktes stehen in einem Spannungsverhältnis zueinander.[40] Obwohl die unionsrechtliche Beihilfenkontrolle in die Haushalts- und Ausgabenpolitik der Mitgliedstaaten eingreift, ist diese als solche jedoch nicht ihr Kontrollgegenstand.[41] Das Beihilfenverbot ist auch kein Harmonisierungsinstrument. Es ist weder dazu geeignet noch dazu bestimmt, eine Vereinheitlichung im Bereich der direkten Unternehmensbesteuerung herbeizuführen.[42] Spürbare Einschnitte in den gesetzgeberischen

---

36 Grundlegend noch zu Art. 4 lit. c) des EGKS-Vertrages: EuGH, Urteil vom 23.2.1961, *De gezamenlijke Steenkolenmijnen in Limburg/Hohe Behörde*, Rs. C-30/59, ECLI:EU:C:1961:2, S. 42 f. Seither ständige Rechtsprechung: EuGH, Urteil vom 15.3.1994, *Banco Exterior de España/Ayuntamiento de Valencia*, Rs. C-387/92, ECLI:EU:C:1994:100, Rn. 13; EuGH, Urteil vom 1.12.1998, *Ecotrade/Altiforni e Ferriere di Servola*, Rs. C-200/97, ECLI:EU:C:1998:579, Rn. 34; EuGH, Urteil vom 8.11.2001, *Adria-Wien Pipeline und Wietersdorfer & Peggauer Zementwerke*, Rs. C-143/99, ECLI:EU:C:2001:598, Rn. 38; EuGH, Urteil vom 18.5.2017, *Fondul Proprietatea*, Rs. C-150/16, ECLI:EU:C:2017:388, Rn. 15.

37 So werden steuerliche Beihilfen regelmäßig bezeichnet, siehe etwa BFH, Urteil vom 12.10.2000, III R 35/95, BFHE 193, 204, 211, Rn. 23 (juris); *Englisch*, in: Schaumburg/Englisch, Rn. 9.4; *Bungenberg/Motzkus*, GewArch Beilage WiVerw 2013, 76, 96.

38 *Berg/Szymczak*, UR 2018, 853, 854; EuGH, Urteil vom 2.7.1974, *Italien/Kommission*, Rs. C-173/73, ECLI:EU:C:1974:71, Rn. 26/28.

39 EuGH, Urteil vom 15.7.2004, *Spanien/Kommission*, Rs. C-501/00, ECLI:EU:C:2004:438, Rn. 125; EuGH, Urteil vom 12.12.2002, *Belgien/Kommission*, Rs. C-5/01, ECLI:EU:C:2002:754, Rn. 45 m.w.N.

40 *Stewen*, EuR 2008, 445, 446; *Schön*, in: König/Roth/Schön, ZHR 2001, S. 106, 110 f.; *Jaeger*, EuZW 2012, 92, 99; *Klemt*, DStR 2013, 1057, 1064; *Seiler*, in: FS Isensee, 2007, S. 875 ff.; *Balbinot*, FR 2018, 729, 730 m.w.N.

41 *Mestmäcker/Schweitzer*, in: Immenga/Mestmäcker, Abschnitt A. Die Beihilfenregeln im System des AEUV Rn. 2.

42 *Blumenberg*, IFSt-Schrift Nr. 516 (2017), S. 21; *Pelke*, BB 2020, I.

Gestaltungsspielraum mögen rechtspolitisch beklagenswert sein, sie sind jedoch Konsequenz einer supranationalen Rechtsordnung, der sich die Mitgliedstaaten unterworfen haben.[43] Die primärrechtlichen Rechtsmaßstäbe, zu denen auch das Beihilfenverbot gehört, beanspruchen nach Maßgabe des Anwendungsvorrangs des Unionsrechts auch in mitgliedstaatlich vorbehaltenen Kompetenzbereichen wie dem Steuerrecht Beachtung.[44] Dies gilt sowohl für die Ebene der Rechtsetzung als auch die der Rechtsanwendung. Im Steuerrecht bedeutet das konkret, dass der Steuergesetzgeber sowie die Finanzbehörden und Finanzgerichte an die unionsrechtlichen Vorgaben des Beihilfenverbots gebunden sind.[45] Die Pflicht, das Beihilfenverbot zu beachten, folgt bei genauer dogmatischer Betrachtungsweise zwar nicht unmittelbar aus Art. 107 Abs. 1 AEUV. Denn anders als zum Beispiel die Grundfreiheiten[46] ist das Beihilfenverbot für sich allein innerstaatlich kein unmittelbar anwendbares Recht.[47] Aufgrund der Existenz von Ausnahmevorschriften in den Absätzen 2 und 3 des Art. 107 AEUV gilt das Beihilfenverbot nicht vorbehaltlos und damit weder absolut noch unbedingt.[48] Die mitgliedstaatliche Pflicht, die Grenzen des Beihilfenverbots stets zu beachten, resultiert aber aus Art. 108 Abs. 3 Satz 3 AEUV.[49] Danach darf der einzelne Mitgliedstaat eine beabsichtigte Einführung oder Umgestaltung von Beihilfen erst durchführen, wenn die Europäische Kommission über dessen Beihilfenrechtskonformität entschieden hat (sog. Durchführungsverbot).[50] Der in

43 *Wienbracke*, IWB 2016, 784, 785.

44 *Kube*, in: Schön/Heber, Grundfragen des Europäischen Steuerrechts, S. 42; *ders.*, in: Becker/Schön, Steuer- und Sozialstaat im europäischen Systemwettbewerb, S. 99, 107; *Cordewener*, Ubg. 2012, 607.

45 *Brandau/Neckenich/Reich/Reimer*, BB 2017, 1175, 1179.

46 *Streinz*, Europarecht, Rn. 873 m.w.N. zur Rechtsprechung bezüglich sämtlicher Grundfreiheiten.

47 EuGH, Urteil vom 22.3 1977, *Ianelli/Meroni*, Rs. C-74/76, ECLI:EU:C:1977:51, Rn. 11/12; BFH, Urteil vom 31.7.2013, I R 82/12, BFHE 243, 180, 189, Rn. 32 (juris) m.w.N.; *Cremer*, in: Calliess/Ruffert, Art. 107 AEUV Rn. 9; *Eisenhut*, in: Geiger/Khan/Kotzur/Kirchmair, Art. 107 AEUV Rn. 7; *Kreuschitz/Wernicke*, in: Lenz/Borchardt, Art. 107 AEUV Rn. 1.

48 EuGH, Urteil vom 11.6.1992, *Sanders Adour u.a.*, verb. Rs. C-149/91 und C-150/91, ECLI:EU:C:1992:261, Rn. 25; EuGH, Urteil vom 22.3.1977, *Ianelli/Meroni*, Rs. C-74/76, ECLI:EU:C:1977:51, Rn. 11/12; EuGH, Urteil vom 8.11.2001, *Adria-Wien Pipeline und Wietersdorfer & Peggauer Zementwerke*, Rs. C-143/99, ECLI:EU:C:2001:598, Rn. 30; *Kreuschitz/Wernicke*, in: Lenz/Borchardt, Art. 107 AEUV Rn. 2.

49 *Englisch*, DStR 2018, 2501, 2507.

50 Ausführlich zum Durchführungsverbot siehe unten Abschnitt D. I. 2. d).

Art. 108 Abs. 3 Satz 3 AEUV erwähnte Begriff „*Beihilfe*“ stimmt inhaltlich mit demjenigen des Art. 107 Abs. 1 AEUV überein.[51] Das Durchführungsverbot ist innerstaatlich unmittelbar anwendbar[52] und verleiht darüber hinaus den Konkurrenten der Beihilfenempfänger ein subjektives Recht auf dessen Einhaltung.[53]

IV. Rückforderung als Rechtsfolge des Verstoßes gegen das unionsrechtliche Durchführungsverbot

Verstößt ein Mitgliedstaat gegen das Durchführungsverbot, dann ist dieser grundsätzlich verpflichtet, die gewährte Beihilfe nebst Zinsen vom Begünstigungsempfänger zurückzufordern.[54] Die Aufhebung einer Beihilfe im Wege der Rückforderung sei nach Auffassung des Europäischen Gerichtshofs die „*logische Folge*“ der Feststellung ihrer Rechtswidrigkeit, um die frühere Wettbewerbssituation wiederherzustellen.[55] Selbst wenn die Beihilfenrückforderung die Insolvenz des Begünstigungsempfängers nach sich zieht, sei diese durchzuführen.[56] Erfolgsaussichten der Begünstigungsempfänger, sich unter Berufung auf Vertrauensschutz und Rechtssicherheit einer Rückforderungspflicht zu entziehen, sind vor dem Hintergrund der strengen Maßstäbe des EuGH – auch im Steuerrecht – faktisch nicht vorhanden.[57] Im Steuerrecht folgt danach aus dem Verstoß gegen

---

51 *Sinnaeve*, in: Heidenhain, § 33 Rn. 2; *dies.*, EuZW 1998, 268, 269; EuGH, Urteil vom 15.7.2004, *Pearle u.a.*, Rs. C-345/02, ECLI:EU:C:2004:448, Rn. 31 f.

52 *Dobratz*, in: Musil/Weber-Grellet, Art. 108 AEUV Rn. 59; *Kreuschitz/Wernicke*, in: Lenz/Borchardt, Art. 107 AEUV Rn. 1; *Eisenhut*, in: Geiger/Khan/Kotzur/Kirchmair, Art. 107 AEUV Rn. 7; *Cordewener/Henze*, FR 2016, 756, 758; EuGH, Urteil vom 21.10.2003, *van Calster u.a.*, verb. Rs. C-261/01 und 262/01, ECLI:EU:C:2003:571, Rn. 53; EuGH, Urteil vom 5.10.2006, *Transalpine Ölleitung in Österreich*, Rs. C-368/04, ECLI:EU:C:2006:644, Rn. 41; BVerwG, Urteil vom 16.12.2010, 3 C 44/09, BVerwGE 138, 322, 324, Rn. 13 (juris).

53 EuGH, Urteil vom 21.10.2003, *van Calster u.a.*, verb. Rs. C-261/01 und 262/01, ECLI:EU:C:2003:571, Rn. 53; BVerwG, Urteil vom 16.12.2010, 3 C 44/09, BVerwGE 138, 322, 324, Rn. 13.; *Ehlers*, DVBl. 2014, 1, 5; *Rennert*, EuZW 2011, 576; *Ehlers/Scholz*, JZ 2011, 585.

54 Näher dazu unten Abschnitt D. II. 1.

55 EuGH, Urteil vom 17.6.1999, *Belgien/Kommission*, Rs. C-75/97, ECLI:EU:C:1999:311, Rn. 64; EuGH, Urteil vom 19.3.2015, *OTP Bank*, Rs. C-672/13, ECLI:EU:C:2015:185, Rn. 70.

56 *Koenig/Kühling/Ritter*, EG-Beihilfenrecht, Rn. 470 f.; zur Rückforderung in der Insolvenz siehe ausführlich *Quardt*, EWS 2003, 312 ff.

57 Siehe unten Abschnitt D. II. 5.

das Durchführungsverbot die mitgliedstaatliche Pflicht, die unionsrechtswidrig begünstigten Steuerpflichtigen nachträglich für den Begünstigungszeitraum zu belasten, ungeachtet jeglicher Bestandskraft etwaiger Steuerverwaltungsakte.[58]

Die beihilfenrechtliche Rechtsfolge ist speziell im Steuerrecht problematisch. Das materielle Steuerrecht ist typischerweise von Belastungsdifferenzierungen geprägt.[59] Die Vielfalt an Unternehmensbegünstigungen im Steuerrecht ist groß.[60] Die gesetzlichen Steuervorschriften werden von den Wirtschaftsteilnehmern im Rahmen ihrer unternehmerischen Aktivitäten regelmäßig berücksichtigt. Betriebliche Entscheidungen, wie etwa die Wahl der Rechtsform (Personengesellschaft oder Kapitalgesellschaft), über Investitionen, die Standortwahl, die Art der Finanzierung (Eigen- oder Kreditfinanzierung oder Leasing) etc., spielen bei der Steuerplanung eines Unternehmens eine bedeutende Rolle.[61] Die Qualifizierung einer Steuervergünstigung als staatliche Beihilfe im Sinne des Art. 107 Abs. 1 AEUV kann nicht stets unzweifelhaft und damit rechtssicher vorherbestimmt werden.[62] Der Tatbestand des Beihilfenverbots ist sehr weitreichend und insbesondere die Bestimmung der Selektivität einer steuerlichen Vergünstigung – d.h. ob die steuerliche Regelung nur *„bestimmte Unternehmen oder Produktionszweige“*[63] begünstigt – ist schwierig.[64] Die Begünstigungsempfänger können selbst bei professioneller Beratung den Beihilfecharakter einer Steuernorm nicht immer erkennen, sodass sie sich deshalb oftmals auch gar nicht bewusst sind, eine unionsrechtswidrige Beihilfe zu erhalten.[65] Sofern der Steuerpflichtige an der Beihilfenrechtskonformität einer gesetzlichen Steuervergünstigung Zweifel hat, dann kann er im Fall der Verwirklichung des Steuertatbestands den Erhalt der Beihilfe nicht vermeiden oder diese ablehnen.[66] Die nach Art. 108

58 *Frotscher*, Internationales Steuerrecht, § 2 Rn. 141; *Berg/Szymczak*, UR 2018, 853, 862; *Brandau/Neckenich/Reich/Reimer*, BB 2017, 1175, 1186 f.; näher dazu unten in Abschnitt D. II. 4. e).

59 *Berg/Szymczak*, UR 2018, 853, 857; *Jaeger*, EuZW 2012, 92.

60 Zur Vielfalt möglicher Begünstigungsformen im Steuerrecht siehe unten Abschnitt C. II. 1. b) bb).

61 Vorwort zu *Scheffler*, Besteuerung von Unternehmen III, Steuerplanung.

62 *Rosenberg*, Das beihilfenrechtliche Durchführungsverbot im Steuerverfahren, S. 25 m.w.N.; *Mellinghoff*, IFSt 6 (2017), 221, 226.

63 Siehe Wortlaut des Art. 107 Abs. 1 AEUV.

64 Zur Bestimmung der Selektivität bei Beihilferegelungen siehe unten ausführlich Abschnitt C. II. 3. b).

65 *Jennert*, EWS 2011, 305 m.w.N.

66 *Berg/Szymczak*, UR 2018, 853, 864.

Abs. 3 Satz 1 AEUV erforderliche Anmeldung kann der Begünstigungsempfänger nicht vornehmen, um entweder Rechtssicherheit zu erlangen, dass es sich bei der in Anspruch genommenen Steuervergünstigung um keine Beihilfe handelt, oder um die Begünstigung mittels Genehmigung durch die Europäische Kommission nachträglich zu legalisieren.[67] Dem Steuerpflichtigen bleibt im Fall von beihilfenrechtlichen Zweifeln an einer Steuervergünstigung allein die Möglichkeit, den begünstigenden Steuertatbestand bewusst nicht zu verwirklichen, um das Risiko einer etwaigen Nachbesteuerung zu vermeiden.[68] Dies wiederum zwingt die Unternehmen zu steuerineffizienten Gestaltungen. Das Unionsrecht hat bisher noch keine überzeugenden Antworten auf diese Unzulänglichkeiten des unionsrechtlichen Beihilfenrechts gefunden.[69]

Darüber hinaus ist kritisch zu hinterfragen, ob dem Rechtsfolgenregime des Beihilfenrechts eine angemessene Risikoverteilung bei der Folgenverantwortung zugrunde liegt. Adressaten des Beihilfenrechts sind die Mitgliedstaaten der Europäischen Union, nicht dagegen die Begünstigungsempfänger.[70] Die negativen Konsequenzen des Verstoßes gegen die unionsrechtlichen Vorgaben treffen wiederum nicht die für die Einhaltung verantwortlichen Mitgliedstaaten, sondern vielmehr die der Rückforderung unterliegenden Beihilfenempfänger. Nicht selten führt die Rückforderung von Beihilfen zum Entzug der wirtschaftlichen Existenzgrundlage der betroffenen Unternehmen.[71] Die Mitgliedstaaten tragen dagegen kein finanzielles Risiko bzw. es droht keine Sanktion, wenn sie unionsrechtswidrige Beihilfen gewähren.[72] Im Gegenteil: Zum einen sind sie bei der Rückforderung nicht nur verpflichtet, den nominellen Beihilfenvorteil abzuschöpfen, sondern darüber hinaus noch Zinsen hieraus.[73] Der temporäre Abfluss der staatlichen Finanzmittel wird also vollständig kompensiert. Zum anderen werden die Mitgliedstaaten auch noch für den von ihnen begangenen

---

67 Näher zur Anmeldepflicht unten in Abschnitt D. I. 2 b); zur ausschließlichen Zuständigkeit der Europäischen Kommission eine Beihilfe als mit dem Binnenmarkt vereinbar zu erklären siehe unten Abschnitt C. IV. 1.; zur Rechtsfolge der nachträglichen Genehmigung einer Beihilfe durch die Europäische Kommission siehe unten Abschnitt D. II. 3.

68 *Berg/Szymczak*, UR 2018, 853, 864.

69 *Berg/Szymczak*, UR 2018, 853, 864.

70 Siehe unten Abschnitt D. I. 2. d) cc).

71 Darauf verweisend *Köster*, in: MüKo, Art. 16 VO 2015/1589 Rn. 5 m.w.N.

72 *Bartosch*, RIW 2007, 401, 410; *Brandau/Neckenich/Reich/Reimer*, BB 2017, 1175, 1187; *Martini*, StuW 2017, 101, 107; *G. Kirchhof*, HFSt 6 (2017), 235, 236; *Mellinghoff*, HFSt 6 (2017), 221, 226.

73 Näher dazu Abschnitt D. II. 1.

Rechtsverstoß „belohnt". Denn sie können mithilfe der Gewährung von (Steuer-)Beihilfen zunächst bestimmte wirtschaftspolitische Ziele verfolgen (Förderung von Konsum, die Schaffung von Arbeitsplätzen etc.) und anschließend den Rückforderungsbetrag anderweitig investieren.[74] Verstöße gegen die beihilfenrechtlichen Vorschriften können sich für den vertragsbrüchigen Mitgliedstaat folglich sogar doppelt lohnen.[75]

Die Mitgliedstaaten werden durch die Entkoppelung von Fehlverhalten und wirtschaftlichen Folgen dazu verleitet, rechtswidrige Lenkungsnormen zu erlassen, da sie nachträglich durch die Rückforderung von der Beihilfengewährung profitieren.[76] Die Beihilfenrückforderung als Rechtsfolge des Verstoßes gegen das Durchführungsverbot ist unter Anreizgesichtspunkten ein *„offensichtlicher Webfehler"* des Beihilfenrechts.[77]

74 Darauf hinweisend *Soltész/Kühlmann*, EWS 2001, 513, 516; ebenso *Brandau/Neckenich/Reich/Reimer*, BB 2017, 1175, 1187.

75 So *Brandau/Neckenich/Reich/Reimer*, BB 2017, 1175, 1187.

76 *Reich*, HFSt 8 (2018), 219, 241; *Martini*, StuW 2017, 101, 107 spricht in diesem Zusammenhang von einem sog. *„moral hazard"* auf Seiten der Mitgliedstaaten.

77 So *Brandau/Neckenich/Reich/Reimer*, BB 2017, 1175, 1187.

B. Zielsetzung und Gang der Untersuchung

Die Rückforderung unionsrechtswidrig gewährter Beihilfen als Rechtsfolge des Verstoßes gegen das Durchführungsverbot unter weitestgehendem Ausschluss jeglicher Vertrauensgesichtspunkte wird *de lege lata* als unabdingbar gehalten, da das Beihilfenrecht ansonsten seine Funktion, nämlich die Gewährleistung von Wettbewerbsgleichheit, nicht erfüllen könne und damit letztlich entwertet werden würde.[78] Angesichts der großen Bedeutung des Beihilfenrechts für den Europäischen Binnenmarkt wird dem wohl zuzustimmen sein, wenn man die Rückforderung unionsrechtswidriger Beihilfen als die einzige mögliche Rechtsfolge des Beihilfenverstoßes anerkennt. Es drängt sich daher die Frage auf, ob ein Beihilfenverstoß (auch) anderweitig beseitigt werden könnte.

Ziel dieser Arbeit ist es, einen Beitrag zur dogmatischen Begründung zu leisten, dass es vor allem im Steuerrecht unter bestimmten Umständen möglich und sogar zwingend sein müsste, einem Verstoß gegen das unionsrechtliche Beihilfenrecht in der Weise abzuhelfen, dass – statt die rechtswidrig gewährte Steuerbeihilfe von den Empfängern zurückzufordern – die Begünstigung auf die benachteiligten Wettbewerber der Begünstigungsempfänger rückwirkend ausgeweitet wird. Diese Abhilfemaßnahme könnte eine dem Unionsrecht *de lege lata* zu entnehmende mögliche und gegebenenfalls sogar vorzugswürdige Rechtsfolge des Beihilfenverstoßes sein. Damit könnte zum einen die mit dem Beihilfenverstoß einhergehende Wettbewerbsverzerrung mit Wirkung für die Vergangenheit beseitigt werden. Zum anderen könnte dies gewährleisten, den vertragsbrüchigen Mitgliedstaat für sein unionsrechtswidriges Fehlverhalten in sachgerechter Weise zur Verantwortung zu ziehen und somit Anreize zu schaffen, dass die unionsrechtlichen Vorgaben des Beihilfenrechts von Seiten der Mitgliedstaaten stets Beachtung finden. Würden sich die Mitgliedstaaten nicht veranlasst sehen, die beihilfenrechtlichen Vorgaben effektiv zu befolgen, wenn die Rechtsfolge des Verstoßes gegen das Unionsrecht mit spürbaren budgetären Folgen für den Staatshaushalt verbunden wäre? Darüber hinaus könnten auf Seiten der Begünstigungsempfänger die steuerrechtlichen Besonderheiten,

78 *Brandau/Neckenich/Reich/Reimer*, BB 2017, 1175, 1187; *Krumm*, DStJG 41 (2018), 561, 592; *Kokott*, DStJG 41 (2018), 535, 555 f.; vgl. EuGH, Urteil vom 14.1.1997, *Spanien/Kommission*, Rs. C-169/95, ECLI:EU:C:1997:10, Rn. 48.

wie insbesondere die schwierige Vorhersehbarkeit der Inanspruchnahme einer Steuerbeihilfe, in höherem Maße im Rahmen des Vertrauensschutzes Beachtung finden, da der Ausschluss der Beihilfenrückforderung nicht zwingend bedeuten würde, dass die Wettbewerbsgleichheit nicht anderweitig wiederhergestellt werden könnte.

Ausgehend von der Definition des Begriffs der staatlichen Beihilfe beginnt die Arbeit mit einer systematischen Analyse der einzelnen Tatbestandsmerkmale des Art. 107 Abs. 1 AEUV im Lichte des Steuerrechts (Abschnitt C.). Besonderes Augenmerk liegt bei dieser Untersuchung auf den komplexen Tatbestandsmerkmalen *Begünstigung* und *Selektivität*. Es wird aufgezeigt, dass der Anwendungsbereich des Beihilfenverbots im Steuerrecht weitreichend ist, die rechtssichere Qualifikation einer Steuervergünstigung mit vielen Schwierigkeiten verbunden ist und steuerliche Unternehmensbegünstigungen dem latenten Verdacht der Beihilfenrechtswidrigkeit ausgesetzt sind. Darüber hinaus erfolgt der dogmatische Nachweis, dass dem Beihilfenverbot eine gleichheitsrechtliche Dimension zugrunde liegt.

Vor diesem Hintergrund werden sodann die Rechtsfolgen der Qualifikation einer steuerlichen Maßnahme als Beihilfe untersucht. Zunächst werden die verschiedenen Beihilfenkontrollverfahren thematisiert (Abschnitt D. I.). Zu unterscheiden ist zwischen der Kontrolle sog. bestehender Beihilfen auf der einen Seite und der Überprüfung sog. neuer Beihilfen auf der anderen Seite. Im Schwerpunkt werden die inhaltlichen Vorgaben der sog. Notifizierungspflicht und des sog. Durchführungsverbots nach Art. 108 Abs. 3 AEUV im Zusammenhang mit der Überprüfung *neuer* Beihilfen dargestellt. Es wird herausgearbeitet, dass auf Ebene aller drei Staatsgewalten effektive Möglichkeiten bestehen, die Gewährung unionsrechtswidriger Steuerbeihilfen präventiv zu unterbinden, um etwaige Rückabwicklungssituationen zu vermeiden. Gleichwohl wird aufgezeigt, dass die Einhaltung der mitgliedstaatlichen Pflichten eine besondere Herausforderung darstellt, da sich die Problematik der schwierigen Bestimmung einer steuerrechtlichen Beihilfe im beihilfenrechtlichen Verfahrensrecht, namentlich im Zusammenhang der Bestimmung der Reichweite der Notifizierungspflicht sowie des Durchführungsverbots, widerspiegelt.

Sodann wird die Rückforderung als Rechtsfolge des Verstoßes gegen das Durchführungsverbot im Steuerrecht näher untersucht (Abschnitt D. II.). Dabei werden die Besonderheiten bei der Rückabwicklung von Steuerbeihilfen nach nationalem Recht, vor allem dem Steuerverfahrensrecht, in den Blick genommen. Des Weiteren setzt sich die Arbeit in diesem Abschnitt vertieft mit den unionsrechtlichen Anforderungen an einen möglichen Einwand des Vertrauensschutzes von Seiten der nachzubesteuernden Begünstigungsempfänger auseinander und unterzieht diese einer kritischen Würdigung unter Berücksichtigung steuerrechtlicher Besonderheiten. Es wird ersichtlich, dass die inhaltlichen Maßstäbe der Unionsgerichte betreffend den Einwand des Vertrauensschutzes nicht nur, aber vor allem im Steuerrecht, rechtsdogmatisch nicht zu überzeugen vermögen. Außerdem wird bestätigt, dass dem Rechtsfolgenregime des Beihilfenrechts eine falsche Risikoverteilung bei der Folgenverantwortung zugrunde liegt.

Anschließend folgt die Begründung, dass unter bestimmten Voraussetzungen die Vorteilserstreckung die Alternative zur Nachbesteuerung als Rechtsfolge des Verstoßes gegen das unionsrechtliche Durchführungsverbot ist und es sogar im Einzelfall die einzige dem Unionsrecht herzuleitende Rechtsfolge ist (Abschnitt D. III.). Ausgehend von dem Sinn und Zweck der Beihilfenrückforderung wird dargelegt, dass das Unionsrecht alternativen Abhilfemaßnahmen nicht *per se* entgegensteht. Die nähere Untersuchung wird belegen, dass dem Gesetzgeber – im Gegensatz zu Exekutive und Judikative – insbesondere vor dem Hintergrund der gleichheitsrechtlichen Dimension des Beihilfenverbots, grundsätzlich die Möglichkeit offen steht, einem Unionsrechtsverstoß mittels Verallgemeinerung einer unionsrechtswidrigen Begünstigungsregelung entgegenzuwirken.

C. Das Beihilfenverbot nach Art. 107 Abs. 1 AEUV aus steuerrechtlicher Perspektive

Nach Art. 107 Abs. 1 AEUV sind, soweit in den Verträgen nicht etwas anderes bestimmt ist, staatliche oder aus staatlichen Mitteln gewährte Beihilfen gleich welcher Art, die durch die Begünstigung bestimmter Unternehmen oder Produktionszweige den Wettbewerb verfälschen oder zu verfälschen drohen, mit dem Binnenmarkt unvereinbar, soweit sie den Handel zwischen den Mitgliedstaaten beeinträchtigen.

Der Begriff „*Beihilfe*" ist ein uneingeschränkt justitiabler Rechtsbegriff,[79] welcher durch die einzelnen Tatbestandsmerkmale des Art. 107 Abs. 1 AEUV näher definiert wird.[80]

Die Qualifizierung einer Steuerbegünstigung als grundsätzlich[81] verbotene Beihilfe setzt voraus, dass alle Tatbestandsmerkmale kumulativ erfüllt sind.[82]

I. Staatlich und aus staatlichen Mitteln gewährte Beihilfe

Wie sich aus der Überschrift im zweiten Abschnitt des ersten Kapitels der Wettbewerbsregeln im AEUV ergibt, bezieht sich das Beihilfenverbot allein auf „*staatliche Beihilfen*". Der genaue Wortlaut des Art. 107 Abs. 1 AEUV setzt eine „*staatliche oder* [eine] *aus staatlichen Mitteln gewährte Beihilfe*" voraus. Diese Formulierung ist misslungen. Denn die Unterscheidung zwischen „*staatlich*"

---

79 *Englisch*, in: Schaumburg/Englisch, Rn. 9.7.

80 EuGH, Urteil vom 22.12.2008, *British Aggregates/Kommission*, Rs. C-487/06 P, ECLI:EU:C:2008:757, Rn. 111; Bekanntmachung der Kommission vom 19.7.2016 zum Begriff der staatlichen Beihilfe im Sinne des Artikels 107 Absatz 1 des Vertrags über die Arbeitsweise der Europäischen Union, ABl. (EU), C (2016) 262/1, Rn. 3 und 5.

81 Zu den Ausnahmen siehe Art. 107 Abs. 2 und Abs. 3 AEUV.

82 EuGH, Urteil vom 27.6.2017, *Congregación de Escuelas Pías Provincia Betania*, Rs. C-74/16, ECLI:EU:C:2017:496, Rn. 38 f.; EuGH, Urteil vom 16.7.2015, *BVVG*, Rs. C-39/14, ECLI:EU:C:2015:470, Rn. 23; EuGH, Urteil vom 5.3.2015, *Banco Privado Português und Massa Insolvente do Banco Privado Português*, Rs. C-667/13, ECLI:EU:C:2015:151, Rn. 45; EuGH, Urteil vom 9.10.2014, *Ministerio de Defensa und Navantia*, Rs. C-522/13, ECLI:EU:C:2014:2262, Rn. 19.

und „*aus staatlichen Mitteln gewährt*" bedeutet nach ständiger Rechtsprechung des EuGH

> „*nämlich nicht, dass alle von einem Staat gewährten Vorteile unabhängig davon Beihilfen darstellen, ob sie aus staatlichen Mitteln finanziert werden, sondern dient nur dazu, in den Beihilfebegriff die unmittelbar vom Staat gewährten Vorteile sowie diejenigen, die über eine vom Staat benannte oder errichtete öffentliche oder private Einrichtung gewährt werden, einzubeziehen*".[83]

Nur solche Maßnahmen können danach staatliche Beihilfen sein, die zum einen – unmittelbar oder mittelbar – aus staatlichen Mitteln gewährt werden und zum anderen dem Staat zuzurechnen sind.[84] Entgegen dem Wortlaut handelt es sich also um kumulative und nicht alternative Tatbestandsvoraussetzungen.[85]

1. Gewährung staatlicher Mittel

Eine Begünstigung wird aus staatlichen Mitteln gewährt, wenn sie aus staatlichen Mitteln finanziert wird[86] und dies zur Belastung des Staatshaushalts führt.[87] Dies

---

83 EuGH, Urteil vom 7.5.1998, *Viscido u.a./Ente Poste Italiane*, verb. Rs. C-52/97, C-53/97 und C-54/97, ECLI:EU:C:1998:209, Rn. 13; EuGH, Urteil vom 30.11.1993, *Kirsammer-Hack/Sidal*, Rs. C-189/91, ECLI:EU:C:1993:907, Rn. 16; EuGH, Urteil vom 17.3.1993, *Sloman Neptun/Bodo Ziesemer*, verb. Rs. C-72/91 und C-73/91, ECLI:EU:C:1993:97, Rn. 19; EuGH, Urteil vom 24.1.1978, Rs. C-82/77, *Van Tiggele*, ECLI:EU:C:1978:10, Rn. 23/25; EuGH, Urteil vom 13.3.2001, *PreussenElektra*, Rs. C-379/98, ECLI:EU:C:2001:160, Rn. 58.

84 EuGH, Urteil vom 19.12.2013, *Vent De Colère u.a*, Rs. C-262/12, ECLI:EU:C:2013:851, Rn. 16; EuGH, Urteil vom 16.5.2002, *Frankreich/Kommission*, Rs. C-482/99, ECLI:EU:C:2002:294, Rn. 24; Schlussanträge des GA *Jacobs* vom 13.12.2001 zu *Frankreich/Kommission*, Rs. C-482/99, ECLI:EU:C:2001:685, Rn. 54; *Berg/Szymczak*, UR 2018, 853, 855.

85 EuG, Urteil vom 10.5.2016, *Deutschland/Kommission*, Rs. T-47/15, ECLI:EU:T:2016:281, Rn. 36; *Englisch*, in: Schaumburg/Englisch, Rn. 9.36; Bekanntmachung der Kommission vom 19.7.2016 zum Begriff der staatlichen Beihilfe im Sinne des Artikels 107 Absatz 1 des Vertrags über die Arbeitsweise der Europäischen Union, ABl. (EU), C (2016) 262/1, Rn. 38; *Schroeder*, EuZW 2015, 207, 209; *Berg/Szymczak*, UR 2018, 853, 855.

86 EuGH, Urteil vom 13.3.2001, *Preussen/Elektra*, Rs. C-379/98, ECLI:EU:C:2001:160, Rn. 59; *Englisch*, in: Schaumburg/Englisch, Rn. 9.36.

87 *Koenig/Kühling/Ritter*, EG-Beihilfenrecht, Rn. 162 sprechen im Zusammenhang des Erfordernisses der „Belastung des Staatshaushalts" von einem ungeschriebenen Tatbestandsmerkmal; ebenso mit ausführlicher Rechtsprechungsanalyse *Soltész*, EuZW 1998, 747. Das Kriterium kann aber auch bereits dem Wortlaut entnommen werden,

setzt nicht zwingend eine Übertragung bereits vorhandener finanzieller Mittel voraus.[88] Der Verwendung staatlicher Mittel steht es gleich, wenn der Staat auf Einnahmen möglicher Steuern oder Abgaben (partiell) verzichtet.[89] In einem solchen Einnahmeverzicht ist zugleich eine Belastung des öffentlichen Staatshaushalts zu sehen.[90] Inwieweit sich die Beihilfe aufgrund ihrer wirtschaftslenkenden Wirkung positiv im Staatshaushalt niederschlägt, ist ohne rechtliche Bedeutung.[91] Ansonsten würden gerade solche Maßnahmen, die zum Beispiel dazu führen, dass sich Unternehmen bevorzugt in bestimmen Regionen ansiedeln oder den Mitgliedstaat nicht verlassen, allein deshalb nicht vom Beihilfenverbot erfasst werden, weil sie zu künftigen Steuermehreinnahmen führen.[92] Die Beurteilung der Frage nach der Belastung des Staatshaushalts erfolgt ausschließlich aus der Perspektive des Begünstigungsempfängers; zukünftige budgetäre Auswirkungen auf Seiten des Mitgliedstaates bleiben dabei außer Betracht.[93]

---

so auch EuGH, Urteil vom 17.3.1993, *Sloman Neptun/Bodo Ziesemer*, verb. Rs. C-72/91 und C-73/91, ECLI:EU:C:1993:97, Rn. 19.

88 EuGH, Urteil vom 19.12.2013, *Vent De Colère u.a*, Rs. C-262/12, ECLI:EU:C:2013:851, Rn. 19; EuGH, Urteil vom 19.5.1999, *Italien/Kommission*, Rs. C-6/97, ECLI:EU:C:1999:251, Rn. 16; EuGH, Urteil vom 15.3.1994, *Banco Exterior de España/Ayuntamiento de Valencia*, Rs. C-387/92, ECLI:EU:C:1994:100, Rn. 14.

89 *Berg/Szymczak*, UR 2018, 853, 856; *Blumenberg/Kring*, IFSt-Schrift Nr. 473 (2011), S. 12; Mitteilung der Kommission vom 11.11.1998 über die Anwendung der Vorschriften über staatliche Beihilfen auf Maßnahmen im Bereich der direkten Unternehmensbesteuerung, Abl. (EG), C 384/3, Rn. 10; EuGH, Urteil vom 4.6.2015, *Kernkraftwerke Lippe-Ems*, Rs. C-5/14, ECLI:EU:C:2015:354, Rn. 72 m.w.N. zur Rechtsprechung.

90 *Blumenberg/Kring*, IFSt-Schrift Nr. 473 (2011), S. 12; vgl. auch *Schön*, in: FS Spindler, 2011, 189.

91 Bericht der EU-Kommission vom 9.2.2004 über die Umsetzung der Mitteilung der Kommission über die Anwendung der Vorschriften über staatliche Beihilfen auf Maßnahmen im Bereich der direkten Unternehmensbesteuerung, C (2004) 434, Rn. 20; *Grube*, Der Einfluss des unionsrechtlichen Beihilfenverbots auf das deutsche Steuerrecht, S. 42; *dies.*, DStZ 2007, 370, 376; EuG, Urteil vom 23.10.2002, *Diputación Foral de Guipúzcoa u.a./Kommission*, Rs. T-269/99, ECLI:EU:T:2002:258, Rn. 64.

92 Entscheidung der EU-Kommission vom 17.2.2003 über die Beihilferegelung, die Belgien zugunsten von Koordinierungsstellen mit Sitz in Belgien durchgeführt hat, ABl. (EG), L 282/25, Rn. 97.

93 *Grube*, Der Einfluss des unionsrechtlichen Beihilfenverbots auf das deutsche Steuerrecht, S. 42; Bericht der EU-Kommission vom 9.2.2004 über die Umsetzung der Mitteilung der Kommission über die Anwendung der Vorschriften über staatliche Beihilfen auf Maßnahmen im Bereich der direkten Unternehmensbesteuerung, C (2004) 434, Rn. 20.

2. Zurechnung der Maßnahme zum Staat – Abgrenzung zu Unionsbeihilfen

Eine Beihilfe ist dem Staat zuzurechnen, wenn staatliche Stellen, gleichgültig in welcher Art und Weise, am Erlass der betreffenden Maßnahme beteiligt waren.[94] Unbeachtlich ist, ob die Beihilfe unmittelbar auf das Handeln des Mitgliedstaates in seiner Gesamtheit oder einzelner Gebietskörperschaften oder anderer lokaler oder regionaler Stellen zurückzuführen ist.[95] Die Zurechnung einer Steuerbeihilfe zum Staat ist in der Regel unschwer zu bejahen, da sie ihren Ursprung in formellen Parlamentsgesetzen, Rechtsverordnungen, Verwaltungsvorschriften oder hoheitlichen Einzelfallmaßnahmen der Finanzverwaltung hat.[96]

Komplizierter stellt sich die Situation hingegen dar, wenn eine Steuervergünstigung europarechtlich determiniert ist, so wie es beispielsweise im Umsatzsteuerrecht des Öfteren vorkommt.[97] Bei derartigen Steuervergünstigungen kann es

---

94 EuGH, Urteil vom 19.12.2013, *Vent De Colère u.a*, Rs. C-262/12, ECLI:EU:C:2013:851, Rn. 17; ferner EuGH, Urteil vom 16.5.2002, *Frankreich/Kommission*, Rs. C-482/99, ECLI:EU:C:2002:294, Rn. 50 f.

95 EuGH, Urteil vom 14.10.1987, *Deutschland/Kommission*, Rs. C-248/84, ECLI:EU:C:1987:437, Rn. 17; *Koenig/Kühling/Ritter*, EG-Beihilfenrecht, Rn. 154.

96 *Berg/Szymczak*, UR 2018, 853, 855; *Grube*, Der Einfluss des unionsrechtlichen Beihilfenverbots auf das deutsche Steuerrecht, S. 42; *Schnitger*, IStR 2017, 421, 423; *Englisch*, in: Schaumburg/Englisch, Rn. 9.4; Mitteilung der Kommission vom 11.11.1998 über die Anwendung der Vorschriften über staatliche Beihilfen auf Maßnahmen im Bereich der direkten Unternehmensbesteuerung, Abl. (EG), C 384/3, Rn. 10.

97 Grundsätzlich für eine Anwendbarkeit des Beihilfenverbots auf umsatzsteuerliche Vergünstigungen: *Helios*, EWS 2005, 208, 211 f.; *Geisenberger*, Der Einfluss des Europarechts auf steuerliches Verfahrensrecht, S. 44 f.; differenzierend *Hüttemannm*, DB 2006, 914, 917; Kommission früher grundsätzlich ablehnend: Siehe Bericht der EU-Kommission vom 9.2.2004 über die Umsetzung der Mitteilung der Kommission über die Anwendung der Vorschriften über staatliche Beihilfen auf Maßnahmen im Bereich der direkten Unternehmensbesteuerung, C (2004) 434, Rn. 72: „[…] *MWSt-Ermäßigungen unterliegen präzisen gemeinschaftsrechtlichen Vorgaben und sind auf die steuerliche Gleichbehandlung vergleichbarer Produkte gerichtet. MWSt-Ermäßigungen werden daher im Allgemeinen von Artikel 87 Absatz 1 EG-Vertrag nicht erfasst.* […]"; heute entspricht die Ansicht der Kommission wohl auch der überwiegenden Ansicht in der Literatur, siehe Bekanntmachung der Kommission vom 19.7.2016 zum Begriff der staatlichen Beihilfe im Sinne des Artikels 107 Absatz 1 des Vertrags über die Arbeitsweise der Europäischen Union, ABl. (EU), C (2016) 262/1, Rn. 44 f.; ausführlich zum Ganzen bei *Berg/Szymczak*, UR 2018, 853, 856; *Grube*, Der Einfluss des unionsrechtlichen Beihilfenverbots auf das deutsche Steuerrecht, S. 141 f.

sich um sog. Unionsbeihilfen handeln, also Beihilfen, die nicht dem einzelnen Mitgliedstaat, sondern der Europäischen Union zuzurechnen sind. Unionsbeihilfen sind keine *staatlichen* Beihilfen und unterfallen deshalb nicht dem Anwendungsbereich des Art. 107 Abs. 1 AEUV.[98] Aus diesem Grunde ist die Abgrenzung zwischen Begünstigungen, die dem Mitgliedstaat zuzurechnen sind und solchen, die auf das Handeln der Europäischen Union zurückzuführen sind, von großer praktischer Bedeutung.

Eine Begünstigung ist der Europäischen Union zuzurechnen, wenn sie ihren Ursprung in einem Rechtsakt der Unionsorgane hat[99] und die Mitgliedstaaten zu ihrer Gewährung unionsrechtlich verpflichtet sind.[100] Dies gilt jedoch nicht, wenn sekundärrechtliche Vorgaben fehlerhaft umgesetzt werden, da solche Rechtsetzungen nicht von dem unionsrechtlichen Rechtsakt gedeckt sind und daher nicht der Europäischen Union zugerechnet werden können.[101] Wenn eine Steuervergünstigung ihre unionsrechtliche Grundlage in einer Begünstigungsoption hat,[102] dann ist diese dem Mitgliedstaat zuzurechnen, der sie eingeführt hat.[103] Denn die Entscheidung über die Einführung einer solchen Begünstigung

---

98 *Berg/Szymczak*, UR 2018, 853, 856 *Cremer*, in: Calliess/Ruffert, Art. 107 AEUV Rn. 85; *Englisch*, EuR 2009, 488, 490; *Caspari*, in: FS von der Groeben, 1987, S. 69, 79; für eine entsprechende Anwendung der Beihilfenvorschriften auf Unionsbeihilfen dagegen *Schwintowski*, RabelsZ 1994, 232, 245.

99 EuG, Urteil vom 5.4.2006, *Deutsche Bahn/Kommission*, T-351/02, ECLI:EU:T:2006:104, Rn. 102.

100 Bekanntmachung der Kommission vom 19.7.2016 zum Begriff der staatlichen Beihilfe im Sinne des Artikels 107 Absatz 1 des Vertrags über die Arbeitsweise der Europäischen Union, ABl. (EU), C (2016) 262/1, Rn. 44; EuGH, Urteil vom 23.4.2009, *Puffer*, Rs. C-460/07, ECLI:EU:C:2009:254, Rn. 70; EuG, Urteil vom 5.4.2006, *Deutsche Bahn/Kommission*, Rs. T-351/02, ECLI:EU:T:2006:104, Rn. 102; BFH, Urteil vom 19.1.2022, VII R 28/19, BFHE 276, 256, Rn. 26 (juris); Beispiele solcher Vergünstigungen sind etwa die §§ 26, 53 EnergieStG und der § 9 Abs. 1 Nr. 2 StromStG, die auf Art. 14 Abs. 1 lit. a) und Art. 21 Abs. 3 S. 1 der RL 2003/96/EG zurückzuführen sind.

101 *Berg/Szymczak*, UR 2018, 853, 856; *Vogel*, BB 2017, 933, 935; BFH, Urteil vom 19.1.2022, VII R 28/19, BFHE 276, 256, Rn. 26 (juris).

102 Siehe etwa Art. 133, 137, 150 Abs. 2, 155, 156 ff. der Richtlinie (2006/112/EG) vom 28.11.2006 über das gemeinsame Mehrwertsteuersystem, Abl. (EU) L 347/1 (nachfolgend „MwStSystRL" genannt).

103 Bekanntmachung der Kommission vom 19.7.2016 zum Begriff der staatlichen Beihilfe im Sinne des Artikels 107 Absatz 1 des Vertrags über die Arbeitsweise der Europäischen Union, ABl. (EU), C (2016) 262/1, Rn. 45; *Brandau/Neckenich/Reich/Reimer*, BB 2017, 1175, 1176 f.

obliegt letztlich allein den Mitgliedstaaten.[104] Das hat zur Folge, dass bei der Einführung von Steuerbegünstigungen in das mitgliedstaatliche Recht, die den Mitgliedstaaten unionsrechtlich zur Disposition stehen, die Schranken des Beihilfenverbots zu beachten sind.[105]

Die unionsrechtliche Determinierung steuerrechtlicher Vorschriften steht einer Beihilfenkontrolle also nicht *per se* entgegen.[106] Folglich kommen nicht nur Steuervergünstigungen im Rahmen des direkten Steuerrechts, sondern auch solche im Rahmen des überwiegend harmonisierten indirekten Steuerrechts als unzulässige Beihilfen in Betracht.[107]

II. Begünstigung bestimmter Unternehmen oder Produktionszweige

Des Weiteren setzt Art. 107 Abs. 1 AEUV „*die Begünstigung bestimmter Unternehmen oder Produktionszweige*“ voraus. Mit der Prüfung einer steuerlichen Maßnahme anhand dieser Tatbestandsvoraussetzungen sind folgende Fragestellungen verbunden:

- Erstens, unter welchen Voraussetzungen ist eine Begünstigung im Steuerrecht anzunehmen?[108]
- Zweitens, kommt die Vorteilsgewährung überhaupt Unternehmen zugute?[109]

---

104 *Gundel*, EWS 2016, 301, 304; *Mederer*, in: von der Groeben/Schwarze/Hatje, Vorbem. zu den Artikeln 107 bis 109 AEUV Rn. 16.

105 Bekanntmachung der Kommission vom 19.7.2016 zum Begriff der staatlichen Beihilfe im Sinne des Artikels 107 Absatz 1 des Vertrags über die Arbeitsweise der Europäischen Union, ABl. (EU), C (2016) 262/1, Rn. 45; *Brandau/Neckenich/Reich/Reimer*, BB 2017, 1175, 1176 f.

106 *Berg/Szymczak*, UR 2018, 853, 856 unter Hinweis auf die Normenhierarchie; ebenso *Brandau/Neckenich/Reich/Reimer*, BB 2017, 1175, 1176 sowie *Gundel*, EWS 2016, 301; a.A. *Rode*, Steuervergünstigungen, Beihilfen und Steuerwettbewerb, S. 169, der in der MwStSystRL eine Spezialregelung gegenüber dem Beihilfenverbot sieht; unklar, aber wohl in diese Richtung tendierend auch *Hüttemann*, DB 2006, 914, 917.

107 Die meisten anhängigen Verfahren beim EuGH im Bereich des Beihilfen- und Steuerrechts haben sogar mittlerweile das indirekte Steuerrecht, insbesondere die Umsatzsteuer, zum Verfahrensgegenstand, *Dobratz*, ISR 2016, 173; zur generellen Verteilung der EuGH-Rechtssachen auf die verschiedenen Steuerrechtsgebiete siehe *ders.*, IWB 2015, 634, 636 f.

108 Dazu nachfolgend unter 1.

109 Dazu nachfolgend unter 2.

- Drittens, ist die Begünstigung selektiv? Bevorteilt die staatliche Maßnahme also lediglich bestimmte Wirtschaftsteilnehmer?[110]

Ist eine dieser Fragestellungen zu verneinen, scheidet die Annahme einer Steuerbeihilfe aus.

1. Vorliegen einer steuerlichen Begünstigung

Eine Begünstigung im Sinne des Art. 107 Abs. 1 AEUV liegt vor, wenn eine staatliche Maßnahme beim Empfänger zu einem wirtschaftlichen Vorteil führt.[111] Wirtschaftliche Vorteile können entweder durch konkret-individuelle Einzelmaßnahmen (sog. Einzelbeihilfen)[112] oder nach Maßgabe abstrakt-genereller Vorschriften (sog. Beihilferegelungen)[113] gewährt werden. Der Umstand, dass Beihilferegelungen mit ihrem Erlass zunächst nur potentielle Begünstigungen schaffen, da es zur Erlangung des tatsächlichen Vorteils regelmäßig noch eines Vollzugsakts bedarf (z.B. den Erlass eines begünstigenden Verwaltungsaktes), steht der Annahme einer Beihilfe nicht entgegen.[114] Es genügt abstrakt festzustellen, ob eine mitgliedstaatliche Regelung die Tatbestandsmerkmale des Art. 107 Abs. 1 AEUV erfüllt.[115] Davon zu unterscheiden ist die Frage auf Ebene der Rechtsfolge, welche Unternehmen tatsächlich von der Regelung profitiert haben und gegebenenfalls einer Rückforderungspflicht unterliegen.[116]

---

110 Dazu nachfolgend unter 3.

111 *Frenz*, Europarecht, Rn. 616; EuGH, Urteil vom 24.7.2003, *Altmark Trans und Regierungspräsidium Magdeburg*, Rs. C-280/00, ECLI:EU:C:2003:415, Rn. 83.

112 Art. 1 lit. e) Verordnung 2015/1589 versteht unter „*Einzelbeihilfen*" Beihilfen, die nicht aufgrund einer Beihilferegelung gewährt werden, und einzelne anmeldungspflichtige Zuwendungen aufgrund einer Beihilferegelung.

113 Art. 1 lit. d) Verordnung 2015/1589 definiert eine „*Beihilferegelung*" als eine Regelung, wonach Unternehmen, die in der Regelung in einer allgemeinen und abstrakten Weise definiert werden, ohne nähere Durchführungsmaßnahmen Einzelbeihilfen gewährt werden können, beziehungsweise eine Regelung, wonach einem oder mehreren Unternehmen nicht an ein bestimmtes Vorhaben gebundene Beihilfen für unbestimmte Zeit und/oder in unbestimmter Höhe gewährt werden können.

114 *P. Reimer*, NVwZ 2011, 263, 265 f.

115 EuGH, Urteil vom 15.12.2005, *Italien/Kommission*, Rs. C-66/02, ECLI:EU:C:2005:768, Rn. 91 m.w.N.; Schlussanträge der GAin *Stix-Hackl* vom 8.9.2005 zu *Italien/Kommission*, Rs. C-66/02, ECLI:EU:C:2005:510, Rn. 59; *Helios*, EWS 2006, 108, 112.

116 Näher dazu unten im Abschnitt D. II.

a) *Typische Charakteristik*

Direkte Vorteilsgewährungen sind dem Steuerrecht zwar nicht fremd.[117] Jedoch stellen sie Ausnahmen dar. Steuerliche Begünstigungen zeichnen sich vielmehr dadurch aus, dass der Staat auf bestimmte Einnahmen verzichtet, welche durch eine vollumfängliche Ausnutzung der ihm vorbehaltenen Besteuerungsmöglichkeiten erzielt werden könnten.[118] Der wirtschaftliche Vorteil einer solchen Steuervergünstigung manifestiert sich beim Begünstigungsempfänger in der Verschonung bzw. Verminderung der „*normalerweise*" zu tragenden steuerlichen Last.[119] Die Höhe der Begünstigung des einzelnen Empfängers ergibt sich aus der Differenz zwischen der Regelbesteuerung und der davon abweichenden günstigeren Besteuerung im jeweiligen Einzelfall.[120]

Steuerbegünstigungen können auf vielfältige Art und Weise gewährt werden, sowohl auf Ebene der Rechtsetzung[121] als auch auf der Ebene der Rechtsanwendung.[122]

b) *Begünstigungen auf Rechtsetzungsebene*

aa) *Bestimmung der Regelbesteuerung*

Ausgehend von der Prämisse, dass steuerliche Begünstigungen Abweichungen von der „*normalen*" Besteuerung darstellen,[123] bedarf es zunächst der Klärung

117 Siehe das Investitionszulagengesetz 2010, die Altersvorsorgezulage nach den §§ 79 ff. EStG, das Wohnungsbau-Prämiengesetz.

118 *Cordewener*, Ubg. 2012, 607, 609.

119 Mitteilung der Kommission vom 11.11.1998 über die Anwendung der Vorschriften über staatliche Beihilfen auf Maßnahmen im Bereich der direkten Unternehmensbesteuerung, Abl. (EG), C 384/3, Rn. 9.

120 *Berg/Szymczak*, UR 2018, 853, 863 unter Verweis auf EuGH, Urteil vom 22.6.2006, *Belgien/Kommission*, verb. Rs. C-182/03 und C-217/03, ECLI:EU:C: 2006:416, Rn. 95; näher dazu unten in Abschnitt D. II. 1.

121 Dazu nachfolgend unter a).

122 Dazu nachfolgend unter b).

123 EuGH, Urteil vom 8.11.2022, *Fiat Chrysler Finance Europe/Kommission*, verb. Rs. C-885/19 P und C-898/19 P, ECLI:EU:C:2022:859, Rn. 69; EuGH, Urteil vom 21.12.2016, *Kommission/Hansestadt Lübeck*, Rs. C-524/14 P, ECLI:EU:C:2016:971, Rn. 55; Schlussanträge des GA *Wahl* vom 15.9.2016 zu *Kommission/Hansestadt Lübeck*, Rs. C-524/14 P, ECLI:EU:C:2016:693, Rn. 77, 86; EuGH, Urteil vom 15.11.2011, *Kommission und Spanien/Government of Gibraltar und Vereinigtes Königreich*, verb. Rs. C-106/09 P und C-107/09 P, ECLI:EU:C:2011:732, Rn. 90; grundlegend EuGH, Urteil vom 6.9.2006,

der Vorfrage, was die Regelbesteuerung – auch „*Referenzsystem*“,[124] „*Bezugssystem*“,[125] „*Benchmark*“[126] sowie „*Nulllinie*“[127] genannt – im Hinblick auf die mutmaßliche gesetzliche Steuerbegünstigung ist.[128]

(1) Auslegungsbefugnis der Unionsorgane

Welche Vorschriften dem gesetzlichen Regelfall zuzuordnen sind und welche Abweichungen vom Regelfall darstellen, ist durch Auslegung zu ermitteln.[129] Die Festlegung des maßgeblichen Regel-Ausnahme-Verhältnisses obliegt in erster Linie den EU-Mitgliedstaaten. Denn die Auslegungshoheit resultiert aus ihrer Rechtsetzungshoheit,[130] welche sich in unionsrechtlich nichtharmonisierten Bereichen in ihrem ausschließlichen Zuständigkeitsbereich befindet.[131] Gleiches gilt in harmonisierten Rechtsmaterien, soweit den Mitgliedstaaten unionsrechtlich Entscheidungsspielräume betreffend die Einführung von Steuervergünstigungen eingeräumt worden sind.[132] Aus der nationalen Steuerhoheit folgt, dass

---

Portugal/Kommission, Rs. C-88/03, ECLI:EU:C:2006:511, Rn. 56; *Berg/Szymczak*, UR 2018, 853, 858.

124 Den Terminus verwendend etwa in EuGH, Urteil vom 28.6.2018, *Lowell Financial Services/Kommission*, Rs. C-219/16 P, ECLI:EU:C:2018:508, Rn. 60 ff.

125 Dieser Terminus wird verwendet in der Bekanntmachung der Kommission vom 19.7.2016 zum Begriff der staatlichen Beihilfe im Sinne des Artikels 107 Absatz 1 des Vertrags über die Arbeitsweise der Europäischen Union, ABl. (EU), C (2016) 262/1, Rn. 132 ff.

126 Diesen Terminus u.a. verwendend *Jung/Neckenich*, ISR 2018, 83, 85.

127 Diesen Terminus u.a. verwendend *Jung/Neckenich*, ISR 2018, 83, 87; *Brandau/Neckenich/Reich/Reimer*, BB 2017, 1175.

128 *Berg/Szymczak*, UR 2018, 853, 858; *Jung/Neckenich*, ISR 2018, 83, 84 f.; *Kußmaul/Licht*, BB 2018, 1948, 1951; so auch in ständiger Rechtsprechung der EuGH, der diese Feststellung stets im Zusammenhang mit der Selektivitätsprüfung trifft: Siehe etwa EuGH, Urteil vom 28.6.2018, *Andres (faillite Heitkamp Bau-Holding)/Kommission*, Rs. C-203/16 P, ECLI:EU:C:2018:505, Rn. 88 m.w.N.

129 *Martini*, StuW 2017, 101, 108 f.

130 *Martini*, StuW 2017, 101, 109; *Mellinghoff*, HFSt 6 (2017), 221, 226.

131 EuGH, Urteil vom 28.1.1992, *Bachmann/Belgischer Staat*, Rs. C-204/90, ECLI:EU:C:1992:35, Rn. 23; EuGH, Urteil vom 12.12.2006, *Test Claimants in Class IV of the ACT Group Litigation*, Rs. C-374/04, ECLI:EU:C:2006:773, Rn. 50; EuGH, Urteil vom 13.12.2005, *Marks & Spencer*, Rs. C-446/03, ECLI:EU:C:2005:763, Rn. 29 m.w.N.

132 Soweit Steuervergünstigungen auf zwingenden europarechtlichen Vorgaben beruhen und der Mitgliedstaat diese nicht fehlerhaft umgesetzt hat, dann stellt sich die Frage nach einer Begünstigung im Sinne des Art. 107 Abs. 1 AEUV nicht, da es bereits an

es zuvörderst den Mitgliedstaaten obliegt, ihre nationalen Steuersysteme den Bedürfnissen der Wirtschaftssysteme entsprechend festzulegen und auszugestalten.[133] Das Beihilfenverbot enthält keine Vorgaben dahingehend, wie die Mitgliedstaaten die allgemeine („*normale*") Steuerbelastung bestimmen sollen.[134] Gleichwohl fällt die Auslegung von Art. 107 Abs. 1 AEUV in die Kompetenz der Unionsorgane, denn der Begriff Beihilfe ist ein uneingeschränkt überprüfbarer Rechtsbegriff (sog. objektiver Rechtsbegriff).[135] Im Rahmen der Prüfung einer steuerlichen Maßnahme anhand des Beihilfenverbots sind die Europäische Kommission sowie die Unionsgerichte, ungeachtet der Steuerhoheit der Mitgliedstaaten, befugt und sogar verpflichtet, nationales Recht auszulegen.[136] Im Kontext des unionsrechtlichen Beihilfenrechts entscheiden letztverbindlich allein die Unionsorgane über die Frage des maßgeblichen Referenzsystems in Bezug auf eine zu überprüfende Steuervergünstigung.

(2) Maßgeblichkeit der Wertungen des betroffenen Mitgliedstaates

Die Unionsorgane dürfen bei der Bestimmung des Regel-Ausnahme-Verhältnisses nur Vorschriften und Wertungen des nationalen Rechts des betroffenen Mitgliedstaates berücksichtigen.[137] International anerkannte Besteuerungsprinzipien

---

der Zurechnung der Maßnahme zum Staat fehlt, vgl. die obigen Ausführungen in Abschnitt C. I. 2.

133 EuG, Urteil vom 18.12.2008, *Government of Gibraltar/Kommission*, Rs. T-211/04 und T-215/04, ECLI:EU:T:2008:595, Rn. 146.

134 EuG, Urteil vom 18.12.2008, *Government of Gibraltar/Kommission*, Rs. T-211/04 und T-215/04, ECLI:EU:T:2008:595, Rn. 146; Schlussanträge des GA *Jääskinen* vom 7.4.2011 zu *Kommission und Spanien/Government of Gibraltar und Vereinigtes Königreich*, verb. Rs. C-106/09 P und C-107/09 P, ECLI:EU:C:2011:215, Rn. 146.

135 EuGH, Urteil vom 22.12.2008, *British Aggregates/Kommission*, Rs. C-487/06 P, ECLI:EU:C:2008:757, Rn. 111; *Bartosch*, EuZW 2017, 756, 758.

136 EuGH, Urteil vom 21.12.2016, *Kommission/Hansestadt Lübeck*, Rs. C-524/14 P, ECLI:EU:C:2016:971, Rn. 61; *Bartosch*, EuZW 2017, 756, 758; *Martini*, StuW 2017, 101, 108 f. spricht insofern von einem Konflikt mit der Auslegungshoheit der Mitgliedstaaten; *Lenaerts*, HFSt 6 (2017), S. 237 spricht davon, „*dass es sich um eine außerordentlich sensible Angelegenheit handelt, die Waage zu halten zwischen dem Respekt vor der steuerlichen Hoheit jedes Mitgliedsstaates und des dort anwendbaren Rechts einerseits sowie der Dynamik des level playing field innerhalb des Binnenmarktes andererseits.*"

137 EuGH, Urteil vom 8.11.2022, *Fiat Chrysler Finance Europe/Kommission*, verb. Rs. C-885/19 P und C-898/19 P, ECLI:EU:C:2022:859, Rn. 71 f. *Bartosch*, BB 2017, 2199, 2200; *Ismer/Piotrowski*, IStR 2015, 257, 259; *Klemt*, DStR 2013, 1057, 1059; *Martini*,

wie zum Beispiel das sog. „*dealing-at-arm's-length-Prinzip*“[138] sind nicht als Maßstäbe heranzuziehen, sofern sie nicht in mitgliedstaatliches Recht überführt worden sind.[139] Ebenso wenig dürfen steuerliche Vorschriften oder Systeme anderer EU-Mitgliedstaaten als Vergleichsmaßstab dienen.[140] Es ist beihilfenrechtlich ohne Bedeutung, wenn in einem Mitgliedstaat beispielsweise ein niedrigerer Körperschaftsteuersatz existiert als in einem anderen Mitgliedstaat.[141] Der Umstand unterschiedlicher Steuersysteme innerhalb der Europäischen Union ist vor dem Hintergrund der Steuerautonomie der Mitgliedstaaten und der fehlenden Vollharmonisierung als gegeben hinzunehmen;[142] die Europäische Union ist, wie eingangs erwähnt, keine „*Steuerrechtsunion*“.[143]

(3) Methoden zur Bestimmung des maßgeblichen Regel-Ausnahme-Verhältnisses

Vor dem Hintergrund der obigen Ausführungen ist festzuhalten, dass die Institutionen der Europäischen Union, namentlich die EU-Kommission sowie die Unionsgerichte, die nationalen Steuersysteme analysieren und deren Telos und Systematik erfassen müssen, um auf dieser Grundlage das Referenzsystem zu ermitteln, damit festgestellt werden kann, ob eine potentielle Beihilferegelung eine Abweichung vom Referenzsystem darstellt.[144] Damit ist aber die Frage noch nicht beantwortet, wie das maßgebliche Bezugssystem rechtsmethodisch im

---

StuW 2017, 101, 109; EuG, Urteil vom 1.7.2004, *Salzgitter/Kommission*, Rs. T-308/00, ECLI:EU:T:2004:199, Rn. 81.

138 Zum Inhalt dieses Prinzips im Kontext der Betriebsstättenergebnisermittlung im Rahmen des Art. 7 OECD-MA siehe etwa *Wassermeyer*, in: Wassermeyer, DBA, Art. 7 OECD-MA Rn. 184.

139 EuGH, Urteil vom 8.11.2022, *Fiat Chrysler Finance Europe/Kommission*, verb. Rs. C-885/19 P und C-898/19 P, ECLI:EU:C:2022:859, Rn. 96; *Martini*, StuW 2017, 101, 109 f.; vgl. *Bartosch*, Art. 107 Abs. 1 AEUV Rn. 143; *ders.*, BB 2017, 2199; *Werder/Dannecker*, BB 2015, 1687, 1693.

140 EuG, Urteil vom 1.7.2004, *Salzgitter/Kommission*, Rs. T-308/00, ECLI:EU:T:2004:199, Rn. 81.

141 *Grube*, Der Einfluss des unionsrechtlichen Beihilfenverbots auf das deutsche Steuerrecht, S. 57.

142 *Grube*, Der Einfluss des unionsrechtlichen Beihilfenverbots auf das deutsche Steuerrecht, S. 57; EuGH, Urteil vom 12.2.2009, *Block*, Rs. C-67/08, ECLI:EU:C:2009:92, Rn. 31; EuG, Urteil vom 1.7.2004, *Salzgitter/Kommission*, Rs. T-308/00, ECLI:EU:T:2004:199, Rn. 81.

143 Siehe oben Abschnitt A. II.

144 *Kokott*, DStJG 41 (2018), 535, 541.

jeweils konkreten Einzelfall zu bestimmen ist. Diese Frage ist bis heute nicht abschließend geklärt und oftmals eine besondere Herausforderung.[145] Es sind verschiedene Ansätze denkbar, um das „richtige“ Regel-Ausnahme-Verhältnis zu definieren:

- Im Falle von Beihilferegelungen, die einer begrenzten Zahl von Wirtschaftsteilnehmern positive Leistungen gewähren, wie zum Beispiel offene Investitionszuschüsse, vergünstige Darlehenskonditionen etc., stellt die *„normale Situation“* diejenige dar, die bestand, bevor eine solche Regelung erlassen wurde.[146] So könnte man vertreten, auch im Steuerrecht als Bezugssystem diejenigen Regelungen anzusehen, die zur Anwendung kämen, wenn man die begünstigende Maßnahme schlicht hinwegdenken würde (sog. kleinräumig-induktiver Ansatz).[147]
- Ein Großteil des Schrifttums lehnt einen solch formalen Ansatz ab und ist der Auffassung, dass das Referenzsystem mithilfe steuerlicher Grundprinzipien zu bestimmen sei, darunter auch solcher außerhalb des konkreten Normenkomplexes innerhalb der zu überprüfenden Vergünstigung, wie etwa das Prinzip der Besteuerung nach der wirtschaftlichen Leistungsfähigkeit[148] oder das im Körperschaftsteuerrecht geltende Trennungsprinzip[149] (sog. global-deduktiver-Ansatz[150]).
- Der EuGH vertritt ein weites Verständnis, das dem des global-deduktiven-Ansatzes im Wesentlichen entspricht. Danach seien bei der Bestimmung des Referenzsystems verschiedene Elemente, wie die Steuerbemessungsgrundlage, der Kreis der Steuerpflichtigen, die Steuertatbestände und die Steuersätze heranzuziehen.[151] Allein auf die Regelungstechnik dürfe es nicht

---

145 *Zimmer*, HFSt 13 (2020), 79, 84.

146 Schlussanträge des GA *Wahl* vom 20.12.2017 zu *Andres (faillite Heitkamp BauHolding)/Kommission*, Rs. C-203/16 P, ECLI:EU:C:2017:1017, Rn. 102.

147 Vgl. EuG, Urteil vom 4.2.2016, *Heitkamp BauHolding/Kommission*, Rs. T-287/11, ECLI:EU:T:2016:60, Rn. 104 ff.; *Ismer/Karch*, IStR 2014, 130, 134; *Klemt*, DStR 2013, 1057, 1059.

148 *Drüen*, DStR 2011, 289, 291; *Blumenberg/Haisch*, FR 2012, 12, 15 f.; *Breuninger/Ernst*, GmbHR 2010, 561, 565; *Hey*, StuW 2010, 301, 309.

149 *Marquart*, IStR 2011, 445, 448 f.; *Blumenberg/Haisch*, FR 2012, 12, 15 f.

150 Unter diesen Oberbegriff fassen *Ismer/Karch*, IStR 2014, 130, 133 die wohl herrschende Auffassung in der Literatur im Kontext des Streits um die sog. Sanierungsklausel zusammen, siehe die zahlreichen Nachweise in Fn. 148 und Fn. 149 ebenda.

151 Bekanntmachung der Kommission vom 19.7.2016 zum Begriff der staatlichen Beihilfe im Sinne des Artikels 107 Absatz 1 des Vertrags über die Arbeitsweise der Europäischen Union, ABl. (EU), C (2016) 262/1, Rn. 134 m.w.N.

ankommen.[152] Aus diesem Grund könne sich das Referenzsystem auch aus dem Zusammenspiel verschiedener steuerlicher Gesetzesvorschriften zusammensetzen.[153] In der Judikatur des EuGH wurden darüber hinaus pauschal das gesamte Körperschaftsteuersystem,[154] das Mehrwertsteuersystem[155] oder das Versicherungsbesteuerungssystem[156] als Referenzsysteme zugrunde gelegt. Der Ansatz des EuGH ist bemüht, alle relevanten Rechtsvorschriften in ihrer Gesamtheit zu berücksichtigen, um so den Bezugsrahmen möglichst weit zu definieren.[157] Auf diese Weise soll sichergestellt werden, dass steuerliche Regelungen beihilfenrechtlich anhand eines Rahmens beurteilt werden, der alle relevanten Bestimmungen einbezieht, und nicht nur anhand einzelner Vorschriften erfolgt, die aus einem breiteren rechtlichen Rahmen „*künstlich herausgelöst*" würden.[158]

Eine „Zauberformel", mit der stets rechtssicher das „richtige" Bezugssystem ermittelt werden kann, existiert nicht und wird es auch nicht geben können. Es muss akzeptiert werden, dass eine solche Formel vom EuGH auch nicht wird entwickelt werden können. Wo Recht ausgelegt werden muss, kann es auch immer zu verschiedenen Interpretationen kommen, die wiederum zu verschiedenen, sogar diametralen, Konsequenzen in rechtlicher und tatsächlicher Art

152 EuGH, Urteil vom 28.6.2018, *Andres (faillite Heitkamp BauHolding)/Kommission*, Rs. C-203/16 P, ECLI:EU:C:2018:505, Rn. 91 f., 104; EuGH, Urteil vom 15.11.2011, *Kommission und Spanien/Government of Gibraltar und Vereinigtes Königreich*, verb. Rs. C-106/09 P und C-107/09 P, ECLI:EU:C:2011:732, Rn. 92, 93.

153 Schlussanträge des GA *Wahl* vom 20.12.2017 zu *Andres (faillite Heitkamp BauHolding)/Kommission*, Rs. C-203/16 P, ECLI:EU:C:2017:1017, Rn. 108 unter Bezugnahme auf EuGH, Urteil vom 15.11.2011, *Kommission und Spanien/Government of Gibraltar und Vereinigtes Königreich*, verb. Rs. C-106/09 P und C-107/09 P, ECLI:EU:C:2011:732, Rn. 92–95.

154 EuGH, Urteil vom 8.9.2011, *Paint Graphos u.a.*, verb. Rs. C-78/08 bis 80/08, ECLI:EU:C:2011:550, Rn. 50.

155 EuGH, Urteil vom 3.3.2005, *Heiser*, Rs. C-172/03, ECLI:EU:C:2005:130, Rn. 40 f.

156 EuGH, Urteil vom 29.4.2004, *GIL Insurance u.a.*, Rs. C-308/01, ECLI:C:2004:252, Rn. 75 und 78.

157 Schlussanträge des GA *Wahl* vom 20.12.2017 zu *Andres (faillite Heitkamp BauHolding)/Kommission*, Rs. C-203/16 P, ECLI:EU:C:2017:1017, Rn. 106 m.w.N.

158 Schlussanträge des GA *Wahl* vom 20.12.2017 zu *Andres (faillite Heitkamp BauHolding)/Kommission*, Rs. C-203/16 P, ECLI:EU:C:2017:1017, Rn. 109; dem folgend EuGH, Urteil vom 28.6.2018, *Andres (faillite Heitkamp BauHolding)/Kommission*, Rs. C-203/16 P, ECLI:EU:C:2018:505, Rn. 103.

führen.[159] Insbesondere im Steuerrecht ist die Identifikation von Regel und Ausnahme nicht stets eindeutig vorzunehmen.[160] Die Definition des maßgeblichen Regel-Ausnahme-Verhältnisses kann je nach Interpretation unterschiedlich ausfallen.[161] Höchst problematisch ist dabei, dass mit der Festlegung des maßgeblichen Referenzsystems bereits die „*Weichen*" gestellt werden, die das Ergebnis der Beihilfeprüfung maßgeblich vorherbestimmen.[162] Gelangt man bei der Auslegung zu dem Ergebnis, dass die fragliche Steuerregelung Bestandteil des Referenzsystems ist, dann ist die beihilfenrechtliche Prüfung an dieser Stelle in der Regel[163] schon zu Ende und eine Beihilfe nach Art. 107 Abs. 1 AEUV zu verneinen, ungeachtet jeglicher wettbewerbsverzerrender Wirkung der staatlichen Maßnahme. Führt die Auslegung des nationalen Rechts hingegen dazu, eine Ausnahme von der Regelbesteuerung anzunehmen, kommt die Annahme einer verbotenen Beihilfe weiterhin in Betracht.

> *„Wenn man nur den Referenzrahmen (Regel) richtig definiert, dann gelangt man auch zum Vorliegen einer Ausnahme (= Beihilfe)."*[164]

Diesem Einwand von *Soltész*, der auf die Zufälligkeit der Bestimmung von Regel und Ausnahme hinweist ist beizupflichten. Der Streit um die sog. Sanierungsklausel nach § 8c Abs. 1a KStG verdeutlicht diese Problematik gut.[165] Im Zusammenhang mit § 8c Abs. 1a KStG stellt sich folgendes Problem. § 10d EStG, der über die Verweisungsnorm auf das Einkommensteuergesetz in § 8 Abs. 1 Satz 1 KStG auch im Körperschaftsteuerrecht Anwendung findet, ermöglicht grundsätzlich die Berücksichtigung von Verlusten bei der Ermittlung des steuerpflichtigen Einkommens bei der Körperschaftsteuer.[166] In Abweichung dazu sieht § 8c Abs. 1 KStG eine

---

159 Vgl. *Rüthers/Fischer/Birk*, § 22 Rn. 806 ff.

160 *Mellinghoff*, HFSt 12 (2019), 103, 116 f.

161 *Blumenberg/Kring*, IFSt-Schrift Nr. 473 (2011), S. 15; *Lang*, ÖStZ 2011/1070, 593, 596.

162 *Kokott*, DStJG 41 (2018), 535, 541.

163 Zur Sonderkonstellation der faktischen Begünstigungen und zur de-facto-Selektivität siehe unten Abschnitt C. II. 1. bb) (2) sowie Abschnitt C. II. 3. b) dd).

164 *Soltész*, EuZW 2017, 51, 54.

165 Näher dazu siehe etwa *Kußmaul/Licht*, BB 2018, 1948, 1952; ausführlich dazu *Grube*, Der Einfluss des unionsrechtlichen Beihilfenverbots auf das deutsche Steuerrecht, S. 103 f.; siehe auch Schlussanträge des GA *Wahl* vom 20.12.2017 zu *Andres (faillite Heitkamp BauHolding)/Kommission*, Rs. C-203/16 P, ECLI:EU:C:2017:1017, Rn. 124 ff.; *Kokott*, DStJG (41) 2018, 535, 542.

166 § 10d EStG regelt den sog. Verlustabzug. In § 10d Abs. 1 Satz 1 EStG ist der sog. Verlustrücktrag und in § 10d Abs. 2 Satz 2 EStG der sog. Verlustvortrag geregelt.

Verlustabzugsbeschränkung vor für den Fall eines sog. schädlichen Beteiligungserwerbs.[167] Diese Verlustabzugsbeschränkung findet gem. § 8c Abs. 1a Satz 1 KStG wiederum keine Anwendung, wenn es sich um einen Beteiligungserwerb zum Zweck der Sanierung des Geschäftsbetriebs der Körperschaft handelt.[168] Je nachdem, ob man nun § 8c Abs. 1 KStG oder aber § 10d EStG als Referenznorm ansieht, gelangt man zu unterschiedlichen beihilfenrechtlichen Ergebnissen. Keine der beiden Lösungsmöglichkeiten ist unvertretbar. Die sog. kleinräumig-induktive Methode führt zu der Schlussfolgerung, dass in § 8c Abs. 1 KStG die Regelbesteuerung zu erblicken ist, denn diese Vorschrift käme zur Anwendung, wenn man die zu überprüfende Vorschrift des § 8c Abs. 1a KStG außer Acht lassen würde. Konsequenz dieser Lösung wäre, § 8c Abs. 1a KStG als Ausnahme zur Regel anzusehen und eine Begünstigung im Sinne des Art. 107 Abs. 1 AEUV zu bejahen.[169] Sieht man den maßgeblichen Bezugspunkt dagegen in der Möglichkeit, steuerlich Verluste nach Maßgabe des § 10d EStG (i.V.m. § 8 Abs. 1 KStG) geltend zu machen, dann würde es sich bei § 8c Abs. 1a KStG um eine sog. Rückausnahme handeln, also eine Regelung, die in Abweichung von einer zunächst vorgesehenen Ausnahme[170] den Ursprungszustand wiederherstellt.[171] Rückausnahmen sind keine Ausnahmen zur Regel, sondern bilden einen immanenten Bestandteil des Referenzsystems selbst.[172] Bei dieser Betrachtungsweise wäre eine Begünstigung folgerichtig abzulehnen, sodass das Vorliegen einer Beihilfe nach Art. 107 Abs. 1 AEUV ausscheidet.[173]

---

167 § 8c Abs. 1 Satz 1 KStG: „*Werden innerhalb von fünf Jahren mittelbar oder unmittelbar mehr als 50 Prozent des gezeichneten Kapitals, der Mitgliedschaftsrechte, der Beteiligungsrechte oder der Stimmrechte an einer Körperschaft an einen Erwerber oder diesem nahe stehende Personen übertragen oder liegt ein vergleichbarer Sachverhalt vor (schädlicher Beteiligungserwerb), sind bis zum schädlichen Beteiligungserwerb nicht ausgeglichene oder abgezogene negative Einkünfte (nicht genutzte Verluste) vollständig nicht mehr abziehbar.*"

168 § 8c Abs. 1a Satz 1 KStG: „*Für die Anwendung des Absatzes 1 ist ein Beteiligungserwerb zum Zweck der Sanierung des Geschäftsbetriebs der Körperschaft unbeachtlich.*"

169 So die Europäische Kommission sowie EuG, Urteil vom 4.2.2016, *Heitkamp BauHolding/Kommission*, Rs. T-287/11, ECLI:EU:T:2016:60, Rn. 125 f.

170 Vorliegend im Verhältnis zu § 8c Abs. 1 KStG.

171 Siehe etwa die Rückausnahmen zu bestimmten Abzugsverboten nach § 4 Abs. 5 S. 2 EStG.

172 Schlussanträge des GA *Wahl* vom 20.12.2017 zu *Andres (faillite Heitkamp BauHolding)/Kommission*, Rs. C-203/16 P, ECLI:EU:C:2017:1017, Rn. 124 ff., 127; *de Weerth*, DB 2017, 275 ff.; wohl auch EuGH, Urteil vom 28.6.2018, *Andres (faillite Heitkamp BauHolding)/Kommission*, Rs. C-203/16 P, ECLI:EU:C:2018:505, Rn. 103.

173 So die herrschende Auffassung der Literatur, siehe etwa *de Weerth*, DB 2017, 275 ff.; so auch Schlussanträge des GA *Wahl* vom 20.12.2017 zu *Andres (faillite Heitkamp BauHolding)/Kommission*, Rs. C-203/16 P, ECLI:EU:C:2017:1017, Rn. 124 ff., 127;

bb) Ausnahmen von der Regelbesteuerung

(1) Große Vielfalt begünstigender Ausnahmetatbestände

Im Steuerrecht können begünstigende Ausnahmeregelungen auf vielfältige Art und Weise mit unterschiedlichen Wirkungen rechtstechnisch in die Gesetze implementiert werden.

Dazu zählen etwa

- subjektive Befreiungen,[174]
- sachliche Einschränkungen bzw. Befreiungen des Steuerobjekts,[175]
- Freibeträge,[176]
- erhöhte Absetzungen[177] oder Sonderabschreibungen,[178]
- Bildung steuerfreier Rücklagen,[179]
- Steuersatzermäßigungen,[180]
- Steuerschuldermäßigungen,[181]
- die partielle Gewinnerfassung,[182] u.v.m.[183]

Kommt es zu einer Reduzierung der Bemessungsgrundlage oder des Tarifs, reduziert dies die Steuerschuld, was wiederum zu einer Minderung der Steuerlast führt. Bei einem progressiven Steuertarif wirkt sich der Vorteil einer Vergünstigung je nach Tarifzone unterschiedlich stark aus. Erhöhte Absetzungen, Sonderabschreibungen oder später aufzulösende Rücklagen entfalten zudem eine vergleichbare Wirkung wie zinslose Steuerstundungen, sodass diesen der Effekt einer Liquiditätshilfe zukommt.[184] Soweit Vergünstigungen an den Gewinn

---

dem folgend EuGH, Urteil vom 28.6.2018, *Andres (faillite Heitkamp BauHolding)/ Kommission*, Rs. C-203/16 P, ECLI:EU:C:2018:505, Rn. 76 ff.

174 § 5 KStG, § 4 UStG, § 3 GewStG.

175 §§ 3 ff. EStG; §§ 4 ff. UStG; § 3 BierStG.

176 § 3 Nr. 26; § 13 Abs. 3; § 16 Abs. 4; § 17 Abs. 3; § 32 Abs. 6 EStG.

177 §§ 7h EStG, 82g EStDV; §§ 7i EStG, 82i EStDV.

178 § 7g Abs. 5 und 6 EStG.

179 Z.B. § 6b EStG, § 6 UmwStG.

180 Z.B. § 34 Abs. 3; §§ 34a, 34b EStG.

181 Z.B. §§ 34c–35b EStG.

182 Z.B. §§ 5a; § 13a EStG.

183 *Hey*, in: Tipke/Lang, § 19 Rn. 16 f.; *Seer*, in: Tipke/Lang, § 6 Rn. 49; Mitteilung der Kommission vom 11.11.1998 über die Anwendung der Vorschriften über staatliche Beihilfen auf Maßnahmen im Bereich der direkten Unternehmensbesteuerung, Abl. (EG), C 384/3, Rn. 9; *Jestaedt*, in: Heidenhain, § 8 Rn. 4.

184 *Hey*, in: Tipke/Lang, § 19 Rn. 28.

oder die Steuerschuld anknüpfen, scheidet ein Entlastungseffekt aus, solange ein Unternehmen Verluste erzielt.[185] Die Begünstigung kann sich jedoch nachträglich im Rahmen des intertemporalen Verlustausgleichs nach § 10d EStG ergeben.[186]

(2) Irrelevanz der konkreten Regelungstechnik

Welche konkrete gesetzliche Regelungstechnik dem wirtschaftlichen Vorteil zugrunde liegt, ist für die Reichweite des Beihilfenverbots nicht von Bedeutung. Maßgeblich sind ausschließlich die Wirkungen einer staatlichen Maßnahme.[187] Dies folgt bereits aus dem Wortlaut des Art. 107 Abs. 1 AEUV, wonach Beihilfen „*gleich welcher Art*", die zu einer „*Begünstigung*" führen, grundsätzlich verboten sind.[188] Eine andere Betrachtungsweise würde außerdem dazu führen,

> „*dass nationale Steuervorschriften der Kontrolle auf dem Gebiet der staatlichen Beihilfen von vornherein aus dem bloßen Grund entzogen sind, dass sie auf einer anderen Regelungstechnik beruhen, obwohl sie rechtlich und/oder tatsächlich dieselben Wirkungen entfalten*".[189]

Die Annahme einer steuerlichen Begünstigung setzt also nicht zwingend die Existenz einer ausdrücklichen Ausnahmevorschrift im Sinne einer expliziten Befreiung o.ä.[190] zur Regelbesteuerung voraus.[191] So können sich Steuerbegünstigungen zugunsten bestimmter Steuerpflichtiger auch aus dem Zusammenspiel

185 *Hey*, in: Tipke/Lang, § 19 Rn. 28.

186 Vgl. *Krumm*, DStJG 41 (2018), 561, 587.

187 EuGH, Urteil vom 15.11.2011, *Kommission und Spanien/Government of Gibraltar und Vereinigtes Königreich*, verb. Rs. C-106/09 P und C-107/09 P, ECLI:EU:C:2011:732, Rn. 87 f.; EuGH, Urteil vom 28.6.2018, *Andres (faillite Heitkamp Bau-Holding)/Kommission*, Rs. C-203/16 P, ECLI:EU:C:2018:505, Rn. 91 f.; EuGH, Urteil vom 8.11.2022, *Fiat Chrysler Finance Europe/Kommission*, verb. Rs. C-885/19 P und C-898/19 P, ECLI:EU:C:2022:859, Rn. 69 f.

188 *Englisch*, StuW 2012, 318, 321.

189 EuGH, Urteil vom 15.11.2011, *Kommission und Spanien/Government of Gibraltar und Vereinigtes Königreich*, verb. Rs. C-106/09 P und C-107/09 P, ECLI:EU:C:2011:732, Rn. 92.

190 Zu den unterschiedlichen Begünstigungstechniken und ihrer Wirkungen siehe oben Abschnitt C. II. 1. b) bb) (1).

191 EuGH, Urteil vom 15.11.2011, *Kommission und Spanien/Government of Gibraltar und Vereinigtes Königreich*, verb. Rs. C-106/09 P und C-107/09 P, ECLI:EU:C:2011:732, Rn. 91 f.; *Englisch*, DStR 2018, 2501, 2503.

mehrerer Regelungen oder ihrer praktischen Anwendung, also als faktische Ausnahme von der Regelbesteuerung, ergeben.[192]

> *„Dies gilt vor allem für ein Steuersystem, das, […] statt allgemeine Vorschriften für sämtliche Unternehmen vorzusehen, von denen zugunsten bestimmter Unternehmen Ausnahmen gemacht werden, zu demselben Ergebnis führt, indem es die Steuervorschriften derart anpasst und verknüpft, dass ihre Anwendung selbst zu einer unterschiedlichen steuerlichen Belastung für die verschiedenen Unternehmen führt.“*[193]

Ferner kann sogar in der gezielten Auferlegung einer steuerlichen Last betreffend bestimmter Wirtschaftsteilnehmer eine Begünstigung zugunsten der Konkurrenten gesehen werden, die nicht vom Anwendungsbereich der Belastung erfasst sind.[194] Die gezielte Mehrbelastung zeichnet sich dadurch aus, dass sie gleichermaßen wirkt wie eine Freistellung konkurrierender Wirtschaftsteilnehmer, die nicht von der Belastung betroffen sind.[195] So bejahte der EuGH beispielsweise eine unionsrechtswidrige Begünstigung zugunsten von Großhändlern im Fall einer französischen „Direktverkaufsabgabe“ auf Arzneimittel, die bei dem direkten Vertrieb von Pharmaherstellern an Apotheken erhoben wurde, nicht dagegen beim Vertrieb durch Großhändler.[196] Im Schrifttum ist in diesem Zusammenhang von *„negativer Beihilfe“*[197] bzw. *„negative state aid“*[198]

---

192 *Jung/Neckenich*, ISR 2018, 83, 87; vgl. EuGH, Urteil vom 21.12.2016, *Kommission/World Duty Free Group*, verb. Rs. C-20/15 P und C-21/15 P, ECLI:EU:C:2016:981, Rn. 74 f.; EuGH, Urteil vom 15.11.2011, *Kommission und Spanien/Government of Gibraltar und Vereinigtes Königreich*, verb. Rs. C-106/09 P und C-107/09 P, ECLI:EU:C:2011:732, Rn. 87 f.; *Englisch*, DStR 2018, 2501, 2503.

193 EuGH, Urteil vom 15.11.2011, *Kommission und Spanien/Government of Gibraltar und Vereinigtes Königreich*, verb. Rs. C-106/09 P und C-107/09 P, ECLI:EU:C:2011:732, Rn. 93.

194 *Englisch*, in: Schaumburg/Englisch, Rn. 9.14; EuGH, Urteil vom 17.11.2009, *Presidente del Consiglio dei Ministri*, Rs. C-169/08, ECLI:EU:C:2009:709, Rn. 125; EuGH, Urteil vom 22.11.2001, *Ferring*, Rs. C-53/00, ECLI:EU:C:2001:627, Rn. 20; EuGH, Urteil vom 7.9.2006, *Laboratoires Boiron*, Rs. C-526/04, ECLI:EU:C:2006:528, Rn. 39.

195 *Englisch*, StuW 2012, 218, 321.

196 EuGH, Urteil vom 22.11.2001, *Ferring*, Rs. C-53/00, ECLI:EU:C:2001:627, Rn. 20; zum Überblick über die weitere Rechtsprechungsentwicklung siehe *Cordewener*, Ubg. 2012, 607, 611 m.w.N.

197 *Cordewener*, Ubg. 2012, 607, 610 m.w.N.

198 *Jung/Neckenich*, ISR 2018, 83, 87 m.w.N.; *Brandau/Neckenich/Reich/Reimer*, BB 2017, 1175; ausführlich dazu *Schön*, in: Richelle/Schön/Traversa, State Aid Law and Business Taxation, 2016, S. 3 ff., 14 f.

die Rede.[199] Teilweise wird auch von „*asymmetrischen Steuerregelungen*“ gesprochen.[200] Die Einbeziehung derartiger Sonderbelastungen in den Tatbestand des Art. 107 Abs. 1 AEUV ist nicht nur vom Wortlaut, sondern auch vom Telos des Beihilfenverbots gedeckt.[201] Es darf kein Wertungsunterschied zwischen dem Fall bestehen, dass der Gesetzgeber einzelne Wirtschaftsteilnehmer ausdrücklich von einer Steuer befreit, der sie ansonsten unterliegen würden, und der Situation, dass eine Steuerregelung tatbestandlich derart „*asymmetrisch*“ ausgestaltet wird, sodass einzelne Unternehmen von ihr als Steuerpflichtige erfasst werden, andere wiederum nicht.[202] Ansonsten würde es allein von der konkreten Regelungstechnik abhängen können, ob eine steuerliche Vorschrift dem Anwendungsbereich des Art. 107 Abs. 1 AEUV unterliegt.[203] Ungeachtet der grundsätzlichen Richtigkeit, den Beihilfentatbestand auch auf bestimmte steuerliche Belastungen zu erstrecken, ist zu konstatieren, dass dies die Rechtsunsicherheit im Hinblick auf die Qualifikation einer steuerlichen Maßnahme als unzulässige Beihilfe weiter erhöht.

(3) Regionale Belastungsunterschiede

Steuervergünstigungen, die nur in bestimmten regionalen Gebieten gelten, können Ausnahmen von der Regelbesteuerung und damit Begünstigungen im Sinne des Art. 107 Abs. 1 AEUV sein. Sofern sich das Referenzsystem territorial auf den gesamten Staat erstreckt, stellen Steuervergünstigungen, die lediglich in bestimmten Regionen gelten, Abweichungen von der Normalbelastung dar.[204] Nimmt man dagegen die Rechtsetzung der regionalen Gebietskörperschaft

---

199 Grundlegend dazu: *Schön*, in: FS Mestmäcker, 2006, S. 438 f.

200 *Cordewener*, Ubg. 2012, 607, 610 m.w.N.; *Kahl/Bews*, NVwZ 2015, 1081; Schlussanträge der GAin *Kokott* vom 2.7.2009 zu *Presidente del Consiglio dei Ministri*, Rs. C-169/08, ECLI:EU:C:2009:420, Rn. 128.

201 *Englisch*, StuW 2012, 318, 323.

202 Schlussanträge der GAin *Kokott* vom 2.7.2009 zu *Presidente del Consiglio die Ministri*, Rs. C-169/08, ECLI:EU:C:2009:420, Rn. 128 m.w.N.; EuGH, Urteil vom 22.11.2001, *Ferring*, Rs. C-53/00, ECLI:EU:C:2001:627, Rn. 20; vgl. auch EuGH, Urteil vom 7.9.2006, *Laboratoires Boiron*, Rs. C-526/04, ECLI:EU:C:2006:528, Rn. 34 f.; siehe auch *Kahl/Bews*, NVwZ 2015, 1081, 1082 f. zur Frage der Kerbrennstoffsteuer als asymmetrische steuerliche Ausgestaltung vor dem Hintergrund von EuGH, Urteil vom 4.6.2015, *Kernkraftwerke Lippe-Ems*, Rs. C-5/14, ECLI:EU:C:2015:354.

203 *Cordewener*, Ubg. 2012, 607, 610 f.

204 *Glaser*, EuZW 2009, 363, 364; Bekanntmachung der Kommission vom 19.7.2016 zum Begriff der staatlichen Beihilfe im Sinne des Artikels 107 Absatz 1 des Vertrags über die Arbeitsweise der Europäischen Union, ABl. (EU), C (2016) 262/1, Rn. 142.

zum Maßstab, lässt sich die Annahme einer Begünstigung nicht einzig auf das regionale Steuergefälle stützen.[205] Es handelt sich dann nicht um eine Ausnahmevorschrift vom überregionalen Referenzsystem, sondern um eine eigenständige Regelbesteuerung und damit das Referenzsystem selbst.[206] Eine andere Betrachtung würde eine differenzierte Besteuerung in einem föderalen System unmöglich machen.[207] Eine Begünstigung kann also nicht stets allein deshalb angenommen werden, weil der Anwendungsbereich einer Steuervergünstigung territorial begrenzt ist.[208] Bei regionalen Belastungsunterschieden muss daher zunächst geprüft werden, ob als Referenzsystem das Steuersystem des Zentralstaats oder aber das jeweilige regionale bzw. lokale System heranzuziehen ist.[209] Daran wird der Einwand, das Vorliegen einer steuerlichen Beihilferegelung hänge letztlich in besonderem Maße von Zufälligkeiten ab,[210] erneut bestätigt. Denn unabhängig von einer wettbewerbsverzerrenden Wirkung aufgrund eines

---

205 *Glaser*, EuZW 2009, 363, 364; EuGH, Urteil vom 6.9.2006, *Portugal/Kommission*, Rs. C-88/03, ECLI:EU:C:2006:511, Rn. 61 ff.

206 Es darf gleichwohl nicht verkannt werden, dass sich auch innerhalb des regionalen Bezugssystems unzweifelhaft wiederum Abweichungen von diesem ergeben können, die als Begünstigungen im Sinne des Art. 107 Abs. 1 AEUV anzusehen sind.

207 *Jaeger*, EuZW 2012, 92; *Glaser*, EuZW 2009, 363, 366.

208 EuGH, Urteil vom 6.9.2006, *Portugal/Kommission*, Rs. C-88/03, ECLI:EU:C:2006:511, Rn. 57.

209 *Jaeger*, in: MüKo, Teil 8. Steuerliche Maßnahmen, Rn. 48 ff.; damit das unterhalb der gesamtstaatlichen Ebene gesetzte Regelungssystem der Referenzrahmen sein kann, verlangt der EuGH, dass die regionale Gebietskörperschaft hinreichend autonom ist, EuGH, Urteil vom 11.9.2008, *Unión General de Trabajadores de la Rioja*, verb. Rs. C-428/06 bis C-434/06, ECLI:EU:C:2008:488, Rn. 84 f.; Bekanntmachung der Kommission vom 19.7.2016 zum Begriff der staatlichen Beihilfe im Sinne des Artikels 107 Absatz 1 des Vertrags über die Arbeitsweise der Europäischen Union, ABl. (EU), C (2016) 262/1, Rn. 147 f. Erforderlich sind sowohl institutionelle, prozedurale als auch wirtschaftliche Autonomie, EuGH, Urteil vom 6.9.2006, *Portugal/Kommission*, Rs. C-88/03, ECLI:EU:C:2006:511, Rn. 63 f.; dem Urteil teilweise kritisch gegenüberstehend *Arhold*, EuZW 2006, 717, 720; Schlussanträge des GA *Jääskinen* vom 7.4.2011 zu *Kommission und Spanien/Government of Gibraltar und Vereinigtes Königreich*, verb. Rs. C-106/09 P und C-107/09 P, ECLI:EU:C:2011:215, Rn. 57; siehe auch die Schlussanträge des GA *L.A. Geelhoed* vom 20.10.2005 zu *Portugal/Kommission*, Rs. C-88/03, ECLI:EU:C:2005:618, Rn. 48 ff. Vor diesem Hintergrund sind die unterschiedlichen kommunalen Gewerbesteuersätze nach überwiegender Auffassung beihilfenrechtlich unbedenklich, *Arhold*, EuZW 2006,717, 721; *Englisch*, in: Tipke/Lang, § 4 Rn. 121; *de Weerth*, IStR 2008, 732, 734; kritisch dagegen *ders.*, DB 2009, 2677, 2678.

210 Vgl. oben Abschnitt C. II. 1. b) aa) (3).

regionalen Steuergefälles kann das nationale Kompetenzgefüge hinsichtlich der Steuerhoheit darüber entscheiden, ob eine Regelung unionsrechtlich Bestand hat oder nicht.

c) Begünstigungen auf Rechtsanwendungsebene

Nicht nur gesetzliche Steuervergünstigungen, sondern auch finanzbehördliches Handeln muss mit den Vorgaben des Art. 107 Abs. 1 AEUV im Einklang stehen.[211] Die Europäische Kommission formulierte in ihrer Mitteilung aus dem Jahr 1998 bereits, dass steuerliche Begünstigungen u.a. *„durch Zahlungsaufschub, Aufhebung der Steuerschuld oder außergewöhnliche Vereinbarung über die Abzahlung der Steuerschuld in Raten"* in Betracht kommen.[212] Derartige Maßnahmen sind in der Abgabenordnung im Rahmen sog. Billigkeitsmaßnahmen vorgesehen, die im Ermessen der einzelnen Finanzbehörde stehen. Stundet die Finanzbehörde den Steueranspruch gegenüber dem Steuerpflichtigen (§ 222 AO) oder wird die Steuerschuld erlassen (§§ 163, 227 AO[213]), entfaltet dies auf Seiten des Begünstigungsempfängers vergleichbare positive Wirkungen wie im Zivilrecht.[214] Die Steuerstundung führt zum zeitlichen Hinausschieben der Fälligkeit des Steueranspruchs,[215] sodass der Bescheid bis zum Fälligkeitszeitpunkt von der Finanzverwaltung nicht vollstreckt werden kann (§ 254 Abs. 1 Satz 1 AO). Die vorteilhafte Wirkung entspricht der eines Darlehens, da die Liquidität des Schuldners verbessert wird.[216] Rechtsfolge eines Steuererlasses

211 *Wienbracke*, IWB 2016, 784, 787 m.w.N.; zur Bindung aller Staatsgewalten an die Einhaltung der Vorgaben des Art. 107 Abs. 1 AEUV siehe oben Abschnitt A. III.

212 Mitteilung der Kommission vom 11.11.1998 über die Anwendung der Vorschriften über staatliche Beihilfen auf Maßnahmen im Bereich der direkten Unternehmensbesteuerung, Abl. (EG), C 384/3, Rn. 9.

213 Während § 163 AO den sog. Billigkeitserlass im Festsetzungsverfahren vorsieht, betrifft § 227 AO die Erlassmöglichkeit im Erhebungsverfahren. Die Tatbestandsvoraussetzungen beider Vorschriften sind dieselben, BFH, Beschluss vom 28.11.2016, GrS 1/15, BFHE 255, 482, 499, Rn. 97 (juris); BFH, Urteil vom 24.8.2011, I R 87/10, BFH/NV 2012, 161, 162, Rn. 17 (juris).

214 *P. Reimer*, NVwZ 2011, 263 f.

215 *von Groll*, in: Hübschmann/Hepp/Spitaler, § 222 AO Rn. 170; BFH, Urteil vom 8.7.2004, VII R 55/03, BFHE 206, 309, 314, Rn. 26 (juris); BFH, Urteil vom 22.4.1988, III R 269/84, BFH/NV 1989, 428, 429, Rn. 18 (juris).

216 Es ist jedoch zu berücksichtigen, dass mit einer Stundung auch belastende Elemente einhergehen. Zum einen bedarf es nach § 222 Satz 2 AO einer Sicherheitsleistung und zum anderen werden Stundungszinsen erhoben (§ 234 Abs. 1 Satz 1 AO), die für jeden vollen Monat 0,5 % betragen (§ 238 Abs. 1 Sätze 1 und 2 AO). Auf die Erhebung

ist das vollständige bzw. teilweise Erlöschen der Forderung aus dem Steuerschuldverhältnis (§ 47 AO) wie im Falle eines zivilrechtlichen Erlassvertrags (vgl. § 397 BGB).[217]

Begünstigungen im Sinne des Art. 107 Abs. 1 AEUV von Seiten der Finanzbehörden liegen auch vor, wenn eine Steuer abweichend von den gesetzlichen Vorschriften, also rechtswidrig, niedriger festgesetzt wird.[218] Dies ist denkbar, indem die Finanzverwaltung einzelne Wirtschaftsteilnehmer in der Weise begünstigt, dass sie bestimmte Besteuerungstatbestände nicht anwendet, falsch anwendet oder im Rahmen eingeräumten Ermessensspielraums, etwa bei der Erteilung einer verbindlichen Auskunft gem. § 89 Abs. 2 AO,[219] gegenüber konkurrierenden Unternehmen bevorzugt behandelt.[220]

Neben konkret-individuellen Begünstigungen können von Seiten der Finanzverwaltung Vorteile in abstrakt-genereller Form, namentlich im Rahmen von Verwaltungsvorschriften, gewährt werden. Nach allgemeiner Auffassung können auch Verwaltungsvorschriften Beihilferegelungen sein.[221] Dass es sich dabei

---

von Stundungszinsen kann jedoch ganz oder teilweise verzichtet werden, wenn dies nach Lage des Einzelfalls unbillig wäre (§ 234 Abs. 2 AO). Ein solcher Verzicht kann wiederum selbst eine beihilfenrechtsrelevante Begünstigung bedeuten. Gleiches gilt, wenn zu geringe Sicherheiten gefordert werden. Näher dazu *P. Reimer*, NVwZ 2011, 263, 266.

217 Ausführlich zur beihilfenrechtlichen Problematik der Billigkeitsmaßnahmen der Abgabenordnung siehe *P. Reimer*, NVwZ 2011, 263 ff.

218 *Lang*, IStR 2015, 369, 371 m.w.N.

219 Das Rechtsinstitut der verbindlichen Auskunft als solche ist unstreitig nicht beihilfenrechtswidrig, *Werder/Dannecker*, BB 2015, 1687, 1693; *Soltész*, EuZW 2015, 127, 129 f.; *Martini*, StuW 107, 101, 110; ebenso die Bundesregierung: Siehe Antwort der Bundesregierung auf die Kleine Anfrage der Abgeordneten Dr. Thomas Gambke, Britta Haßelmann, Lisa Paus, weiterer Abgeordneter und der Fraktion BÜNDNIS 90/DIE GRÜNEN - Drucksache 18/3346 - Aufarbeitung von Luxemburg-Leaks in Deutschland, BT-Drucks. 18/3662, S. 3 ff. die Fragen 10 und 11. Daher stellt sich die Frage nach einer selektiven Begünstigung von Unternehmen durch die Gewährung verbindlicher Auskünfte nur in Einzelfällen, wenn diese gegen grundlegende Prinzipien des deutschen Steuerrechts oder eine ganz h.M. verstoßen, *Schnitger*, IStR 2017, 421, 423.

220 Bekanntmachung der Kommission vom 19.7.2016 zum Begriff der staatlichen Beihilfe im Sinne des Artikels 107 Absatz 1 des Vertrags über die Arbeitsweise der Europäischen Union, ABl. (EU), C (2016) 262/1, Rn. 174.

221 *Glatz*, IStR 2016, 447, 448; *P. Reimer*, NVwZ 2011, 263, 267; *Blumenberg/Kring*, IFSt-Schrift Nr. 473 (2011), S. 13; *Englisch*, in: Schaumburg/Englisch, Rn. 9.4.

nicht um formelle Parlamentsgesetze handelt, steht ihrer Qualifikation als Beihilfe nicht entgegen.[222]

d) Tatbestandseinschränkung durch den sog. private-investor-Test

Die Annahme einer Begünstigung scheidet aus, wenn der staatlichen Zuwendung eine marktangemessene Gegenleistung bzw. Kompensation gegenübersteht.[223] Dem Tatbestandsmerkmal der Begünstigung unterfallen solche staatlichen Vorteilsgewährungen nicht, die unter normalen wirtschaftlichen Bedingungen hätten erlangt werden können.[224] Denn eine Wettbewerbsverzerrung ist ausgeschlossen, wenn der Staat bei der finanziellen Unterstützung von Unternehmen diesen gegenüber wie ein privater Wirtschaftsteilnehmer am Markt auftritt.[225]

Die Abgrenzung zwischen marktgerechtem (und damit beihilfenrechtskonformem) Verhalten und einer beihilfenrechtswidrigen Zuwendung wird anhand des sog. private-investor-Tests vorgenommen.[226] Dabei ist zu prüfen, ob die staatliche Zuwendung unter Bedingungen erfolgt, die für einen hypothetischen privaten Vergleichsinvestor unter normalen marktwirtschaftlichen Voraussetzungen akzeptabel wären.[227] Da der Staat finanzielle Vorteile nicht lediglich in der Rolle eines Investitionsgebers gewährt, ist der sog. private-creditor-Test als eine Ausprägung des private-investor-Tests entwickelt worden.[228] Anhand des private-creditor-Tests wird geprüft, ob eine Rückzahlungsmodalität oder ein Rückzahlungsverzicht als Begünstigung im Sinne des Art. 107 Abs. 1 AEUV

---

222 *Glatz*, IStR 2016, 447, 448.

223 *Koenig/Schreiber*, Europäisches Wettbewerbsrecht, S. 223; *Cremer*, in: Calliess/Ruffert, Art. 107 AEUV Rn. 12 f.

224 EuGH, Urteil vom 11.7.1996, *SFEI u.a.*, Rs. C-39/94, ECLI:EU:C:1996:285, Rn. 60; EuGH, Urteil vom 21.3.1991, *Italien/Kommission*, Rs. C-303/88, ECLI:EU:C:1991:136, Rn. 20.

225 *Giesberts/Streit*, EuZW 2009, 484, 485.

226 Ständige Rechtsprechung: Siehe etwa EuGH, Urteil vom 21.3.1991, *Italien/Kommission*, Rs. C-305/89, ECLI:EU:C:1991:142, Rn. 19 ff.; näher dazu *Sühnel*, EWS 2007, 115; mit anschaulichen Beispielen *Koenig/Schreiber*, Europäisches Wettbewerbsrecht, S. 224 ff.

227 *Koenig/Schreiber*, Europäisches Wettbewerbsrecht, S. 224; EuGH, Urteil vom 11.7.1996, *SFEI u.a.*, Rs. C-39/94, ECLI:EU:C:1996:285, Rn. 61 f.; EuGH, Urteil vom 21.3.1991, *Italien/Kommission*, Rs. C-303/88, ECLI:EU:C:1991:136, Rn. 21 f.

228 *Koenig/Schreiber*, Europäisches Wettbewerbsrecht, S. 223; *Hinder/Hentschel*, GmbHR 2016, 345, 352; zur nicht einheitlichen Terminologie siehe *Thalmann*, EuR 2013, 432, 437 in Fn. 20 m.w.N.

zu qualifizieren ist.[229] Hier gilt es festzustellen, ob ein hypothetischer privater Gläubiger im Sinne einer bestmöglichen Durchsetzung seiner Forderung einem Schuldner dieselben Rückzahlungsmodalitäten eingeräumt hätte,[230] wie es der Staat als öffentlicher Gläubiger getan hat.[231]

Bis dato ist nicht abschließend geklärt, inwieweit der private-investor-Test bzw. der private-creditor-Test[232] auch auf steuerliche Maßnahmen anwendbar ist.[233] Fest steht jedenfalls, dass der Anwendung dieser Prinzipien nicht allein der Umstand entgegensteht, dass die zu überprüfende Maßnahme steuerlicher Art ist.[234] Ebenfalls kann festgehalten werden, dass nur solche Vorteilsgewährungen an der Marktüblichkeit gemessen werden können, die mit der Rolle des Staates als Wirtschaftsbeteiligter und nicht als Träger öffentlicher Gewalt zusammenhängen.[235] Ob der private-investor-Test oder der private-creditor-Test auf steuerliche Begünstigungen anzuwenden ist, hängt also letztlich mit der Frage zusammen, ob der Staat bei der steuerlichen Vorteilsgewährung in der

229 *Koenig/Schreiber*, Europäisches Wettbewerbsrecht, S. 224.

230 Etwa eine Stundung, ein (Teil-)Erlass oder ein Zahlungsaufschub.

231 *Koenig/Schreiber*, Europäisches Wettbewerbsrecht, S. 225; EuGH, Urteil vom 29.6.1999, *DM Transport*, Rs. C-256/97, ECLI:EU:C:1999:332, Rn. 24; Schlussanträge des GA *Jacobs* vom 24.9.1998 zu *DM Transport*, Rs. C-256/97, ECLI:EU:C:1998:436, Rn. 34–36.

232 Über den private-creditor-Test hinaus, gibt es auch noch den sog. private-vendor-Test, welcher der Bestimmung der Marktangemessenheit bei Verkaufs- oder Kaufaktivitäten der öffentlichen Hand dient. Siehe dazu *Koenig/Schreiber*, Europäisches Wettbewerbsrecht, S. 224; *Haratsch/Koenig/Pechstein*, Europarecht, Rn. 1272. Diese Ausprägung spielt im Rahmen der Eingriffsverwaltung keine Rolle, sodass von einer weiteren Darstellung diesbezüglich abgesehen wird.

233 Zum Streitstand über die Reichweite der Anwendbarkeit im Steuerrecht siehe *Jaeger*, EuZW 2012, 92, 93 f., m.w.N. in Fn. 16 und Fn. 32; *Hinder/Hentschel*, GmbHR 2016, 345, 352 ff.

234 EuGH, Urteil vom 5.6.2012, *Kommission/EDF*, Rs. C-124/10 P, ECLI:EU:C:2012:318, Rn. 98, 100; *Cremer*, in: Calliess/Ruffert, Art. 107 AEUV Rn. 11.

235 Bekanntmachung der Kommission vom 19.7.2016 zum Begriff der staatlichen Beihilfe im Sinne des Artikels 107 Absatz 1 des Vertrags über die Arbeitsweise der Europäischen Union, ABl. (EU), C (2016) 262/1, Rn. 77; EuGH, Urteil vom 5.6.2012, *Kommission/EDF*, Rs. C-124/10 P, ECLI:EU:C:2012:318, Rn. 79, 80 und 81; vgl. in diesem Sinne auch EuGH, Urteil vom 10.7.1986, *Belgien/Kommission*, Rs. C-40/85, ECLI:EU:C:1986:305, Rn. 13; EuGH, Urteil vom 14.9.1994, *Spanien/Kommission*, verb. Rs. C-278/92 bis C-280/92, ECLI:EU:C:1994:325, Rn. 22; EuGH, Urteil vom 28.1.2003, *Deutschland/Kommission*, C-334/99, ECLI:EU:C:2003:55, Rn. 134; *Möhlenkamp*, ZIP 2018, 1907, 1910 f.

Eigenschaft als Träger öffentlicher Gewalt oder mit einem privaten Wirtschaftsteilnehmer vergleichbar agiert hat.[236] Vor diesem Hintergrund ist danach zu unterscheiden, ob eine abstrakt-generelle oder eine konkret-individuelle Steuerbegünstigung einer Beihilfenkontrolle unterliegt.

Bei gesetzlichen Steuerbegünstigungen ist die Anwendung des private-investor-Tests ausgeschlossen. Sie sind nicht mit privaten Investitionen vergleichbar, da es bereits an einem Gegenseitigkeitsverhältnis fehlt (vgl. § 3 AO).[237] Darüber hinaus kommt bei der Ausgestaltung des materiellen Steuerrechts allein dem Staat als Träger öffentlicher Gewalt das Steuermonopol zu.[238] Ein Privater kann steuerliche Fiskal- oder Lenkungszwecke, wie sie im Rahmen steuerlicher Gesetzgebung verfolgt werden,[239] gerade nicht berücksichtigen.[240] Vor diesem Hintergrund ist der Staat bei der Setzung steuerlicher Normen nicht mit einem privaten Wirtschaftsteilnehmer vergleichbar. Gleiches gilt für die Anwendung des private-creditor-Tests. Ein privater Gläubiger prüft nämlich für jeden Einzelfall gesondert, mithilfe welcher Rückzahlungsmodalitäten eine Schuld am effektivsten eingetrieben werden könnte. Mit abstrakt-generellen Regelungen können individuelle Umstände eines (Steuer-)Schuldners gerade nicht berücksichtigt werden.[241] Folglich kann gesetzlichen Vergünstigungen ihre Eigenschaft als Begünstigung weder nach Maßgabe des private-investor- noch des private-creditor-Tests abgesprochen werden. Gleiches gilt für begünstigende Verwaltungsvorschriften. Denn diese sind ebenfalls abstrakt-generelle Regelungen, sodass individuelle Umstände keine Berücksichtigung finden können.

Im Rahmen finanzbehördlicher Einzelmaßnahmen, wie etwa einem Erlass oder einer Stundung, ist das staatliche Handeln dagegen mit dem eines privaten Gläubigers durchaus vergleichbar. Unabhängig davon, dass eine Steuerforderung öffentlich-rechtlicher Natur ist, können die Gläubiger einer Steuerforderung und jene einer zivilrechtlichen Forderung im Grunde in der gleichen Weise

---

236 Vgl. EuGH, Urteil vom 5.6.2012, *Kommission/EDF*, Rs. C-124/10 P, ECLI:EU:C:2012:318, Rn. 81.

237 *Jaeger*, EuZW 2012, 92, 95.

238 *Grube*, Der Einfluss des unionsrechtlichen Beihilfenverbots auf das deutsche Steuerrecht, S. 108; Beschluss der EU-Kommission vom 26.1.2011, 2011/527/EU, berichtigt durch Beschluss vom 15.4.2011, K (2011) 275 ABl. (EU) 2011 L 235/26, Rn. 58, 63.

239 Zur Unterscheidung von Fiskalzweck- und Lenkungsnormen *Hey*, in Tipke/Lang, § 3 Rn. 20 f.

240 *Jaeger*, EuZW 2012, 92, 95.

241 Vgl. EuG, Urteil vom 4.2.2016, *GFKL Financial Services/Kommission*, Rs. T-620/11, ECLI:EU:T:2016:59, Rn. 169.

über ihre jeweilige Forderung disponieren.[242] Erlässt die Finanzverwaltung beispielweise eine Steuerforderung eines Unternehmens, welches sich bereits in der Insolvenz befindet, so entspricht das grundsätzlich auch dem Handeln privater Gläubiger, da Forderungen in solchen Fällen mangels Zahlungsfähigkeit ohnehin wertlos sind.[243] Gewährt die Finanzverwaltung eine Stundung, so scheidet die Annahme einer Begünstigung vor dem Hintergrund des private-creditor-Tests aus, sofern eine Verzinsung sowie eine Sicherheitsleistung, die ein privater Gläubiger gefordert hätte, vorliegen.[244] Folglich kann nach Maßgabe des private-creditor-Tests auf Rechtsanwendungsebene im konkreten Einzelfall das Vorliegen einer Begünstigung verneint werden, wenn die finanzbehördliche Maßnahme dem Handeln eines privaten Gläubigers entspricht. Auf Ebene der Rechtsetzung scheidet die Anwendbarkeit des private-investor- / private-creditor-Tests hingegen aus.

2. Betroffenheit von Unternehmen

Ausweislich des Wortlauts erfasst Art. 107 Abs. 1 AEUV nur Vorteilsgewährungen zugunsten von „*Unternehmen*" und „*Produktionszweigen*". Vorteile, die ausschließlich Nichtunternehmern, etwa privaten Verbrauchern oder Arbeitnehmern, zugutekommen, unterfallen dem Beihilfenverbot nicht.[245] Eine Begünstigung ist nur insoweit von beihilfenrechtlicher Relevanz, als Unternehmen von ihr betroffen werden.[246]

242 *Jaeger*, EuZW 2012, 92, 95; vgl. auch EuGH, Urteil vom 29.6.1999, *DM Transport*, Rs. C-256/97, ECLI:EU:C:1999:332, Rn. 23 f.; EuGH, Urteil vom 29.4.1996, *Spanien/Kommission*, Rs. C-342/96, ECLI:EU:C:1999:210, Rn. 46 f.; siehe auch oben unter Abschnitt C. II. 2. c).

243 *P. Reimer*, NVwZ 2011, 263, 266; EuG, Urteil vom 11.7.2002, *HAMSA/Kommission*, Rs. T-152/99, ECLI:EU:T:2002:188, Rn. 168.

244 *P. Reimer*, NVwZ 2011, 263. 266 stellt auf den Zinssatz ab, der bei einem Darlehen in vergleichbarer Höhe gewährt worden wäre. Darüber hinaus stellt er in Frage, ob der pauschale Zinssatz von 6 % p.a. nach § 238 Abs. 1 AO dem zwischen privaten Gläubigern entspricht.

245 *Blumenberg/Kring*, IFSt-Schrift Nr. 473 (2011), S. 13.

246 EuGH, Urteil vom 27.6.2017, *Congregación de Escuelas Pías Provincia Betania*, Rs. C-74/16, ECLI:EU:C:2017:496, Rn. 39; *Englisch*, in: Schaumburg/Englisch, Rn. 9.8.

a) Unternehmereigenschaft der Begünstigungsempfänger

Bei der Prüfung einer steuerlichen Maßnahme anhand der Vorgaben des Art. 107 Abs. 1 AEUV ist zunächst die Einordnung notwendig, ob die (potentiellen) Begünstigungsempfänger Unternehmen bzw. Unternehmer sind.[247]

Der Begriff „*Unternehmen*" ist weit zu verstehen. Dieser erfasst nach ständiger Rechtsprechung des EuGH jede eine wirtschaftliche Tätigkeit ausübende Einheit, unabhängig von ihrer Rechtsform und der Art ihrer Finanzierung.[248] Unter einer wirtschaftlichen Tätigkeit ist jede Tätigkeit zu verstehen, die darin besteht, Güter oder Dienstleistungen auf einem bestimmten Markt anzubieten.[249] Auf eine Gewinnerzielungsabsicht kommt es nicht an.[250] Der Eigenschaft als Unternehmen steht auch nicht entgegen, dass gemeinnützige Zwecke verfolgt werden.[251] Gemeinnützige Einrichtungen sind jedoch nur insoweit als Unternehmen anzusehen, soweit sie am Markt mit gewinnorientierten Unternehmen

247 *Schmidt*, HFSt 8 (2018), 63, 75.

248 EuGH, Urteil vom 27.6.2017, *Congregación de Escuelas Pías Provincia Betania*, Rs. C-74/16, ECLI:EU:C:2017:496, Rn. 41; EuGH, Urteil vom 16.3.2004, *AOK-Bundesverband*, verb. Rs. C-264/01, C-306/01, C-354/01 und C-355/01, *u.a.*, ECLI:EU:C:2004:150, Rn. 46; EuGH, Urteil vom 23.4.1991, *Höfner und Elser/Macrotron*, Rs. C-41/90, ECLI:EU:C:1991:161, Rn. 21.

249 EuGH, Urteil vom 16.6.1987, *Kommission/Italien*, Rs. C-118/85, ECLI:EU:C:1987:283, Rn. 7; EuGH, Urteil vom 18.6.1998, *Kommission/Italien*, Rs. C-35/96, ECLI:EU:C:1998:303, Rn. 36; EuGH, Urteil vom 12.9.2000, *Pavlov u.a.*, verb. Rs. C-180/98 bis C-184/98, ECLI:EU:C:2000:428, Rn. 75.

250 EuGH, Urteil vom 16.11.1995, *FFSA u.a./Ministère de l'Agriculture und de la Pêche*, Rs. C-244/94, ECLI:EU:C:1995:392, Rn. 21; EuGH, Urteil vom 10.1.2006, *Cassa di Risparmio di Firenze u.a.*, Rs. C-222/04, ECLI:EU:C:2006:8, Rn. 123.

251 *Berg/Szymczak*, UR 2018, 853, 855; *Frotscher*, Internationales Steuerrecht, § 2 Rn. 139; vgl. EuGH, Urteil vom 27.6.2017, *Congregación de Escuelas Pías Provincia Betania*, Rs. C-74/16, ECLI:EU:C:2017:496, Rn. 41. Vor diesem Hintergrund ist bis heute nicht abschließend geklärt, inwieweit die körperschaftsteuerlichen sowie umsatzsteuerlichen Befreiungen und Ermäßigungen zugunsten gemeinnütziger Unternehmen mit dem Beihilfenrecht im Einklang stehen, ausführlich dazu *Helios*, Steuerliche Gemeinnützigkeit und EG-Beihilfenrecht, 2005; *ders.*, EWS 2006, 61 f. und 108 f.; siehe auch *Grube*, Der Einfluss des unionsrechtlichen Beihilfenverbots auf das deutsche Steuerrecht, S. 132 ff.; zur Beihilfenproblematik umsatzsteuerlicher Vergünstigungen für gemeinnützige Unternehmen im deutschen Umsatzsteuerrecht siehe *Berg/Szymczak*, UR 2018, 853 f.

in Wettbewerb treten.[252] Ist ein Marktteilnehmer sowohl wirtschaftlich als auch nichtwirtschaftlich tätig, dann ist für die Frage betreffend die Reichweite der Unternehmenseigenschaft jede einzelne der verschiedenen Tätigkeiten jeweils gesondert zu prüfen.[253]

Nicht nur private, sondern auch öffentliche Unternehmen unterfallen grundsätzlich dem Anwendungsbereich des Beihilfenverbots (siehe Art. 106 Abs. 1 AEUV). Deren Unternehmenseigenschaft ist jedoch zu verneinen, soweit sie hoheitliche Befugnisse ausüben, da solche Tätigkeiten keinen wirtschaftlichen Charakter aufweisen.[254]

Der Begriff „*Produktionszweige*" ist ebenfalls weit zu verstehen. Dieser umfasst alle in einem bestimmten wirtschaftlichen Bereich tätigen Unternehmen.[255] Trotz missverständlichen Wortlauts ist diese Variante nicht auf das produzierende Gewerbe beschränkt, sondern erfasst auch den Handels- und den Dienstleistungssektor[256] sowie die freien Berufe.[257] Bei der Prüfung des Tatbestandes des Art. 107 Abs. 1 AEUV ist eine Abgrenzung zwischen den Begriffen

---

252 *Englisch*, in: Schaumburg/Englisch, Rn. 9.9; EuG, Urteil vom 12.9.2013, *Deutschland/Kommission*, Rs. T-347/09, ECLI:EU:T:2013:418, Rn. 31; ausführlich dazu *Berg/Szymczak*, UR 2018, 853, 855.

253 EuGH, Urteil vom 27.6.2017, *Congregación de Escuelas Pías Provincia Betania*, Rs. C-74/16, ECLI:EU:C:2017:496, Rn. 44; EuGH, Urteil vom 24.10.2002, *Aéroports de Paris/Kommission*, Rs. C-82/01 P, ECLI:EU:C:2002:617, Rn. 75, EuGH, Urteil vom 1.7.2008, *MOTOE*, Rs. C-49/07, ECLI:EU:C:2008:376, Rn. 25; *Berg/Szymczak*, UR 2018, 853, 855.

254 EuG, Urteil vom 12.9.2013, *Deutschland/Kommission*, Rs. T-347/09, ECLI:EU:T:2013:418, Rn. 27; EuGH, Urteil vom 11.7.1985, *Kommission/Deutschland*, Rs. C-107/84, ECLI:EU:C:1985:332, Rn. 14 und 15; EuGH, Urteil vom 19.1.1994, *SAT Fluggesellschaft/Eurocontrol*, Rs. C-364/92, ECLI:EU:C:1994:7, Rn. 30; zu Beispielen hoheitlicher nicht wirtschaftlicher Tätigkeiten siehe Bekanntmachung der Kommission vom 19.7.2016 zum Begriff der staatlichen Beihilfe im Sinne des Artikels 107 Absatz 1 des Vertrags über die Arbeitsweise der Europäischen Union, ABl. (EU), C (2016) 262/1, Rn. 17.

255 *Cremer*, in: Calliess/Ruffert, Art. 107 AEUV Rn. 30 m.w.N.

256 *Brandau/Neckenich/Reich/Reimer*, BB 2017, 1175, 1178; *Heidenhain*, in: Heidenhain, § 4 Rn. 51, Beispiele aus der Rechtsprechung in Fn. 167 nennend: EuG, Urteil vom 14.12.2000, *Ufex u.a./Kommission*, Rs. T-613/97, ECLI:EU:T:2000:304 (Beihilfen zugunsten eines Expresszustelldienstes) sowie EuG, Urteil vom 15.6.2000, *Alzetta u.a./Kommission*, Rs. T-298/97 u.a., ECLI:EU:T:2000:151 (Beihilfen zugunsten von Güterkraftverkehrsunternehmen).

257 *Koenig/Förtsch*, in: Streinz, Art. 107 AEUV Rn. 73.

„*Unternehmen*“ und „*Produktionszweige*“ nicht erforderlich. Ein Produktionszweig besteht stets aus mehreren Unternehmen.[258] Beihilfen, die ganze Produktionszweige adressieren, erfassen somit zwangsläufig stets einzelne Unternehmen als Begünstigte. Folglich kommt dem Begriff „*Produktionszweige*“ in Art. 107 Abs. 1 AEUV keine eigenständige Bedeutung zu.[259]

b) Unmittelbare Betroffenheit von Unternehmen

Unternehmen werden von einer steuerlichen Begünstigung in unmittelbarer Weise betroffen, wenn sie Adressaten einer begünstigenden gesetzlichen Regelung bzw. Maßnahme der Finanzverwaltung sind.[260] Dass eine Steuervergünstigung auch Begünstigten zugutekommt, die keine Unternehmen sind, steht der Annahme einer unzulässigen Beihilfe nicht *per se* entgegen.[261] Es ist nicht erforderlich, dass ein spezifisch nur auf Unternehmen zugeschnittener persönlicher Anwendungsbereich der fraglichen Regelung festzustellen ist.[262] Es genügt also, wenn die Begünstigung auch Unternehmen betrifft.

Charakteristisch für eine unmittelbare Begünstigung ist in jedem Fall, dass die wirtschaftlichen Vorteile gegenüber den Unternehmen als Begünstigungsempfänger mit den staatlichen Mindereinnahmen korrespondieren.[263]

c) Mittelbare Betroffenheit von Unternehmen

Art. 107 Abs. 2 lit. a) AEUV ist zu entnehmen, dass das Beihilfenverbot nicht nur unmittelbare Vorteilsgewährungen erfasst, sondern auch solche, die unmittelbar Nichtunternehmer adressieren, sich aber indirekt zugunsten von Unternehmen positiv auswirken[264] (sog. mittelbare Begünstigungen[265]). Der

---

258 *Schmidt*, HFSt 8 (2018), 63, 75.

259 *Cremer*, in: Calliess/Ruffert, Art. 107 AEUV Rn. 30; *Heidenhain*, in: Heidenhain, § 4 Rn. 51; vgl. auch *Schmidt*, in: HfSt 8 (2018), 63, 75.

260 *Milutinović*, HFSt 8 (2018), 85.

261 EuGH, Urteil vom 15.12.2005, *Italien/Kommission*, Rs. C-66/02, ECLI:EU:C:2005:768, Rn. 92.

262 *Englisch*, in: Schaumburg/Englisch, Rn. 9.11.

263 *Milutinović*, HFSt 8 (2018), 85, 86.

264 EuGH, Urteil vom 28.7.2011, *Kommission/Mediaset*, Rs. C-403/10 P, ECLI:EU:C:2011:533, Rn. 81; ein Beispiel aus dem deutschen Steuerrecht war die Vorschrift des § 52 Abs. 8 EStG a.F. (1996), siehe EuGH, Urteil vom 19.9.2000, *Deutschland/Kommission*, Rs. C-156/98, ECLI:EU:C:2000:467.

265 Näher dazu *Heidenhain*, in: Heidenhain, § 4 Rn. 14 ff.; *ders.*, EuZW 2007, 623; *Soltész/Hellstern*, EuZW 2013, 489 ff.; *Bartosch*, Art. 107 Abs. 1 AEUV Rn. 128 ff.

beihilferechtsrelevante Vorteil liegt hier nicht in der verminderten Steuerlast, sondern in den mittelbaren positiven Auswirkungen auf die Wettbewerbsposition der Unternehmen.[266] Solche mittelbaren Begünstigungen können etwa die Ausweitung des Marktanteils, die Erzielung eines höheren Gewinns, verminderte Betriebskosten oder die Schaffung von Anreizen für Verbraucher oder Investoren sein.[267] Anders als bei der unmittelbaren Betroffenheit korrespondieren Vorteilsgewährungen und staatliche Mindereinnahmen bei mittelbaren Unternehmensbegünstigungen nicht.[268]

Es entspricht dem Sinn und Zweck der Beihilfenkontrolle, mittelbare Vorteile ebenfalls im Tatbestand des Art. 107 Abs. 1 AEUV zu erfassen, da diese in gleicher Weise wie unmittelbare Begünstigungen wettbewerbsverzerrend und handelsbeeinträchtigend wirken können.[269] Die Beschränkung des Anwendungsbereichs des Beihilfenverbots auf nur unmittelbare Unternehmensbegünstigungen stünde einem effektiven Schutz des Binnenmarktes entgegen.[270] Gleichwohl ist nicht zu verkennen, dass ein solch weiter Anwendungsbereich des Art. 107 Abs. 1 AEUV über das Potential verfügt, den Beihilfentatbestand uferlos werden zu lassen, was mit erheblicher Rechtsunsicherheit einhergeht.[271] Grundsätzlich kann nämlich jede staatliche Handlung auch mittelbar begünstigende Einwirkungen auf die Wirtschaft haben.[272]

---

266 *Englisch*, in: Schaumburg/Englisch, Rn. 9.10; vgl. EuGH, Urteil vom 19.9.2000, *Deutschland/Kommission*, Rs. C-156/98, ECLI:EU:C:2000:467, Rn. 22 f. sowie Rn. 27.

267 *Englisch*, in: Schaumburg/Englisch, Rn. 9.10; vor diesem Hintergrund dürften etwa die möglichen Sonderausgabenabzüge nach den §§ 10b, 10f und 10g EStG zumindest beihilfenverdächtig sein, *Brandau/Neckenich/Reich*/Reimer, BB 2017, 1175, 1181; näher dazu *Helios*, EWS 2006, 108, 113 ff.

268 *Milutinović*, HFSt 8 (2018), 85, 86.

269 *Milutinović*, HFSt 8 (2018), 85, 91.

270 *Milutinović*, HFSt 8 (2018), 85, 91.

271 *Heidenhain*, in: Heidenhain, 2003, § 4 Rn. 16; *Jennert/Ellenrieder*, EWS 2011, 305, 311 sprechen sogar von „*inakzeptabler*" Rechtsunsicherheit.

272 Darauf hinweisend auch *Milutinović*, HFSt 8 (2018), 85, 91, die jedoch die Befürchtung einer zu weiten Ausdehnung des Beihilfenverbots mit dem zweifelhaften Argument ablehnt, dass weitere Tatbestandsmerkmale wie die Selektivität und das Erfordernis einer Wettbewerbsverfälschung eingrenzend wirken. Zur Schwierigkeit der Bestimmung der Selektivität und der damit einhergehenden Rechtsunsicherheiten siehe unten in Abschnitt C. II. 3. b); zur Überflüssigkeit des Tatbestandsmerkmals der Wettbewerbsverfälschung aufgrund der weiten Auslegung durch die Unionsgerichte siehe unten Abschnitt C. III. 1.

d) Einordnung von Begünstigungen im indirekten Steuerrecht

Fraglich ist, ob Steuervergünstigungen im indirekten Steuerrecht als mittelbare oder als unmittelbare Begünstigungen von Unternehmen einzuordnen sind. Denn Steuervorteile, etwa im Rahmen des Umsatzsteuerrechts oder sonstiger Verbrauchsteuern,[273] können aufgrund des Auseinanderfallens von Steuerschuldner und Steuerträger sowohl den leistenden Unternehmen als auch den Verbrauchern zugutekommen.[274] Berücksichtigt ein Steuerpflichtiger eine Umsatzsteuerbefreiung nicht in Form eines entsprechenden Preisnachlasses, so profitiert dieser unmittelbar von der Steuervergünstigung. Sofern dagegen das Entgelt entsprechend der Befreiung gesenkt wird, entfaltet die Vergünstigung eine Entlastung auf Seiten der Verbraucher.[275] Vor diesem Hintergrund könnte man vertreten, dass soweit Befreiungen und Ermäßigungen wirtschaftlich nicht den Steuerschuldner (i.d.R. den Unternehmer[276]), sondern den Steuerträger (d.h. den Verbraucher) wirtschaftlich entlasten, letzterer der unmittelbare Adressat der Begünstigung ist und eine Beihilfe nur noch in Form einer mittelbaren Begünstigung in Betracht kommt.[277] Folglich wäre eine Unternehmensbegünstigung zu verneinen, soweit sich diese wirtschaftlich nicht gewinnsteigernd ausgewirkt hat, indem etwa wettbewerbsfähigere Preise angeboten werden konnten. Mit anderen Worten: Eine Unternehmensbegünstigung könnte nur angenommen werden, soweit die Befreiung oder Ermäßigung sich auch tatsächlich im Nettopreis niedergeschlagen hat. Konsequenterweise bedürfe es dann der mit erheblichem Aufwand verbundenen Bezifferung der Begünstigungen im jeweils konkreten Einzelfall bei der Rückforderung.[278] Eine solche wirtschaftliche Betrachtungsweise ist in der Judikatur des EuG vertreten worden.[279] Der EuGH

---

273 Die Einstufung der Umsatzsteuer als Verbrauchsteuer ist nicht unumstritten. Vielfach wird auch vertreten, es handele sich dem Wesen nach um eine Verkehrsteuer. Ausführlich dazu *Stadie*, in: Rau/Dürrwächter, Einführung zum Umsatzsteuergesetz Rn. 90 ff.

274 *Hey*, in: Tipke/Lang, § 19 Rn. 29.

275 *Hey*, in: Tipke/Lang, § 19 Rn. 29.

276 § 13a Abs. 1 Nr. 1 UStG.

277 *Helios*, EWS 2005, 208, 211; so auch *Englisch*, in: Schaumburg/Englisch, Rn. 9.34.

278 Siehe näher Schlussanträge des GA *Mengozzi* vom 5.7.2016 zu *Kommission/AerLingus und Ryanair*, verb. Rs. C-164/15 P und C-165/15 P, ECLI:EU:C:2016:515, Rn. 69; zur Rückforderung rechtswidrig gewährter Beihilfen siehe unten Abschnitt D. II.

279 EuG, Urteil vom 5.2.2015, *Ryanair/Kommission*, Rs. T-500/12, ECLI:EU:T:2015:73, Rn. 132 ff.; EuG, Urteil vom 5.2.2015, *Aer Lingus/Kommission*, Rs. T-473/12,

ist dem entgegengetreten.[280] Nach Auffassung des EuGH sei auch im indirekten Steuerrecht eine unmittelbare Begünstigung von Unternehmen anzunehmen, wenn diese grundsätzlich Schuldner der Steuer sind.[281] Es sei unbeachtlich, dass die Steuerbelastung im indirekten Steuerrecht auf eine *„wirtschaftliche Abwälzung"* auf die Verbraucher angelegt ist.[282] Vielmehr müsse differenziert werden zwischen dem Vorteil, der durch die Steuervergünstigung gewährt wurde, und der Möglichkeit der Ausnutzung dieses Vorteils zur Erzielung eines höheren Gewinns.[283] Letzteres betreffe die Bezifferung des Vorteils aus der Verwendung der Begünstigung, nicht die Quantifizierung der Begünstigung selbst.[284] Der Vorteil sei demnach nicht darin zu erblicken, dass der Steuerpflichtige infolge etwa eines niedrigeren Verbrauchsteuersatzes *„wettbewerbsfähigere Preise anbieten"* kann, sondern schlicht darin, dass er einem niedrigeren Steuersatz unterliegt.[285]

Der Auffassung des EuGH ist zu folgen. Denn Steuerpflichtige sind im Rahmen indirekter Steuern grundsätzlich die Unternehmer, unabhängig davon,

---

ECLI:EU:T:2015:78, Rn. 100 ff.; *Helios*, EWS 2005, 208, 211; Englisch, in: Schaumburg/Englisch, Rn. 9.34.

280 EuGH, Urteil vom 21.12.2016, *Kommission/Aer Lingus und Ryanair*, verb. Rs. C-164/15 P und C-165/15 P, ECLI:EU:C:2016:990.

281 EuGH, Urteil vom 21.12.2016, *Kommission/Aer Lingus und Ryanair*, verb. Rs. C-164/15 P und C-165/15 P, ECLI:EU:C:2016:990, Rn. 98: *„Da nämlich die Fluggesellschaften nach dem geltenden irischen Recht die ATT unmittelbar schuldeten, ist es unter den Umständen der vorliegenden Rechtssachen unerheblich, dass diese Steuer im irischen Recht als ‚Verbrauchsteuer' eingestuft wurde. Aus demselben Grund ist es ohne Belang, ob die ATT technisch als direkte oder indirekte Steuer zu qualifizieren ist."*

282 EuGH, Urteil vom 21.12.2016, *Kommission/Aer Lingus und Ryanair*, verb. Rs. C-164/15 P und C-165/15 P, ECLI:EU:C:2016:990, Rn. 99.

283 EuGH, Urteil vom 21.12.2016, *Kommission/Aer Lingus und Ryanair*, verb. Rs. C-164/15 P und C-165/15 P, ECLI:EU:C:2016:990, Rn. 100, 101.

284 EuGH, Urteil vom 21.12.2016, *Kommission/Aer Lingus und Ryanair*, verb. Rs. C-164/15 P und C-165/15 P, ECLI:EU:C:2016:990, Rn. 102.

285 EuGH, Urteil vom 21.12.2016, *Kommission/Aer Lingus und Ryanair*, verb. Rs. C-164/15 P und C-165/15 P, ECLI:EU:C:2016:990, Rn. 102: Die Begünstigung *„bestand ganz einfach darin, dass diese Gesellschaften einen niedrigeren ATT-Betrag als den entrichten mussten, den sie hätten zahlen müssen, wenn ihre Flüge zu dem höheren ATT-Satz besteuert worden wären. Die Frage, ob dieser Vorteil es ihnen ermöglicht hat, wettbewerbsfähigere Ticketpreise anzubieten, oder ob sie diesen Vorteil in anderer Weise ausgenutzt haben, betrifft die Bezifferung des etwaigen Gewinns, den sie durch die Ausnutzung des gewährten Vorteils erzielen konnten, wobei eine solche Bezifferung für die Rückforderung der Beihilfe ohne Belang ist."*

dass letztlich der Verbraucher wirtschaftlich belastet wird.[286] Der Unternehmer wird zumindest formal von der Steuer betroffen, sodass eine Ermäßigung oder Befreiung in erster Linie einen wirtschaftlichen Vorteil für diesen bedeutet.[287] Davon zu trennen ist die „*wirtschaftliche Abwälzung*“ der Steuer zulasten der Verbraucher.[288] Es ist dem Unternehmer überlassen, ob er die Steuervergünstigung zur Erzielung eines höheren Gewinns nutzt, indem dieser den Nettopreis entsprechend höher ansetzt oder stattdessen den Nettopreis unverändert lässt und damit letztlich den Verbraucher entlastet.[289] Wie der EuGH zutreffend klarstellt, stellt der Einfluss einer Steuervergünstigung im indirekten Steuerrecht auf die Höhe der Preiskalkulation nicht die Begünstigung dar, sondern die sich anschließende Mittelverwendung.[290] Letztere ist im Beihilfenrecht unbeachtlich. Es spielt keine Rolle, wenn sich der gewährte Vorteil im Gewinn des Begünstigungsadressaten nicht niedergeschlagen hat.[291]

Steuerbefreiungen und -ermäßigungen im indirekten Steuerrecht sind keine mittelbaren Begünstigungen. Die Begünstigung bestimmt sich hier, wie auch sonst in den Fällen der unmittelbaren Betroffenheit, anhand der Differenz zwischen der Regel- und der Ausnahmebesteuerung.[292]

3. Selektivität der Begünstigung

Staatliche Unternehmensbegünstigungen sind nach Art. 107 Abs. 1 AEUV nur dann grundsätzlich verboten, wenn sie lediglich „*bestimmten Unternehmen*“ oder „*bestimmten Produktionszweigen*“[293] zugutekommen.[294]

Nach der ständigen Rechtsprechung des EuGH ist eine staatliche Maßnahme selektiv im Sinne des Art. 107 Abs. 1 AEUV, wenn sie

---

286 Siehe etwa § 13 Abs. 1 Nr. 1 UStG.

287 Schlussanträge des GA *Mengozzi* vom 5.7.2016 zu *Kommission/AerLingus und Ryanair*, verb. Rs. C-164/15 P und C-165/15 P, ECLI:EU:C:2016:515, Rn. 74.

288 EuGH, Urteil vom 21.12.2016, *Kommission/Aer Lingus und Ryanair*, verb. Rs. C-164/15 P und C-165/15 P, ECLI:EU:C:2016:990, Rn. 99 f.

289 EuGH, Urteil vom 21.12.2016, *Kommission/Aer Lingus und Ryanair*, verb. Rs. C-164/15 P und C-165/15 P, ECLI:EU:C:2016:990, Rn. 104.

290 EuGH, Urteil vom 21.12.2016, *Kommission/Aer Lingus und Ryanair*, verb. Rs. C-164/15 P und C-165/15 P, ECLI:EU:C:2016:990, Rn. 99 f.

291 EuGH, Urteil vom 21.12.2016, *Kommission/Aer Lingus und Ryanair*, verb. Rs. C-164/15 P und C-165/15 P, ECLI:EU:C:2016:990, Rn. 92.

292 *Berg/Szymczak*, UR 2018, 853, 863.

293 Dass dem Begriff „Produktionszweig“ neben dem Begriff „Unternehmen“ keine eigenständige Bedeutung zukommt, siehe oben Abschnitt C. II. 2. a).

294 EuGH, Urteil vom 8.11.2001, *Adria-Wien Pipeline und Wietersdorfer & Peggauer Zementwerke*, Rs. C-143/99, ECLI:EU:C:2001:598, Rn. 34.

„im Rahmen einer bestimmten rechtlichen Regelung geeignet ist, ‚bestimmte Unternehmen oder Produktionszweige' gegenüber anderen Unternehmen oder Produktionszweigen zu begünstigen, die sich im Hinblick auf das mit der betreffenden Regelung verfolgte Ziel in einer vergleichbaren tatsächlichen und rechtlichen Situation befinden und somit eine unterschiedliche Behandlung erfahren, die im Wesentlichen als diskriminierend eingestuft werden kann".[295]

Die Frage nach der Selektivität hängt im Wesentlichen mit der Prüfung zusammen, ob die Vorteilsgewährung in diskriminierender Weise erfolgt.[296]

Die Anforderungen an die Intensität und Komplexität der Selektivitätsprüfung unterscheiden sich danach, ob eine konkret-individuelle Begünstigung oder eine abstrakt-generelle Regelung der Beihilfenkontrolle vorliegt.[297]

a) Bestimmung der Selektivität konkret-individueller Steuerbegünstigungen

Bei Einzelmaßnahmen ist die Selektivität grundsätzlich durch die Annahme einer Begünstigung indiziert.[298] Denn konkret-individuell gewährte Vorteile kommen zwangsläufig nur „*bestimmten Unternehmen*" zugute.[299] Trifft die

---

295 EuGH, Urteil vom 21.12.2016, *Kommission/World Duty Free Group*, verb. Rs. C-20/15 P und C-21/15 P, ECLI:EU:C:2016:981, Rn. 54; EuGH, Urteil vom 15.11.2011, *Kommission und Spanien/Government of Gibraltar und Vereinigtes Königreich*, verb. Rs. C-106/09 P und C-107/09 P, ECLI:EU:C:2011:732, Rn. 75 und 101; EuGH, Urteil vom 21.12.2016, *Kommission/Aer Lingus*, verb. Rs. C-164/15 P und C-165/15 P, ECLI:EU:C:2016:990, Rn. 51.

296 EuGH, Urteil vom 21.12.2016, *Kommission/Hansestadt Lübeck*, Rs. C-524/14 P, ECLI:EU:C:2016:971, Rn. 53; EuGH, Urteil vom 14.1.2015, *Eventech*, Rs. C-518/13, ECLI:EU:C:2015:9, Rn. 53; *Englisch*, DStR 2018, 2501, 2504; *Kokott*, DStJG 41 (2018), 535, 536.

297 EuGH, Urteil vom 4.6.2015, *Kommission/Mol*, Rs. C-15/14 P, ECLI:EU:C:2015:362, Rn. 60; näher dazu die Schlussanträge des GA *Wahl* vom 22.1.2015 zu *Kommission/Mol*, Rs. C-15/14 P, ECLI:EU:C:2015:32, Rn. 50 f.

298 EuGH, Urteil vom 30.6.2016, *Belgien/Kommission*, Rs. C-270/15 P, ECLI:EU:C:2016:489, Rn. 49; EuGH, Urteil vom 4.6.2015, *Kommission/Mol*, Rs. C-15/14 P, ECLI:EU:C:2015:362, Rn. 60; Schlussanträge des GA *Wahl* vom 22.1.2015 zu *Kommission/Mol*, Rs. C-15/14 P, ECLI:EU:C:2015:32, Rn. 51: „*Bei der Beurteilung einer Einzelmaßnahme ermöglicht nämlich die Feststellung des wirtschaftlichen Vorteils grundsätzlich, ihre ‚Spezifizität' zu vermuten und daraus zu schließen, dass sie auch einen selektiven Charakter hat.*"

299 *Berg/Szymczak*, UR 2018, 853, 857; *Heidenhain*, in: Heidenhain, § 4 Rn. 49; *P. Reimer*, NVwZ 2011, 263, 266.

Finanzverwaltung etwa eine Billigkeitsmaßnahme im Einzelfall, die nicht dem Handeln eines privaten Gläubigers entspricht,[300] dann begünstigt die Maßnahme zwangsläufig lediglich ein *„bestimmtes"* Unternehmen, und zwar jenes, dessen Steuerschuld gegenüber der öffentlichen Hand beispielsweise gestundet oder erlassen wurde.[301] Gleiches gilt, wenn einzelne steuerpflichtige Unternehmen infolge gesetzeswidriger Rechtsanwendung niedriger besteuert werden als gesetzlich vorgesehen.[302] Sämtliche Unternehmen, die demselben Steuertatbestand unterliegen, befinden sich in einer rechtlich und tatsächlich vergleichbaren Situation.[303] Werden einzelne Steuerpflichtige durch Nichtanwendung besteuerungsbegründender Tatbestände in rechtswidriger Weise begünstigt, so besteht darin zugleich eine nicht zu rechtfertigende Ungleichbehandlung derjenigen, gegenüber denen die Besteuerungsvorschrift tatsächlich Anwendung findet.[304]

Eine eingehende Prüfung des Tatbestandsmerkmals Selektivität erübrigt sich bei konkret-individuellen Vorteilsgewährungen, sofern das Tatbestandsmerkmal der Begünstigung bejaht worden ist.[305]

b) Bestimmung der Selektivität abstrakt-genereller Steuerbegünstigungen

Bei abstrakt-generellen Regelungen, wie etwa gesetzlichen Steuervergünstigungen oder Verwaltungsvorschriften, ist die Selektivität schwieriger festzustellen als bei Einzelmaßnahmen.

---

300 Entspricht der Einzelakt dem Handeln eines vergleichbaren privaten Gläubigers, scheidet bereits das Tatbestandsmerkmal der Begünstigung aus, sodass sich die Frage nach der Selektivität nicht mehr stellt, siehe oben Abschnitt C. II. 1. d).

301 *P. Reimer*, NVwZ 2011, 263, 266, der vor diesem Hintergrund von einer *„verfahrensbedingten Selektivität"* spricht.

302 *Lang*, IStR 2015, 369, 371; vgl. auch Bekanntmachung der Kommission vom 19.7.2016 zum Begriff der staatlichen Beihilfe im Sinne des Artikels 107 Absatz 1 des Vertrags über die Arbeitsweise der Europäischen Union, ABl. (EU), C (2016) 262/1, Rn. 174.

303 *Lang*, IStR 2015, 369, 371.

304 *Lang*, IStR 2015, 369, 371.

305 Zur Schwierigkeit des Nachweises konkreter Steuervorteile im Zusammenhang mit den sog. „tax rulings" durch die Europäische Kommission siehe etwa EuG, Urteil vom 15.7.2020, *Irland/Kommission*, Rs. T-778/16 und T-892/16, ECLI:EU:T:2020:338 (apple); zum Urteil siehe *Eilers/Oppel*, ISR 2020, 356; näher zur Problematik rund um die sog. tax rulings siehe etwa *Jaeger*, EuZW 2020, 18 f.; *Linn/Pignot*, StuB 2016, 573 f.; *Linn*, IStR 2015, 114 f.; *Werder/Dannecker*, BB 2015, 1687 f.; *Bartosch*, BB 2017, 2199 f.

aa) Notwendigkeit der Abgrenzung zu einer allgemeinen Regelung

Eine steuerrechtliche Vorschrift kann nur dann selektiv sein, wenn es sich nicht um eine sog. *„allgemeine Maßnahme"* handelt.[306] *„Allgemeine"* Steuervergünstigungen sind solche, die unterschiedslos allen Marktteilnehmern gegenüber offen stehen.[307] Nicht selektiv ist daher beispielsweise ein in einem Mitgliedstaat flächendeckend unterschiedslos anwendbarer (niedriger) Steuertarif.[308] Der steuerrechtliche Standortwettbewerb unter den Mitgliedstaaten ist nicht *per se* unionsrechtswidrig.[309]

Angesichts der Vielfalt möglicher gesetzlicher Steuerbegünstigungen[310] und des Umstandes, dass es sich um abstrakte Formulierungen handelt, kann die Abgrenzung zwischen einer allgemeinen und einer selektiven Steuerregelung im Einzelfall besonders schwierig sein.[311] Allein der Umstand, dass nur die Steuerpflichtigen einen Vorteil beanspruchen können, die die Voraussetzungen des begünstigenden Tatbestandes erfüllen, genügt nicht, um die Selektivität einer Regelung zu bejahen.[312] Dass eine Vorschrift der Finanzverwaltung einen

306 EuGH, Urteil vom 19.12.2018, *A-Brauerei*, Rs. C-374/17, ECLI:EU:C:2018:1024, Rn. 20.

307 EuGH, Urteil vom 19.12.2018, *A-Brauerei*, Rs. C-374/17, ECLI:EU:C:2018:1024, Rn. 23; EuGH, Urteil vom 18.7.2013, *P Oy*, Rs. C-6/12, ECLI:EU:C:2013:525, Rn. 18; EuGH, Urteil vom 15.11.2011, *Kommission und Spanien/Government of Gibraltar und Vereinigtes Königreich*, verb. Rs. C-106/09 P und C-107/09 P, ECLI:EU:C:2011:732, Rn. 73 m.w.N. zur Rechtsprechung.

308 *Grube*, Der Einfluss des unionsrechtlichen Beihilfenverbots auf das deutsche Steuerrecht, S. 44 f.; man bedenke jedoch, dass allgemeine Steuerregelungen den Wettbewerb innerhalb des Europäischen Binnenmarktes sogar stärker beeinträchtigen können, als Begünstigungen lediglich zugunsten einzelner Unternehmen, *Roth*, in: Becker/Schön, Steuer und Sozialstaat im europäischen Systemwettbewerb, S. 119, 124; *Sedemund*, EuZW 2001, 609.

309 *Kokott*, DStJG 41 (2018), 535,546; *Roth*, in: Becker/Schön, Steuer und Sozialstaat im europäischen Systemwettbewerb, S. 119, 126 f.

310 Siehe oben Abschnitt C. II. 1. b. bb) (1).

311 So etwa Schlussanträge des GA *Jääskinen* vom 7.4.2011 zu *Kommission und Spanien/Government of Gibraltar und Vereinigtes Königreich*, verb. Rs. C-106/09 P und C-107/09 P, ECLI:EU:C:2011:215, Rn. 178.

312 EuGH, Urteil vom 19.12.2018, *A-Brauerei*, Rs. C-374/17, ECLI:EU:C:2018:1024, Rn. 24; EuGH, Urteil vom 21.12.2016, *Kommission/World Duty Free Group*, verb. Rs. C-20/15 P und C-21/15 P, ECLI:EU:C:2016:981, Rn. 59; EuGH, Urteil vom 29.3.2012, *3M Italia*, Rs. C-417/10, ECLI:EU:C:2012:184, Rn. 42; *Berg/Szymczak*, UR 2018, 853, 857.

Ermessensspielraum einräumt, führt ebenfalls nicht *per se* zur Annahme einer selektiven Beihilferegelung.[313] Nicht selektiv sind daher die in der Abgabenordnung vorgesehenen Billigkeitsmaßnahmen,[314] da die gesetzlichen Regelungen grundsätzlich jedermann offen stehen, also keine Beschränkungen im persönlichen Anwendungsbereich vorsehen.[315] Dagegen reicht es zur Verneinung der Selektivität nicht aus, dass sehr viele Unternehmen eine Begünstigung in Anspruch nehmen können oder dass die Empfänger mehreren Wirtschaftszweigen angehören.[316] Auch Regelungen, die dem Wortlaut nach unterschiedslos für alle Marktteilnehmer gelten, können aufgrund ihrer tatsächlichen Wirkung selektiv sein (sog. *de-facto*-Selektivität).[317] Die Regelungstechnik darf bei der Frage der Selektivität genauso wenig wie bei der Frage, ob eine Begünstigung vorliegt,[318] eine entscheidende Rolle spielen.[319]

---

313 EuGH, Urteil vom 4.6.2015, *Kommission/MOL*, Rs. C-15/14 P, ECLI:EU:C:2015:362, Rn. 65 f.; Schlussanträge des GA *Wahl* vom 22.1.2015 zu *Kommission/Mol*, Rs. C-15/14 P, ECLI:EU:C:2015:32, Rn. 54; *P. Reimer*, NVwZ 2011, 263, 266; *Demleitner*, ISR 2016, 328, 334; vgl. auch *Bartosch*, BB 2016, 412, 413; *ders.*, BB 2015, 34, 36 f.; a.A. die Europäische Kommission, siehe Bekanntmachung der Kommission vom 19.7.2016 zum Begriff der staatlichen Beihilfe im Sinne des Artikels 107 Absatz 1 des Vertrags über die Arbeitsweise der Europäischen Union, ABl. (EU), C (2016) 262/1, Rn, 123: „*Allgemeine Maßnahmen, die prima facie für alle Unternehmen gelten, aber durch Ermessensentscheidungen der öffentlichen Verwaltung eingeschränkt werden, sind selektiv.*"

314 Siehe etwa die Stundung (§ 222 AO) oder den Erlass (§§ 163, 227 AO).

315 *P. Reimer*, NVwZ 2011, 263 f.

316 EuGH, Urteil vom 21.12.2016, *Kommission/World Duty Free Group*, verb. Rs. C-20/15 P und C-21/15 P, ECLI:EU:C:2016:981, Rn. 80; EuGH, Urteil vom 13.2.2003, *Spanien/Kommission*, Rs. C-409/00, ECLI:EU:C:2003:92, Rn. 48; EuGH, Urteil vom 8.9.2011, *Kommission/Niederlande*, Rs. C-279/08 P, ECLI:EU:C:2011:551, Rn. 50; *Berg/Szymczak*, UR 2018, 853, 857.

317 *Mestmäcker/Schweitzer*, in: Immenga/Mestmäcker, Art. 107 AEUV Rn. 185; EuGH, Urteil vom 15.11.2011, *Kommission und Spanien/Government of Gibraltar und Vereinigtes Königreich*, verb. Rs. C-106/09 P und C-107/09 P, ECLI:EU:C:2011:732, Rn. 101 ff.

318 Zur Irrelevanz der Regelungstechnik bei der Frage der Begünstigung siehe oben Abschnitt C. II. 2. b) bb) (2).

319 EuGH, Urteil vom 19.12.2018, *A-Brauerei*, Rs. C-374/17, ECLI:EU:C:2018:1024, Rn. 33.

bb) Dreistufige Prüfungsstruktur

Um einer uferlosen Ausdehnung des Beihilfenbegriffs entgegenzuwirken und der Rechtssicherheit Rechnung zu tragen, hat sich für die Überprüfung der Selektivität steuerlicher Regelungen im Zuge langjähriger Judikatur des EuGH eine dreistufige Prüfungsstruktur etabliert:[320]

- Im ersten Schritt bedarf es der Feststellung des allgemeinen Referenzsystems.[321] Dazu ist erforderlich, „*die in dem betreffenden Mitgliedstaat geltende allgemeine oder ‚normale' Steuerregelung*" im Kontext der zu prüfenden Regelung zu ermitteln.[322]
- Im zweiten Schritt ist zu prüfen, ob die in Rede stehende steuerliche Vorschrift insoweit eine Abweichung von dem zuvor ermittelten Referenzrahmen darstellt, als sie zwischen Wirtschaftsteilnehmern unterscheidet, die sich im Hinblick auf das mit der allgemeinen Steuerregelung verfolgte Ziel in einer tatsächlich und rechtlich vergleichbaren Situation befinden.[323] Ist eine

---

320 *Kahl/Bews*, NVwZ 2015, 1081, 1083; *Hinder/Hentschel*, GmbHR 2016, 345, 347; Bekanntmachung der Kommission vom 19.7.2016 zum Begriff der staatlichen Beihilfe im Sinne des Artikels 107 Absatz 1 des Vertrags über die Arbeitsweise der Europäischen Union, ABl. (EU), C (2016) 262/1, Rn. 128; EuGH, Urteil, vom 8.9.2011, *Paint Graphos u.a.*, verb. Rs. C-78/08 bis 80/08, ECLI:EU:C:2011:550, Rn. 49; EuGH, Urteil vom 21.12.2016, *Kommission/World Duty Free Group*, verb. Rs. C-20/15 P und C-21/15 P, ECLI:EU:C:2016:981, Rn. 54 ff.; Schlussanträge des GA *Wahl* vom 20.12.2017 zu *Andres (faillite Heitkamp BauHolding)/Kommission*, Rs. C-203/16 P, ECLI:EU:C:2017:1017, Rn. 88 ff.

321 Bekanntmachung der Kommission vom 19.7.2016 zum Begriff der staatlichen Beihilfe im Sinne des Artikels 107 Absatz 1 des Vertrags über die Arbeitsweise der Europäischen Union, ABl. (EU), C (2016) 262/1, Rn. 128; *Brandau/Neckenich/Reich/Reimer*, BB 2017, 1175 sprechen in diesem Zusammenhang von einer „*Nulllinie*".

322 EuGH, Urteil vom 21.12.2016, *Kommission/World Duty Free Group*, verb. Rs. C-20/15 P und C-21/15 P, ECLI:EU:C:2016:981, Rn. 57; *Blumenberg*, IFSt-Schrift Nr. 516 (2017), S. 23; Bekanntmachung der Kommission vom 19.7.2016 zum Begriff der staatlichen Beihilfe im Sinne des Artikels 107 Absatz 1 des Vertrags über die Arbeitsweise der Europäischen Union, ABl. (EU), C (2016) 262/1, Rn. 132.

323 *Blumenberg*, IFSt-Schrift Nr. 516 (2017), S. 29; EuGH, Urteil vom 21.12.2016, *Kommission/World Duty Free Group*, verb. Rs. C-20/15 P und C-21/15 P, ECLI:EU:C:2016:981, Rn. 57; EuGH, Urteil vom 19.12.2018, *A-Brauerei*, Rs. C-374/17, ECLI:EU:C:2018:1024, Rn. 36.

solche Ungleichbehandlung zu bejahen, dann ist die Maßnahme *prima facie* selektiv.[324]

- Im dritten Schritt ist zu prüfen, ob die *prima facie* selektive Steuervergünstigung durch die Natur oder den inneren Aufbau des Steuersystems des betreffenden Mitgliedstaates gerechtfertigt ist.[325] Ist dies der Fall, dann ist die steuerliche Maßnahme nicht selektiv und unterfällt nicht dem Tatbestand des Art. 107 Abs. 1 AEUV.[326]

cc) Bedeutung der Bestimmung des Referenzsystems

Die Bestimmung des allgemeinen Referenzsystems hat in zweierlei Hinsicht Bedeutung:[327]

Zum einen kann eine Begünstigung im Sinne des Art. 107 Abs. 1 AEUV im Falle steuerlicher Regelungen grundsätzlich nur dann angenommen werden, wenn diese eine Ausnahme von der „*normalen*“ Besteuerung darstellt.[328]

---

324 Bekanntmachung der Kommission vom 19.7.2016 zum Begriff der staatlichen Beihilfe im Sinne des Artikels 107 Absatz 1 des Vertrags über die Arbeitsweise der Europäischen Union, ABl. (EU), C (2016) 262/1, Rn. 128. Die Feststellungslast obliegt bei den ersten beiden Prüfungsschritten der Europäischen Kommission, EuGH, Urteil vom 8.9.2011, *Kommission/Niederlande*, Rs. C-279/08 P, ECLI:EU:C:2011:551, Rn. 62.

325 EuGH, Urteil vom 21.12.2016, *Kommission/World Duty Free Group*, verb. Rs. C-20/15 P und C-21/15 P, ECLI:EU:C:2016:981, Rn. 58; EuGH, Urteil vom 29.4.2004, *Niederlande/Kommission*, Rs. C-159/01, ECLI:EU:C:2004:246, Rn. 42; EuGH, Urteil, vom 8.9.2011, *Paint Graphos u.a.*, verb. Rs. C-78/08 bis 80/08, ECLI:EU:C:2011:550, Rn. 64; EuGH, Urteil vom 29.3.2012, *3M Italia*, Rs. C-417/10, ECLI:EU:C:2012:184, Rn. 40.

326 Es handelt sich nicht um eine Rechtfertigung im rechtstechnischen Sinne, sondern um eine Tatbestandseinschränkung, *Grube*, Der Einfluss des unionsrechtlichen Beihilfenverbots auf das deutsche Steuerrecht, S. 53 m.w.N. Die Feststellungslast obliegt dabei dem betreffenden Mitgliedstaat, EuGH, Urteil vom 29.4.2004, *Niederlande/Kommission*, Rs. C-159/01, ECLI:EU:C:2004:246, Rn. 43; EuGH, Urteil vom 8.9.2011, *Kommission/Niederlande*, Rs. C-279/08 P, ECLI:EU:C:2011:551, Rn. 62.

327 *Berg/Szymczak*, UR 2018, 853, 858.

328 EuGH, Urteil vom 8.11.2022, *Fiat Chrysler Finance Europe/Kommission*, verb. Rs. C-885/19 P und C-898/19 P, ECLI:EU:C:2022:859, Rn. 69; EuGH, Urteil vom 21.12.2016, *Kommission/Hansestadt Lübeck*, Rs. C-524/14 P, ECLI:EU:C:2016:971, Rn. 55; Schlussanträge des GA *Wahl* vom 15.9.2016 zu *Kommission/Hansestadt Lübeck*, Rs. C-524/14 P, ECLI:EU:C:2016:693, Rn. 77, 86; EuGH, Urteil vom 15.11.2011, *Kommission und Spanien/Government of Gibraltar und Vereinigtes Königreich*, verb. Rs. C-106/09 P und C-107/09 P, ECLI:EU:C:2011:732, Rn. 90; grundlegend EuGH, Urteil vom 6.9.2006, *Portugal/Kommission*, Rs. C-88/03, ECLI:EU:C:2006:511, Rn. 56.

Aus diesem Grund erfolgten in dieser Arbeit die Ausführungen betreffend die Bestimmung des Regel-Ausnahme-Verhältnisses bereits oben beim Tatbestandsmerkmal „*Begünstigung*".[329] Zum anderen ist der Bezugsrahmen der Vergleichsmaßstab (sog. *tertium comparationis*) bei der Frage nach der diskriminierenden Wirkung der potentiellen Steuerbeihilfe im zweiten Prüfungsschritt.[330] Anhand des Ziels der allgemeinen Regelung ist festzustellen, ob Begünstigte und Nichtbegünstigte sich in einer tatsächlich und rechtlich vergleichbaren Situation befinden.[331] An dieser Stelle wird erneut deutlich, dass bei der beihilfenrechtlichen Überprüfung einer steuerlichen Maßnahme der Bestimmung des maßgeblichen Regel-Ausnahme-Verhältnisses die Funktion einer „*Weichenstellung*" zukommt.[332] Die Feststellung der maßgeblichen Vergleichsgruppe unter den konkurrierenden Unternehmen stellt nicht selten eine besondere Herausforderung dar, zumal sie davon abhängt, welche Regelungen man als maßgeblichen Referenzrahmen heranzieht.[333]

Angesichts der Verquickung der Tatbestandsmerkmale Begünstigung und Selektivität darf es nicht verwundern, dass der EuGH, gerade in Fällen betreffend steuerliche Regelungen, diese Tatbestandsmerkmale zusammenprüft.[334]

---

329 Siehe oben Abschnitt C. II. 1. b) aa).

330 *Linn*, in: Birnstiel/Bungenberg/Heinrich, Art. 107 Abs. 1 AEUV Rn. 578; Schlussanträge des GA *Wahl* vom 20.12.2017 zu *Andres (faillite Heitkamp BauHolding)/Kommission*, Rs. C-203/16 P, ECLI:EU:C:2017:1017, Rn. 94; *Berg/Szymczak*, UR 2018, 853, 858; EuGH, Urteil vom 19.12.2018, *A-Brauerei*, Rs. C-374/17, ECLI:EU:C:2018:1024, Rn. 37, 41; vgl. auch EuGH, Urteil vom 21.12.2016, *Kommission/Hansestadt Lübeck*, Rs. C-524/14 P, ECLI:EU:C:2016:971, Rn. 54.

331 *Eisendle* ISR 2017, 50, 53; EuGH, Urteil vom 21.12.2016, *Kommission/World Duty Free Group*, verb. Rs. C-20/15 P und C-21/15 P, ECLI:EU:C:2016:981, Rn. 57, 67, 76 und 92; EuGH, Urteil vom 21.12.2016, *Kommission/Hansestadt Lübeck*, Rs. C-524/14 P, ECLI:EU:C:2016:971, Rn. 54.

332 Näher zur Bestimmung des maßgeblichen Referenzsystems siehe oben Abschnitt C. II. 1. b) aa) (3).

333 *Hinder/Hentschel*, GmbHR 2016, 345, 351; *Eisendle*, ISR 2017, 50, 52 f.; *Schnitger*, IStR 2017, 421, Fn. 28; Schlussanträge der GAin *Sharpston* vom 8.11.2007 zu *Deutsche Shell*, Rs. C-293/06, ECLI:EU:C:2007:660, Rn. 28, 34; die Generalanwältin *Kokott* hat in den Schlussanträgen zur Rechtssache Finanzamt *Linz* bis zu drei verschiedene Vergleichsmaßstäbe und damit auch Referenzsysteme in Betracht gezogen, im Rahmen derer eine Ungleichbehandlung begründet werden könnte, siehe Schlussanträge der GAin *Kokott* vom 16.4.2015 zu *Finanzamt Linz*, Rs. C-66/14, ECLI:EU:C:2015:242, Rn. 89 ff.

334 Siehe etwa EuGH, Urteil vom 22.12.2008, *British Aggregates/Kommission*, Rs. C-487/06 P, ECLI:EU:C:2008:757, Rn. 82: „*Zur Beurteilung der Selektivität einer Maßnahme*

Nichtsdestotrotz dürfen diese beiden Tatbestandsmerkmale nicht vermengt werden.[335] Der Gerichtshof erkennt auch an, dass es sich um zwei voneinander verschiedene Tatbestandsmerkmale handelt, die strikt voneinander unterschieden werden müssen.[336] Dogmatisch begrüßenswert wäre es, die Abweichung von der Regelbesteuerung stets als Bestandteil der Feststellung eines wirtschaftlichen Vorteils und nicht der Selektivität zu prüfen.[337] Stellt die zu überprüfende Regelung die *„normale"* Besteuerung dar, kommt es nach hier vertretener Auffassung auf die Frage der Selektivität gar nicht mehr an; es liegt dann tatbestandlich grundsätzlich[338] schon keine Begünstigung im Sinne des Art. 107 Abs. 1 AEUV vor.[339] Praktische Auswirkungen sind mit der Frage, ob die Prüfung des Regel-Ausnahme-Verhältnisses bereits beim Tatbestandsmerkmal *„Begünstigung"* oder erst bei der Frage der *„Selektivität"* vorzunehmen ist, jedoch nicht verbunden, sodass es sich um eine Frage allein betreffend die dogmatische Richtigkeit handelt, die letztlich rein akademischer Natur ist.

dd) Feststellung einer Ungleichbehandlung

Anhand des Bezugssystems, also der Regelbesteuerung, ist nach dem „Obersatz" der ständigen Rechtsprechung des EuGH zu prüfen, ob

---

ist zu prüfen, ob sie im Rahmen einer bestimmten rechtlichen Regelung bestimmte Unternehmen gegenüber anderen Unternehmen, die sich in einer vergleichbaren tatsächlichen und rechtlichen Situation befinden, begünstigt (Nachweise)."; kritisch gegenüber dieser Prüfungsweise *Marquart*, IStR 2011, 445, 447 m.w.N.; zur schwierigen Abgrenzung von Begünstigung einerseits und Selektivität andererseits siehe *Kokott*, DStJG 41 (2018), 535, 537.

335 Schlussanträge des GA *Jääskinen* vom 7.4.2011 zu *Kommission und Spanien/Government of Gibraltar und Vereinigtes Königreich*, verb. Rs. C-106/09 P und C-107/09 P, ECLI:EU:C:2011:215, Rn. 158; *Marquart*, IStR 2011, 445, 447.

336 EuGH, Urteil vom 30.6.2016, *Belgien/Kommission*, Rs. C-270/15 P, ECLI:EU:C:2016:489, Rn. 48; EuGH, Urteil vom 4.6.2015, *Kommission/Mol*, Rs. C-15/14 P, ECLI:EU:C:2015:362, Rn. 59; Schlussanträge des GA *Wahl* vom 22.1.2015 zu *Kommission/Mol*, Rs. C-15/14 P, ECLI:EU:C:2015:32, Rn. 47; daraus folgt für die Praxis, dass die Europäische Kommission das Vorliegen beider Tatbestandsmerkmale beweisen muss, EuGH, Urteil vom 4.6.2015, *Kommission/Mol*, a.a.O., ebenda.

337 So auch *Jung/Neckenich*, ISR 2018, 83, 87; siehe ferner *Spengel*, in: Jacobs, Internationale Unternehmensbesteuerung, S. 190 f.

338 In Betracht kommt allenfalls noch die Annahme einer de-facto selektiven Begünstigung.

339 Siehe oben Abschnitt C. II. 1. a).

„die in Rede stehende steuerliche Maßnahme vom allgemeinen System insoweit abweicht, als sie Unterscheidungen zwischen Wirtschaftsteilnehmern einführt, die sich im Hinblick auf das mit dieser allgemeinen Regelung verfolgte Ziel in vergleichbaren tatsächlichen und rechtlichen Situationen befinden.“[340]

Allein die Feststellung einer Abweichung vom allgemeinen Bezugssystem genügt also noch nicht, um die Selektivität einer steuerlichen Maßnahme *prima facie* zu bejahen.[341] Damit ist zunächst nur die Frage beantwortet, ob überhaupt ein steuerlicher Vorteil gewährt wird.[342] Darüber hinaus ist nicht jede Begünstigung zwangsläufig mit einer Ungleichbehandlung miteinander vergleichbarer Wirtschaftsteilnehmer verbunden („*Was stören den Zahnarzt die Beihilfen an die Schwerindustrie?*“[343]).[344] Die bloße Feststellung einer Andersbehandlung verschiedener Steuerpflichtiger genügt also auch noch nicht, um eine beihilferechtsrelevante Ungleichbehandlung anzunehmen.[345] Die Steuerbegünstigung muss ausweislich der oben genannten Definition eine Ungleichbehandlung von

---

340 EuGH, Urteil vom 19.12.2018, *A-Brauerei*, Rs. C-374/17, ECLI:EU:C:2018:1024, Rn. 36; siehe auch EuGH, Urteil vom 21.12.2016, *Kommission/World Duty Free Group*, verb. Rs. C-20/15 P und C-21/15 P, ECLI:EU:C:2016:981, Rn. 54; EuGH, Urteil, vom 8.9.2011, *Paint Graphos u.a.*, verb. Rs. C-78/08 bis 80/08, ECLI:EU:C:2011:550, Rn. 49; EuGH, Urteil vom 9.10.2014, *Ministerio de Defensa und Navantia*, Rs. C-522/13, ECLI:EU:C:2014:2262, Rn. 35.

341 Vgl. EuGH, Urteil vom 29.3.2012, *3M Italia*, Rs. C-417/10, ECLI:EU:C:2012:184, Rn. 42; Schlussanträge des GA *Jääskinen* vom 7.4.2011 zu *Kommission und Spanien/ Government of Gibraltar und Vereinigtes Königreich*, verb. Rs. C-106/09 P und C-107/ 09 P, ECLI:EU:C:2011:215, Rn. 182 ff.; insoweit zutreffend EuG, Urteil vom 7.11.2014, *Autogrill España/Kommission*, Rs. T-219/10, ECLI:EU:T:2014:939, Rn. 45 sowie EuG, Urteil vom 7.11.2014, *Banco Santander und Santusa/Kommission*, Rs. T-399/11, ECLI:EU:T:2014:938, Rn. 49; a.A. Schlussanträge des GA *Darmon* vom 17.3.1992 zu *Sloman Neptun/Bodo Ziesemer*, Rs. C-72/91, ECLI:EU:C:1992:130, Rn. 50, der in der Abweichung vom Regelfall die einzige grundlegende Voraussetzung für die Anwendung des Art. 107 Abs. 1 AEUV sieht.

342 Siehe oben Abschnitt C. II. 1. a).

343 *Sutter*, EuZW 2002, 213, 216.

344 Schlussanträge des GA *Mischo* vom 8.5.2001 zu *Adria-Wien Pipeline und Wietersdorfer & Peggauer Zementwerke*, Rs. C-143/99, ECLI:EU:C:2001:250, Rn. 78: *„Schließlich kann ich der Begründung, dass eine noch höhere Besteuerung von Unternehmen des tertiären Sektors sozusagen als Kehrseite einen Vorteil für die Unternehmen des primären und sekundären Sektors bringe, nicht folgen, denn diese Unternehmen stehen nicht miteinander in Wettbewerb. (Eine höhere Besteuerung von Zahnärzten begünstigt nicht die Fahrradhersteller.)* […]“.

345 *Rast*, EWS 2018, 142, 145.

Wirtschaftsteilnehmern bewirken, die sich im Hinblick auf das mit der allgemeinen Steuerregelung verfolgte Ziel in einer vergleichbaren tatsächlichen und rechtlichen Situation befinden.[346] Eine beihilfenrechtlich relevante Ungleichbehandlung besteht danach, wenn

> *„zwei Gruppen von Wirtschaftsteilnehmern unterschieden werden und a priori unterschiedlich behandelt werden, nämlich diejenigen, die unter die abweichende Maßnahme fallen, und diejenigen, die weiterhin unter die allgemeine Steuerregelung fallen, obwohl sich diese beiden Gruppen im Hinblick auf das mit dieser Regelung verfolgte Ziel in einer vergleichbaren Situation befinden.“*[347]

Eine Steuervergünstigung ist unter Zugrundelegung dieser Maßstäbe *prima facie* selektiv, wenn einzelne Steuersubjekte von der Regelbesteuerung gegenüber anderen Wirtschaftsteilnehmern verschont werden, obwohl sich diese zumindest potentiell im Wettbewerbsverhältnis befinden bzw. befinden können.[348] Ungleichbehandlungen von potentiellen Wettbewerbern liegen etwa vor, wenn die Erlangung des wirtschaftlichen Vorteils von formalen Merkmalen des Empfängers abhängt, wie zum Beispiel die Unternehmensgröße,[349] die Tätigkeit in einem bestimmten Wirtschaftszweig, die Rechtsform[350] etc.[351] (sog. *de-jure*-Selektivität).[352] Gleiches gilt, wenn lediglich in bestimmten Gebieten

---

346 EuGH, Urteil vom 21.12.2016, *Kommission/World Duty Free Group*, verb. Rs. C-20/15 P und C-21/15 P, ECLI:EU:C:2016:981, Rn. 54; EuGH, Urteil, vom 8.9.2011, *Paint Graphos u.a.*, verb. Rs. C-78/08 bis 80/08, ECLI:EU:C:2011:550, Rn. 49; EuGH, Urteil vom 9.10.2014, *Ministerio de Defensa und Navantia*, Rs. C-522/13, ECLI:EU:C:2014:2262, Rn. 35.

347 EuGH, Urteil vom 21.12.2016, *Kommission/World Duty Free Group*, verb. Rs. C-20/15 P und C-21/15 P, ECLI:EU:C:2016:981, Rn. 77.

348 Näher dazu bei *Berg/Szymczak*, UR 2018, 853, 859 m.w.N.

349 EuGH, Urteil vom 26.6.2003, *Belgien und Forum 187/Kommission*, verb. Rs. C-182/03 und C-217/03, ECLI:EU:C:2006:416, Rn. 125.

350 EuGH, Urteil, vom 8.9.2011, *Paint Graphos u.a.*, verb. Rs. C-78/08 bis 80/08, ECLI:EU:C:2011:550, Rn. 52.

351 Siehe weitere Beispiele in der Auflistung mit zahlreichen Nachweisen zur Rechtsprechung bei der Bekanntmachung der Kommission vom 19.7.2016 zum Begriff der staatlichen Beihilfe im Sinne des Artikels 107 Absatz 1 des Vertrags über die Arbeitsweise der Europäischen Union, ABl. (EU), C (2016) 262/1, Rn. 121.

352 EuGH, Urteil vom 19.12.2018, *A-Brauerei*, Rs. C-374/17, ECLI:EU:C:2018:1024, Rn. 26; *Mestmäcker/Schweitzer*, in: Immenga/Mestmäcker, Art. 107 AEUV Rn. 184; *Berg/Szymczak*, UR 2018, 853, 858; *Spengel*, in: Jacobs, Internationale Unternehmensbesteuerung, S. 191; Bekanntmachung der Kommission vom 19.7.2016 zum Begriff

desselben Hoheitsträgers Steuerbegünstigungen Anwendung finden (sog. regionale Selektivität).[353] Nicht erforderlich ist hingegen die Identifizierung einer abgeschlossenen Gruppe von Unternehmen, also einer solchen, die als einzige von der Ausnahmeregelung profitieren (können) und aufgrund spezifischer und gemeinsamer Eigenarten unterschieden werden könnten.[354] Eine andere Betrachtungsweise würde dazu führen, dass das Vorliegen der Selektivität letztlich von dem Umstand abhinge, ob die Begünstigten ausschließlich einem Wirtschaftszweig angehören.[355] Eine Begünstigung mit diskriminierender Wirkung kommt jedoch auch dann in Betracht, wenn die Begünstigung mehreren Unternehmen verschiedener Branchen zugutekommt.[356] Dem Wortlaut des Art. 107 Abs. 1 AEUV ist eine Beschränkung des Tatbestandsmerkmals Selektivität dahingehend, dass nur solche Begünstigungen selektiv sind, die lediglich einer einzigen Gruppe von Unternehmen zugutekommen, nicht zu entnehmen. Im Gegenteil: Der Beihilfentatbestand verbietet dem Wortlaut nach sowohl die Begünstigung *„bestimmter Unternehmen"* als auch die Bevorteilung *„bestimmter Produktionszweige"*. Selbst wenn man den Ausdruck *„bestimmte Produktionszweige"* so verstehen sollte, dass lediglich ein bestimmter Sektor oder eine bestimmte Dienstleistung gemeint sei, so ist dennoch die Tatbestandsalternative *„bestimmte Unternehmen"* erfüllt, wenn Unternehmen verschiedener Sektoren begünstigt werden, da diese Tatbestandsalternative weiter zu verstehen ist.[357] An dieser Stelle wird erneut deutlich, dass dem Begriff *„Produktionszweige"* keine

---

der staatlichen Beihilfe im Sinne des Artikels 107 Absatz 1 des Vertrags über die Arbeitsweise der Europäischen Union, ABl. (EU), C (2016) 262/1, Rn. 121 m.w.N.

353 Bekanntmachung der Kommission vom 19.7.2016 zum Begriff der staatlichen Beihilfe im Sinne des Artikels 107 Absatz 1 des Vertrags über die Arbeitsweise der Europäischen Union, ABl. (EU), C (2016) 262/1, Rn. 142 f.; näher dazu *Arhold*, EuZW 2006, 717 ff.

354 EuGH, Urteil vom 19.12.2018, *A-Brauerei*, Rs. C-374/17, ECLI:EU:C:2018:1024, Rn. 27; EuGH, Urteil vom 21.12.2016, *Kommission/World Duty Free Group*, verb. Rs. C-20/15 P und C-21/15 P, ECLI:EU:C:2016:981, Rn. 70 f.; a.A. EuG, Urteil vom 7.11.2014, *Autogrill España/Kommission*, Rs. T-219/10, ECLI:EU:T:2014:939, Rn. 41 ff.; EuG, Urteil vom 7.11.2014, *Banco Santander und Santusa/Kommission*, Rs. T-399/11, ECLI:EU:T:2014:938, Rn. 45 ff.

355 *Bartosch*, EuZW 2017, 756, 758.

356 EuGH, Urteil vom 21.12.2016, *Kommission/World Duty Free Group*, verb. Rs. C-20/15 P und C-21/15 P, ECLI:EU:C:2016:981, Rn. 78–80.

357 Ausführlich dazu Schlussanträge des GA *Wathelet* vom 28.7.2016 zu *Kommission/World Duty Free Group*, verb. Rs. C-20/15 P und C-21/15 P, ECLI:EU:C:2016:624, Rn. 79 ff.

eigenständige Bedeutung im Tatbestand des Art. 107 Abs. 1 AEUV beizumessen ist.[358]

Für den Nachweis der Selektivität einer steuerlichen Maßnahme ist außerdem nicht erforderlich, dass diese ausdrücklich einen von einer allgemeinen Steuerregelung abweichenden Charakter aufweist.[359] Ansonsten würde es wiederum allein von der Regelungstechnik abhängen, ob eine Regelung selektiv ist.[360] Daher kann eine Regelung ausnahmsweise auch dann selektiv sein, wenn sie keine ausdrückliche benachteiligende Ausnahme von einer allgemeinen Steuerregelung darstellt, sondern integraler Bestandteil des Referenzrahmes ist, jedoch aufgrund ihrer faktischen Wirkung bestimmte Wirtschaftsteilnehmer begünstigt und andere nicht, obwohl sich diese im Hinblick auf das mit der allgemeinen Regelung verfolgte Ziel in einer objektiv vergleichbaren Situation befinden (sog. *de-facto*-Selektivität).[361] Denn es darf nicht danach unterschieden werden, ob in einem Steuersystem durch explizite Ausnahmeregelungen bestimmte Unternehmen begünstigt werden oder die Rechtsvorschriften derart angepasst und verknüpft werden, dass ihre Anwendung im Ergebnis zu einer unterschiedlichen steuerlichen Belastung miteinander vergleichbarer Unternehmen führt.[362]

ee) Rechtfertigung der Ungleichbehandlung

Die Selektivität einer steuerlichen Regelung scheidet aus, wenn die zuvor festgestellte Ungleichbehandlung *„aus der Natur oder dem inneren Aufbau der*

---

358 Vgl. oben Abschnitt C. II. 2. a).

359 EuGH, Urteil vom 21.12.2016, *Kommission/World Duty Free Group*, verb. Rs. C-20/15 P und C-21/15 P, ECLI:EU:C:2016:981, Rn. 77.

360 *Lang*, IStR 2015, 369, 370; EuGH, Urteil vom 15.11.2011, *Kommission und Spanien/Government of Gibraltar und Vereinigtes Königreich*, verb. Rs. C-106/09 P und C-107/09 P, ECLI:EU:C:2011:732, Rn. 92.

361 EuGH, Urteil vom 21.12.2016, *Kommission/World Duty Free Group*, verb. Rs. C-20/15 P und C-21/15 P, ECLI:EU:C:2016:981, Rn. 76. Einen solchen Fall bildete wohl auch die Steuerermäßigung des rumänischen Gesetzgebers für Investitionen oberhalb eines Volumens von 50 Mio. US-$ unter Berücksichtigung der Tatsache, dass es im ganzen Land nur eine einzige Investition dieser Größenordnung, nämlich durch einen koreanischen Automobilhersteller gab, dazu *Grube*, Der Einfluss des unionsrechtlichen Beihilfenverbots auf das deutsche Steuerrecht, S. 47; *dies.*, DStZ 2007, 370, 376.

362 EuGH, Urteil vom 15.11.2011, *Kommission und Spanien/Government of Gibraltar und Vereinigtes Königreich*, verb. Rs. C-106/09 P und C-107/09 P, ECLI:EU:C:2011:732, Rn. 93, 106.

Lastenregelung folgt, mit der sie in Zusammenhang stehen",[363] also gerechtfertigt ist.[364] Dies ist der Fall, wenn die staatliche Maßnahme auf unmittelbaren Grund- und Leitprinzipien des mitgliedstaatlichen Steuersystems beruht oder sich eine Rechtfertigung aus den systemimmanenten Mechanismen ergibt, die für das Funktionieren und die Wirksamkeit des Steuersystems erforderlich sind.[365] Sinn und Zweck dieser sog. Systemimmanenzprüfung bestehen darin, der Wahrung der Souveränität der Mitgliedstaaten in fiskalischen Angelegenheiten Rechnung zu tragen.[366]

Bei der Frage, ob eine *prima facie* selektive Regelung gerechtfertigt ist, gilt es nach Auffassung des EuGH

> *„zu unterscheiden zwischen den mit einer bestimmten Steuerregelung verfolgten Zielen, die außerhalb dieser Regelung liegen, und den dem Steuersystem selbst inhärenten Mechanismen, die zur Erreichung dieser Ziele erforderlich sind*".[367]

Nur Letztere kommen als Rechtfertigungsgründe in Betracht. Solche sind etwa die Bekämpfung von Steuerkriminalität, die Beachtung besonderer Rechnungslegungsvorschriften, die Funktionsfähigkeit der Verwaltung, der Grundsatz der Steuerneutralität,[368] die Einkommensteuerprogression, die Vermeidung von

---

363 EuGH, Urteil vom 6.9.2006, *Portugal/Kommission*, Rs. C-88/03, ECLI:EU:C:2006:511, Rn. 52 m.w.N.

364 Es ist darauf hinzuweisen, dass der Begriff Rechtfertigung insoweit missverständlich ist, da es sich um einen Teil der Tatbestandsprüfung und keine Rechtfertigung im rechtstechnischen Sinne handelt, *Grube*, Der Einfluss des unionsrechtlichen Beihilfenverbots auf das deutsche Steuerrecht, S. 53 m.w.N.

365 EuGH, Urteil vom 8.9.2011, *Paint Graphos u.a.*, verb. Rs. C-78/08 bis 80/08, ECLI:EU:C:2011:550, Rn. 69; Bekanntmachung der Kommission vom 19.7.2016 zum Begriff der staatlichen Beihilfe im Sinne des Artikels 107 Absatz 1 des Vertrags über die Arbeitsweise der Europäischen Union, ABl. (EU), C (2016) 262/1, Rn. 138.

366 *Jaeger*, EuZW 2012, 92, 97; *Bartosch*, Art. 107 Abs. 1 AEUV Rn. 183.

367 EuGH, Urteil vom 9.10.2014, *Ministerio de Defensa und Navantia*, Rs. C-522/13, ECLI:EU:C:2014:2262, Rn. 43; EuGH, Urteil vom 6.9.2006, *Portugal/Kommission*, Rs. C-88/03, ECLI:EU:C:2006:511, Rn. 81; siehe auch Mitteilung der Kommission vom 11.11.1998 über die Anwendung der Vorschriften über staatliche Beihilfen auf Maßnahmen im Bereich der direkten Unternehmensbesteuerung, Abl. (EG), C 384/3, Rn. 26.

368 Bericht der EU-Kommission vom 9.2.2004 über die Umsetzung der Mitteilung der Kommission über die Anwendung der Vorschriften über staatliche Beihilfen auf Maßnahmen im Bereich der direkten Unternehmensbesteuerung, C (2004) 434, Rn. 37.

Doppelbesteuerung,[369] Verhinderung von Missbrauch[370] sowie das Ziel der effektiven Steuererhebung.[371]

Dagegen können sog. externe Ziele eine *prima facie* selektive Regelung nicht rechtfertigen.[372] Darunter fallen allgemeine wirtschaftspolitische Intentionen, die darauf gerichtet sind, den stabilen Standortfaktor einer Nation zu verbessern oder beizubehalten, beispielsweise die Bekämpfung von Arbeitslosigkeit oder die Verbesserung der Wettbewerbsfähigkeit bestimmter Sektoren.[373] Es

---

369 EuGH, Urteil vom 19.12.2018, *A-Brauerei*, Rs. C-374/17, ECLI:EU:C:2018:1024, Rn. 50, 52.

370 EuGH, Urteil vom 19.12.2018, *A-Brauerei*, Rs. C-374/17, ECLI:EU:C:2018:1024, Rn. 51 m.w.N.

371 Bekanntmachung der Kommission vom 19.7.2016 zum Begriff der staatlichen Beihilfe im Sinne des Artikels 107 Absatz 1 des Vertrags über die Arbeitsweise der Europäischen Union, ABl. (EU), C (2016) 262/1, Rn. 139 m.w.N. Nicht abschließend geklärt ist, inwieweit das im deutschen Ertragsteuerrecht aus Art. 3 Abs. 1 GG abzuleitende Prinzip der Besteuerung nach der wirtschaftlichen Leistungsfähigkeit als Rechtfertigungsgrund herangezogen werden kann, dafür etwa *Ehrmann*, DStR 2011, 5, 8 f.; offen lassend, jedoch zweifelnd vor dem Hintergrund, dass dieses Prinzip „*zahlreiche unterschiedliche Ausformungen*“ kenne, *Grube*, Der Einfluss des unionsrechtlichen Beihilfenverbots auf das deutsche Steuerrecht, S. 56; das EuG hat dieses Prinzip im Urteil vom 4.2.2016, *Heitkamp BauHolding/Kommission*, Rs. T-287/11, ECLI:EU:T:2016:60, Rn. 151 ff. als möglichen Rechtfertigungsgrund gewürdigt, eine Rechtfertigung jedoch im konkreten Fall abgelehnt: „*Selbst wenn diese Auslegung zuträfe, ist jedoch festzustellen, dass die streitige Maßnahme mit dem verfolgten Ziel nicht im Einklang steht. Wie nämlich im Rahmen des ersten Klagegrundes dargelegt worden ist, gilt die streitige Maßnahme nur für Unternehmen in Schwierigkeiten. Unter diesen Umständen ist nicht ersichtlich, weshalb das Prinzip der Besteuerung nach der wirtschaftlichen Leistungsfähigkeit verlangen sollte, dass ein Unternehmen in Schwierigkeiten in den Genuss des Verlustvortrags kommt, nicht aber ein gesundes Unternehmen, das Verluste erwirtschaftet hat und die übrigen in der Sanierungsklausel vorgesehenen Voraussetzungen erfüllt.*“ (Rn. 170).

372 EuGH, Urteil vom 8.9.2011, *Paint Graphos u.a.*, verb. Rs. C-78/08 bis 80/08, ECLI:EU:C:2011:550, Rn. 69; Bekanntmachung der Kommission vom 19.7.2016 zum Begriff der staatlichen Beihilfe im Sinne des Artikels 107 Absatz 1 des Vertrags über die Arbeitsweise der Europäischen Union, ABl. (EU), C (2016) 262/1, Rn. 138 m.w.N. zur Rechtsprechung in Fn. 213.

373 *Grube*, Der Einfluss des unionsrechtlichen Beihilfenverbots auf das deutsche Steuerrecht, S. 54; *Bartosch*, Art. 107 Abs. 1 AEUV Rn. 184; Bericht der EU-Kommission vom 9.2.2004 über die Umsetzung der Mitteilung der Kommission über die Anwendung der Vorschriften über staatliche Beihilfen auf Maßnahmen im Bereich der direkten Unternehmensbesteuerung, C (2004) 434, Rn. 38 ff.; schließlich soll das

ist unbeachtlich, ob es sich dabei um unionsrechtliche Ziele handelt, wie etwa den Verbraucher-, den Umweltschutz[374] oder die öffentliche Gesundheit.[375] Das ergibt sich aus der Existenz der Art. 107 Abs. 2 und 3 AEUV, im Rahmen derer genau solche Ziele eine Ausnahme vom Beihilfenverbot begründen können.[376]

Vor diesem Hintergrund können steuerliche Lenkungsnormen, deren Charakteristikum es gerade ist, externe politische Ziele zu verfolgen,[377] wie zum Beispiel den Umweltschutz,[378] den Erhalt von Arbeitsplätzen etc., einer Systemimmanenzprüfung nicht standhalten.[379]

Es ist nicht zu verkennen, dass die Begrifflichkeiten „*Grund- und Leitprinzipien*" sowie „*innere Logik*" schwer bestimmbar sind, sodass die Mitgliedstaaten insoweit mit einem erheblichen Maß an Rechtsunsicherheit konfrontiert werden.[380] Dies verdeutlicht der Umstand, dass die „*Grund- und Leitprinzipien*"

Beihilfenverbot gerade diese Form der Subventionierung unterbinden, siehe oben zur Bedeutung des Beihilfenrechts für den Wettbewerbsschutz Abschnitt A. I.

374 Vgl. Art. 11 AEUV.

375 EuGH, Urteil vom 22.12.2008, *British Aggregates/Kommission*, Rs. C-487/06 P, ECLI:EU:C:2008:757, Rn. 92; EuGH, Urteil vom 8.9.2011, *Kommission/Niederlande*, Rs. C-279/08 P, ECLI:EU:C:2011:551, Rn. 75; *Berg/Szymczak*, UR 2018, 853, 859.

376 EuGH, Urteil vom 8.9.2011, *Kommission/Niederlande*, Rs. C-279/08 P, ECLI:EU:C:2011:551, Rn. 75: „*Nach ständiger Rechtsprechung unterscheidet Art. 87 Abs. 1 EG nicht nach den Gründen oder Zielen der staatlichen Maßnahmen, sondern beschreibt diese nach ihren Wirkungen. Auch wenn der Umweltschutz eines der wesentlichen Ziele der Europäischen Gemeinschaft ist, rechtfertigt die Notwendigkeit, dieses Ziel zu berücksichtigen, nicht den Ausschluss selektiver Maßnahmen vom Anwendungsbereich des Art. 87 Abs. 1 EG, da eine zweckdienliche Berücksichtigung der Umweltschutzziele auf jeden Fall bei der Beurteilung der Vereinbarkeit der staatlichen Beihilfemaßnahme mit dem Gemeinsamen Markt gemäß Art. 87 Abs. 3 EG erfolgen kann.*"

377 *Weber-Grellet*, NJW 2001, 3657; BVerfG, Urteil vom 17.12.2014, 1 BvL 21/12, BVerfGE 138, 136, 181, Rn. 124 (juris).

378 Man denke nur an die zahlreichen Ökosteuern.

379 Kritisch dazu *F. Kirchhof*, BB 2015, 278, 282; ebenfalls kritisch Schlussanträge des GA *Wahl* vom 20.12.2017 zu *Andres (faillite Heitkamp BauHolding)/Kommission*, Rs. C-203/16 P, ECLI:EU:C:2017:1017, Rn. 185.

380 *Jestaedt*, in: Heidenhain, § 8 Rn. 20; vor diesem Hintergrund wird teilweise vertreten, im Rahmen der Rechtfertigung der Selektivität sei der sog. „rule of reason"- Grundsatz heranzuziehen. So etwa *Jestaedt*, in: Heidenhain, § 8 Rn. 19 m.w.N.; *Arhold*, EStAL 2007, 151, 170 in Fn. 122; ferner Schlussanträge der GAin *Trstenjak* vom 8.10.2008 zu *Bouygues und Bouygues Télécom/Kommission*, Rs. C-431/07 P, ECLI:EU:C:2008:545, Rn. 117 ff., die im Rahmen der Rechtfertigung die Frage der „*Unvermeidbarkeit*" berücksichtigen möchte; offen lassend *Bartosch*, Art. 107 Abs. 1 AEUV, Rn. 180;

des Steuersystems sowie deren „*innere Logik*" allein von den Mitgliedstaaten bestimmt werden und daher im Tatbestand des Art. 107 Abs. 1 AEUV bis zu 27 verschiedene Maßstäbe im Rahmen der Systemimmanenzprüfung Berücksichtigung finden müssen.[381] Die möglichen Rechtfertigungsgründe sind sehr kasuistisch geprägt,[382] sodass im jeweiligen Einzelfall schwierig vorherzusehen ist, ob eine *prima facie* selektive Begünstigung gerechtfertigt ist.[383]

ff) Latenter Verdacht der Selektivität im Steuerrecht

Vor dem Hintergrund der obigen Ausführungen ist festzuhalten, dass begünstigende Steuerregelungen *qua* ihrer Rechtsnatur regelmäßig einem latenten Verdacht der Selektivität ausgesetzt sind. Denn jede steuerliche Belastung bedeutet grundsätzlich zugleich eine Begünstigung derjenigen, die nicht vom Tatbestand der betreffenden Steuervorschrift erfasst sind.[384] Umgekehrt kann in jeder steuerlichen Entlastung eine Belastung derjenigen gesehen werden, die eine bestimmte Steuervergünstigung nicht in Anspruch nehmen können. Verfolgt der Staat bei der steuerlichen Rechtsetzung andere als fiskalische Zwecke, so ist einer solchen Vorschrift die Selektivität geradezu immanent.[385] Bei steuerlichen Lenkungsnormen statuiert der Gesetzgeber geradezu bewusst eine ungleiche Lastenverteilung, um den Lenkungszweck bestmöglich zu erreichen.[386] Man kann nicht von der Hand weisen, dass viele oder gar die meisten Steuervergünstigungen im Unternehmenssteuerrecht weniger auf verfassungsrechtlichen Prinzipien oder Gerechtigkeitserwägungen beruhen, sondern vielmehr das in Gesetz gegossene Ergebnis erfolgreicher Lobbyarbeit bzw. staatlicher Wirtschaftspolitik festhalten.[387] Nahezu jede Steuervergünstigung des Unterneh-

---

dagegen: *Jaeger*, EuZW 2012, 92, 97; *Jestaedt*, a.a.O.; ferner *Frenz*, Beihilfe- und Vergaberecht, Rn. 43 f.

381 Vgl. *Jestaedt*, in: Heidenhain, § 8 Rn. 18.

382 Siehe die Aufzählung in der Bekanntmachung der Kommission vom 19.7.2016 zum Begriff der staatlichen Beihilfe im Sinne des Artikels 107 Absatz 1 des Vertrags über die Arbeitsweise der Europäischen Union, ABl. (EU), C (2016) 262/1, Rn. 138.

383 *Jaeger*, EuZW 2012, 92, 97.

384 *Berg/Szymczak*, UR 2018, 853, 857; *Kahl/Bews*, NVwZ 2015, 1081, 1083.

385 Vgl. Schlussanträge des GA *Jääskinen* vom 7.4.2011 zu *Kommission und Spanien/Government of Gibraltar und Vereinigtes Königreich*, verb. Rs. C-106/09 P und C-107/09 P, ECLI:EU:C:2011:215, Rn. 144.

386 *Birk/Desens/Tappe*, Steuerrecht, Rn. 198.

387 Man siehe nur den Befreiungskatalog in § 3 EStG; in der Literatur werden Steuervergünstigungen zu Lenkungszwecken vielfach als „*systemfremd*" oder gar als

menssteuerrechts kann grundsätzlich selektiv und damit beihilfenrechtswidrig sein.[388]

c) *Gleichheitsrechtliche Dimension des Beihilfenverbots*

aa) *Die Selektivität als zweistufige gleichheitsrechtliche Prüfung*

Des Weiteren ist festzuhalten, dass dem Beihilfenverbot eine gleichheitsrechtliche Dimension zugrunde liegt. Das Selektivitätskriterium ist eng mit dem Begriff der Diskriminierung verbunden.[389] Die Begünstigung bestimmter Wirtschaftsteilnehmer ist immer auch eine Benachteiligung der von der Begünstigung ausgeschlossenen Konkurrenten.[390] Die gleichheitsrechtliche Struktur tritt besonders offen zu Tage bei der Prüfung der Selektivität steuerlicher Regelungen. Diese erfolgt im Wesentlichen anhand einer Gleichheitsprüfung.[391] Generalanwalt *Cosmas* formulierte einst, dass „[...] *sich das Verbot staatlicher Beihilfen als Ergebnis des allgemeinen Gleichheitssatzes und der aus ihm abgeleiteten Regel, daß für gleiche Sachverhalte derselbe Rechtssatz gelten sollte*", erweisen könne.[392] Der EuGH erkennt ausdrücklich an, dass die Frage nach der Selektivität im

---

„*Fremdkörper*" dieses Rechtsgebiets bezeichnet, die dem Wirtschaftsverwaltungsrecht und gerade nicht dem Steuerrecht angehören, *P. Kirchhof*, in: Isensee/Kirchhof, HStR V, § 118 Rn. 46 ff.; *ders.*, DStR 2001, 913: „*Ein mit Verfremdungs- und Lenkungstatbeständen überfrachtetes Einkommensteuergesetz gefährdet auch die Freiheit des Steuerpflichtigen und die Gleichheit der Steuerlast.*"; ebenfalls systemkritisch *Hey*, in: Tipke/Lang, § 19 Rn. 6.

388 Dieser Eindruck wird besonders bestätigt durch die „Liste beihilfenrechtlich problematischer Vorschriften des deutschen Steuerrechts" von *Brandau/Neckenich/Reich/Reimer*, BB 2017, 1175, 1180 ff. sowie die „Liste deutscher Steuerrechtsnormen mit beihilfenrechtlicher Relevanz", HFSt 8 (2018), 291 ff.

389 EuGH, Urteil vom 31.12.2016, *Kommission/Hansestadt Lübeck*, Rs. C-524/14 P, ECLI:EU:C:2016:971, Rn. 53; so bereits Schlussanträge des GA *Wahl* zu *Kommission/MOL*, Rs. C-15/14 P, ECLI:EU:C:2015:32, Rn. 54; kritisch gegenüber dem Begriff „Diskriminierung" im Kontext der Selektivität: Siehe Schlussanträge des GA *Darmon* vom 17.3.1992 zu *Sloman Neptun*, verb. Rs. C-72/91 und C-73/91, ECLI:EU:C:1992:130, Rn. 61.

390 *Frenz*, Beihilfe- und Vergaberecht, Rn. 39.

391 *Blumenberg*, IFSt-Schrift Nr. 516 (2017), S. 29; *Grube*, Der Einfluss des unionsrechtlichen Beihilfenverbots auf das deutsche Steuerrecht, S. 52; *Eisendle*, ISR 2017, 50, 52; *Lang*, ÖStZ 2011/1070, 593, 598.

392 Schlussanträge des GA *Cosmas* vom 13.5.1997 zu *Tiercé Ladbroke/Kommission*, Rs. C-353/95 P, ECLI:EU:C:1997:233, Rn. 30; kritisch demgegenüber *Englisch*, in: Schaumburg/Englisch, Rn. 9.33.

Wesentlichen mit der Prüfung zusammenhängt, ob die Vorteilsgewährung gegenüber den Begünstigungsadressaten in diskriminierender Weise erfolgt.[393] Der vom EuGH stets verwendete „Obersatz" bei der Selektivitätsprüfung einer steuerlichen Maßnahme erinnert sogar stark an die Prüfung des verfassungsrechtlichen allgemeinen Gleichheitssatzes.[394] Zur Annahme der Selektivität einer steuerlichen Maßnahme muss auch hier festgestellt werden, ob bestimmte Wirtschaftsteilnehmer *gegenüber* anderen vergleichbaren Wirtschaftsteilnehmern begünstigt werden.[395] Zutreffend spricht *Lang* in diesem Zusammenhang von einer „*Spielart der gleichheitsrechtlichen Prüfung*".[396] Entscheidende Frage bei gesetzlichen Steuervergünstigungen ist letztlich, ob der nationale Steuergesetzgeber Begünstigungen nach den Maßstäben innerstaatlichen Rechts diskriminierungsfrei gewährt hat.[397] Der Beantwortung genau dieser Frage dient die dreistufige Prüfung.[398] Nach der Feststellung einer Abweichung von der Regelbesteuerung ist zu prüfen, ob diese zugunsten von Unternehmen erfolgt, die sich in einer tatsächlich und rechtlich vergleichbaren Situation mit den nicht von der Begünstigung erfassten Wettbewerbern befinden. *Tertium comparationis* ist die „*Normalbesteuerung*", also das Referenzsystem. Die Prüfung der Vergleichbarkeit ist „*das entscheidende Element*" der dreistufigen Selektivitätsprüfung.[399] Die Abweichung von der Regelbesteuerung allein genügt gerade noch nicht, um

---

393 EuGH, Urteil vom 21.12.2016, *Kommission/Hansestadt Lübeck*, Rs. C-524/14 P, ECLI:EU:C:2016:971, Rn. 53; EuGH, Urteil vom 14.1.2015, *Eventech*, Rs. C-518/13, ECLI:EU:C:2015:9, Rn. 53.

394 Dem kritisch gegenüberstehend *Hinder/Hentschel*, GmbHR 2016, 345, 351; ebenso *Sutter*, EuZW 2002, 213, 216.

395 Schlussanträge des GA *Wahl* vom 20.12.2017 zu *Andres (faillite Heitkamp BauHolding)/Kommission*, Rs. C-203/16 P, ECLI:EU:C:2017:1017, Rn. 93 m.w.N.

396 *Lang*, IStR 2010, 570 577; *ders.*, ÖStZ 2011/1070, 593, 598; dem folgend *Spengel*, in: Jacobs, Internationale Unternehmensbesteuerung, S. 192.

397 EuGH, Urteil vom 21.12.2016, *Kommission/World Duty Free Group*, verb. Rs. C-20/15 P und C-21/15 P, ECLI:EU:C:2016:981, Rn. 94; *Blumenberg*, IFSt-Schrift Nr. 516 (2017), S. 29; Schlussanträge der GAin *Kokott* vom 16.4.2015 zu *Finanzamt Linz*, Rs. C-66/14, ECLI:EU:C:2015:242, Rn. 82; ferner EuGH, Urteil vom 21.12.2016, *Kommission/Hansestadt Lübeck*, Rs. C-524/14 P, ECLI:EU:C:2016:971, Rn. 53 f.; EuGH, Urteil vom 14.1.2015, *Eventech*, Rs. C-518/13, ECLI:EU:C:2015:9, Rn. 53; *Berg/Szymczak*, UR 2018, 853, 859.

398 *Kahl/Bews*, NVwZ 2015, 1081, 1083; *Linn*, in: Birnstiel/Bungenberg/Heinrich, Art. 107 Abs. 1 AEUV Rn. 578.

399 *Rast*, EWS 2018, 142, 144; *Kliemann*, in: von der Groeben/Schwarze/Hatje, Art. 107 AEUV Rn. 50.

die Selektivität bejahen zu können. Damit wird lediglich die Frage nach dem Vorliegen einer Begünstigung beantwortet. Separiert man die Feststellung des Regel-Ausnahme-Verhältnisses von der Selektivitätsprüfung,[400] dann verbleibt für die Selektivitätsprüfung „nur“ noch die Feststellung einer Ungleichbehandlung, und wenn diese zu bejahen ist, ob diese gerechtfertigt ist. Das Tatbestandsmerkmal Selektivität ist dann zweistufig zu prüfen.[401]

bb) Gegenüberstellung der inhaltlichen Maßstäbe des allgemeinen Gleichheitssatzes nach Art. 3 Abs. 1 GG

Um noch deutlicher hervorzuheben, dass das Selektivitätskriterium dem Beihilfenverbot eine gleichheitsrechtliche Dimension verleiht, werden nachfolgend in gebotener Kürze die verfassungsrechtlichen Maßstäbe des allgemeinen Gleichheitssatzes im Kontext steuerlicher Vergünstigungen aufgezeigt.

Steuerliche Vergünstigungen sind nicht nur in Bezug auf Art. 107 Abs. 1 AEUV häufig problematisch, sondern auch im Rahmen des Art. 3 Abs. 1 GG rechtfertigungsbedürftig.[402] Die steuerliche Entlastung bestimmter Wirtschaftsteilnehmer berührt, wie auch eine direkte Subvention, die nicht begünstigten Wirtschaftssubjekte in ihrem Grundrecht auf Gleichbehandlung („*die Förderung des Einen bedingt die Zurücksetzung des Anderen*“).[403]

Art. 3 Abs. 1 GG gebietet es, alle Menschen vor dem Gesetz gleich zu behandeln. Grundrechtsberechtigt sind vordergründig natürliche Personen, aber auch Unternehmen können sich auf die Einhaltung des allgemeinen Gleichheitssatzes berufen (Art. 19 Abs. 3 GG).[404] Aus Art. 3 Abs. 1 GG folgt das grundsätzliche

---

400 Zur Feststellung des Regel-Ausnahme-Verhältnisses als Bestandteil der Begünstigungsprüfung siehe oben Abschnitt C. II. 1. b) aa).

401 So grundsätzlich auch *Grube*, Der Einfluss des unionsrechtlichen Beihilfenverbots auf das deutsche Steuerrecht, S. 52; ebenso *Lang*, ÖStZ 2011/1070, 593, 597 f., der jedoch auf die Feststellung einer Normalbesteuerung gänzlich verzichten möchte.

402 Siehe etwa BVerfG, Urteil vom 17.12.2014, 1 BvL 21/12, BVerfGE 138, 136, 180, Rn. 120 ff. (juris); *Schön*, in: FS Spindler, 2011, S. 189, 202; *Spilker*, StB 2013, 345, 346; *Hey*, in: Tipke/Lang, § 19 Rn. 76.

403 *Schön*, in: FS Spindler, 2011, S. 189.

404 *Jarass*, in: Jarass/Pieroth, Art. 3 GG Rn. 7 m.w.N. Der Begriff der juristischen Person im Sinne des Art. 19 Abs. 3 GG geht über das zivilrechtliche Verständnis hinaus und umfasst insbesondere auch Personengesellschaften wie die GbR, OHG und die KG, siehe etwa BVerfG, Urteil vom 20.7.1954, 1 BvR 459/52, BVerfGE 4, 7, 12, Rn. 15 (juris). Obwohl sich der Wortlaut eindeutig nur auf inländische juristische Personen bezieht, können sich ausländische Unternehmen mit ihrem Sitz in einem Mitgliedstaat der Europäischen Union grundsätzlich auch auf die Grundrechte berufen.

Verbot, wesentlich Gleiches ungleich und wesentlich Ungleiches gleich zu behandeln.[405] Dies gilt nicht nur für Differenzierungen bei staatlich auferlegten Belastungen, sondern auch betreffend steuerliche Begünstigungen.[406] Grundsätzlich verboten sind daher Vergünstigungen, die einem bestimmten Personenkreis wirtschaftliche Vorteile gewähren, einem anderen dagegen vorenthalten, obwohl sich die jeweiligen Personengruppen in einer rechtlich und tatsächlich vergleichbaren Situation befinden.[407] Wenn sich der Staat dazu entschließt einzelnen Grundrechtsträgern wirtschaftliche Vorteile zuzuwenden, dann soll der allgemeine Gleichheitssatz dafür Sorge tragen, dass dies nicht in diskriminierender Weise geschieht.[408]

Art. 3 Abs. 1 GG hat im Steuerrecht eine besondere Bedeutung.[409] Dies gilt vor allem für die Setzung materiellen Steuerrechts. Es ist die Fundamentalnorm staatlicher Verteilungsgerechtigkeit.[410] Erforderlich ist nicht nur eine Gleichheit *de jure*, sondern auch *de facto*.[411] Der allgemeine Gleichheitssatz ist auf Ebene der Rechtsetzung auch dann verletzt, wenn das Ziel der Belastungsgleichheit im Tatsächlichen nicht zu erreichen ist.[412] So hat das Gebot der gleichheitsgerechten steuerlichen Lastenverteilung neben der materiellen auch eine verfahrensrechtliche Dimension.[413] Ist die Verwaltung trotz aller Bemühungen nicht dazu

---

405 Siehe etwa BVerfG, Beschluss vom 24.3.1976, 2 BvR 804/75, BVerfGE 42, 64, 72 m.w.N.; *Hufen*, Staatsrecht II, § 39 Rn. 5; kritisch gegenüber dem Verbot der Gleichbehandlung von wesentlich Gleichem *Sachs*, VerfR II, S. 299 f., Rn. 52 ff.

406 BVerfG, Urteil vom 17.12.2014, 1 BvL 21/12, BVerfGE 138, 136, 180, Rn. 121 (juris); BVerfG, Urteil vom 17.4.2008, 2 BvL 4/05, BVerfGE 121, 108, 119; BVerfG, Urteil vom 30.7.2008, 1 BvR 3262/07, 402, 906/08, BVerfGE 121, 317, 370, m.w.N.; BVerfG, Urteil vom 21.7.2010, 1 BvR 611, 2464/07, BVerfGE 126, 400, 416, m.w.N.

407 BVerfG, Urteil vom 17.12.2014, 1 BvL 21/12,, BVerfGE 138, 136, 180, Rn. 121 (juris); vgl. auch BVerfGE 116, 164, 180; BVerfGE 121, 108, 119; BVerfGE 126, 400, 416; vgl. auch BFH, Beschluss vom 29.9.2016, III R 62/13, BFHE 255, 252, Rn. 22 (juris).

408 Inwieweit als Rechtsfolge ein konkreter Leistungsanspruch auf Erhalt einer zuvor verwehrten Subvention besteht, richtet sich insbesondere danach, ob die Anspruchserfüllung die einzige Möglichkeit ist, einen Gleichheitsverstoß zu beseitigen, *Nußberger*, in: Sachs, Art. 3 GG Rn. 54; siehe auch *Sachs*, in: Stern, Staatsrecht IV/2, § 120, S. 1583 ff.; *P. Reimer*, in: Stern/Sodan/Möstl, Band IV, § 128 Rn. 116.

409 *F. Kirchhof*, StuW 2002, 185, 187.

410 *Birk/Desens/Tappe*, Steuerrecht, Rn. 171.

411 BVerfG, Urteil vom 27.6.1991, 2 BvR 1493/89, BVerfGE 84, 239, 1. Leitsatz; *Hey*, in: Tipke/Lang, § 3 Rn. 111; *Spilker*, StB 2013, 345, 346; dies gilt auch außerhalb des Steuerrechts, vgl. etwa *Hufen*, Staatsrecht II, § 39 Rn. 12.

412 Vgl. BVerfG, Urteil vom 27.6.1991, 2 BvR 1493/89, BVerfGE 84, 239, 272.

413 *Fehrenbacher*, Steuerrecht, Rn. 9.

in der Lage, einen ordnungsgemäßen und gleichmäßigen Vollzug zu gewährleisten, sodass die Gleichheit im Vollzug generell und strukturell verfehlt wird (sog. strukturellen Vollzugsdefizit), so liegt ebenfalls ein Verstoß gegen den Gleichbehandlungsgrundsatz vor.[414] Ein solches strukturelles Vollzugsdefizit führt nicht nur zur Verfassungswidrigkeit der konkreten Rechtsanwendung, sondern auch der zugrundeliegenden materiellen Rechtsvorschrift.[415] Die fehlende Einhaltung der Rechtsanwendungsgleichheit führt also zu einem Verstoß gegen die Rechtsetzungsgleichheit. Mit anderen Worten: Es ist verfassungsrechtlich verboten, wenn materielle Steuervorschriften aufgrund des Zusammenspiels mit entgegenstehenden Verfahrensregelungen in der tatsächlichen Rechtsanwendung nicht gleichheitsgerecht durchgesetzt werden (können).[416] Die Situation, die einer *de-facto*-selektiven Unternehmensbegünstigung zugrunde liegt,[417] findet in der Dogmatik des allgemeinen Gleichheitssatzes eine Parallele.

Auch regional selektive Begünstigungen sind im Lichte des Art. 3 Abs. 1 GG nicht *per se* rechtserhebliche Ungleichbehandlungen. Zwar sind alle drei Staatsgewalten an die Vorgaben des allgemeinen Gleichheitssatzes gebunden (Art. 1 Abs. 3 GG).[418] Art. 3 Abs. 1 GG verpflichtet den Gesetzgeber zur Rechtsetzungsgleichheit und die Exekutive (Finanzverwaltung) sowie die Judikative[419]

---

414 *Gröpl*, in: Gröpl/Windthorst/von Coelln, Art. 3 GG Rn. 40; BVerfG, Urteil vom 27.6.1991, 2 BvR 1493/89, BVerfGE 84, 239, 272, 275, 278; BVerfG, Urteil vom 9.3.2004, 2 BvL 17/02, BVerfGE 110, 94, 112 ff.; näher dazu etwa *Kühn*, FR 2008, 506 ff.

415 *Gröpl*, in: Gröpl/Windthorst/von Coelln, Art. 3 GG Rn. 40; BVerfG, Urteil vom 27.6.1991, 2 BvR 1493/89, BVerfGE 84, 239, 284; BVerfG, Urteil vom 9.3.2004, 2 BvL 17/02, BVerfGE 110, 94, 112 ff.

416 BVerfG, Urteil vom 9.3.2004, 2 BvL 17/02, BVerfGE 110, 94, 2. Leitsatz: „*Verfassungsrechtlich verboten ist der Widerspruch zwischen dem normativen Befehl der materiell pflichtbegründenden Steuernorm und der nicht auf Durchsetzung angelegten Erhebungsregel. Zur Gleichheitswidrigkeit führt nicht ohne weiteres die empirische Ineffizienz von Rechtsnormen, wohl aber das normative Defizit des widersprüchlich auf Ineffektivität angelegten Rechts.*“

417 Siehe dazu oben in Abschnitt C. II. 1. b) bb) (2) sowie C. II. 3. b) dd).

418 Trotz Wortlauts des Art. 3 Abs. 1 GG („vor dem Gesetz“) sind nicht nur die Exekutive und Judikative an den allgemeinen Gleichheitssatz gebunden, sondern über Art. 1 Abs. 3 GG auch die Legislative, *Krieger*, in: Schmidt-Bleibtreu/Hofmann/Henneke, Art. 3 GG Rn. 18.

419 Die gleichheitsrechtliche Bindung der Judikative kommt nur unter sehr engen Voraussetzungen zum Tragen, *Krieger*, in: Schmidt-Bleibtreu/Hofmann/Henneke, Art. 3 GG Rn. 20; *Jarass*, in: Jarass/Pieroth, Art. 3 GG Rn. 48 ff.; *Starck*, in: von Mangoldt/Klein/Starck, Art. 3 Abs. 1 GG Rn. 282 ff.

(Finanzgerichte) zur Rechtsanwendungsgleichheit.[420] Die Bindung an den allgemeinen Gleichheitssatz besteht nur innerhalb der Kompetenz der grundrechtsverpflichteten Hoheitsträger. Eine rechtserhebliche Ungleichbehandlung liegt nur vor, wenn diese der gleichen öffentlichen Stelle zuzurechnen ist.[421] Ungleichbehandlungen, die aus unterschiedlichem Handeln verschiedener Gebietskörperschaften, Behörden oder Gerichte resultieren, verletzen den Gleichheitssatz nicht.[422] Unter Gleichheit vor dem Gesetz ist vielmehr die Gleichheit vor dem jeweiligen Gesetz gemeint.[423] Danach ist es gleichheitsrechtlich unbedenklich, wenn sich die Steuerlasten föderal unterscheiden, soweit dies auf die Gesetzgebungskompetenz der Länder oder die Hebesatzautonomie der Gemeinden zurückzuführen ist.[424]

Die Feststellung einer rechtserheblichen Ungleichbehandlung erfordert die Ermittlung von Vergleichsgruppen unter Einschluss der Personen oder Personengruppen, die gegebenenfalls nachteilig betroffen sind.[425] Im Falle des Begünstigungsausschlusses bestimmter Personen liegt eine solche nur vor, wenn sich Begünstigter und Nichtbegünstigter in einer tatsächlich und rechtlich vergleichbaren Situation befinden.[426] Ob eine steuerliche Belastungsdifferenzierung, wie ein unterschiedlicher Steuertarif, eine Steuervergünstigung, -befreiung u.ä.[427] eine rechtfertigungsbedürftige Ungleichbehandlung bedeutet, hängt stets von dem entscheidenden Vergleichsmaßstab ab (sog. *tertium comparationis*).[428] Dieser wird vom Gesetzgeber vorbestimmt, indem er die Maßstäbe

---

420 *Jarass*, in: Jarass/Pieroth, Art. 3 GG Rn. 3; Hey, in: Tipke/Lang, § 3 Rn. 110; *Birk/Desens/Tappe*, Steuerrecht, Rn. 172.

421 *Jarass*, in: Jarass/Pieroth, Art. 3 GG Rn. 13; BVerfG, Beschluss vom 21.12.1966, 1 BvR 33/64, BVerfGE 21, 54, 68 m.w.N.; vor diesem Hintergrund erfasst Art. 3 Abs. 1 GG nach herrschender Auffassung den Fall der sog. Inländerdiskriminierung nicht, ausführlich dazu *Bösch*, JURA 2009, 91 ff.; im steuerrechtlichen Kontext ausführlich *Schlücke*, Die Umsetzung von EuGH-Entscheidungen in das deutsche Steuerrecht, S. 327 ff.

422 *Sodan*, in: Sodan, Art. 3 GG Rn. 3; *Hufen*, Staatsrecht II, § 39 Rn. 6; *Jarass*, in: Jarass/Pieroth, Art. 3 GG Rn. 13; *P. Kirchhof*, in: Isensee/Kirchhof, HStR, Band VIII, § 181 Rn. 33 ff. m.w.N.

423 *P. Kirchhof*, in Isensee/Kirchhof, HStR, Band VIII, § 181 Rn. 34 m.w.N.

424 *Hey*, in: Tipke/Lang, § 3 Rn. 151.

425 Vgl. *Sodan*, in: Sodan, Art. 3 GG Rn. 9.

426 Vgl. BFH, Beschluss vom 29.9.2016, III R 62/13, BFHE 255, 252, 256, Rn. 22 (juris).

427 Zu den verschiedenen rechtstechnischen Begünstigungsmöglichkeiten im Steuerrecht siehe oben Abschnitt C. II. 1. b) bb).

428 Vgl. auch *Hufen*, Staatsrecht II, § 39 Rn. 4.

für die Vergleichsgruppen sowie die Begründungselemente für ungleiche Regelungen vorgibt.[429] Die Rechtsetzungsgleichheit stellt nämlich nicht in Frage, ob überhaupt unterschieden wird, sondern wie unterschieden wird.[430] Vor allem im Steuerrecht ist dem Gesetzgeber bei der Ausgestaltung der Steuersysteme, also bei der Auswahl des „*Steuergegenstandes*" und der „*Bestimmung des Steuersatzes*" grundsätzlich ein weiter Entscheidungsspielraum zuzugestehen.[431] Dies gilt gerade auch für die Einführung von Steuervergünstigungen.[432] Es ist weitestgehend dem Gesetzgeber überlassen, ob und welche Sachverhalte, Personen oder Unternehmen durch eine Verschonung von einer bestimmten Steuer gefördert und welche Ziele mit der Verschonung verfolgt werden.[433]

Eine Ungleichbehandlung ist nur dann verfassungswidrig, wenn sie nicht gerechtfertigt ist.[434] Steuerbegünstigungen bedürfen als Ausnahmen von der Regelbesteuerung stets einer Rechtfertigung.[435] Der Gesetzgeber nimmt in diesen Fällen eine ungleiche Lastenverteilung allein zur Erreichung eines bestimmten Ziels (z.B. Umweltschutz, Arbeitsplatzsicherung) bewusst in Kauf.[436] Das Bundesverfassungsgericht hat die gesetzgeberische Freiheit, mittels des Steuerrechts außerfiskalische Förder- und Lenkungsziele zu verfolgen, anerkannt.[437] Diese bedürfen aber eines legitimen Gemeinwohlziels.[438] Dazu zählen zum Beispiel volkswirtschaftliche, sozialpolitische oder ökologische

---

429 *Hufen*, Staatsrecht II, § 39 Rn. 8.

430 *P. Kirchhof*, in: Dürig/Herzog/Scholz, Art. 3 Abs. 1 GG Rn. 292.

431 BVerfG, Beschluss vom 4.12.2002, 2 BvR 400/98, 1735/00, BVerfGE 107, 27, 47.

432 *Wernsmann*, in: Hübschmann/Hepp/Spitaler, § 4 AO Rn. 443; BVerfG, Beschluss vom 7.11.2006, 1 BvL 10/02, BVerfGE 117, 1, 32.

433 BVerfG, Urteil vom 17.12.2014, 1 BvL 21/12, BVerfGE 138, 136, 182, Rn. 125 m.w.N (juris).

434 BVerfG, Urteil vom 17.12.2014, 1 BvL 21/12, BVerfGE 138, 136, 180, Rn. 121 (juris).

435 *Schön*, in: FS Spindler, 2011, S. 189, 202; *Spilker*, StB 2013, 345, 346; *Hey*, in: Tipke/Lang, § 19 Rn. 2; zur uneinheitlichen Rechtsprechung in Bezug auf die Rechtfertigungsanforderungen, *Schön*, a.a.O., S. 189, 191 ff.

436 *Spilker*, StB 2013, 345; *Birk/Desens/Tappe*, Steuerrecht, Rn. 195 sprechen ausdrücklich von „ungerechter" Lastenverteilung. Zutreffend ist es insoweit von einem Spannungsverhältnis zwischen Belastungsgleichheit und Lenkungszweck zu sprechen, *Schön*, in: FS Spindler, 2011, S. 189, 199.

437 BVerfG, Urteil vom 17.12.2014, 1 BvL 21/12, BVerfGE 138, 136, 181, Rn. 124 (juris) m.w.N.

438 Je nach Intensität der Ungleichbehandlung unterliegen die Förderziele einer strengeren Kontrolle durch das Bundesverfassungsgericht, BVerfG, Urteil vom 17.12.2014, 1 BvL 21/12, BVerfGE 138, 136, 182, Rn. 126 (juris).

Erwägungen.[439] Danach sind etwa solche Steuerbegünstigungen gerechtfertigt, die der Stärkung des Wirtschaftsstandorts Deutschland dienen, indem sie der Verlagerung von Arbeitsplätzen ins Ausland oder einer Beeinträchtigung der internationalen Wettbewerbsfähigkeit von im Inland produzierten Gütern entgegenwirken.[440] An dieser Stelle wird der Unterschied bei den inhaltlichen Maßstäben betreffend die Rechtfertigung[441] einer *prima facie* selektiven Steuermaßnahme im Rahmen des Art. 107 Abs. 1 AEUV und der Rechtfertigung nach Maßgabe des Art. 3 Abs. 1 GG besonders deutlich. Während das Beihilfenverbot externe politische Ziele gerade ausschließt, können jene Ziele eine Ungleichbehandlung bei der Prüfung des allgemeinen Gleichheitssatzes rechtfertigen.

Wenngleich die inhaltlichen Maßstäbe des allgemeinen Gleichheitssatzes auf der einen Seite und jene bei der Prüfung der Selektivität einer steuerlichen Regelung im Rahmen von Art. 107 Abs. 1 AEUV auf der anderen Seite nicht identisch sind, so stimmen die Prüfungsstrukturen jedoch insoweit überein, dass es im ersten Schritt der Feststellung einer Ungleichbehandlung bedarf. Ist dies zu bejahen, dann ist im nächsten Schritt zu prüfen, ob die Ungleichbehandlung gerechtfertigt ist (sog. zweistufige Prüfungsstruktur[442]).

III. Wettbewerbsverfälschung und Handelsbeeinträchtigung

Schließlich setzt die Einordnung einer steuerlichen Maßnahme als Beihilfe im Sinne des Art. 107 Abs. 1 AEUV voraus, dass die Begünstigung den Wettbewerb verfälscht oder zu verfälschen droht sowie dazu geeignet ist, den Handel zwischen den Mitgliedstaaten zu beeinträchtigen (sog. Zwischenstaatlichkeitsklausel[443]).

---

439 BVerfG, Urteil vom 20.4.2004, 1 BvR 1748/99, 905/00, BVerfGE 110, 274, 299.

440 BVerfG, Urteil vom 20.4.2004, 1 BvR 1748/99, 905/00, BVerfGE 110, 274, 299.

441 Siehe dazu oben in Abschnitt C. II 3. b) ee).

442 Vgl. *Sodan*, in: Sodan, Art. 3 GG Rn. 2 sowie Vorbem. zu Art. 1 GG Rn. 68; *Hufen*, Staatsrecht II, § 39 Rn. 4; *Epping*, Grundrechte, Kap. 16 Rn. 775; a.A. *Gröpl*, in: Gröpl/Windthorst/von Coelln, Art. 3 GG Rn. 5.

443 *Koenig/Förtsch*, in: Streinz, Art. 107 AEUV Rn. 109.

1. Weite Auslegung der Tatbestandsmerkmale

Die Voraussetzungen dieser beiden Tatbestandsmerkmale sind gering.[444] Entsprechend der *Dassonville*-Formel[445] genügt lediglich die potentielle Möglichkeit einer Wettbewerbsverfälschung sowie die Eignung zur Beeinträchtigung des internationalen Handels zwischen den Mitgliedstaaten der Europäischen Union.[446] Auf die tatsächliche Spürbarkeit einer Wettbewerbsverfälschung komme es nicht an.[447] Eine drohende Wettbewerbsverfälschung liege danach bereits vor, wenn die staatliche Maßnahme geeignet ist, die Wettbewerbsposition des Vorteilsempfängers gegenüber den Wettbewerbern zu verbessern.[448] Dies wird in der Praxis durch die Annahme eines selektiven Vorteils bejaht.[449] Gleiches gilt für die Frage nach der Eignung zur Beeinträchtigung des Handels zwischen den Mitgliedstaaten.[450] Die Höhe der Beihilfe, die Größe des

---

444 *Berg/Szymczak*, UR 2018, 853, 860; *Haratsch/Koenig/Pechstein*, Europarecht, Rn. 1300 f.; *Englisch*, DStR 2018, 2501, 2505; EuGH, Urteil vom 15.12.2005, *Unicredito Italiano*, Rs. C-148/04, ECLI:EU:C:2005:774, Rn. 54; EuGH, Urteil vom 25.7.2018, *Kommission/Spanien u.a.*, Rs. C-128/16 P, ECLI:EU:C:2018:591, Rn. 84 f.

445 EuGH, Urteil vom 11.7.1974, *Dassonville*, Rs. C-8/74, ECLI:EU:C:1974:82, Rn. 5: *„Jede Handelsregelung der Mitgliedstaaten, die geeignet ist, den innergemeinschaftlichen Handel unmittelbar oder mittelbar, tatsächlich oder potentiell zu behindern, ist als Maßnahme mit gleicher Wirkung wie eine mengenmäßige Beschränkung anzusehen.“*

446 So auch *Frenz*, Beihilfe- und Vergaberecht, Rn. 27.

447 *Haratsch/Koenig/Pechstein*, Europarecht, Rn. 1301; EuGH, Urteil vom 29.4.2004, *Italien/Kommission*, Rs. C-298/00 P, ECLI:EU:C:2004:240, Rn. 54 m.w.N zur Rechtsprechung; zweifelnd dagegen *von Wallenberg/Schütte*, in: Grabitz/Hilf/Nettesheim, Art. 107 AEUV Rn. 84 f.

448 Bekanntmachung der Kommission vom 19.7.2016 zum Begriff der staatlichen Beihilfe im Sinne des Artikels 107 Absatz 1 des Vertrags über die Arbeitsweise der Europäischen Union, ABl. (EU), C (2016) 262/1, Rn. 187; EuGH, Urteil vom 17.9.1980, *Philip Morris/Kommission*, Rs. C-730/79, ECLI:EU:C:1980:209, Rn. 11; EuGH, Urteil vom 15.12.2005, *Unicredito Italiano*, Rs. C-148/04, ECLI:EU:C:2005:774, Rn. 54.

449 Bekanntmachung der Kommission vom 19.7.2016 zum Begriff der staatlichen Beihilfe im Sinne des Artikels 107 Absatz 1 des Vertrags über die Arbeitsweise der Europäischen Union, ABl. (EU), C (2016) 262/1, Rn. 187; EuGH, Urteil vom 26.6.2003, *Belgien und Forum 187/Kommission*, verb. Rs. C-182/03 und C-217/03, ECLI:EU:C:2006:416, Rn. 131; EuGH, Urteil vom 22.11.2001, *Ferring*, Rs. C-53/00, ECLI:EU:C:2001:627, Rn. 21.

450 *Brandau/Neckenich/Reich/Reimer*, BB 2017, 1175, 1178; vgl. EuGH, Urteil vom 20.11.2003, *GEMO SA*, Rs. C-126/01, ECLI:EU:C:2003:622, Rn. 40; EuGH, Urteil vom 7.3.2002, *Italien/Kommission*, Rs. C-310/99, ECLI:EU:C:2002:143, Rn. 84 f.

begünstigten Unternehmens sowie dessen Marktanteil spielen grundsätzlich[451] keine Rolle.[452] Nur in sehr engen Grenzen, d.h. wenn die Begünstigung lediglich rein lokale Wirtschaftstätigkeiten betrifft, kann eine grenzüberschreitende Wettbewerbsverzerrung ausgeschlossen werden.[453] Die weite Auslegung der Tatbestandsmerkmale der sog. Zwischenstaatlichkeitsklausel führt nicht zu einer substantiellen Einschränkung der Reichweite des Beihilfenverbots und lässt diese daher als *„überflüssig"*[454] erscheinen.

2. Tatbestandseinschränkung durch die sog. De-minimis-Verordnung

Von größerer praktischer Bedeutung, um den Tatbestand des Art. 107 Abs. 1 AEUV zu begrenzen, ist dagegen die Feststellung, ob eine Beihilfe nach der sog. De-minimis-Verordnung[455] vorliegt (sog. De-minimis-Beihilfe). Solche Beihilfen sind gem. § 3 Abs. 1 De-minimis-VO vom Tatbestand des Art. 107 Abs. 1 AEUV ausgenommen[456] und unterliegen nicht der Anmeldepflicht nach Art. 108 Abs. 3 AEUV.[457] Voraussetzung einer De-minimis-Beihilfe ist gem. Art. 3 Abs. 2 De-minimis-VO, dass der Gesamtbetrag, der einem einzigen Unternehmen von einem Mitgliedstaat gewährt wird, den Betrag von 200.000 EUR in einem Zeitraum von drei Steuerjahren nicht übersteigt. Die *ratio* der Tatbestandseinschränkung besteht darin, dass derart geringfügige Subventionen weder geeignet sind, sich auf den Handel zwischen den Mitgliedstaaten auszuwirken, noch drohen sie den Wettbewerb zu verfälschen.[458] Die De-minimis-VO

---

451 Zu den sog. De-minimis-Beihilfen siehe sogleich.

452 *Ismer*, in: Herrmann/Heuer/Raupach, Einführung zum EStG Rn. 515; EuGH, Urteil vom 21.3.1990, *Belgien/Kommission*, Rs. C-142/87, ECLI:EU:C:1990:125, Rn. 43.

453 *Haratsch/Koenig/Pechstein*, Europarecht, Rn. 1303; vgl. Entscheidung der Europäischen Kommission vom 12.1.2001, Beihilfe Nr. N 258/00, *Deutschland und Freizeitbad Dorsten*, S. 5.

454 So *Berg/Szymczak*, UR 2018, 853, 860 unter Verweis auf *Stöbener de Mora*, EuZW 2016, 685, 689; kritisch dazu: *Kokott*, DStJG 41 (2018), 535, 549 f.

455 Verordnung (EU) Nr. 1407/2013 vom 18.12.2013 über die Anwendung der Artikel 107 und 108 des Vertrags über die Arbeitsweise der Europäischen Union auf De-minimis-Beihilfen, ABl. (EU), L 352/1; im Folgenden De-minimis-VO genannt. Diese Verordnung ist im Hinblick auf die Unionsrechtskonformität nicht unumstritten, *von Wallenberg/Schütte*, in: Grabitz/Hilf/Nettesheim, Art. 107 AEUV Rn. 92 m.w.N.

456 Siehe Art. 3 Abs. 1 De-minimi-VO; siehe auch EuGH, Urteil vom 27.6.2017, *Congregación de Escuelas Pías Provincia Betania*, Rs. C-74/16, ECLI:EU:C:2017:496, Rn. 82.

457 Näher dazu unten in Abschnitt D. I. 2. b) aa).

458 Erwägungsgrund Nr. 3 der De-minimis-VO.

gilt grundsätzlich für Beihilfen an Unternehmen aller Wirtschaftszweige[459] und sowohl in Bezug auf Beihilfereglungen als auch Einzelmaßnahmen.[460]

Im Steuerrecht kommt dieser Verordnung im Hinblick auf gesetzliche Beihilfen kaum praktische Bedeutung zu, um die Reichweite des Tatbestands des Art. 107 Abs. 1 AEUV einzuschränken.[461] Denn es genügt, wenn bereits ein Anwendungsfall über der in Art. 3 Abs. 2 De-minimis-VO normierten Höchstgrenze liegt bzw. liegen kann.[462] Die Europäische Kommission ist bei der Frage der Qualifikation einer staatlichen Maßnahme als Beihilferegelung nach der Rechtsprechung des EuGH nicht dazu verpflichtet, zu prüfen, ob die De-minimis-Grenze im jeweiligen Einzelfall überschritten wurde.[463] Die Verneinung einer Beihilferegelung nach Maßgabe der De-minimis-VO ist daher nur möglich, wenn der Mitgliedstaat Vorkehrungen trifft, die sicherstellen, dass die Bedingungen der De-minimis-VO für sämtliche Anwendungsfälle eingehalten werden.[464]

---

459 Bestimmte Ausnahmen, wie etwa für Beihilfen an Unternehmen, die in der Primärerzeugung landwirtschaftlicher Erzeugnisse tätig sind, sind in Art. 1 Abs. 1 lit. a) bis e) VO 1407/2013 aufgelistet.

460 *von Wallenberg/Schütte*, in: Grabitz/Hilf/Nettesheim, Art. 107 AEUV Rn. 88.

461 *Berg/Szymczak*, UR 2018, 853, 860; *Frenz/Roth*, DStZ 2006, 464, 465; *Grube*, Der Einfluss des unionsrechtlichen Beihilfenverbots auf das deutsche Steuerrecht, S. 66; *Blumenberg/Kring*, IFSt-Schrift Nr. 473 (2011), S. 21.

462 *Berg/Szymczak*, UR 2018, 853, 860; *Frenz/Roth*, DStZ 2006, 464, 465; *Möhlenkamp*, ZIP 2018, 1907, Fn. 91; EuGH, Urteil vom 15.12.2005, *Unicredito Italiano*, Rs. C-148/04, ECLI:EU:C:2005:774, Rn. 69.

463 EuGH, Urteil vom 15.12.2005, *Unicredito Italiano*, Rs. C-148/04, ECLI:EU:C:2005:774, Rn. 69.

464 *Berg/Szymczak*, UR 2018, 853, 860 *von Wallenberg/Schütte*, in: Grabitz/Hilf/Nettesheim, Art. 107 AEUV Rn. 89; siehe etwa § 9 Abs. 5 des Gesetzes zur steuerlichen Förderung von Forschung und Entwicklung vom 14.12.2019: „*Die Forschungszulage kann für den Teil der Bemessungsgrundlage, der auf Aufwendungen im Sinne des § 3 Absatz 3 entfällt, nur gewährt werden, soweit die Voraussetzungen der Verordnung (EU) Nr. 1407/2013 der Kommission vom 18. Dezember 2013 über die Anwendung der Artikel 107 und 108 des Vertrags über die Arbeitsweise der Europäischen Union auf De-minimis-Beihilfen (ABl. L 352 vom 24.12.2013, S. 1) (De-minimis-Verordnung) in der jeweils geltenden Fassung eingehalten sind. Unter anderem darf hiernach der Gesamtbetrag der einem einzigen Unternehmen gewährten De-minimis-Beihilfe in einem Zeitraum von drei Veranlagungszeiträumen maximal 200.000 Euro nicht übersteigen. Bei dieser Höchstgrenze sind auch andere in diesem Zeitraum an das Unternehmen gewährte Deminimis-Beihilfen gleich welcher Art und Zielsetzung zu berücksichtigen. Die Forschungszulage kann insoweit erst gewährt werden, wenn der Anspruchsberechtigte in*

IV. Ausnahmen vom Beihilfenverbot

Das Beihilfenverbot gilt nicht unbeschränkt, sondern gem. Art. 107 Abs. 1 AEUV nur, „*soweit in den Verträgen nicht etwas anderes bestimmt ist*". Ausnahmen vom Verbot der Gewährung staatlicher Beihilfen sind in Art. 107 Abs. 2 und 3 AEUV enthalten.[465] Im Rahmen dieser Ausnahmetatbestände können die mit einer Beihilfe verfolgten Ziele Berücksichtigung finden, die eine *prima facie* selektive Begünstigung nicht rechtfertigen können,[466] wie zum Beispiel Umweltschutzgesichtspunkte,[467] Vorteile für gemeinnützige Unternehmen[468] sowie Beihilfen zur Förderung der wirtschaftlichen Entwicklung bestimmter Regionen.[469]

Beihilfen, welche die Voraussetzungen des Art. 107 Abs. 2 AEUV erfüllen, sind zwar *per se* mit dem Binnenmarkt vereinbar,[470] sodass die Europäische Kommission verpflichtet ist, diese zu genehmigen.[471] Jedoch steht der Kommission bei der Beantwortung der Frage nach der Erfüllung dieser Ausnahmetatbestände ein weiter Beurteilungsspielraum zu.[472] Dabei legt sie den

---

geeigneter Weise den Nachweis erbracht hat, in welcher Höhe ihm in den beiden vorangegangenen sowie im laufenden Veranlagungszeitraum De-minimis-Beihilfen gewährt worden sind, für die die vorliegende oder andere De-minimis-Verordnungen gelten, und nur soweit, wie die Voraussetzungen der De-minimis-Verordnung bei dem Unternehmen im Sinne der De-minimis Verordnung eingehalten werden."

465 Darüber hinaus stellt Art. 106 Abs. 2 AEUV eine Ausnahme zum Beihilfenverbot dar, siehe dazu etwa *Bartosch*, Art. 106 Abs. 2 AEUV Rn. 1. Da es in der Praxis meist an dem erforderlichen Betrauungsakt fehlt, ist die Reichweite der Ausnahmeregelung des Art. 106 Abs. 2 als gering anzusehen, sodass auf eine weitere Darstellung verzichtet wird. Näher dazu im Kontext der Problematik der Steuerbegünstigungen für gemeinnützige Unternehmen bei *Helios*, EWS 2006, 108, 120.

466 Siehe dazu oben Abschnitt C. II. 3. b) ee).

467 In Bezug auf Umwelt- und Energiebeihilfen hat die Kommission sogar explizit Leitlinien erlassen, unter welchen Voraussetzungen Genehmigungen erfolgen können. Siehe Mitteilung der Kommission, Leitlinien für staatliche Umweltschutz- und Energiebeihilfen 2014–2020, ABl. (EU), C 200/1 (speziell in Bezug auf Steuerbegünstigungen siehe S. 32 f. unter Punkt 3.7).

468 *Grube*, Der Einfluss des unionsrechtlichen Beihilfenverbots auf das deutsche Steuerrecht, S. 38; *dies.*, DStZ 2007, 380; *Hüttemann* DB 2006, 914, 920, 921.

469 Art. 107 Abs. 3 lit. a) AEUV.

470 Daher auch Legalausnahmen genannt.

471 *Cremer*, in: Calliess/Ruffert, Art. 107 AEUV Rn. 45.

472 *Cordewener/Henze*, FR 2016, 756, 758; EuG, Urteil vom 15.12.1999, *Freistaat Sachsen u.a./Kommission*, verb. Rs. T-132/96 und T-143/96, ECLI:EU:T:1999:326, Rn. 148.

Ausnahmetatbeständen ein restriktives Verständnis zugrunde, sodass Art. 107 Abs. 2 AEUV kaum praktische Bedeutung zukommt.[473]

Unterfällt eine Beihilfe einem der in Art. 107 Abs. 3 AEUV aufgelisteten Tatbestände, dann *kann* diese von der Kommission als mit dem Binnenmarkt vereinbar erklärt werden. Ausweislich des Wortlauts sowie nach ständiger Rechtsprechung des EuGH verfügt die Kommission über einen weiten Ermessensspielraum.[474] Die Ermessensausübung setzt wirtschaftliche und soziale Wertungen voraus, die in einem Gemeinschaftskontext vorzunehmen sind.[475] Dabei prüft die Kommission die binnenmarkt-rechtliche Vereinbarkeit im Wesentlichen anhand der Existenz eines gewichtigen Rechtfertigungsgrundes sowie einer sich daran anschließenden Verhältnismäßigkeitsprüfung.[476] Um eine bessere Vorhersehbarkeit und Transparenz von Ermessensentscheidungen zu gewährleisten, hat die Kommission ihre Ermessensausübung mithilfe von Leitlinien, Mitteilungen, Stellungnahmen[477] sowie dem Erlass von Gruppenfreistellungsverordnungen[478] näher konkretisiert.[479]

473 *Haratsch/Koenig/Pechstein*, Europarecht, Rn. 1308; *Grube*, DStZ 2007, 370; diese Ausnahmeregelung ist ebenfalls nach Auffassung der Unionsgerichte eng auszulegen, siehe EuG, Urteil vom 15.12.1999, *Freistaat Sachsen u.a./Kommission*, verb. Rs. T-132/96 und T-143/96, ECLI:EU:T:1999:326, Rn. 121 m.w.N.

474 EuGH, Urteil vom 15.12.2005, *Unicredito Italiano*, Rs. C-148/04, ECLI:EU:C:2005:774, Rn. 71; EuGH, Urteil vom 12.12.2002, *Frankreich/Kommission*, Rs. C-456/00, ECLI:EU:C:2002:753, Rn. 41; daher auch Ermessensausnahmen genannt.

475 EuGH, Urteil vom 12.12.2002, *Frankreich/Kommission*, Rs. C-456/00, ECLI:EU:C:2002:753, Rn. 41; EuGH, Urteil vom 19.9.2000, *Deutschland/Kommission*, Rs. C-156/98, ECLI:EU:C:2000:467, Rn. 67; EuGH, Urteil vom 7.3.2002, *Italien/Kommission*, Rs. C-310/99, ECLI:EU:C:2002:143, Rn. 45.

476 *Brandau/Neckenich/Reich/Reimer*, BB 2017, 1175, 1178; *Blumenberg/Kring*, IFSt-Schrift Nr. 473 (2011), S. 21 f.

477 Zwar handelt es sich bei diesen Kundgebungen um nicht rechtsverbindliche Rechtsakte, sog. *soft law*. Nichtsdestotrotz ist ihnen zu entnehmen, wie die Kommission in bestimmten Fällen im Rahmen der Genehmigungsentscheidung ihr Ermessen ausüben wird. Näher zur Rechtsnatur dieser Rechtsakte bei *Graevenitz*, EuZW 2013, 169 ff.; *Cremer*, in: Calliess/Ruffert, Art. 107 AEUV Rn. 4 m.w.N. in Fn. 24.

478 Verordnung (EU) Nr. 651/2014 vom 17.6.2014 zur Feststellung der Vereinbarkeit bestimmter Gruppen von Beihilfen mit dem Binnenmarkt in Anwendung der Artikel 107 und 108 des Vertrags über die Arbeitsweise der Europäischen Union, ABl. (EU), L 187/1.

479 *Haratsch/Koenig/Pechstein*, Europarecht, Rn. 1311 f.; *Cremer*, in: Calliess/Ruffert, Art. 107 AEUV Rn. 4.

1. Ausschließliche Zuständigkeit der Europäischen Kommission, Beihilfen zu genehmigen

Wichtig zu betonen ist, dass ausschließlich die Europäische Kommission, vorbehaltlich der Kontrolle der Unionsgerichte,[480] für die Beurteilung der Vereinbarkeit einer Beihilfe mit dem Binnenmarkt zuständig ist.[481] Die Ausnahmevorschriften in Art. 107 Abs. 2 und Abs. 3 AEUV entfalten keine tatbestandsausschließende Wirkung.[482] Das bedeutet, dass selbst wenn eine staatliche Maßnahme die Voraussetzungen einer der Ausnahmevorschriften erfüllt, die unionsrechtliche Zulässigkeit der Beihilfe nicht *ipso jure*, sondern erst ab dem Zeitpunkt des Erlasses eines positiven Kommissionsbeschlusses eintritt.[483] Die Mitgliedstaaten müssen sich aus diesem Grund im Rahmen ihrer Rechtsetzung und Rechtsanwendung allein nach den Maßstäben des Art. 107 Abs. 1 AEUV (i.V.m. Art. 108 Abs. 3 AEUV) richten; die Ausnahmevorschriften nach Art. 107 Abs. 2 und Abs. 3 AEUV müssen außer Ansatz bleiben. Denn die mitgliedstaatliche Pflicht, das Beihilfenverbot zu beachten, folgt allein aus dem Durchführungsverbot nach Art. 108 Abs. 3 Satz 3 AEUV.[484] Ferner bezieht sich das Durchführungsverbot auf (neue) Beihilfen im Sinne des Art. 107 Abs. 1 AEUV, ungeachtet dessen, ob diese nach Art. 107 Abs. 2 und 3 AEUV genehmigungsfähig sind.[485]

2. Verhältnis von Beihilfenverbot und Grundfreiheiten

Die Genehmigung einer Beihilfe setzt nicht nur voraus, dass sie unter beihilfenrechtlichen Gesichtspunkten mit dem Binnenmarkt vereinbar ist. Sie darf

---

480 Die Unionsgerichte müssen sich bei der Überprüfung der Rechtsmäßigkeit darauf beschränken, ob die Kommissionsbeurteilung offensichtlich irrig oder ermessensmissbräuchlich war. Sie dürfen den Ermessens- sowie Beurteilungsspielraum nicht durch eine eigene Beurteilung ersetzen. Siehe EuGH, Urteil vom 15.12.2005, *Unicredito Italiano*, Rs. C-148/04, ECLI:EU:C:2005:774, Rn. 71; EuGH, Urteil vom 12.12.2002, *Frankreich/Kommission*, Rs. C-456/00, ECLI:EU:C:2002:753, Rn. 41.

481 EuGH, Urteil vom 18.7.2007, *Lucchini*, Rs. C-119/05, ECLI:EU:C:2007:434, Rn. 52; EuGH, Urteil vom 22.3.1977, *Steinike & Weinlig*, Rs. 78/76, ECLI:EU:C:1977:52, Rn. 9; EuGH, Urteil vom 11.7.1996, *SFEI u.a.*, Rs. C-39/94, ECLI:EU:C:1996:285, Rn. 42.

482 *Berg/Szymczak*, UR 2018, 853, 854; *Frenz*, Beihilfe- und Vergaberecht, Rn. 54.

483 Zum Beihilfeverfahren siehe unten Abschnitt D. I.

484 Siehe oben in Abschnitt A. III.

485 Näher dazu unten in Abschnitt D. I. 2. d).

darüber hinaus nicht anderweitig unionsrechtswidrig sein.[486] Die Kommission darf also eine Beihilfe, ungeachtet ihrer Genehmigungsfähigkeit nach Art. 107 Abs. 2 und 3 AEUV, nicht als mit dem Binnenmarkt vereinbar erklären, wenn diese gegen die europäischen Grundfreiheiten verstoßen würde.[487] Dies gebietet es, an dieser Stelle auf das Verhältnis von Beihilfenverbot und Grundfreiheiten einzugehen.

Grundfreiheiten und Beihilfenverbot stimmen in ihrem Gewährleistungsgehalt insoweit überein, als sie ein gleichheitsrechtlich fundiertes Verbot der Besserstellung bestimmter Unternehmen bzw. wirtschaftlicher Aktivitäten oder Transaktionen im Binnenmarkt beinhalten.[488] Der Anwendungsbereich von Art. 107 Abs. 1 AEUV kann sich mit dem der Europäischen Grundfreiheiten überschneiden. Werden Beihilfen nur inländischen Empfängern gewährt, dann geht damit eine Benachteiligung ausländischer Unternehmen als Kehrseite in der Regel einher.[489]

Die Grundfreiheiten[490] sind *leges speciales* zu Art. 18 AEUV[491] und damit in erster Linie Diskriminierungsverbote,[492] die auf die Herstellung der

---

486 EuGH, Urteil vom 12.11.1992, *Kerafina-Keramische/Griechenland*, verb. Rs. C-134/91 und C-135/91, ECLI:EU:C:1992:434, Rn. 20; Schlussanträge des GA *Tesauro* vom 22.10.1992 zu *Kerafina-Keramische/Griechenland*, verb. Rs. C-134/91 und C-135/91, ECLI:EU:C:1992:353, Rn. 4.

487 Vgl. EuGH, Urteil vom 19.9.2000, *Deutschland/Kommission*, Rs. C-156/98, ECLI:EU:C:2000:467, Rn. 78; EuGH, Urteil vom 21.5.1980, *Kommission/Italien*, Rs. 73/79, ECLI:EU:C:1980:129, Rn. 11; EuGH, Urteil vom 15.6.1993, *Matra/Kommission*, Rs. C-225/91, ECLI:EU:C:1993:239, Rn. 41; Mitteilung der Kommission vom 11.11.1998 über die Anwendung der Vorschriften über staatliche Beihilfen auf Maßnahmen im Bereich der direkten Unternehmensbesteuerung, Abl. (EG), C 384/3, Rn. 29; *Frenz*, EWS 2020, 76, 81.

488 *Englisch*, in: Schaumburg/Englisch, Rn. 9.53; *Kokott*, DStJG 41 (2018), 535, 536: „*Damit beinhalt es* [also das Beihilfenverbot] *ebenso wie die Grundfreiheiten ein Gleichbehandlungsgebot.*"; nach *Frenz*, Beihilfe- und Vergaberecht, Rn. 13; *ders.*, Europarecht, Rn. 460 könne Art. 107 Abs. 1 AEUV ebenfalls Spezialregelung des unionsrechtlichen allgemeinen Diskriminierungsverbots sein.

489 *Kokott*, DStJG 41 (2018), 535, 551 m.w.N.

490 Das sind die Warenverkehrsfreiheit (Art. 28 ff. AEUV), die Arbeitnehmerfreizügigkeit (Art. 45 AEUV), die Niederlassungsfreiheit (Art. 49 AEUV), die Dienstleistungsfreiheit (Art. 56 AEUV) und schließlich die Kapitalverkehrsfreiheit (Art. 63 AEUV).

491 *Pache*, in: Schulze/Zuleeg/Kadelbach, § 10 Rn. 21.

492 Darüber hinaus sind diese von der Rechtsprechung des EuGH zu sog. Beschränkungsverboten entwickelt worden: Grundlegend EuGH, Urteil vom 11.7.1974, *Dassonville*, Rs. C-8/74, ECLI:EU:C:1974:82.

Gleichbehandlung von grenzüberschreitendem Fall mit dem reinen Inlandsfall abzielen.[493] Das Selektivitätskriterium verleiht dem Beihilfenverbot eine den Grundfreiheiten vergleichbare gleichheitsrechtliche Struktur.[494] Zur Annahme der Selektivität einer steuerlichen Maßnahme ist festzustellen, ob bestimmte Wirtschaftsteilenehmer gegenüber anderen vergleichbaren Wirtschaftsteilnehmern begünstigt werden.[495] Sowohl bei der Prüfung eines Verstoßes gegen die Grundfreiheiten als auch im Fall des Verstoßes gegen Art. 107 Abs. 1 AEUV stellt sich jeweils die Frage, ob eine vergleichbare Situation unterschiedlich behandelt wird und diese Ungleichbehandlung gerechtfertigt ist.[496]

Die sachlichen Anwendungsbereiche sowie die konkreten Beurteilungskriterien sind jedoch nicht identisch.[497] Die Grundfreiheiten sind nicht auf die Situation der Unternehmensbegünstigung beschränkt, sodass sie insoweit einen weiteren Anwendungsbereich haben.[498] Im Unterschied zum Beihilfenverbot setzen die Grundfreiheiten tatbestandlich jedoch stets einen grenzüberschreitenden Bezugspunkt voraus.[499] Aus diesem Grund erfassen sie den Fall

---

493 *Schlücke*, Die Umsetzung von EuGH-Entscheidungen in das deutsche Steuerrecht, S. 40; *Schaumburg*, in: Schaumburg, Internationales Steuerrecht, Rn. 4.16. Die Abgrenzung zwischen den einzelnen Grundfreiheiten ist im Steuerrecht regelmäßig von untergeordneter Bedeutung, da allen eine gleichheitsrechtliche Dimension immanent ist und sie im steuerrechtlichen Bereich überwiegend in der Funktion als Diskriminierungsverbote, seltener als Beschränkungsverbote, von Bedeutung sind, vgl. *Englisch*, in: Tipke/Lang, § 4 Rn. 83 m.w.N.; ferner *Rehm/Nagler*, Europäisches Steuerrecht, S. 14 f.

494 *Lang*, IStR 2010, 570 575 ff.; vgl. die Ausführungen oben in Abschnitt C. II. 3. c).

495 Schlussanträge des GA *Wahl* vom 20.12.2017 zu *Andres (faillite Heitkamp BauHolding)/Kommission*, Rs. C-203/16 P, ECLI:EU:C:2017:1017, Rn. 93 m.w.N.

496 Vgl. *Lang*, IStR 2010, 570, 577; Schlussanträge der GAin *Kokott* vom 2.7.2009 zu *Presidente dei Ministri*, Rs. C-169/08, ECLI:EU:C:2009:420, Rn. 133 f.

497 *Spengel*, in: *Jacobs*, Internationale Unternehmensbesteuerung, S. 193; *Vanistendael*, DStJG 23 (2000), 299, 305 ff.

498 *Englisch*, in: Schaumburg/Englisch, Rn. 9.53.

499 Dies ergibt sich überwiegend aus dem Wortlaut der Vorschriften, siehe Art. 34 AEUV: *„zwischen den Mitgliedstaaten"*; Art. 49 Abs. 1 AEUV: *„eines anderen Mitgliedstaats"*; Art. 56 Abs. 1 AEUV: *„in einem anderen Mitgliedstaat"*; Art. 63 Abs. 1 AEUV: *„zwischen den Mitgliedstaaten"*. In Art. 45 AEUV ist der grenzüberschreitende Bezug dagegen nicht im Wortlaut verankert, jedoch ergibt sich dieses Erfordernis aus dem Zweck der Vorschrift und dem Vergleich zu den anderen Grundfreiheiten, *Streinz*, Europarecht, Rn. 854.

der sog. Inländerdiskriminierung nicht.[500] Grundfreiheiten stehen nicht entgegen, wenn Steuerausländer gegenüber Steuerinländern bevorzugt werden.[501] Sie verbieten lediglich die Benachteiligung von Steuerausländern gegenüber Steuerinländern bzw. die Benachteiligung von Auslandsinvestitionen im Vergleich zu Inlandsinvestitionen.[502] Da das Beihilfenverbot einen grenzüberschreitenden Sachverhalt nicht voraussetzt,[503] reicht dessen Anwendungsbereich im Zusammenhang mit Unternehmensbegünstigungen insoweit weiter. Es verbietet grundsätzlich nicht nur Schlechterstellungen von EU-Ausländern gegenüber Inländern, sondern auch Schlechterstellungen von Inländern gegenüber EU-Ausländern sowie von bestimmten Inländern gegenüber anderen Inländern und schließlich sogar Diskriminierungen von EU-Ausländern gegenüber anderen EU-Ausländern.[504]

Die inhaltlichen Maßstäbe betreffend die Grundfreiheiten einerseits und betreffend das Beihilfenverbot andererseits sind auch mit Blick auf mögliche Rechtfertigungen von Ungleichbehandlungen verschieden. Zwar kommen jeweils beispielsweise die effektive Steuererhebung[505] sowie die Bekämpfung des Rechtsmissbrauchs und der Steuerflucht[506] als mögliche Rechtfertigungsgründe in Betracht. Grundfreiheitsbeschränkungen können jedoch darüber

500 *Streinz*, Europarecht, Rn. 853 f.; *Pache*, in: Schulze/Zuleeg/Kadelbach, § 10 Rn. 16; regelmäßig wird auch der Ausdruck „umgekehrte Diskriminierung" verwendet, siehe etwa *Riese/Noll*, NVwZ 2007, 516; ausführlich zum Problem der Inländerdiskriminierung durch den nationalen Gesetzgeber im Steuerrecht siehe *Schlücke*, Die Umsetzung von EuGH-Entscheidungen in das deutsche Steuerrecht, S. 327 ff.

501 *Blumenberg/Kring*, IFSt-Schrift Nr. 473 (2011), S. 18; gleiches gilt im Rahmen von Art. 18 AEUV, da auch diese Vorschrift tatbestandlich einen grenzüberschreitenden Sachverhalt voraussetzt. Näher dazu bei *Rudolf/Streinz*, in: Streinz, Art. 18 AEUV Rn. 64; so auch ständige Rechtsprechung des EuGH, siehe umfassenden Verweis bei *Epiney*, in: Calliess/Ruffert, Art. 18 AEUV Rn. 31 in Fn. 107; a.A. *dies.*, in: Calliess/Ruffert, Art. 18 AEUV Rn. 35 f.

502 *Blumenberg/Kring*, IFSt-Schrift Nr. 473 (2011), S. 18.

503 Die Tatbestandsvoraussetzungen der Wettbewerbsverzerrung und Handelsbeeinträchtigung stellen zwar grenzüberschreitende Elemente dar, die jedoch in der Praxis kaum eine Rolle darin spielen, den Tatbestand des Art. 107 Abs. 1 AEUV einzuschränken, siehe oben Abschnitt C. III. 1.

504 So ausdrücklich *Bartosch*, EuZW 2017, 756, 761.

505 Vgl. EuGH, Urteil vom 18.10.2012, *X*, Rs. C-498/10, ECLI:EU:C:2012:635, Rn. 51 ff.; Schlussanträge der GAin *Kokott* vom 21.12.2011 zu *X*, Rs. C-498/10, ECLI:EU:C:2011:870, Rn. 58 f.

506 *Englisch*, in: Tipke/Lang, § 4 Rn. 99 m.w.N.

hinaus durch zwingende Gründe des Gemeinwohls, wie etwa den Schutz der öffentlichen Gesundheit, die Lauterkeit des Handelsverkehrs, den Verbraucherschutz,[507] sowie wirtschaftspolitische Ziele, wie die Schaffung von Arbeitsplätzen,[508] gerechtfertigt werden. Eben diese Gründe können im Rahmen einer *prima facie* selektiven Begünstigung, als sog. *externe* Ziele, den Tatbestand des Art. 107 Abs. 1 AEUV nicht ausschließen.[509] Sie sind auch nicht auf das Beihilfenverbot übertragbar.[510]

Festzuhalten ist, dass eine staatliche Begünstigung bestimmter Unternehmen gegen die Grundfreiheiten verstoßen kann, ohne selektiv zu sein. Umgekehrt kann eine Maßnahme selektiv sein, ohne dass sie einen Grundfreiheitsverstoß bedeutet.[511] Schließlich kann eine Subventionierung bestimmter inländischer Unternehmen sowohl eine unzulässige Beihilfe im Sinne des Art. 107 Abs. 1 AEUV darstellen als auch die Grundfreiheiten verletzen. Die Überschneidung beider Rechtsregime betrifft solche Konstellationen, in denen die Selektivität einer Beihilfe in einer Begünstigung inländischer gegenüber ausländischen Sachverhalten begründet ist, sodass dieselbe Ungleichbehandlung sowohl im Rahmen einer der Grundfreiheiten als auch dem Beihilfenverbot Relevanz entfaltet und weder unter grundfreiheitlichen noch beihilfenrechtlichen Gesichtspunkten gerechtfertigt werden kann.[512] Beide Regelungsregime sind parallel

---

507 Grundlegend EuGH, Urteil vom 20.2.1979, *Cassis di Dijon*, Rs. 120/78, ECLI:EU:C:1979:42, Rn. 8.

508 EuGH, Urteil vom 25.10.2007, *Geurts und Vogten*, Rs. C-464/05, ECLI:EU:C:2007:631, Rn. 26: *„Es ist nicht ausgeschlossen, dass derartige Erwägungen, insbesondere solche, die im Zusammenhang mit dem Fortbestand der kleinen und mittleren Unternehmen und der Aufrechterhaltung der Beschäftigung in diesen stehen, in bestimmten Fällen unter bestimmten Voraussetzungen eine akzeptable Rechtfertigung für eine nationale Regelung darstellen können, die eine Steuervergünstigung für natürliche oder juristische Personen vorsieht.*“; anders noch EuGH, Urteil vom 13.11.2003, *Schilling und Fleck-Schilling*, Rs. C-209/01, ECLI:EU:C:2003:610, Rn. 40: „[…] *so berechtigt ihre Verfolgung auch ist, keine Beeinträchtigung der Rechte rechtfertigen, die der Einzelne aus den Bestimmungen des Vertrages herleitet, in denen seine Grundfreiheiten verankert sind.*“

509 Siehe oben in Abschnitt C. II. 3. b) ee).

510 *Frenz*, Beihilfe- und Vergaberecht, Rn. 57 f.; *Vanistendael*, DStJG 23 (2000), 299, 306 f.

511 *Bartosch*, BB 2016, 855, 857.

512 Siehe EuGH, Urteil vom 17.11.2009, *Presidente del Consiglio dei Ministri*, Rs. C-169/08, ECLI:EU:C:2009 709, Rn. 63. Nach Auffassung der Generalanwältin Kokott seien in einem „Kollisionsfall“ zwischen dem Recht der Grundfreiheiten und dem Beihilfenrecht sogar jeweils die gleichen Maßstäbe anzulegen, um Wertungswidersprüche zu vermeiden, siehe Schlussanträge der GAin *Kokott* vom 2.7.2009 zu *Presidente dei Ministri*, Rs. C-169/08, ECLI:EU:C:2009:420, Rn. 134 sowie Schlussanträge der GAin

anwendbar und stehen in keinem Spezialitätsverhältnis zueinander.[513] Grundfreiheiten und Beihilfenverbot ergänzen in Fällen von Unternehmensbegünstigungen einander zu einem allgemeinen (steuerlichen) Gleichbehandlungsgebot für nationale und grenzüberschreitende Tätigkeiten von Unternehmen.[514]

V. Fazit zu C.

Für die Qualifikation einer steuerlichen Beihilfe ist im Wesentlichen entscheidend, ob eine *selektive Begünstigung* vorliegt.[515] Die Annahme einer *staatlichen* Maßnahme ist in der Regel unschwer zu bejahen, da steuerliche Begünstigungen ihren Ursprung in formellen Parlamentsgesetzen, Rechtsverordnungen, Verwaltungsvorschriften oder Einzelfallmaßnahmen der Finanzverwaltung haben. Selbst die unionsrechtliche Determinierung einer steuerlichen Vergünstigung kann die Anwendung des Art. 107 Abs. 1 AEUV nicht *per se* ausschließen. Die Eignung einer staatlichen Maßnahme, den Handel zwischen den Mitgliedstaaten zu beeinträchtigen sowie den Wettbewerb zu verfälschen (sog. Zwischenstaatlichkeitsklausel), ist im Grunde genommen eine bloße „Leerformel", die zu keiner nennenswerten Einschränkung des Beihilfentatbestandes führt, da die Voraussetzungen der Zwischenstaatlichkeitsklausel durch die Annahme eines

---

Kokott vom 16.4.2015 zu *Finanzamt Linz*, Rs. C-66/14, ECLI:EU:C:2015:242, Rn. 103; dem zustimmend *Bartosch*, EuZW 2017, 756, 761.

513 *Grube*, Der Einfluss des unionsrechtlichen Beihilfenverbots auf das deutsche Steuerrecht, S. 84; *Frenz*, Beihilfe- und Vergaberecht, Rn. 8; *ders.*, EWS 2020, 76, 77; *Götz*, in: Dauses/Ludwigs, Handbuch des EU-Wirtschaftsrechts, H. III. Staatliche Beihilfen Rn. 37; EuGH, Urteil vom 17.11.2009, *Presidente del Consiglio dei Ministri*, Rs. C-169/08, ECLI:EU:C:2009:709; EuGH, Urteil vom 19.9.2000, *Deutschland/Kommission*, Rs. C-156/98, ECLI:EU:C:2000:467; EuGH, Urteil vom 20.3.1990, *Du Pont de Nemours Italiana/USL di Carrara*, Rs. C-21/88, ECLI:EU:C:1990:121, Rn. 21; EuGH, Urteil vom 7.5.1985, *Kommission/Frankreich*, Rs. C-18/84, ECLI:EU:C:1985:175, Rn. 13; a.A. *Cremer*, in: Calliess/Ruffert, Art. 107 AEUV Rn. 86 f.; *ders.*, EUR 1996, 225, 236, der eine Spezialität des Beihilfenrechts befürwortet, vor dem Hintergrund des im Beihilfenrecht vorzufindenden Zuständigkeitsgefüge (Stellung der Kommission) und der Existenz bestimmter Ausnahmevorschriften (Art. 107 Abs. 2 und 3 AEUV); für eine Spezialität des Beihilfenrechts siehe auch *Kokott*, Das Steuerrecht der Europäischen Union, § 3 Rn. 228.

514 *Spengel*, in: *Jacobs*, Internationale Unternehmensbesteuerung, S. 193 unter Verweis auf *Dautzenberg*, StuB 2001, 443, 444.

515 So auch Schlussanträge der GAin *Kokott* vom 16.4.2015 zu *Finanzamt Linz*, Rs. C-66/14, ECLI:EU:C:2015:242, Rn. 114.

selektiven Vorteils als indiziert gelten. Von größerer praktischer Relevanz ist in diesem Zusammenhang grundsätzlich die typisierte Tatbestandseinschränkung nach der De-minimis-VO. Dies betrifft vordergründig jedoch konkret-individuelle Einzelbeihilfen. Eine Beihilferegelung unterfällt dem Beihilfenverbot nach Maßgabe der De-minimis-VO nur dann nicht, wenn der Mitgliedstaat Vorkehrungen trifft, die sicherstellen, dass die Bedingungen der De-minimis-VO für sämtliche Anwendungsfälle eingehalten werden.

Steuerliche Begünstigungen sind auf vielfältige Art und Weise denkbar. Dies betrifft sowohl die Ebene der Rechtsetzung als auch die der Rechtsanwendung. Während Einzelmaßnahmen der Finanzverwaltung nach Maßgabe des private-creditor-Tests dem Anwendungsbereich des Beihilfenverbots entzogen sein können, ist dies bei abstrakt-generellen Steuervergünstigungen ausgeschlossen. Eine steuerliche Begünstigung zeichnet sich grundsätzlich dadurch aus, dass der Staat einzelne Steuerpflichtige von der „normalerweise" zu tragenden Steuerbelastung in irgendeiner Art und Weise teilweise oder vollständig verschont. Um eine Begünstigung annehmen zu können, bedarf es daher stets der Feststellung der „Regelbesteuerung" im Hinblick auf die potentielle Begünstigung. Nicht immer kann allerdings nur ein „richtiges" Regel-Ausnahme-Verhältnis bestimmt werden. Welche konkreten Maßstäbe von Einzelfall zu Einzelfall von den Unionsorganen herangezogen werden, ist nicht stets rechtssicher vorherzusagen. Dies darf aber auch nicht verwundern. Das maßgebliche Referenzsystem muss und kann nur durch Auslegung ermittelt werden. Es liegt in der Natur der Sache, dass die Auslegung von Recht grundsätzlich zu mehreren verschiedenen vertretbaren Lösungen führen kann. Eine „Zauberformel", mit der stets das maßgebliche Bezugssystem ermittelt werden kann, ist nicht existent und wird es auch in Zukunft nicht geben. Dessen ungeachtet ist es höchst problematisch, dass der Bestimmung des Regel-Ausnahme-Verhältnisses eine „Weichen"-Stellung zukommt. Die Zuordnung der potentiellen Begünstigung als Teil des Referenzrahmens führt – mit Ausnahme der Sonderkonstellation der faktischen Begünstigung bestimmter Wirtschaftsteilnehmer – zur Verneinung des Art. 107 Abs. 1 AEUV. Die Reichweite des Beihilfenverbots hängt mitunter vom Zufall ab. Besonders deutlich wird dies bei der Bestimmung von Regel und Ausnahme in den Fällen von regionalen Belastungsunterschieden. Hier entscheidet maßgeblich die nationale Kompetenz hinsichtlich der Steuerhoheit, ob das Tatbestandsmerkmal Begünstigung zu bejahen oder zu verneinen ist, unabhängig von jedweder wettbewerbsverzerrenden Wirkung der fraglichen Regelung. Die ohnehin schon mit der Bestimmung des Regel-Ausnahme-Verhältnisses zusammenhängende Rechtsunsicherheit wird noch weiter dadurch verstärkt, dass eine ausdrückliche Ausnahmevorschrift von der Regelbesteuerung nicht zwingend notwendig ist, um eine steuerliche Begünstigung annehmen zu können. Eine auch nur faktische Begünstigungswirkung genügt. Ebenso ist es zur Annahme einer Begünstigung ausreichend, wenn bestimmten Unternehmen mittelbar Vorteile zugutekommen können. Wenngleich es dogmatisch richtig ist, dass es nicht auf die Regelungstechnik ankommen darf und allein die Wirkungen maßgeblich sein müssen, ob das Beihilfenverbot Anwendung findet oder nicht, so ist der Preis für einen effektiven Schutz vor Wettbewerbsverfälschungen auf dem Europäischen Binnenmarkt die Einbuße von Rechtssicherheit in nicht unerheblichem Ausmaß.

Nicht nur die Frage nach dem Vorliegen einer steuerlichen Begünstigung ist von erheblicher Rechtsunsicherheit geprägt. Auch die Bestimmung der Selektivität einer steuerlichen Begünstigung ist in der Praxis nicht selten eine besondere Herausforderung. Dies gilt insbesondere im Hinblick auf die Prüfung der Selektivität abstrakt-genereller Steuerregelungen. Während bei Einzelmaßnahmen die Selektivität durch die Annahme einer Begünstigung indiziert ist, bedarf es bei Steuerregelungen der Abgrenzung zu einer sog. allgemeinen Vorschrift. Zu prüfen ist dabei, ob die mutmaßliche Steuerbeihilfe eine Ungleichbehandlung von miteinander konkurrierenden Wirtschaftsteilnehmern hervorruft, die nicht gerechtfertigt werden kann. Selektiv sind nicht nur Ungleichbehandlungen *de jure*, sondern auch *de facto*. Die Reichweite der Selektivität ist damit sehr weit. Insbesondere Steuervergünstigungen im Unternehmenssteuerrecht, die außerfiskalische Lenkungszwecke verfolgen, sind dem Verdacht der Selektivität ausgesetzt. Da die Frage nach der selektiven Begünstigung für die Einordnung einer steuerlichen Beihilfe maßgeblich ist, bedeutet dies zugleich, dass steuerliche Unternehmensbegünstigungen dem Verdacht der Beihilfenrechtswidrigkeit ausgesetzt sind.

Das Selektivitätskriterium verleiht dem Beihilfenverbot eine gleichheitsrechtliche Dimension. Die Prüfung der Selektivität weist Parallelen zum allgemeinen Gleichheitssatz nach Art. 3 Abs. 1 GG auf. Die Prüfung von Art. 3 Abs. 1 GG sowie die Prüfung der Selektivität ist jeweils zweistufig vorzunehmen. Im ersten Schritt ist der Frage nach der Ungleichbehandlung von Sachverhalten nachzugehen. Sodann, wenn eine Ungleichbehandlung zu bejahen ist, ist zu prüfen, ob diese gerechtfertigt ist. Gleiches gilt im Verhältnis zu den Grundfreiheiten. Es kann also nicht verwundern, dass die Anwendungsbereiche von Beihilfenverbot und den Grundfreiheiten sich überschneiden können. Grundfreiheiten und Beihilfenverbot ergänzen dann einander zu einem allgemeinen (steuerlichen) Gleichbehandlungsgebot im Zusammenhang mit Unternehmensbegünstigungen.

Die Reichweite des Beihilfenverbots ist im Steuerrecht folglich sehr weit. Als Bestandteil des primären Unionsrechts begrenzt das Beihilfenverbot nach

Art. 107 Abs. 1 AEUV den Gestaltungsspielraum des nationalen Gesetzgebers im Unternehmenssteuerrecht – sowohl in harmonisierten als auch in mitgliedstaatlich vorbehaltenen Kompetenzbereichen – sowie das Handeln der Finanzverwaltung, steuerliche Begünstigungen zu gewähren. Im Ganzen ist die Einstufung einer steuerlichen Begünstigung als Beihilfe mit erheblichen Rechtsunsicherheiten verbunden.

D. Rechtsfolgen der Qualifikation einer steuerlichen Maßnahme als Beihilfe im Sinne des Art. 107 Abs. 1 AEUV

I. Die Beihilfenkontrollverfahren

Um die materiellen Vorgaben des Art. 107 Abs. 1 AEUV in der Praxis durchzusetzen, sind im Beihilfenrecht besondere bilateral[516] ausgestaltete Verfahren zwischen der Europäischen Kommission und den Mitgliedstaaten vorgesehen, die der effektiven Überprüfung staatlicher Beihilfen dienen.[517] Die inhaltlichen Vorgaben der Beihilfenkontrolle sind primärrechtlich in Art. 108 AEUV umrissen. Diese werden durch eine auf Grundlage des Art. 109 AEUV erlassene Verfahrensverordnung[518] (im Folgenden „VerfVO" genannt) sowie die dazugehörige Durchführungsverordnung[519] (im Folgenden „Beihilfenverf.-DVO" genannt) näher präzisiert. Zu unterscheiden ist zwischen der fortlaufenden Überprüfung „*bestehender Beihilferegelungen*"[520] (sog. repressive Beihilfenkontrolle)[521]

516 Beihilfenempfänger, Wettbewerber oder sonstige Dritte spielen insgesamt eine nur untergeordnete Rolle, *Kreuschitz/Wernicke*, in: Lenz/Borchardt, Art. 108 AEUV Rn. 1; kritisch dazu *Bierwagen*, in: Birnstiel/Bungenberg/Heinrich, VO 659/1999 Rn. 140.

517 *Bungenberg*, in: Birnstiel/Bungenberg/Heinrich, Art. 108 AEUV Rn. 4; *Bierwagen*, in: Birnstiel/Bungenberg/Heinrich, VO 659/1999 Rn. 140.

518 Verordnung (EU) 2015/1589 vom 13.7.2015 über besondere Vorschriften für die Anwendung von Artikel 108 des Vertrags über die Arbeitsweise der Europäischen Union, ABl. (EU), L 248/9; zu den Hintergründen siehe Erwägungsgrund 1; im Jahr 1999 wurde erstmals eine Verfahrensverordnung erlassen (Verordnung (EG) 659/1999, ABl. (EU), L 83/1).

519 Verordnung (EG) Nr. 794/2004 vom 21.4.2004 zur Durchführung der Verordnung (EG) Nr. 659/1999 des Rates über besondere Vorschriften für die Anwendung von Artikel 93 des EG-Vertrags, ABl. (EG), L 140/1; diese Verordnung wurde weiter modifiziert durch die Verordnung (EG) Nr. 271/2008 vom 30.1.2008 zur Änderung der Verordnung (EG) Nr. 794/2004 zur Durchführung der Verordnung (EG) Nr. 659/1999 des Rates über besondere Vorschriften für die Anwendung von Artikel 93 des EG-Vertrags, ABl. Nr. L 82/1 sowie durch die Verordnung (EU) 2015/2282 vom 27.11.2015 zur Änderung der Verordnung (EG) Nr. 794/2004 hinsichtlich der Anmeldeformulare und Anmeldebögen, ABl. (EG), L 325/1. Die Ermächtigungsgrundlage zum Erlass der Durchführungsverordnung ist Art. 27 VO 659/1999 (nunmehr Art. 33 VerfVO).

520 Näher dazu sogleich in Abschnitt D. I. 1. a).

521 Näher dazu unten Abschnitt D. I. 1.

einerseits und der strengeren Kontrolle von *„neuen Beihilfen“*[522] (sog. präventive Beihilfenkontrolle)[523] andererseits.[524]

1. Repressive Beihilfenkontrolle bestehender Beihilferegelungen

Die repressive Beihilfenkontrolle findet ihre Rechtsgrundlagen primärrechtlich in Art. 108 Abs. 1 und Abs. 2 AEUV und sekundärrechtlich in den Art. 21 f. VerfVO. Mithilfe des repressiven Kontrollverfahrens soll gewährleistet werden, dass Beihilfen jederzeit mit dem Binnenmarkt vereinbar sind.[525] Daher unterliegen auch solche Regelungen der fortlaufenden Überprüfung, welche die Kommission ursprünglich als mit dem Binnenmarkt vereinbar erklärt hat. Denn die Umstände, die zu einer Genehmigung geführt haben, können im Laufe der Zeit entfallen sein, sodass eine Ausnahme von Art. 107 Abs. 1 AEUV nachträglich nicht mehr angezeigt ist.[526]

a) Sachlicher Anwendungsbereich

Ausweislich des Wortlauts in Art. 108 Abs. 1 Satz 1 AEUV, 21 Abs. 1 VerfVO unterliegen der fortlaufenden Überprüfung ausschließlich *„bestehende Beihilferegelungen“*. Konkret-individuelle Einzelbeihilfen[527] unterliegen der repressiven Kontrolle daher nicht.[528]

Was unter *„bestehenden Beihilferegelungen“* zu verstehen ist, wird im Rahmen eines umfassenden Katalogs in Art. 1 lit. d) VerfVO positiv definiert:[529]

- Darunter fallen zum einen solche Regelungen, die bereits *„vor dem Inkrafttreten des AEUV in dem entsprechenden Mitgliedstaat eingeführt worden sind und auch nach dessen Inkrafttreten noch anwendbar sind“* (Art. 1 lit. b) i) VerfVO;

522 Zur Definition siehe Art. 1 lit. c) VerfVO. Näher dazu im Rahmen der Reichweite der Notifizierungspflicht unten in Abschnitt D. I. 2. b).

523 Näher dazu unten Abschnitt D. I. 2.

524 *Eisenhut*, in: Geiger/Khan/Kotzur/Kirchmair, Art. 108 AEUV Rn. 1.

525 *Cremer*, in: Calliess/Ruffert, Art. 108 AEUV Rn. 5.

526 Vgl. *Cremer*, in: Calliess/Ruffert, Art. 108 AEUV Rn. 5.

527 Zur Definition der Einzelbeihilfen siehe Art. 1 lit. e) VerfVO.

528 *Unger*, in: MüKo, Art. 1 VO 2015/1589 Rn. 22.

529 Der Katalog in Art. 1 lit. d) VerfVO definiert zwar *„bestehende Beihilfen“* unter Einbezug von Einzelbeihilfen. Da ausweislich des Wortlauts von Art. 108 Abs. 1 Satz 1 AEUV und Art. 21 Abs. 1 VerfVO ausschließlich Beihilferegelungen der repressiven Beihilfenkontrolle unterliegen, ist im Rahmen dieses Abschnitts stets auch nur von Beihilferegelungen die Rede.

sog. Altbeihilfen[530]). Der Wortlaut des Art. 1 lit. b) i) VerfVO spricht zwar vom AEUV. Der maßgebliche Stichtag für die Frage, ob es sich bei einer gesetzlichen Vorschrift um eine sog. Altbeihilfe handelt, ist jedoch nicht das Inkrafttreten des Vertrags von Lissabon[531] am 1. Dezember 2009, sondern grundsätzlich[532] der jeweilige Beitrittszeitpunkt der Mitgliedstaaten zur Europäischen Union bzw. der Europäischen (Wirtschafts-)Gemeinschaft.[533] Für die Bundesrepublik Deutschland sowie die anderen Gründungsstaaten der Europäischen Wirtschaftsgemeinschaft ist daher das Inkrafttreten des EWG-Vertrags[534] am 1. Januar 1958 der entscheidende Stichtag.[535] So entschied der BFH konsequenterweise, dass es sich bei der Körperschaftsteuerbefreiung nach § 5 Abs. 1 Nr. 9 Sätze 1 und 2 KStG i.d.F. 2002 i.V.m. § 67 AO a.F. für Krankenhäuser um eine Altbeihilfe handelt, da diese Regelungen auf im Wesentlichen inhaltsgleichen Vorschriften aus den Jahren 1934 und 1953 beruhen.[536] Weiteres Beispiel einer Altbeihilfe im deutschen Steuerrecht ist die Umsatzsteuerbefreiung zugunsten gemeinnütziger Zweckbetriebe nach

530 *Cremer*, in: Calliess/Ruffert, Art. 108 AEUV Rn. 3; BFH, Urteil vom 31.7.2013, I R 82/12, BFHE 243, 180, BStBl. II 2015, 123, Rn. 35 (juris).

531 Vollständiger Titel: „VERTRAG VON LISSABON ZUR ÄNDERUNG DES VERTRAGS ÜBER DIE EUROPÄISCHE UNION UND DES VERTRAGS ZUR GRÜNDUNG DER EUROPÄISCHEN GEMEINSCHAFT".

532 D.h. sofern kein Vorbehalt besteht, siehe Art. 1 lit. b) VerfVO: „*unbeschadet der Art. 144 und 172 der Akte über den Beitritt Österreichs, Finnlands und Schwedens,* [...]".

533 *von Wallenberg/Schütte*, Grabitz/Hilf/Nettesheim, Art. 108 AEUV Rn. 138; *Unger*, in: MüKo, Art. 1 VO 2015/1589 Rn. 6; EuGH, Urteil vom 27.6.2017, *Congregación de Escuelas Pías Provincia Betania*, Rs. C-74/16, ECLI:EU:C:2017:496, Rn. 86 f.; zum Überblick über die historische Entwicklung des Europäischen Einigungsprozesses siehe *Haratsch/Koenig/Pechstein*, Europarecht, Rn. 7 f.; *Streinz*, in: Europarecht, Rn. 9 f.

534 Vollständiger Titel: „VERTRAG ZUR GRÜNDUNG DER EUROPÄISCHEN WIRTSCHAFTSGEMEINSCHAFT".

535 *von Wallenberg/Schütte*, Grabitz/Hilf/Nettesheim, Art. 108 AEUV Rn. 138; *Unger*, in: MüKo, Art. 1 2015/1589Rn. 6; *Berg/Szymczak*, UR 2018, 853, 860 f.; *Cremer*, in: Calliess/Ruffert, Art. 108 AEUV Rn. 3; BFH, Urteil vom 31.7.2013, I R 82/12, BFHE 243, 180, BStBl. II 2015, 123, Rn. 35 (juris).

536 BFH, Urteil vom 31.7.2013, I R 82/12, BFHE 243, 180, BStBl. II 2015, 123, Rn. 36 f. (juris) m.w.N.; zur Frage wann eine Änderung einer bestehenden Beihilfe zur Annahme einer neuen Beihilfe führt siehe unten Abschnitt D. I. 2. b) aa) (1).

§ 4 Nr. 18 UStG, welche ihren Ursprung in einem vergleichbaren Befreiungstatbestand aus dem Jahr 1951 hat.[537]

- Ferner sind bestehende Beihilferegelungen solche, „*die von der Kommission oder vom Rat genehmigt wurden*" (Art. 1 lit. b) ii) VerfVO). Dazu zählen staatliche Maßnahmen, die nach Maßgabe von Art. 107 Abs. 2 oder Abs. 3 AEUV als mit dem Binnenmarkt vereinbar erklärt worden sind.[538] Ist eine Beihilferegelung genehmigt worden, so ist die auf dieser Regelung beruhende Einzelbeihilfe von der Genehmigung mitumfasst.[539]
- Des Weiteren sind bestehende Beihilferegelungen solche Beihilfen, die als genehmigt gelten. Dabei ist zwischen zwei Fallkonstellationen zu unterscheiden: Zum einen können Beihilfen gem. Art. 1 lit. b) iii) VerfVO i.V.m. Art. 4 Abs. 6 Satz 1 VerfVO durch Fristablauf als genehmigt gelten. Dem liegt die Situation zugrunde, dass die Europäische Kommission im Rahmen der vorläufigen Prüfung[540] einer „*neuen Beihilfe*"[541] innerhalb von zwei Monaten keinen Beschluss betreffend die Frage ihrer Beihilfenrechtskonformität erlassen hat. Zum anderen gilt eine Beihilfe gem. Art. 1 lit. b) iv) VerfVO i.V.m. Art. 17 Abs. 3 VerfVO als genehmigt, wenn die Verjährungsfrist nach Art. 17 Abs. 1

537 *Berg/Szymczak*, UR 2018, 853, 861; *Grube*, Der Einfluss des unionsrechtlichen Beihilfenverbots auf das deutsche Steuerrecht, S. 150 f. jeweils unter Verweis auf § 4 Nr. 12 lit. d UStG a.F. der in dem am 28.6.1951 verabschiedeten Umsatzsteueränderungsgesetz (Gesetz zur Änderung des Umsatzsteuergesetzes und des Beförderungsgesetzes vom 28.6.1951, BGBl. I 1951, 402) eingeführt worden ist.

538 Der Begriff „*Genehmigung*" wird sowohl in der VerfVO als auch in Veröffentlichungen durch die Kommission verwendet. Es handelt sich jedoch nicht um eine *Genehmigung* im rechtstechnischen Sinn. Im AEUV wird dieser Terminus auch nicht verwendet. Dort ist von der Feststellung der (Un)Vereinbarkeit mit dem Binnenmarkt die Rede (Art. 108 Abs. 2 Uabs. 1 AEUV, Art. 107 Abs. 2 und 3 AEUV). Angesichts des weiten Beurteilungs- sowie Ermessensspielraums der Kommission eine Maßnahme als mit dem Binnenmarkt vereinbar zu erklären ist eine Vereinbarkeitsentscheidung faktisch jedoch wie eine Genehmigung bzw. Freistellung vom Beihilfenverbot anzusehen, *Lausterer*, IStR 1997, 486, 487 m.w.N.

539 *Unger*, in: MüKo, Art. 1 VO 2015/1589 Rn. 9; etwas anderes gilt nur bei entsprechendem Vorbehalt durch die Kommission; zur Reichweite der Anmeldepflicht siehe unten Abschnitt D. I. 2. b) aa).

540 Näher zum Prüfverfahren siehe unten Abschnitt D. I. 2. c) aa).

541 Dazu unten in Abschnitt D. I. 2. b) aa) (1).

und 2 VerfVO zur Rückforderung rechtswidrig gewährter Beihilfen[542] abgelaufen ist.[543]

- Schließlich unterfallen der fortlaufenden Überprüfung solche „Beihilfen, die als bestehende Beihilfen gelten, weil nachgewiesen werden kann, dass sie zum Zeitpunkt, zu dem sie eingeführt wurden, keine Beihilfen waren und später aufgrund der Entwicklung des Binnenmarktes zu Beihilfen wurden, ohne dass sie eine Änderung durch den betreffenden Mitgliedstaat erfahren haben" (Art. 1 lit. b) v) VerfVO).[544] Mit dieser Kategorie soll der Dynamik des Binnenmarktes und des Beihilfenbegriffes Rechnung getragen werden sowie dem Umstand, dass bei solchen Maßnahmen der genaue Zeitpunkt nicht festgestellt werden kann, wann sie unter den Beihilfebegriff fielen und daher hätten angemeldet werden müssen.[545] Bestehende Beihilfen in diesem Sinne sind insbesondere solche staatlichen Maßnahmen, die erst im Laufe der Zeit nach ihrem Inkrafttreten das Tatbestandsmerkmal der Wettbewerbsbeschränkung oder der Handelsbeeinträchtigung erfüllen, weil es ursprünglich für das subventionierte Produkt oder die Dienstleistung noch keinen Markt oder zwischenstaatlichen Handel gab.[546]

b) *Prüfverfahren durch die Europäische Kommission*

Die Europäische Kommission überprüft *„bestehende Beihilferegelungen"* gem. Art. 108 Abs. 1 Satz 1 AEUV von Amts wegen und fortlaufend in Zusammenarbeit mit den Mitgliedstaaten. Um die Effektivität der repressiven Beihilfeüberprüfung zu gewährleisten, kann die Kommission bei dem betreffenden Mitgliedstaat erforderliche Auskünfte anfordern (Art. 21 Abs. 1 VerfVO). Darüber hinaus sind die Mitgliedstaaten unabhängig von einer Auskunftsaufforderung verpflichtet, zu allen bestehenden Beihilferegelungen Jahresberichte vorzulegen (Art. 26 Abs. 1 VerfVO).[547]

Gelangt die Kommission auf Grundlage ihrer Informationen und Auskünfte zur vorläufigen Auffassung, dass die bestehende Regelung nicht bzw. nicht mehr

542 Zur Definition „rechtswidriger Beihilfen" siehe Art. 1 lit. f) VerfVO. Näher dazu unten in Abschnitt D. I. 2. d) bb).

543 Näher zur Verjährung der Rückforderung von Beihilfen nach Art. 17 VerfVO unten in Abschnitt D. II. 2.

544 Näher dazu *Unger*, in: MüKo, Art. 1 VO 2015/1589 Rn. 13 ff.

545 *Sinnaeve*, in: Heidenhain, § 32 Rn. 21.

546 *Unger*, in: MüKo, Art. 1 VO 2015/1589 Rn. 14; *Sinnaeve*, in: Heidenhain, § 32 Rn. 21.

547 Zur Form und zum Inhalt der Jahresberichte siehe Art. 5 Beihilfenverf.-DVO.

mit dem Binnenmarkt vereinbar ist, dann setzt sie den betreffenden Mitgliedstaat hiervon in Kenntnis und gibt diesem Gelegenheit zur Stellungnahme (Art. 21 Abs. 2 Satz 1 VerfVO). Hierbei schlägt sie dem Mitgliedstaat sog. *„zweckdienliche Maßnahmen"* vor, die eine fortschreitende Entwicklung und das Funktionieren des Binnenmarkts erfordern (Art. 22 Abs. 1 VerfVO, Art. 108 Abs. 1 Satz 2 AEUV). Denkbare Vorschläge sind

- die inhaltliche Änderung (Art. 22 Satz 2 lit. a) VerfVO),
- die Einführung bestimmter Verfahrensvorschriften (Art. 22 Satz 2 lit. b) VerfVO) oder
- die gänzliche Abschaffung der Beihilferegelung (Art. 22 Satz 2 lit. c) VerfVO).

Die *„zweckdienlichen Maßnahmen"* sind für den betreffenden Mitgliedstaat nicht verbindlich.[548] Es handelt sich lediglich um Empfehlungen im Sinne von Art. 249 Abs. 5 AEUV.[549] Stimmt der Mitgliedstaat einem Vorschlag der Kommission zu, begründet dies die Verpflichtung, diesen Vorschlag tatsächlich umzusetzen (Art. 23 Abs. 1 Satz 2 VerfVO).[550] Die *„zweckdienliche Maßnahme"* erlangt aufgrund der mitgliedstaatlichen Zustimmung somit bindende Wirkung.[551] Wenn der Mitgliedstaat der vorgeschlagenen Maßnahme hingegen ablehnend gegenübersteht, die Kommission diese jedoch nach wie vor für notwendig erachtet, leitet sie das Prüfverfahren[552] nach Art. 108 Abs. 2 Uabs. 1 AEUV ein (Art. 23 Abs. 2 Satz 1, Art. 4 Abs. 4 VerfVO). Gelangt die Kommission nach Ablauf dieses Prüfverfahrens zu der Überzeugung, dass die beanstandete Beihilferegelung mit dem Binnenmarkt vereinbar ist, stellt sie das Verfahren ein und teilt dies dem betreffenden Mitgliedstaat mit.[553] Es ergeht dann ein sog. *„Positivbeschluss"*, in welchem die unionsrechtliche Vereinbarkeit förmlich festgestellt wird (Art. 23

---

548 *von Wallenberg/Schütte*, in: Grabitz/Hilf/Nettesheim, Art. 108 AEUV Rn. 147; *Lübbig/Martin-Ehlers*, Beihilfenrecht der EU, Rn. 837; EuG, Urteil vom 22.10.1996, *Salt Union/Kommission*, Rs. T-330/94, ECLI:EU:T:1996:154, Rn. 35.

549 *von Wallenberg/Schütte*, in: Grabitz/Hilf/Nettesheim, Art. 108 AEUV Rn. 147; vgl. auch Schlussanträge des GA *Darmon* vom 8.11.1988 zu *Irish Cement Ltd/Kommission*, Rs. C-166/86, ECLI:EU:C:1988:496, Rn. 24.

550 Eine solche Verpflichtung bestand bereits vor Erlass der ersten Verfahrensverordnung (VO (EG) 659/1999), siehe EuGH, Urteil vom 15.10.1996, *IJssel-Vliet Combinatie/Minister van Economische Zaken*, Rs. C-311/94, ECLI:EU:C:1996:383, Rn. 41; *Lübbig/Martin-Ehlers*, Beihilfenrecht der EU, Rn. 837.

551 *von Wallenberg/Schütte*, in: Grabitz/Hilf/Nettesheim, Art. 108 AEUV Rn. 149 m.w.N.

552 Zum Ablauf des Prüfverfahrens siehe unten Abschnitt D. I. 2. c).

553 *Eisenhut*, in: Geiger/Khan/Kotzur/Kirchmair, Art. 108 AEUV Rn. 8.

Abs. 2 Satz 2, Art. 9 Abs. 3 VerfVO). Die Beihilferegelung darf dann unverändert fortbestehen. Entscheidet die Kommission dagegen, dass die bestehende Beihilfe mit dem Binnenmarkt unvereinbar ist, erlässt sie einen sog. „*Negativbeschluss*" (Art. 23 Abs. 2 Satz 2, Art. 9 Abs. 5 VerfVO), in welchem rechtsverbindlich festgestellt wird, dass die Beihilferegelung binnen einer von ihr bestimmten Frist aufzuheben oder umzugestalten ist (Art. 108 Abs. 2 Uabs. 1 AEUV), die „*zweckdienliche Maßnahme*" also umgesetzt werden muss.[554]

c) Zeitliche Wirkung des Negativbeschlusses

Solange die Kommission die binnenmarktrechtliche Unvereinbarkeit einer bestehenden Beihilferegelung im Rahmen eines Negativbeschlusses nicht festgestellt hat, ist diese als rechtmäßig anzusehen,[555] sodass sie weiterhin angewendet werden darf.[556] Innerstaatlich sind die Finanzbehörden, solange die Kommission keinen Negativbeschluss erlassen hat, vor dem Hintergrund des Legalitätsprinzips (§ 85 AO) verpflichtet, Begünstigungen nach Maßgabe bestehender Beihilferegelungen weiter zu gewähren.[557] Die Pflicht des Mitgliedstaates, die bestehende Beihilferegelung nicht mehr anzuwenden, sie aufzuheben oder abzuändern, resultiert allein aus dem entsprechenden Negativbeschluss.[558] Dieser entfaltet seine Wirkung nicht für die Vergangenheit (*ex tunc*), sondern lediglich für die Zukunft (*ex nunc*).[559] Die Rückabwicklung gewährter Vorteile nach Maßgabe einer bestehenden Beihilfe für die Vergangenheit, also Zeiträume vor

---

554 Die zweckdienliche Maßnahme wird dem Mitgliedstaat „*quasi aufgezwungen*", so *von Wallenberg/Schütte*, in: Grabitz/Hilf/Nettesheim, Art. 108 AEUV Rn. 150.

555 EuGH, Urteil vom 18.7.2013, *P Oy*, Rs. C-6/12, ECLI:EU:C:2013:525, Rn. 41; EuGH, Urteil vom 18.11.2010, *NDSHT/Kommission*, Rs. C-322/09 P, ECLI:EU:C:2010:701, Rn. 52 m.w.N.

556 EuGH, Urteil vom 15.3.1994, *Banco Exterior de España/Ayuntamiento de Valencia*, Rs. C-387/92, ECLI:EU:C:1994:100, Rn. 20.

557 *Berg/Szymczak*, UR 2018, 853, 864.

558 Schlussanträge des GA *Darmon* vom 8.11.1988 zu *Irish Cement Ltd/Kommission*, Rs. C-166/86, ECLI:EU:C:1988:496, Rn. 24, der in diesem Zusammenhang von konstitutiver Wirkung des Kommissionsbeschlusses spricht; siehe auch *von Wallenberg/Schütte*, in: Grabitz/Hilf/Nettesheim, Art. 108 AEUV Rn. 151; EuGH, Urteil vom 19.6.1973, *Capolongo/Azienda Agricola Maya*, Rs. 77/72, ECLI:EU:C:1973:65, Rn. 6.

559 *Lübbig/Martin-Ehlers*, Beihilfenrecht der EU, Rn. 843; Schlussanträge des GA *Darmon* vom 8.11.1988 zu *Irish Cement Ltd/Kommission*, Rs. C-166/86, ECLI:EU:C:1988:496, Rn. 24.

Erlass des Negativbeschlusses, ist damit nicht erforderlich.[560] Die Qualifikation einer staatlichen Maßnahme als bestehende Beihilferegelung ist für die Begünstigungsempfänger also vergangenheitsbezogen mit keinen negativen Konsequenzen verbunden.[561]

2. Präventive Beihilfenkontrolle neuer Beihilfen

Während Begünstigungen auf Grundlage bestehender Beihilferegelungen, solange die Kommission nicht ihre Unionsrechtswidrigkeit festgestellt hat, weiterhin gewährt werden dürfen, müssen Vorhaben zur Einführung *„neuer Beihilfen“* zunächst bei der Kommission angemeldet werden (Art. 108 Abs. 3 Satz 1 AEUV, Art. 2 VerfVO; sog. Notifizierungspflicht[562]) und dürfen solange nicht durchgeführt werden, bis die Kommission einen Genehmigungsbeschluss erlassen hat oder die Beihilfe als genehmigt gilt[563] (Art. 108 Abs. 3 Satz 3 AEUV, Art. 3 VerfVO; sog. Durchführungsverbot[564]).[565]

a) Sinn und Zweck

Das präventive Kontrollverfahren verfolgt das Ziel, die unionsrechtswidrige Gewährung neuer staatlicher Beihilfen effektiv zu unterbinden, um eine drohende Wettbewerbsverzerrung des Europäischen Binnenmarkts von Anfang zu verhindern.[566] Die Europäische Kommission ist für eine flächendeckende Überprüfung neuer Beihilfen zuvörderst auf die Mitwirkungspflichten der Mitgliedstaaten angewiesen.[567] Mithilfe der Anmeldepflicht nach Art. 108 Abs. 3 Satz 1 AEUV soll sichergestellt werden, dass die Kommission frühzeitig Gelegenheit bekommt, ihre Kontrolle über jede beabsichtigte Einführung oder

---

560 *Berg/Szymczak*, UR 2018, 853, 861; *Grube*, Der Einfluss des unionsrechtlichen Beihilfenverbots auf das deutsche Steuerrecht, S. 70.

561 Zur Rückforderung rechtswidrig gewährter Steuerbeihilfen unten in Abschnitt D. II.

562 Näher dazu nachfolgend unter 2.

563 Umkehrschluss zu Art. 3 VerfVO.

564 Näher dazu nachfolgend unter 4.

565 Vgl. EuGH, Urteil vom 27.6.2017, *Congregación de Escuelas Pías Provincia Betania*, Rs. C-74/16, ECLI:EU:C:2017:496, Rn. 86; EuGH, Urteil vom 26.10.2016, *DEI und Kommission/Alouminion tis Ellados*, Rs. C-590/14 P, ECLI:EU:C:2016:797, Rn. 45.

566 *Cremer*, in: Calliess/Ruffert, Art. 108 AEUV Rn. 8; EuGH, Urteil vom 12.2.2008, *CELF und ministre de la Culture und de la Communication*, Rs. C-199/06, ECLI:EU:C:2008:79, Rn. 36.

567 *Krumm*, DStJG 41 (2018), 561, 564.

Umgestaltung von Beihilfen im allgemeinen Interesse der Union auszuüben.[568] Noch bevor die Kommission eine anmeldungspflichtige Beihilfe im Einzelnen geprüft hat, bedarf es der Verhinderung marktverzerrender Wirkungen durch die staatliche Maßnahme.[569] Dem soll die Sperrwirkung des Art. 108 Abs. 3 Satz 3 AEUV Rechnung tragen.[570] Das Durchführungsverbot soll das Entscheidungsmonopol der Kommission hinsichtlich der Frage nach der Vereinbarkeit einer Beihilfe mit dem Binnenmarkt schützen[571] und zugleich die Einhaltung des Prüfverfahrens durch die Kommission gewährleisten.[572] Darüber hinaus dient es dazu, die Wettbewerber der Beihilfenempfänger vor nicht genehmigungsfähigen Beihilfen bzw. der vorzeitigen Auszahlung genehmigungsfähiger Begünstigungen zu bewahren.[573] Mit dem Binnenmarkt unvereinbare Beihilfen dürfen nicht durchgeführt werden;[574] nur mit dem Binnenmarkt vereinbare Beihilfen dürfen durchgeführt werden.[575]

568 EuGH, Urteil vom 9.10.1984, *Heineken*, verb. Rs. 91 und 127/83, ECLI:EU:C:1984:307, Rn. 14; EuGH, Urteil vom 14.2.1990, *Frankreich/Kommission*, Rs. C-301/87, ECLI:EU:C:1990:67, Rn. 17.

569 EuGH, Urteil vom 12.2.2008, *CELF und ministre de la Culture und de la Communication*, Rs. C-199/06, ECLI:EU:C:2008:79, Rn. 36; EuGH, Urteil vom 14.2.1990, *Frankreich/Kommission*, Rs. C-301/87, ECLI:EU:C:1990:67, Rn. 17; EuGH, Urteil vom 15.6.2006, *Air Liquide Industries Belgium*, verb. Rs. C-393/04 und C-41/05, ECLI:EU:C:2006:403, Rn. 44.

570 *Hey*, StuW 2010, 301, 309.

571 *Bungenberg*, in: Birnstiel/Bungenberg/Heinrich, Art. 108 AEUV Rn. 38; *Werner*, in: MüKo, Art. 108 AEUV Rn. 140.

572 EuGH, Urteil vom 8.11.2001, *Adria-Wien Pipeline und Wietersdorfer & Peggauer Zementwerke*, Rs. C-143/99, ECLI:EU:C:2001:598, Rn. 25 m.w.N.; Schlussanträge des GA *Jacobs* vom 29.11.2005 zu *Transalpine Ölleitung in Österreich*, Rs. C-368/04, ECLI:EU:C:2005:724, Rn. 43.

573 *Blumenberg*, IFSt-Schrift Nr. 516 (2017), S. 30; *Bartosch*, EuZW 2008, 235, 239, EuGH, Urteil vom 5.10.2006, *Transalpine Ölleitung in Österreich*, Rs. C-368/04, ECLI:EU:C:2006:644, Rn. 46.

574 EuGH, Urteil vom 12.2.2008, *CELF und ministre de la Culture und de la Communication*, Rs. C-199/06, ECLI:EU:C:2008:79, Rn. 47.

575 EuGH, Urteil vom 12.2.2008, *CELF und ministre de la Culture und de la Communication*, Rs. C-199/06, ECLI:EU:C:2008:79, Rn. 48; Bekanntmachung der Kommission über die Durchsetzung des Beihilfenrechts durch die einzelstaatlichen Gerichte (2009/C 85/01, Abl. (EU), C 85/1, Rn. 34.

b) Notifizierungspflicht

aa) Sachliche Reichweite

Anders als bei der repressiven Beihilfenkontrolle unterliegen der präventiven Beihilfenkontrolle sowohl Beihilferegelungen als auch Einzelbeihilfen. Eine Beschränkung lediglich auf Beihilferegelungen, wie es dem Wortlaut in Art. 108 Abs. 1 Satz 1 AEUV sowie Art. 21 Abs. 1 VerfVO zu entnehmen ist, ist in Art. 108 Abs. 3 AEUV nicht vorgesehen. Einzelbeihilfen, deren Gewährung auf einer genehmigten Beihilferegelung beruht, müssen hingegen nicht notifiziert werden.[576] Etwas anderes gilt nur, wenn die Kommission einen entsprechenden Vorbehalt ausgesprochen hat.[577]

Soweit keine sekundärrechtliche Ausnahme von der Notifizierungspflicht besteht, etwa nach der allgemeinen Gruppenfreistellungsverordnung (AGVO)[578] oder der De-minimis-VO,[579] unterliegen sämtliche *„neuen Beihilfen"* der Anmeldepflicht. Unerheblich ist, ob das Vorhaben nach Maßgabe der Art. 107 Abs. 2 und 3 AEUV genehmigungsfähig ist.[580] Dies zu klären obliegt allein der Europäischen Kommission.[581] Um die Genehmigungsfähigkeit effektiv prüfen zu können, bedarf es daher der vorherigen Anmeldung.

(1) Neue Beihilfen

Nach Art. 1 lit. c) Hs. 1 VerfVO sind *„neue Beihilfen"* in negativer Abgrenzung alle Beihilferegelungen und Einzelbeihilfen, die keine *„bestehenden Beihilfen"* sind. Darüber hinaus ist eine *„neue Beihilfe"* anzunehmen, wenn eine bestehende Beihilferegelung *„geändert"*[582] bzw. *„umgestaltet"*[583] wird. Denn es soll vermieden

---

576 *Cremer*, in: Calliess/Ruffert, Art. 108 AEUV Rn. 9.

577 EuGH, Urteil vom 5.10.1994, *Italien/Kommission*, Rs. C-47/91, ECLI:EU:C:1994:358, Rn. 21; *Bär-Bouyssière*, in: Schwarze, Art. 108 AEUV Rn. 4 m.w.N.

578 Verordnung (EU) Nr. 651/2014 vom 17.6.2014 zur Feststellung der Vereinbarkeit bestimmter Gruppen von Beihilfen mit dem Binnenmarkt in Anwendung der Artikel 107 und 108 des Vertrags über die Arbeitsweise der Europäischen Union, ABl. Nr. L 187/1.

579 Siehe etwa Art. 3 Abs. 1 De-minimis-VO.

580 *Kühling/Rüchardt*, in: Streinz, Art. 108 AEUV Rn. 14.

581 EuGH, Urteil vom 8.11.2001, *Adria-Wien Pipeline und Wietersdorfer & Peggauer Zementwerke*, Rs. C-143/99, ECLI:EU:C:2001:598, Rn. 29; zur ausschließlichen Zuständigkeit der Kommission über eine Ausnahme nach Art. 107 Abs. 2 und Abs. 3 AEUV zu entscheiden siehe oben Abschnitt C. IV. 1.

582 So der Terminus in Art. 1 lit. c) Hs. 2 VerfVO (*„Änderung"*).

583 So der Terminus in Art. 108 Abs. 3 Satz 1 AEUV (*„Umgestaltung"*).

werden, dass die Mitgliedstaaten die Notifizierungspflicht sowie das Durchführungsverbot durch die Ausweitung des Umfangs einer bestehenden Beihilferegelung, die der Präventivkontrolle nicht unterliegt, umgehen.[584] Unter welchen Voraussetzungen eine „*Änderung*“ bzw. „*Umgestaltung*“ anzunehmen ist, wird weder in der Verfahrensverordnung noch dem unionsrechtlichen Primärrecht definiert. Lediglich in Art. 4 Abs. 1 Beihilfenverf.-DVO findet sich eine auf der Rechtsprechung des EuGH basierende Legaldefinition.[585] Danach ist „*die Änderung einer bestehenden Beihilfe jede Änderung, außer Änderungen rein formaler oder verwaltungstechnischer Art, die keinen Einfluss auf die Würdigung der Vereinbarkeit der Beihilfe mit dem Gemeinsamen Markt haben kann*“ (Art. 4 Abs. 1 Satz 1 Beihilfenverf.-DVO). Darüber hinaus wird die Erhöhung der Ausgangsmittel für eine bestehende Beihilfe um bis zu 20 % nicht als Änderung im Sinne des Art. 1 lit. c) VerfVO angesehen (Art. 4 Abs. 1 Satz 2 Beihilfenverf.-DVO).[586] Folglich können nur wesentliche Umgestaltungen bestehender Beihilferegelungen zur Annahme neuer Beihilfen führen.[587] Die Beantwortung der Frage, ob eine wesentliche Änderung einer bestehenden Beihilferegelung anzunehmen ist, die ihrerseits eine neue Beihilfe darstellt, kann im Einzelfall jedoch mit erheblichen Schwierigkeiten verbunden sein.[588] Die genauen Abgrenzungskriterien zwischen einer wesentlichen und einer unwesentlichen Änderung sind in der Rechtsprechung *bis dato* nicht abschließend geklärt, wenn sie denn überhaupt abschließend geklärt werden können. Vielmehr existiert hierzu eine umfangreiche Kasuistik. Wesentliche Änderungen liegen nach der Rechtsprechung des

---

584 EuGH, Urteil vom 9.10.1984, *Heineken*, verb. Rs. 91 und 127/83, ECLI:EU:C:1984:307, Rn. 17; EuG, Urteil vom 16.12.2010, *Niederlande und NOS/Kommission*, verb. Rs. T-231/06 und T-237/06, ECLI:EU:T:2010:525, Rn. 178.

585 *Rusche*, in: Immenga/Mestmäcker, Art. 108 AEUV Rn. 15.

586 Dies soll insbesondere dem Inflationsausgleich Rechnung tragen, siehe Erwägungsgrund Nr. 4. der Verordnung (EG) Nr. 794/2004 der Kommission vom 21.4.2004 zur Durchführung der Verordnung (EG) Nr. 659/1999 des Rates über besondere Vorschriften für die Anwendung von Artikel 93 des EG-Vertrags, ABl. (EG), L 140/1; kritisch dazu *Rusche*, in: Immenga/Mestmäcker, Art. 108 AEUV Rn. 15.

587 *Rusche*, in: Immenga/Mestmäcker, Art. 108 AEUV Rn. 14 f. m.w.N.; EuGH, Urteil vom 13.12.2018, *Südwestrundfunk/Rittinger u.a.*, Rs. C-492/17, ECLI:EU:C:2018:1019, Rn. 57, 59.

588 *Englisch*, in: Schaumburg/Englisch, Kap. 9.57; näher dazu *Soltész/Wagner*, EuZW 2013, 856 f.; zur Abgrenzung zwischen einer Alt-Beihilfe und einer neuen Beihilfe bei der Finanzierung des öffentlichen Rundfunks siehe EuGH, Urteil vom 13.12.2018, *Südwestrundfunk/Rittinger u.a.*, Rs. C-492/17, ECLI:EU:C:2018:1019, Rn. 53 ff.

EuGH etwa vor, wenn der Adressatenkreis der Begünstigten nachträglich erweitert wird, ein neuer Tatbestand hinzugefügt wurde, der die Inanspruchnahme des Vorteils erleichtert, oder eine Maßnahme zeitlich verlängert wird.[589]

Ist eine wesentliche Änderung einer bestehenden Beihilferegelung anzunehmen, dann kann sich noch die Folgefrage stellen, ob lediglich die Änderungsvorschrift eine neue Beihilfe ist oder ob es sich bei der Gesamtregelung, also der ursprünglich bestehenden Beihilferegelung nebst Änderungsvorschrift, um eine neue Beihilfe handelt. Letzteres liegt vor, wenn die ursprünglich bestehende Beihilferegelung in ihren wesentlichen Teilen berührt wird.[590] Ist die Veränderung dagegen eindeutig von der ursprünglichen Regelung abtrennbar, dann handelt es sich auch nur bei dieser um eine neue Beihilfe, sodass auch nur diese notifiziert werden muss.[591] Die Abgrenzung zwischen einer Änderung, welche die Qualifikation einer Regelung als bestehende Beihilferegelung im Übrigen unberührt lässt, und einer solchen Veränderung, die zu einer neuen Beihilfe in ihrer Gesamtheit führt, kann im Einzelfall ebenfalls schwierig sein.[592]

---

589 *Beljin*, in: Schulze/Zuleeg/Kadelbach, § 28 Rn. 178; *Englisch*, in: Schaumburg/Englisch, Rn. 9.57; vgl. EuG, Urteil vom 16.12.2010, *Niederlande und NOS/Kommission*, verb. Rs. T-231/06 und T-237/06, ECLI:EU:T:2010:525, Rn. 178, Rn. 180; vgl. EuGH, Urteil vom 9.8.1994, *Namur – Les assurances du crédit/Office national du ducroire und Belgischer Staat*, Rs. C-44/93, ECLI:EU:C:1994:311, Rn. 28 f.; siehe auch den Umkehrschluss zu Art. 4 Abs. 2 Beihilfenverf.-DVO, wonach die Erhöhung der Ausgangsmittel um mehr als 20 % (Art. 4 Abs. 2 lit. a) Beihilfenverf.-DVO), die zeitliche Verlängerung (Art. 4 Abs. 2 lit. b) Beihilfenverf.-DVO) sowie die Verschärfung der Kriterien für die Anwendung einer genehmigten Beihilferegelung, die Herabsetzung der Beihilfeintensität oder der förderfähigen Ausgaben (Art. 4 Abs. 2 lit. c) Beihilfenverf.-DVO) keine Änderungen im Sinne Art. 1 lit. c) VerfVO darstellen.

590 EuG, Urteil vom 16.12.2010, *Niederlande und NOS/Kommission*, verb. Rs. T-231/06 und T-237/06, ECLI:EU:T:2010:525, Rn. 177; Urteil vom 30.4.2002, *Government of Gibraltar/Kommission*, verb. Rs. T-195/01 und T-207/01, ECLI:EU:T:2002:111, Rn. 111; *Beljin*, in: Schulze/Zuleeg/Kadelbach, § 28 Rn. 178; *Unger*, in: MüKo, Art. 1 VO 2015/1589 Rn. 20.

591 EuG, Urteil vom 16.12.2010, *Niederlande und NOS/Kommission*, verb. Rs. T-231/06 und T-237/06, ECLI:EU:T:2010:525, Rn. 177; EuG, Urteil vom 30.4.2002, *Government of Gibraltar/Kommission*, verb. Rs. T-195/01 und T-207/01, ECLI:EU:T:2002:111, Rn. 109 und 111.

592 *Englisch*, in: Schaumburg/Englisch, Kap. 9.57; näher dazu *Soltész/Wagner*, EuZW 2013, 856 f.

(2) In dubio pro *Anmeldung?*

Allein das Bestehen von Zweifeln, ob eine staatliche Begünstigung möglicherweise die Voraussetzungen des Art. 107 Abs. 1 AEUV erfüllt, soll nach überwiegender Meinung nicht genügen, um eine Anmeldepflicht zu begründen.[593] Eine erweiternde Auslegung des Anwendungsbereichs des Art. 108 Abs. 3 Satz 1 AEUV auf staatliche Maßnahmen, die bereits beihilfenrechtlich zweifelhaft sind, könnte zwar vor dem Hintergrund des Grundsatzes der loyalen Zusammenarbeit (Art. 4 Abs. 3 EUV) geboten sein.[594] Andernfalls bestünde das Risiko, dass viele Maßnahmen unentdeckt blieben, die von Seiten der Kommission und den Unionsgerichten anders beurteilt worden wären, was wiederum die Effektivität der präventiven Beihilfenkontrolle beeinträchtige.[595] Es entspreche auch dem Sinn und Zweck der Notifizierung, das Entstehen von Meinungsverschiedenheiten zwischen Europäischer Kommission und den Mitgliedstaaten im Hinblick auf die beihilfenrechtliche Einschätzung eines staatlichen Vorhabens zu vermeiden.[596] Der Inhalt des materiell-rechtlichen Begriffs „*Beihilfe*" in Art. 108 Abs. 3 AEUV ist jedoch mit demjenigen in Art. 107 Abs. 1 AEUV identisch, sodass konsequenterweise nur solche Maßnahmen der Anmeldepflicht unterliegen, die sämtliche Voraussetzungen des Beihilfenverbots erfüllen.[597] Dieses Begriffsverständnis wird auch in Art. 2 Abs. 1 und Art. 1 lit. a) VerfVO bestätigt.[598] Art. 2 Abs. 1 VerfVO beschränkt die Anmeldepflicht ausdrücklich auf „*Vorhaben zur Gewährung neuer Beihilfen*" und Art. 1 lit. a) VerfVO definiert „*Beihilfen*" als Maßnahmen, die die Voraussetzungen des Artikels 107 Abs. 1 AEUV erfüllen. Darüber hinaus stelle das Beihilfenverbot „*ein in sich*

---

593 Ausführlich dazu *Rosenberg*, Das beihilfenrechtliche Durchführungsverbot im Steuerverfahren, S. 188 ff.; *Kühling/Rüchardt*, in: Streinz, Art. 108 AEUV Rn. 14 m.w.N.

594 *Gambardo/Nucara/Prete*, EStAL 2005, 3, 7 f.

595 *Gambardo/Nucara/Prete*, EStAL 2005, 3, 8; *Bartosch*, Art. 2 VO 2015/1589 Rn. 3 m.w.N.; *Rosenberg*, Das beihilfenrechtliche Durchführungsverbot im Steuerverfahren, S. 219.

596 Schlussanträge des GA *Lenz* vom 16.4.1986 zu *Belgien/Kommission*, Rs. 40/85, ECLI:EU:C:1986:152, Slg. 1986, 2322, 2332.

597 *Sinnaeve*, in: Heidenhain, § 33 Rn. 2 mit zahlreichen Nachweisen in Fn. 7; *dies.*, EuZW 1998, 268, 269; bestätigt durch EuGH, Urteil vom 15.7.2004, *Pearle u.a.*, Rs. C-345/02, ECLI:EU:C:2004:448, Rn. 31 f.; siehe auch *Rosenberg*, Das beihilfenrechtliche Durchführungsverbot im Steuerverfahren, S. 211.

598 Schlussanträge des GA *Jacobs* vom 13.12.2001 zu *Frankreich/Kommission*, Rs. C-482/99, ECLI:EU:C:2001:685, Rn. 49 in Bezug auf die gleichlautenden Art. 2 Abs. 1, Art. 1 lit. a) der VO (EG) Nr. 659/1999.

vollständiges Verbot der von ihm erfassten staatlichen Handlungen dar", dessen Anwendungsbereich nicht durch den Grundsatz der loyalen Zusammenarbeit (Art. 4 Abs. 3 EUV) erweitert werden könne.[599] Der Auffassung, dass nur solche Maßnahmen der Anmeldepflicht unterliegen, welche die Tatbestandsvoraussetzungen des Art. 107 Abs. 1 AEUV erfüllen, ist dogmatisch überzeugender.

Nichtsdestotrotz ist der Streit nicht zielführend. Die Diskussion darüber, ob bloße Zweifel eine Anmeldepflicht nach sich ziehen, hilft über den Umstand der fehlenden Rechtssicherheit in derartigen Fällen nicht hinweg. Denn die Notifizierungspflicht entfällt nicht allein deshalb, weil der Mitgliedstaat dem Rechtsirrtum unterlag und eine staatliche Maßnahme nicht als Beihilfe einordnete.[600] Um eine rechtliche Fehleinschätzung zu vermeiden und Rechtssicherheit zu erlangen, kann der Mitgliedstaat eine Maßnahme förmlich anmelden allein mit der Intention festzustellen, dass es sich um keine Beihilfe handelt. Das primäre Unionsrecht sowie die Verfahrensordnung sehen die Möglichkeit der Notifikation einer Nicht-Beihilfe ausdrücklich zwar nicht vor.[601] Jedoch ist Art. 4 Abs. 2 und Art. 9 Abs. 2 VerfVO zu entnehmen, dass die Europäische Kommission u.a. zu dem Schluss gelangen kann, dass es sich bei der angemeldeten Maßnahme um keine Beihilfe handelt (sog. Nicht-Beihilfe-Beschluss). Auch das Formblatt im Anhang zur Beihilfenverf.-DVO enthält ausdrücklich die Möglichkeit, bei der Anmeldung anzugeben, dass es sich *„um eine aus Gründen der Rechtssicherheit angemeldete Maßnahme handelt, die keine Beihilfe darstellt."*[602] Dem Mitgliedstaat steht somit zur Disposition, ob dieser eine Maßnahme bei Zweifeln an der Beihilfenrechtskonformität aus Gründen der Rechtsicherheit anmeldet oder stattdessen das Risiko in Kauf nimmt, dass die Kommission, beispielsweise infolge einer Beschwerde oder eines von Amts wegen eingeleiteten Prüfverfahrens, das Vorliegen einer Beihilfe nachträglich feststellt und gegebenenfalls

599 EuGH, Urteil vom 13.3.2001, *PreussenElektra*, Rs. C-379/98, ECLI:EU:C:2001:160, Rn. 65 (in Bezug auf Art. 5 EG-Vertrag).

600 Vgl. Mitteilung der Kommission vom 24.11.1983, ABl. (EG) 1983, Nr. C 318, S. 3: *„Da die Verpflichtung, die Kommission ‚rechtzeitig' zu unterrichten, ausnahmslos gilt, können sich die Mitgliedstaaten dieser Verpflichtung auch nicht entziehen, selbst wenn sie der Auffassung sind, daß die geplante Maßnahme nicht alle in Artikel 92 Absatz 1 genannten Merkmale aufweist* […]".

601 *Kühling/Rüchardt*, in: Streinz, Art. 108 AEUV Rn. 15 sehen die Möglichkeit der Anmeldung einer staatlichen Maßnahme als eine Nicht-Beihilfe allein vor dem Hintergrund Rechtssicherheit zu erlangen daher als „unionsrechtlich nicht gesichert".

602 Anhang I Teil I zur Beihilfenverf.-DVO, ABl. 2004 L 140/7.

den Mitgliedstaat verpflichtet, bereits gewährte Beihilfen von den Empfängern zurückzufordern.[603]

Wenngleich aus dem Unionsrecht eine Notifizierungspflicht allein aufgrund von beihilfenrechtlichen Zweifeln nach herrschender Auffassung nicht herzuleiten ist, sollten angesichts der Schwierigkeiten bei der Qualifikation steuerlicher Beihilfen[604] zumindest erhebliche Zweifel zum Anlass genommen werden, potentielle Beihilfen aus Gründen der Rechtssicherheit anzumelden.[605] Erhebliche Zweifel dürften etwa anzunehmen sein, wenn die Beihilfenrechtskonformität nicht angemeldeter Vorschriften in der juristischen Fachliteratur in besonderem Maße in Frage gestellt wird,[606] so wie dies der Fall ist bei der *bis dato* unterlassenen Notifizierung der erbschaftsteuerlichen Verschonungsregelungen nach §§ 13a ff. ErbStG, welche im Zuge der Reform nach dem Bundesverfassungsgerichtsurteil vom 17. Dezember 2014[607] eingeführt worden sind.[608]

Die Notwendigkeit der Notifizierung unionsrechtlich zweifelhafter Maßnahmen liegt vor allem darin begründet, dass in erster Linie die Beihilfenempfänger bei der Inanspruchnahme einer potentiellen Beihilfe auf Rechtssicherheit und Dispositionsschutz[609] angewiesen sind, da sie diejenigen sind, die die negativen Konsequenzen der unterlassenen Anmeldung faktisch tragen, wenn sie zur Rückforderung der erhaltenen Beihilfen verpflichtet werden.[610] Allein die

603 *Rosenberg*, Das beihilfenrechtliche Durchführungsverbot im Steuerverfahren, S. 222; *Bartosch*, Art. 2 VO 2015/1589 Rn. 3 bezeichnet diese Dispositionsfreiheit als „*Grundsatz der Selbstveranlagung des Mitgliedstaates*". Zur Rückforderung rechtswidrig gewährter Beihilfen siehe unten in Abschnitt D. II.

604 Vgl. oben in Abschnitt C. die umfangreichen Ausführungen zum Tatbestand des Art. 107 Abs. 1 AEUV im Lichte des Steuerrechts.

605 So auch *Bierwagen*, in: Bungenberg, VO 659/1999 Art. 2 Rn. 198; zu den verfahrensrechtlichen Vorteilen einer rechtzeitigen Anmeldung siehe *Koenig/Pickartz*, NVwZ 2002, 151, 152 ff.

606 Eine gute Orientierungshilfe (noch) anzumeldender Steuervorschriften bietet die „Liste deutscher Steuerrechtsnormen mit beihilfenrechtlicher Relevanz" bei *Brandau/Jung/Kube/Langner/Milutinović/Neckenich/Reich/Reimer/Schmidt/Seebach/Zimmer*, HFSt 8 (2018), 291 ff.

607 BVerfG, Urteil vom 17.12.2014, 1 BvL 21/12, DStR 2015, 31 ff.

608 Näher zur beihilfenrechtlichen Diskussion hinsichtlich der erbschaftsteuerlichen Verschonungsregelungen (§§ 13a ff. ErbStG) bei *Bäuml/Vogel*, BB 2015, 736, 743; *Reimer*, BB 2016, 1; *Wachter*, DB 2016, 1273 ff.; *Demleitner*, ISR 2016, 328, 335 ff.; *de Weerth*, DB 2016, 2692 f.; *Blumenberg*, IFSt-Schrift Nr. 516 (2017), S. 50 ff.

609 Zum Vertrauensschutz näher unten in Abschnitt D. II. 5.

610 Vgl. die Ausführungen oben im Problemaufriss in Abschnitt A. IV. Zur Rückforderungspflicht siehe näher unten in Abschnitt D. II.

Mitgliedstaaten können die nach Art. 108 Abs. 3 Satz 1 AEUV erforderliche Anmeldung vornehmen.[611] Die Beihilfenempfänger sind nicht Adressaten der Anmeldepflicht, sodass sie auch nicht die Möglichkeit haben, wirksam ein Notifikationsverfahren einzuleiten.[612] Im Steuerrecht bedeutet das konkret, dass die unternehmerisch tätigen Steuerpflichtigen auf eine „*lückenlose*“[613] Notifizierung der Mitgliedstaaten sowie die Einhaltung des Durchführungsverbots auf Ebene aller drei Staatsgewalten angewiesen sind, um eine zukünftige Nachbesteuerung als mögliche Konsequenz des Verstoßes gegen das Durchführungsverbot zu vermeiden.

bb) Möglichkeit der Pränotifizierung

Angesichts der strengen Formalisierung des Notifizierungsverfahrens[614] und der knappen Ressourcen der bei der Europäischen Kommission zuständigen Generaldirektion Wettbewerb[615] ist es in der Praxis nicht unüblich, dass ein Mitgliedstaat auf informellem Weg eine erste beihilfenrechtliche Einschätzung eines geplanten Vorhabens erbittet (sog. Pränotifizierung).[616] Ziel dieser informellen Kontaktaufnahme ist es, die förmliche Anmeldung so vorzubereiten, dass die Kommission in der vorläufigen Prüfung[617] eine für den Mitgliedstaat

---

611 *Kühling/Rüchardt*, in: Streinz, Art. 108 AEUV Rn. 15.

612 *Kühling/Rüchardt*, in: Streinz, Art. 108 AEUV Rn. 14; EuGH, Urteil vom 1.6.2006, *P&O European Ferries (Vizcaya)/Kommission*, verb. Rs. C-442/03 P und C-471/03 P, ECLI:EU:C:2006:356, Rn. 103. Man könnte zwar vertreten, dem (potentiellen) Beihilfenempfänger unmittelbar aus dem Unionsrecht (so *Jennert*, KommJur 2005, 364, 366 f.) oder dem nationalen Verfassungsrecht (so *Brandau/Neckenich/Reich/Reimer*, BB 2017, 1175, 1188; *Reich*, S. 238 f.; mit Einschränkungen auch *Orthmann*, BRZ 2013, 69 f.) einen subjektiven Anspruch gegen den Mitgliedstaat auf Vornahme einer Notifizierung anzuerkennen. Dies würde jedoch nichts daran ändern, dass allein der Mitgliedstaat die Anmeldung wirksam vornehmen könnte.

613 So die Formulierung bei *Brandau/Neckenich/Reich/Reimer*, BB 2017, 1175, 1187 f.

614 Siehe etwa die konkreten Vorgaben der VO (EU) 2015/2282 der Kommission vom 27.11.2015 zur Änderung der Verordnung (EG) Nr. 794/2004 hinsichtlich der Anmeldeformulare und Anmeldebögen, ABl. (EG), L 325/1.

615 Zum Organigramm abrufbar in englischer Fassung unter: https://ec.europa.eu/dgs/competition/directory/organi_en.pdf (letzter Aufruf: 15.3.2024).

616 *Brandau/Neckenich/Reich/Reimer*, BB 2017, 1175, 1179; *Blumenberg/Kring*, IFSt-Schrift Nr. 473 (2011), S. 27 f.; *Kühling/Rüchardt*, in: Streinz, Art. 108 AEUV Rn. 15; das Opportunitätsprinzip gilt für die Europäische Kommission auch im Kontext des europäischen Wettbewerbsrechts, *Basedow*, ZEuP 1995, 175.

617 Näher dazu unten in Abschnitt D. II. 3. a).

positive Entscheidung treffen kann.[618] Im Rahmen dieser Pränotifizierungsgespräche kann die Kommission zum einen Hinweise geben, unter welchen Voraussetzungen eine Genehmigung zu erwarten ist, um so die vorläufige Prüfung zu beschleunigen.[619] Zum anderen bestätigt die Kommission in der Praxis des Öfteren auf informellem Wege ihre Auffassung, eine Maßnahme stelle von vornherein keine anmeldepflichtige Beihilfe dar.[620] Diese Einschätzungen erfolgen im Rahmen nicht öffentlicher sog. „*comfort letters*" (auch „*Letter of comfort*" genannt), zum Beispiel mittels einer E-Mail.[621] Eine solche Vorgehensweise ist unionsrechtlich nicht explizit vorgesehen, gleichwohl ist sie in der Praxis üblich.[622] Der Mitgliedstaat verfügt weder über einen Anspruch auf eine informelle Einschätzung, noch ist diese, wenn sie überhaupt erfolgt, rechtsverbindlich.[623] Ein „*comfort letter*" kann seiner Natur nach nicht in Bestandskraft erwachsen und daher auch nicht die Rechtssicherheit gewähren wie ein förmlicher Beschluss nach Art. 288 Abs. 4 AEUV.[624] In Ermangelung eines formellen Beschlusses kann die Kommission sogar noch von Amts wegen ein beihilfenrechtliches Prüfverfahren einleiten und dabei zu einem von ihrem zunächst erteilten „*comfort letter*" abweichenden Ergebnis gelangen.[625] Die Notifizierung kann also nicht durch informelle Absprachen ersetzt werden.[626] Rechtssicherheit hinsichtlich der unionsrechtlichen Zulässigkeit einer staatlichen Beihilfe können die Mitgliedstaaten lediglich infolge einer förmlichen Anmeldung erlangen.[627]

---

618 *Koenig/Kühling/Ritter*, EG-Beihilfenrecht, Rn. 397 m.w.N.

619 *Koenig/Kühling/Ritter*, EG-Beihilfenrecht, Rn. 397.

620 *Bodden*, in: Korn, § 3a EStG Rn. 5.

621 *Bodden*, in: Korn, § 3a EStG Rn. 5; *Brandau/Neckenich/Reich/Reimer*, BB 2017, 1175, 1179; *Kühling/Rüchardt*, in: Streinz, Art. 108 AEUV Rn. 15. Siehe auch https://www.lto.de/recht/kanzleien-unternehmen/k/eu-kommission-steuerprivileg-sanierungsgewinn-steuerfrei-unternehmen-staatliche-beihilfe/ (zuletzt aufgerufen: 15.3.2024).

622 *Bodden*, in: Korn, § 3a EStG Rn. 5.

623 *Brandau/Neckenich/Reich/Reimer*, BB 2017, 1175, 1179; *Koenig/Kühling/Ritter*, EG-Beihilfenrecht, Rn. 397.

624 *Bodden*, in: Korn, § 3a EStG Rn. 5; *Seer*, in: Kirchhof/Seer, § 3a EStG Rn. 8; *Hallerbach*, in: Herrmann/Heuer/Raupach, § 3a EStG Rn. 6; *Krumm*, in: Brandis/Heuermann, § 3a EStG Rn. 10.

625 *Seer*, in: Kirchhof/Seer, § 3a EStG Rn. 8; wenngleich dies in der Praxis von geringer Wahrscheinlichkeit sein dürfte, so auch *Bodden*, in: Korn, § 3a EStG Rn. 5.

626 *Koenig/Kühling/Ritter*, EG-Beihilfenrecht, Rn. 397.

627 *Blumenberg/Kring*, IFSt-Schrift Nr. 473 (2011), S. 28; *Kühling/Rüchardt*, in: Streinz, Art. 108 AEUV Rn. 15; zu den prozessualen Möglichkeiten gegen eine Beihilfengenehmigung vorzugehen und die damit verbundenen rechtlichen Konsequenzen siehe etwa

Vehement abzulehnen ist daher die Praxis der Kommission, wenn sie eine Notifikation nicht per förmlichen Beschluss, sondern lediglich mit einem „*comfort letter*“ bescheidet.[628] Der mit der Anmeldung verfolgten Intention, Rechtssicherheit zu erlangen, wird in diesem Fall nicht entsprochen.

c) Prüfverfahren durch die Europäische Kommission

aa) Vorläufiges Prüfverfahren

Unmittelbar nach Eingang der Anmeldung schließt sich zunächst das vorläufige Prüfverfahren an (Art. 4 Abs. 1 VerfVO).[629] Zweck des Verfahrens ist es, eine erste Einschätzung der angemeldeten Maßnahme hinsichtlich der Frage nach der Vereinbarkeit mit dem Binnenmarkt vorzunehmen.[630] Die Kommission ist verpflichtet, dieses Verfahren innerhalb einer Frist von zwei Monaten abzuschließen (Art. 4 Abs. 5 VerfVO).[631] Ergeht in dem Zeitraum kein Beschluss, gilt die angemeldete Maßnahme als genehmigt (Art. 4 Abs. 6 Satz 1 VerfVO) und damit als bestehende Beihilfe (Art. 1 lit. d) iii) VerfVO), die daher auch grundsätzlich durchgeführt werden darf (Art. 4 Abs. 6 Satz 2 VerfVO). Im Fall einer Beihilferegelung kann die Kommission die Maßnahme sodann im Rahmen der repressiven Beihilfenkontrolle beanstanden und den Mitgliedstaat zur Änderung oder Aufhebung verpflichten, allerdings nur mit Wirkung *ex nunc*. Handelt es sich um eine Einzelbeihilfe, dann stehen der Kommission keine Möglichkeiten mehr zur Verfügung, die Maßnahme zu beanstanden.[632]

Schließt die Kommission das vorläufige Prüfverfahren fristgemäß ab, dann erlässt sie einen Beschluss mit dem Inhalt,

---

Gundel, EWS 2009, 350 ff., allgemein zur Gültigkeitskontrolle von Unionsrechtsakten siehe *Pechstein/Kubicki*, NJW 2005, 1825 f.

628 So geschehen beim förmlich angemeldeten § 3a EStG, IStR-LB 2018, 61; FAZ vom 13.8.2018, S. 18; näher dazu *Möhlenkamp*, ZIP 2018, 1907 f.

629 Das förmliche Prüfverfahren wird auch durchgeführt, wenn der Mitgliedstaat die erforderliche Anmeldung unterlassen hat, die Kommission jedoch Kenntnis über eine mutmaßliche rechtswidrige Beihilfe erlangt hat, siehe Art. 12 Abs. 1 und 2 Uabs. 1 VerfVO.

630 *Harringa*, in: Birnstiel/Bungenberg/Heinrich, Art. 4 VO 659/1999 Rn. 251; EuGH, Urteil vom 15.2.2001, *Österreich/Kommission*, Rs. C-99/98, ECLI:EU:C:2001:94, Rn. 55.

631 Diese Frist galt nach Auffassung des EuGH auch schon vor Existenz einer Verfahrensverordnung, sog. Lorenz-Frist in Anlehnung an EuGH, Urteil vom 11.12.1973, *Lorenz GmbH/Bundesrepublik Deutschland u.a.*, Rs. 120/73, ECLI:EU:C:1973:152, Rn. 4.

632 Vgl. oben die Ausführungen in Abschnitt D. I. 1. a).

- dass die angemeldete Maßnahme die Tatbestandsvoraussetzungen des Art. 107 Abs. 1 AEUV nicht erfüllt (Art. 4 Abs. 2 VerfVO), oder
- dass trotz Vorliegens einer Beihilfe keine „*Bedenken*"[633] gegen die Vereinbarkeit der angemeldeten Maßnahme mit dem Binnenmarkt bestehen (Art. 4 Abs. 3 VerfVO; sog. „*Beschluss, keine Einwände zu erheben*").

Hat die Kommission infolge der vorläufigen Prüfung Anlass zu „*Bedenken*" hinsichtlich der Vereinbarkeit mit dem Binnenmarkt, eröffnet sie das förmliche Prüfverfahren nach Art. 108 Abs. 2 Uabs. 1 AEUV (Art. 4 Abs. 4 VerfVO; sog. „*Beschluss über die Eröffnung des förmlichen Prüfverfahrens*"). Über den Wortlaut des Art. 4 Abs. 4 VerfVO hinaus ist das Hauptprüfverfahren auch einzuleiten, sobald die Kommission auf ernsthafte Schwierigkeiten stößt und Zweifel hinsichtlich des Vorliegens einzelner Beihilfeelemente, etwa der Selektivität, nicht ausräumen kann.[634] Über steuerliche Beihilfen wird daher wohl nur in seltenen Ausnahmefällen im Rahmen der vorläufigen Prüfung abschließend entschieden.

bb) Förmliches Prüfverfahren

Der Eröffnungsbeschluss zum förmlichen Prüfverfahren enthält eine Zusammenfassung der wesentlichen Sach- und Rechtsfragen, eine vorläufige Würdigung des Beihilfecharakters der geplanten Maßnahme sowie Ausführungen hinsichtlich der binnenmarktrechtlichen Bedenken (Art. 6 Abs. 1 Satz 1 VerfVO). Der betreffende Mitgliedstaat und andere Beteiligte[635] werden im Rahmen des Eröffnungsbeschlusses zur Stellungnahme aufgefordert (Art. 6 Abs. 1 Satz 2 VerfVO). Die von der Kommission erhaltenen Stellungnahmen werden dem betreffenden Mitgliedstaat mitgeteilt, sodass dieser Gelegenheit bekommt, sich dazu zu äußern (Art. 6 Abs. 2 VerfVO). Insbesondere in technisch komplexen Fällen steht der Kommission die Möglichkeit offen, Auskunftsersuchen zusätzlich gegenüber anderen Mitgliedstaaten, Unternehmen oder Unternehmensvereinigungen zu stellen (Art. 7 Abs. 1 VerfVO). Nach intensiven Ermittlungen durch

---

633 Zum Begriff „*Bedenken*" siehe näher *Bartosch*, Art. 4 VO 2015/1589 Rn. 5 ff.

634 EuGH, Urteil vom 27.10.2011, *Österreich/Scheucher-Fleisch u.a.*, Rs. C-47/10 P, ECLI:EU:C:2011:698, Rn. 70; *Bär-Bouyssière*, in: Schwarze, Art. 108 AEUV Rn. 4 mit zahlreichen Nachweisen zur Rechtsprechung in Fn. 109.

635 Der Begriff „Beteiligte" wird in Art. 1 lit. h) VerfVO definiert. Darunter fallen die Mitgliedstaaten, Unternehmen oder Unternehmensvereinigungen, deren Interessen aufgrund der Gewährung einer Beihilfe beeinträchtigt sein können, insbesondere der Beihilfenempfänger, Wettbewerber und Berufsverbände.

die Kommission und Korrespondenz mit dem betreffenden Mitgliedstaat sowie u.U. anderen Beteiligten beendet sie das förmliche Prüfverfahren mit einem Beschluss (Art. 9 Abs. 1 VerfVO) und gelangt dabei zum Ergebnis, dass

- die angemeldete Maßnahme keine Beihilfe darstellt (Art. 9 Abs. 2 VerfVO; sog. „*Nicht-Beihilfe-Beschluss*"),
  oder
- die Beihilfe trotz Vorliegens der Voraussetzungen des Art. 107 Abs. 1 AEUV mit dem Binnenmarkt vereinbar ist (vgl. Art. 9 Abs. 3 VerfVO; sog. „*Positivbeschluss*"),[636]
  oder
- die angemeldete Beihilfe mit dem Binnenmarkt unvereinbar ist und nicht eingeführt werden darf (Art. 9 Abs. 5 VerfVO; sog. „*Negativbeschluss*").

All diese Kommissionsbeschlüsse adressieren stets und allein den betreffenden Mitgliedstaat[637] und sind nach Art. 288 Abs. 4 AEUV für diesen verbindlich.

d) Durchführungsverbot

aa) Sachliche Reichweite

Der Anwendungsbereich des Durchführungsverbots korrespondiert mit der Reichweite der Notifizierungspflicht („*Anmeldungspflichtige Beihilfen* [...] *dürfen nicht eingeführt werden,* [...]"; Art. 3 VerfVO).[638] Ob eine neue Beihilfe tatsächlich angemeldet worden ist, ist ohne Bedeutung.[639] Allein die Tatsache, dass eine Maßnahme angemeldet worden ist, bedeutet wiederum nicht zwingend, dass das Durchführungsverbot gilt.[640] Eine Notifizierung kann nämlich allein

---

636 Die Kommission kann gem. Art. 9 Abs. 4 VerfVO den Positivbeschluss mit Bedingungen und Auflagen versehen, sog. „*mit Bedingungen und Auflagen verbundener Beschluss*".

637 Siehe Art. 31 Abs. 3 VerfVO; siehe auch 39. Erwägungsgrund der VerfVO.

638 Zur Reichweite der Anmeldepflicht siehe oben in Abschnitt D. I. 2. b) aa).

639 EuGH, Urteil vom 21.11.2013, *Deutsche Lufthansa*, Rs. C-284/12, ECLI:EU:C:2013:755, Rn. 29.

640 *Schmidt-Kötters*, in: Heidenhain, § 57 Rn. 125; vgl. auch *Werner*, in: MüKo, Art. 108 AEUV Rn. 145; kritisch dagegen *Beljin*, in: Schulze/Zuleeg/Kadelbach, § 28 Rn. 181, da sich der Mitgliedstaat zu seiner Anmeldung in Widerspruch setze, wenn er die Maßnahme gleichwohl durchführt, ohne die Entscheidung der Kommission abzuwarten.

aus Gründen der Rechtssicherheit vorgenommen worden sein.[641] Dass eine Maßnahme aller Voraussicht nach genehmigt werden wird, steht der Geltung des Durchführungsverbots wiederum nicht entgegen.[642] Diese Entscheidung obliegt ausschließlich der Europäischen Kommission.[643]

Nach der Rechtsprechung des EuGH entfaltet das Durchführungsverbot darüber hinaus seine Wirkung, sobald die Kommission das förmliche Prüfverfahren nach Art. 108 Abs. 2 Uabs. 1 AEUV eingeleitet hat,[644] unabhängig davon, ob die Qualifikation einer Maßnahme als Beihilfe gem. Art. 107 Abs. 1 AEUV feststeht oder lediglich zweifelhaft ist.[645] Die Eröffnung des förmlichen Prüfverfahrens nimmt eine endgültige rechtliche Einstufung als Beihilfe zwar nicht vorweg.[646] Die Kommission kann auch nach Einleitung des Hauptprüfverfahrens noch zu der Einschätzung gelangen, dass die Maßnahme keine Beihilfe im Sinne des Art. 107 Abs. 1 AEUV ist (Art. 9 Abs. 2 VerfVO). Der Mitgliedstaat ist aber gehalten, ab dem Zeitpunkt der Eröffnung des förmlichen Verfahrens die Maßnahme nicht (weiter) durchzuführen, auch wenn die Einstufung als Beihilfe bestritten wird bzw. noch nicht abschließend geklärt ist.[647] Auch vor diesem Hintergrund sollte der Mitgliedstaat beihilfenrechtlich zweifelhafte Maßnahmen sogleich förmlich anmelden.[648]

bb) Rechtswidrige Beihilfen

Neue Beihilfen, die unter Verstoß gegen Art. 108 Abs. 3 Satz 3 AEUV durchgeführt werden, sind unionsrechtswidrig („*rechtswidrige Beihilfen*“[649]). Das

641 Siehe oben Abschnit D. I. 2. b) aa) (2); selbstverständlich sollte der Mitgliedstaat eine Durchführung in einem solchen Fall unterlassen, da eine präventive Anmeldung dann zwecklos wäre, um etwaige Rückabwicklungssituationen zu vermeiden.

642 *Englisch*, in: Schaumburg/Englisch, Rn. 9.64.

643 Siehe oben Abschnitt C. IV. 1.

644 *Werner*, in: MüKo, Art. 108 AEUV Rn. 146 m.w.N.

645 EuGH, Urteil vom 9.10.2001, *Italien/Kommission*, Rs. C-400/99, Slg. 2001, I-7303 (Zwischenurteil), Rn. 59; siehe auch für den Fall, dass die Einstufung als neue oder bereits bestehende Beihilfe zweifelhaft ist EuGH, Urteil vom 10.5.2005, *Italien/Kommission*, Rs. C-400/99, ECLI:EU:C:2005:275; ausführlich zum Ganzen *Rosenberg*, Das beihilfenrechtliche Durchführungsverbot im Steuerverfahren, S. 231 ff.

646 EuGH, Urteil vom 9.10.2001, *Italien/Kommission*, Rs. C-400/99, Slg. 2001, I-7303 (Zwischenurteil), Rn. 58.

647 EuGH, Urteil vom 9.10.2001, *Italien/Kommission*, Rs. C-400/99, Slg. 2001, I-7303 (Zwischenurteil), Rn. 59; kritisch dazu *Hey*, StuW 2010, 301, 309.

648 Zur Anmeldepflicht bei Zweifeln siehe oben in Abschnitt D. I. 2. b) aa) (2).

649 Siehe die Definition in Art. 1 lit. f) VerfVO.

bedeutet jedoch nicht zwangsläufig, dass sie mit dem Binnenmarkt unvereinbar sind. Ein Verstoß gegen Art. 108 Abs. 3 Satz 3 AEUV entbindet die Europäische Kommission nicht von der materiellen Sachprüfung der zu früh eingeführten staatlichen Beihilfe.[650] Sie darf nicht allein aus dem Verstoß gegen das Durchführungsverbot auf die Unvereinbarkeit mit dem Binnenmarkt schließen.[651] Im Gegenteil: Die Kommission kann die Maßnahme im Rahmen eines Positivbeschlusses sogar noch als mit dem Binnenmarkt vereinbar erklären (Art. 15 Abs. 1 Satz 2, Art. 9 Abs. 3 VerfVO).

Allein unter Verstoß gegen das Durchführungsverbot gewährte Beihilfen werden als „*formell*" rechtswidrige Beihilfen bezeichnet.[652] Von (auch)[653] „*materiell*" rechtswidrigen Beihilfen ist hingegen die Rede, wenn die Kommission die Unvereinbarkeit mit dem Binnenmarkt im Rahmen eines Negativbeschlusses förmlich festgestellt hat.[654] Im letzten Fall verpflichtet die Kommission den betreffenden Mitgliedstaat grundsätzlich zugleich, die Beihilfe von den Empfängern zurückzufordern (Art. 16 Abs. 1 VerfVO).[655]

Die Genehmigung führt nicht zu einer Heilung der formellen Rechtswidrigkeit.[656] Der Verstoß gegen Art. 108 Abs. 3 Satz 3 AEUV entfällt infolge der Genehmigung also nicht rückwirkend.[657] Die Kommission hat auch nicht die Befugnis,

---

650 *Finck/Gurlit*, Jura 2011, 87, 88; *Rosenberg*, Das beihilfenrechtliche Durchführungsverbot im Steuerverfahren, S. 150 f.; vgl. EuGH, Urteil vom 14.2.1990, *Frankreich/Kommission*, Rs. C-301/87, ECLI:EU:C:1990:67, Rn. 21 f.

651 EuGH, Urteil vom 21.11.1991, *Fédération nationale du commerce extérieur des produits alimentaires u.a./Frankreich*, Rs. C-354/90, ECLI:EU:C:1991:440, Rn. 13.

652 Siehe etwa *Cremer*, in: Calliess/Ruffert, Art. 108 AEUV Rn. 35; *Ismer*, in: Herrmann/Heuer/Raupach, Einführung zum EStG, Rn. 520; *Bode*, FR 2011, 1034, 1035; *Frenz*, Beihilfe- und Vergaberecht, Rn. 1266; *Finck/Gurlit*, Jura 2011, 87, 88.

653 Materiell rechtswidrige Beihilfen sind stets auch formell rechtswidrig, wenn sie unter Verstoß gegen Art. 108 Abs. 3 Satz 3 AEUV durchgeführt wurden.

654 Siehe nur *Cremer*, in: Calliess/Ruffert, Art. 108 AEUV Rn. 28.

655 Näher dazu unten in Abschnitt D. II.

656 EuGH, Urteil vom 12.2.2008, *CELF und ministre de la Culture und de la Communication*, Rs. C-199/06, ECLI:EU:C:2008:79, Rn. 40; EuGH, Urteil vom 5.10.2006, *Transalpine Ölleitung in Österreich*, Rs. C-368/04, ECLI:EU:C:2006:644, Rn. 41; EuGH, Urteil vom 21.11.1991, *Fédération nationale du commerce extérieur des produits alimentaires u.a./Frankreich*, Rs. C-354/90, ECLI:EU:C:1991:440, Rn. 16; Schlussanträge des GA *Jacobs* vom 3.10.1991 zu *Fédération nationale du commerce extérieur des produits alimentaires u.a./Frankreich*, Rs. C-354/90, ECLI:EU:C:1991:371, Rn. 28.

657 *Werner*, in: MüKo, Art. 108 AEUV Rn. 176.

die Beihilfe mit Wirkung für die Vergangenheit zu genehmigen.[658] Eine solche Möglichkeit würde nämlich dazu führen, die Missachtung von Durchführungsverbot und Anmeldepflicht durch die Mitgliedstaaten zu fördern, wenn diese der Auffassung sind, dass eine Maßnahme voraussichtlich nach Maßgabe von Art. 107 Abs. 2 oder 3 AEUV genehmigt werden wird.[659] Dies wiederum würde Art. 108 Abs. 3 AEUV der praktischen Wirksamkeit berauben.[660]

cc) Mitgliedstaaten als Verpflichtete zur präventiven Einhaltung des Durchführungsverbots

Das Durchführungsverbot nach Art. 108 Abs. 3 Satz 3 AEUV ist innerstaatlich unmittelbar anwendbares Unionsrecht.[661] Es verpflichtet alle drei Staatsgewalten, im Rahmen ihres Handelns das Durchführungsverbot und damit die materiellen Vorgaben des Beihilfenverbots einzuhalten.[662] Die Legislative ist gehalten, das Beihilfenverbot stets im Gesetzgebungsverfahren zu beachten, und für die Rechtsanwender (Exekutive und Judikative) handelt es sich bei Art. 108 Abs. 3 Satz 3 AEUV um Gesetz und Recht im Sinne des Art. 20 Abs. 3 GG.[663]

Oberstes Ziel muss es sein, nachträgliche Rückabwicklungssituationen gänzlich zu vermeiden.[664]

---

658 EuGH, Urteil vom 21.10.2003, *van Calster und Cleeren*, verb. Rs. C-261/01 und C-262/01, ECLI:EU:C:2003:571, Rn. 73; a.A. EuG, Urteil vom 9.9.1999, *RJB Mining/Kommission*, Rs. T-110/98, ECLI:EU:T:1999:166, Rn. 78.

659 Schlussanträge des GA *Jacobs* vom 29.11.2005 zu *Transalpine Ölleitung in Österreich*, Rs. C-368/04, ECLI:EU:C:2005:724, Rn. 49 f.; *Frenz*, Beihilfe und Vergaberecht, Rn. 1358.

660 Schlussanträge des GA *Jacobs* vom 29.11.2005 zu *Transalpine Ölleitung in Österreich*, Rs. C-368/04, ECLI:EU:C:2005:724, Rn. 50; ausführlich Schlussanträge des GA *Jacobs* vom 3.10.1991 zu *Fédération nationale du commerce extérieur des produits alimentaires u.a./Frankreich*, Rs. C-354/90, ECLI:EU:C:1991:371, Rn. 28; vgl. auch EuGH, Urteil vom 12.2.2008, *CELF und ministre de la Culture und de la Communication*, Rs. C-199/06, ECLI:EU:C:2008:79, Rn. 40; EuGH, Urteil vom 21.11.1991, *Fédération nationale du commerce extérieur des produits alimentaires u.a./Frankreich*, Rs. C-354/90, ECLI:EU:C:1991:440, Rn. 16.

661 Siehe oben Abschnitt A. III.

662 Siehe oben Abschnitt A. III.

663 *Finck/Gurlit*, JURA 2011, 87, 91; speziell zur Bindung der Exekutive und Judikative an das unmittelbar anwendbare Unionsrecht siehe *Jarass*, in: Jarass/Pieroth, Art. 20 GG Rn. 53 m.w.N.

664 Vgl. *Sutter*, EuZW 2006, 725, 729.

(1) Einhaltung des Durchführungsverbots durch den Steuergesetzgeber

Ein Verstoß gegen das Durchführungsverbot ist bei gesetzlichen Steuerbeihilfen im Fall der unterlassenen Anmeldung schon mit Inkrafttreten der Vorschrift, also im Zeitpunkt der Veröffentlichung im Gesetzblatt, anzunehmen.[665] Die Begriffe „*Durchführung*" (Art. 108 Abs. 3 Satz 3 AEUV) bzw. „*Einführung*" (Art. 3 VerfVO) sind weit zu verstehen.[666] Es kommt nicht darauf an, ob der einzelne Steuerpflichtige tatsächlich von der Vorschrift bereits profitiert hat, indem sich der Vorteil infolge der Anwendung der Beihilferegelung durch die Finanzbehörden im Steuerbescheid niedergeschlagen hat.[667]

Die Notifizierung einer gesetzlichen Steuerbegünstigung, welche die Tatbestandsvoraussetzungen des Art. 107 Abs. 1 AEUV erfüllt, muss schon im Entwurfsstadium erfolgen, damit ein Verstoß gegen das Durchführungsverbot vermieden wird.[668]

Der Gesetzgeber kann einem Verstoß gegen das Durchführungsverbot effektiv auch in der Weise entgegenwirken, dass das Inkrafttreten des potentiell beihilfenrechtswidrigen Gesetzes durch sog. „*Stillhalteklauseln*" – auch „*Aufschubs-*" oder „*Vorbehaltsklauseln*" genannt – auf den Zeitpunkt der Genehmigung durch die Kommission hinausgeschoben wird.[669] So hatte der Gesetzgeber

---

665 *Rosenberg*, Das beihilfenrechtliche Durchführungsverbot im Steuerverfahren, S. 131; *Sinnaeve*, EuZW 1999, 270, 274; vgl. auch EuG, Urteil vom 6.3.2002, *Diputación Foral de Álava u.a./Kommission*, verb. Rs. T-127/99, T-129/99 und T-148/99, ECLI:EU:T:2002:59, Rn. 181: „*Unter Durchführung einer staatlichen Beihilfe sei nicht ihre Gewährung an die Begünstigten, sondern der Erlass der gesetzlichen Regelung anzusehen, nach der eine solche Gewährung ohne weitere Förmlichkeiten zulässig sei.*"

666 EuG, Urteil vom 6.3.2002, *Diputación Foral de Álava u.a./Kommission*, verb. Rs. T-127/99, T-129/99 und T-148/99, ECLI:EU:T:2002:59, Rn. 181; vgl. auch EuGH, Urteil vom 27.3.1984, *Kommission/Italien*, Rs. 169/82, ECLI:EU:C:1984:126, Rn. 11; *Bär-Bouyssière*, in: Schwarze, Art. 108 AEUV Rn. 4; *Birnstiel/Heinrich*, in: Birnstiel/Bungenberg/Heinrich, Art. 3 VO 659/1999 Rn. 214; *Frenz*, Beihilfe- und Vergaberecht, Rn. 1265; *Werner*, in: MüKo, Art. 108 AEUV Rn. 138; *Rosenberg*, Das beihilfenrechtliche Durchführungsverbot im Steuerverfahren, S. 130 f.

667 Vgl. *Rosenberg*, Das beihilfenrechtliche Durchführungsverbot im Steuerverfahren, S. 131.

668 EuGH, Urteil vom 27.3.1984, *Kommission/Italien*, Rs. 169/82, ECLI:EU:C:1984:126, Rn. 11; *Werner*, in: MüKo, Art. 108 AEUV Rn. 138.

669 *Bär-Bouyssière*, in: Schwarze, Art. 108 AEUV Rn. 4; *Rosenberg*, Das beihilfenrechtliche Durchführungsverbot im Steuerverfahren, S. 182 f.; so etwa geschehen bei § 8c Abs. 2 KStG-E i.d.F. des Art. 4 MoRaKG im Bereich des Erwerbs von

das Inkrafttreten der bereits verabschiedeten §§ 3a EStG und 7b GewStG[670] unter die aufschiebende Bedingung gestellt, dass es entweder keine Beihilfen oder aber mit dem Binnenmarkt vereinbare Beihilfen sind.[671] Des Weiteren besteht die Möglichkeit, im Gesetz sog. Einzelnotifizierungserfordernisse aufzunehmen, so wie dies beispielsweise in § 9 des Investitionszulagegesetzes 2010 vom 7.12.2008[672] geschehen ist, sodass die konkret-individuelle Beihilfe stets erst infolge einer Genehmigung durch die Kommission gewährt wird.[673]

(2) Einhaltung des Durchführungsverbots durch die Finanzgerichte

Die mitgliedstaatlichen Gerichte sind uneingeschränkt zur Auslegung des Beihilfebegriffs nach Art. 107 Abs. 1 AEUV befugt.[674] Gleiches gilt für die Frage, ob eine sekundärrechtliche Ausnahme von der Anmeldepflicht besteht.[675] Die Auslegungsbefugnis der innerstaatlichen Gerichte erstreckt sich nicht auf die Ausnahmetatbestände nach den Art. 107 Abs. 2 und 3 AEUV. Diesbezüglich ist ausschließlich die Europäische Kommission zuständig.[676] Werden im Rahmen anhängiger Verfahren[677] nationale Steuergesetze als Beihilfen qualifiziert, die

---

Wagniskapitalbeteiligungen. Die Norm ist mangels Genehmigung nie in Kraft treten, siehe dazu *Blumenberg/Kring*, IFSt-Schrift Nr. 473 (2011), S. 51.

670 Jeweils eingeführt durch Gesetz vom 27.6.2017 (BGBl. I 2017, S. 2074).

671 Siehe Art. 6 Abs. 2 des Gesetzes vom 27.6.2017 (BGBl. I 2017, S. 2074); näher dazu *Hey*, FR 2017, 453 ff.

672 BGBl. I 2008, 2350.

673 *Geisenberger*, Der Einfluss des Europarechts auf steuerliches Verfahrensrecht, S. 51 mit Praxisbeispielen; ausführlich dazu auch *Rosenberg*, Das beihilfenrechtliche Durchführungsverbot im Steuerverfahren, S. 174 ff.

674 EuGH, Urteil vom 5.10.2006, *Transalpine Ölleitung in Österreich*, Rs. C-368/04, ECLI:EU:C:2006:644, Rn. 39; EuGH, Urteil vom 15.7.2004, *Pearle u.a.*, Rs. C-345/02, ECLI:EU:C:2004:448, Rn. 31; EuGH, Urteil vom 22.3.1977, *Steinike & Weinlig*, Rs. 78/76, ECLI:EU:C:1977:52, Rn. 14; zur Problematik divergierender Auffassungen bei der parallelen Prüfung beihilfenrechtlicher Sachverhalte durch die Kommission und die nationalen Gerichte *Becker*, EuZW 2012, 725 ff.

675 Vgl. Bekanntmachung der Kommission vom 9.4.2009 über die Durchsetzung des Beihilfenrechts durch die einzelstaatlichen Gerichte, Abl. (EU), C 85/1, Rn. 16; *Krumm*, DStJG 41 (2018), S. 567.

676 Siehe oben Abschnitt C. IV. 1.

677 Die Finanzgerichte sind stets gehalten, streitgegenständliche Normen anhand des Beihilfenverbots zu messen. Die gilt nicht nur in den Fällen negativer Konkurrentenklagen. Darauf zutreffend hinweisend *Krumm*, DStJG 41 (2018), 561, 567 m.w.N. Zur negativen Konkurrentenklage siehe unten Abschnitt D. II. 3.

unter Verstoß gegen Art. 108 Abs. 3 Satz 3 AEUV eingeführt worden sind, dann dürfen diese aufgrund des Anwendungsvorranges des Unionsrechts grundsätzlich nicht angewendet werden.[678] Eine Vorschrift, welche eine neue Beihilferegelung darstellt, ist jedoch weiterhin anzuwenden, wenn im konkreten Einzelfall eine sekundärrechtliche Ausnahme erfüllt ist oder die Tatbestandsvoraussetzungen des Art. 107 Abs. 1 AEUV, etwa wegen Fehlens der Unternehmereigenschaft, im konkreten Fall nicht gegeben sind.[679] Bei Zweifeln, etwa in Ansehung der Tatbestandsmerkmale des Art. 107 Abs. 1 AEUV, können die Finanzgerichte bzw. muss der Bundesfinanzhof diese im Rahmen eines Vorabentscheidungsverfahrens klären (Art. 267 Abs. 1, Abs. 3 AEUV).[680] Unbeschadet einer Vorlagemöglichkeit bzw. einer Vorlagepflicht besteht zum Zwecke der einheitlichen Anwendung der Beihilfevorschriften noch die Möglichkeit, dass die nationalen Gerichte die Kommission um die Übermittlung von Informationen oder Stellungnahmen bitten (Art. 29 Abs. 1 VerfVO).[681]

(3) Einhaltung des Durchführungsverbots durch die Finanzbehörden

Die Finanzbehörden unterliegen der Pflicht, das Durchführungsverbot von Amts wegen (§§ 85, 88 AO) sowohl bei der Anwendung materieller Steuergesetze[682] als auch im Rahmen verfahrensrechtlicher Ermessensentscheidungen (§ 5 AO) zu beachten.[683] Die einzelnen Finanzbehörden dürfen steuerrechtliche

---

678 Vgl. *Englisch*, in: Tipke/Lang, § 4 Rn. 49 f.; EuGH, Urteil vom 9.3.1978, *Simmenthal*, Rs. 106/77, ECLI:EU:C:1978:49, Rn. 17/18 und 21/23; EuGH, Urteil vom 8.9.2010, *Winner Wetten*, Rs. C-409/06, ECLI:EU:C:2010:503, Rn. 55; BVerfG, Beschluss vom 8.4.1987, 2 BvR 687/85, BVerfGE 75, 223, 244, Rn. 58 (juris).

679 EuGH, Urteil vom 27.6.2017, *Congregación de Escuelas Pías Provincia Betania*, Rs. C-74/16, ECLI:EU:C:2017:496, Rn. 83: *„Insoweit hat das vorlegende Gericht zu prüfen, ob im vorliegenden Fall dieser Schwellenwert erreicht wird* [...].“; *Glatz*, IStR 2016, 447, 454 f.; *Krumm*, DStJG 41 (2018), 561, 569 f. wohl auch BGH, Urteil vom 13.3.2014, IX ZR 23/10, Rn. 40 (juris).

680 *Krumm*, DStJG, 41 (2018), 561, 568; EuGH, Urteil vom 16.7.2015, *BVVG*, Rs. C-39/14, ECLI:EU:C:2015:470, Rn. 20.

681 Die Kommission hat eine solche Möglichkeit bereits vor Erlass des Art. 29 VerfVO in der Bekanntmachung der Kommission vom 9.4.2009 über die Durchsetzung des Beihilfenrechts durch die einzelstaatlichen Gerichte, Abl. (EU), C 85/1, Rn. 13 vorgesehen.

682 *Geisenberger*, Der Einfluss des Europarechts auf steuerliches Verfahrensrecht, S. 50; vgl. auch EuGH, Urteil vom 16.12.2010, *Seydaland Vereinigte Agrarbetriebe*, Rs. C-239/09, ECLI:EU:C:2010:778, Rn. 52.

683 *P. Reimer*, NVwZ 2011, 263, 265.

Vorschriften, die gegen Art. 107 Abs. 1 AEUV i.V.m. Art. 108 Abs. 3 Satz 3 AEUV verstoßen, ebenso wie die nationalen Gerichte grundsätzlich nicht anwenden.[684] Dies gilt ungeachtet dessen, dass die Finanzverwaltung nicht die Möglichkeit hat, ein Vorabentscheidungsverfahren durchzuführen, um etwaigen Auslegungszweifeln entgegenzuwirken.[685] Es wäre im Übrigen widersprüchlich, wenn sich der Konkurrent des Beihilfenempfängers vor den nationalen Gerichten auf die Einhaltung des Durchführungsverbots berufen könnte, um das Handeln der Verwaltung zu beanstanden, diese selbst aber wiederum verpflichtet sein sollte, die Beihilferegelung weiter anzuwenden.[686]

Solange die Kommission einen Positivbeschluss nicht erlassen hat, würde es einen Verstoß gegen Art. 108 Abs. 3 Satz 3 AEUV bedeuten, wenn die zu überprüfende Steuerbeihilfe zwischenzeitlich im Rahmen der Steuerfestsetzung Anwendung fände und damit rechtswidrig gewährt werden würde.[687] Es ist daher erforderlich, dass die Steuer gegenüber dem (potentiellen) Begünstigungsempfänger unter Außerachtlassung der Beihilferegelung festgesetzt wird.

---

684 Vgl. EuGH, Urteil vom 16.12.2010, *Seydaland Vereinigte Agrarbetriebe*, Rs. C-239/09, ECLI:EU:C: 2010:778, Rn. 52; EuGH, Urteil vom 9.9.2003, *CIF*, Rs. C-198/01, ECLI:EU:C:2003:430, Rn. 48, 49; *Englisch*, in: Schaumburg/Englisch, Rn. 9.62 f.; näher zum Spannungsverhältnis zwischen der Nichtanwendungspflicht beihilfenrechtswidriger Steuerregelungen vor dem Hintergrund des Anwendungsvorranges des Unionsrechts und der Gesetzesbindung der (Finanz-)Verwaltung nach Art. 20 Abs. 3 GG, § 85 S. 1 AO bei *Rosenberg*, Das beihilfenrechtliche Durchführungsverbot im Steuerverfahren, S. 264 ff.; *Hey*, StuW 2010, 301, 309 f.

685 Kritisch dazu *Hey*, StuW 2010, 301, 311.

686 Vgl. EuGH, Urteil vom 22.6.1989, *Fratelli Costanzo/Comune di Milano*, Rs. C-103/88, ECLI:EU:C:1989:256, Rn. 31: „*Es wäre im übrigen widersprüchlich, zwar zu entscheiden, daß die einzelnen sich vor den nationalen Gerichten auf die Bestimmungen einer Richtlinie, die die oben herausgestellten Voraussetzungen erfüllen, berufen können, um das Verhalten der Verwaltung beanstanden zu lassen, trotzdem aber die Auffassung zu vertreten, daß die Verwaltung nicht verpflichtet ist, die Bestimmungen der Richtlinie dadurch einzuhalten, daß sie die Vorschriften des nationalen Rechts, die damit nicht im Einklang stehen, unangewendet läßt. Wenn die nach der Rechtsprechung des Gerichtshofes einzuhaltenden Voraussetzungen dafür erfüllt sind, daß die einzelnen sich vor den nationalen Gerichten auf die Bestimmungen einer Richtlinie berufen können, sind folglich alle Träger der Verwaltung einschließlich der Gemeinden und der sonstigen Gebietskörperschaften verpflichtet, diese Bestimmungen anzuwenden.*“

687 *Grube*, Der Einfluss des unionsrechtlichen Beihilfenverbots auf das deutsche Steuerrecht, S. 72; *Lehnert*, Die Korrektur von gemeinschaftsrechtswidrigen Beihilfen in Form von Steuervergünstigungen, S. 177; *Geisenberger*, Der Einfluss des Europarechts auf steuerliches Verfahrensrecht, S. 52 ff.

Dies kann in der Weise geschehen, dass die Festsetzung entweder unter dem Vorbehalt der Nachprüfung (§ 164 Abs. 1 AO) oder vorläufig (§ 165 Abs. 1 AO) erfolgt.[688] In beiden Fällen ist eine Korrektur des Steuerbescheids bis zum Ablauf der Festsetzungsverjährung (§ 169 AO) ohne weitere Voraussetzungen jederzeit möglich (vgl. § 164 Abs. 2 Satz 1 und § 165 Abs. 2 AO).[689] Erlässt die Kommission einen Positivbeschluss oder einen Nicht-Beihilfe-Beschluss, dann kann die Finanzbehörde die Steuerpflichtigen, denen sie die Beihilfe bzw. mögliche Beihilfe zunächst verwehrt hatte, infolge der Korrektur der Bescheide nachträglich begünstigen.[690] Bei einer derartigen Vorgehensweise werden beihilfenrechtliche Rückforderungsfälle vermieden.[691]

Das Bundesministerium der Finanzen (BMF) kann auf einen Verstoß gegen Art. 108 Abs. 3 Satz 3 AEUV durch den Gesetzgeber besonders effektiv mithilfe eines Nichtanwendungserlasses reagieren.[692] Sofern ein entsprechender Nichtanwendungserlass sogar noch vor Inkrafttreten[693] der gesetzlichen Beihilferegelung erfolgt, werden rückabzuwickelnde Sachverhalte gänzlich vermieden.[694]

II. Rückforderung unionsrechtswidrig gewährter Steuerbeihilfen von den Begünstigungsempfängern

Stellt die Europäische Kommission die Unvereinbarkeit einer staatlichen Beihilfe mit dem Europäischen Binnenmarkt fest, ist die Beihilfe also nicht nur formell,

---

688 *Grube*, Der Einfluss des unionsrechtlichen Beihilfenverbots auf das deutsche Steuerrecht, S. 72.

689 *Geisenberger*, Der Einfluss des Europarechts auf steuerliches Verfahrensrecht, S. 52.

690 So auch *Grube*, Der Einfluss des unionsrechtlichen Beihilfenverbots auf das deutsche Steuerrecht, S. 72; *Lehnert*, Die Korrektur von gemeinschaftsrechtswidrigen Beihilfen in Form von Steuervergünstigungen, S. 177.

691 *Grube*, Der Einfluss des unionsrechtlichen Beihilfenverbots auf das deutsche Steuerrecht, S. 72 f.

692 Siehe etwa die Reaktion auf die Einleitung des förmlichen Prüfverfahrens durch die Kommission im Hinblick auf § 8 c Abs. 1 a KStG im BMF-Schreiben vom 30.4.2010, IV C 2-S 2745-a/08/10005:002, BStBl. I 2010, 482.

693 Siehe etwa BMF-Schreiben vom 2.1.1996, IV B 2-S 2139-58/95, BStBl. I 1996, 2 im Hinblick auf das Inkrafttreten von Vorschriften des Jahressteuergesetzes (JStG) 1996 und des Jahressteuer-Ergänzungsgesetz 1996 (JStErgG 1996) mit EG-Beihilfecharakter; näher dazu *Rosenberg*, Das beihilfenrechtliche Durchführungsverbot im Steuerverfahren, S. 166 ff.

694 So auch *Rosenberg*, Das beihilfenrechtliche Durchführungsverbot im Steuerverfahren, S. 173.

sondern auch materiell rechtswidrig, dann entscheidet sie im Verbund mit dem Negativbeschluss, dass der betreffende Mitgliedstaat alle notwendigen Maßnahmen ergreifen muss, um die Beihilfe von den Empfängern zurückzufordern (Art. 16 Abs. 1 Satz 1 VerfVO; sog. „*Rückforderungsbeschluss*“[695]).[696] Der Mitgliedstaat ist verpflichtet, den Rückforderungsbeschluss nach Maßgabe des nationalen Rechts[697] „*unverzüglich*“ umzusetzen (Art. 16 Abs. 3 Satz 1 VerfVO).[698]

1. Umfang der Rückforderungspflicht

Die Europäische Kommission ist mangels unionsrechtlicher Regelungen nicht dazu verpflichtet, den genauen Betrag der zu erstattenden Beihilfe eigenständig festzusetzen.[699] Es genügt, wenn der Rückforderungsbeschluss Angaben enthält, die es dem betreffenden Mitgliedstaat ermöglichen, den zurückzufordernden Betrag ohne übermäßige Schwierigkeiten selbst zu bestimmen.[700] Insbesondere in Fällen von Beihilferegelungen wäre die Kommission in der Praxis mangels vollumfänglicher Kenntnis darüber, welchen genauen Vorteil jeder einzelne Beihilfenempfänger nach Maßgabe einer abstrakt-generellen Vorschrift tatsächlich erhalten hat, gar nicht in der Lage, den konkreten Rückforderungsbetrag

695 Die Europäische Kommission ordnet die Rückforderung zwar in der Regel im Rahmen des Erlasses eines Negativbeschlusses an. Gleichwohl handelt es sich dabei um zwei verschiedene Beschlüsse, *Härtwig*, ISR 2019, 17, 20.

696 Sie verlangt die Rückforderung ausnahmsweise nicht, wenn dies gegen einen allgemeinen Grundsatz des Unionsrechts verstoßen würde, Art. 16 Abs. 1 S. 2 VerfVO. Zum Einwand des Vertrauensschutzes siehe unten Abschnitt D. II. 5.

697 Zu den materiellen und verfahrensrechtlichen Rechtsgrundlagen siehe unten Abschnitt D. II. 4.

698 Der Rückforderung materiell rechtswidriger Beihilfen liegt somit ein gestuftes Verfahren zugrunde, *Krumm*, DStJG 41 (2018), 561, 573. Zur Pflicht der Rückforderung (lediglich) formell rechtswidriger Beihilfen siehe unten Abschnitt D. II. 3.

699 EuGH, Urteil vom 13.2.2014, *Mediaset*, Rs. C-69/13, ECLI:EU:C:2014:71, Rn. 21 m.w.N.; EuGH, Urteil vom 18.10.2007, *Kommission/Frankreich*, Rs. C-441/06, ECLI:EU:C:2007:616, Rn. 29 m.w.N.; gleichwohl heißt es, dass die Kommission sich bemüht die Empfänger der Beihilfe ausdrücklich zu benennen und den zurückzufordernden Betrag zu quantifizieren, so Bekanntmachung der Kommission vom 23.7.2019 über die Rückforderung rechtswidriger und mit dem Binnenmarkt unvereinbarer staatlicher Beihilfen, Abl. (EU), C 247/1, Rn. 66.

700 EuGH, Urteil vom 18.10.2007, *Kommission/Frankreich*, Rs. C-441/06, ECLI:EU:C:2007:616, Rn. 29 m.w.N.; siehe exemplarisch die auszugsweise Wiedergabe eines solchen Rückforderungsbeschlusses in EuGH, Urteil vom 15.9.2022, *Fossil (Gibraltar)*, Rs. C-705/20, ECLI:EU:C:2022:680, Rn. 12.

sowie sämtliche Rückforderungsschuldner zu bestimmen.[701] Die mitgliedstaatlichen Institutionen müssen den konkreten Rückforderungsbetrag daher jeweils selbständig ermitteln und beziffern.[702] Dabei ist gewiss nicht ausgeschlossen, dass in den Fällen, in denen nach Maßgabe von Beihilferegelungen Vorteile gewährt worden sind, im konkreten Einzelfall von der Rückforderung Abstand zu nehmen ist, weil nicht sämtliche Tatbestandsvoraussetzungen des Art. 107 Abs. 1 AEUV gegeben sind. Dies ist etwa denkbar, wenn ein einzelner Begünstigungsempfänger die Unternehmenseigenschaft nicht erfüllt oder die De-minimis-Grenze im konkreten Einzelfall nicht überschritten wurde.[703] Darüber hinaus kann eine Rückforderung faktisch ausscheiden, wenn der konkrete Vorteil Null Euro beträgt.[704]

Beihilfenrückforderung bedeutet die Abschöpfung der jeweils individuell gewährten Begünstigung, den die rechtswidrige Beihilfe ihren Empfängern verschafft hat, nicht dagegen die Herausgabe etwaiger Gewinne, die durch die Ausnutzung der rechtswidrig erlangten Vorteile erzielt wurden.[705] Eine Ausnahme gilt nur für die Fälle der Rückabwicklung sog. mittelbarer

---

701 *Bartosch*, Art. 16 VO 2015/1589 Rn. 2; EuGH, Urteil vom 13.2.2014, *Mediaset*, Rs. C-69/13, ECLI:EU:C:2014:71, Rn. 22.

702 *Bartosch*, Art. 16 VO 2015/1589 Rn. 2; vgl. auch Bekanntmachung der Kommission vom 9.4.2009 über die Durchsetzung des Beihilfenrechts durch die einzelstaatlichen Gerichte, Abl. (EU), C 85/1, Rn. 36, 41; Bekanntmachung der Kommission vom 23.7.2019 über die Rückforderung rechtswidriger und mit dem Binnenmarkt unvereinbarer staatlicher Beihilfen, Abl. (EU), C 247/1, Rn. 66 und explizit betreffend die Fälle steuerlicher Beihilfen in Rn. 96; EuGH, Urteil vom 13.2.2014, *Mediaset*, Rs. C-69/13, ECLI:EU:C:2014:71, Rn. 22.

703 *Krumm*, DStJG 41 (2018), 561, 573 f.; betreffend die De-minimis-VO siehe EuG, Urteil vom 11.6.2009, *ACEA/Kommission*, Rs. T-297/02, ECLI:EU:T:2009:189, Rn. 161: „*Die allgemeine und abstrakte Bewertung einer Beihilferegelung schließt jedoch nicht aus, dass in Einzelfällen der auf der Grundlage dieser Regelung gewährte Betrag dem Verbot des Art. 87 Abs. 1 EG entgeht, weil z.B. die individuelle Gewährung einer Beihilfe unter die De-minimis-Regel fällt.*“; Bekanntmachung Kommission vom 15.11.2007, 2007/C 272/05, Rn. 49.

704 EuGH, Urteil vom 13.2.2014, *Mediaset*, Rs. C-69/13, ECLI:EU:C:2014:71, Rn. 40; EuGH, Urteil vom 15.9.2022, *Fossil (Gibraltar)*, Rs. C-705/20, ECLI:EU:C:2022:680, Rn. 41.

705 EuGH, Urteil vom 21.12.2016, *Kommission/Aer Lingus und Ryanair*, verb. Rs. C-164/15 P und C-165/15 P, ECLI:EU:C:2016:990, Rn. 92; vgl. oben in Abschnit C. II. 2. d) zu der Frage, ob es sich bei Steuervergünstigungen des indirekten Steuerrechts um sog. mittelbare Beihilfen handelt.

Unternehmensbegünstigungen[706].[707] In diesen Fällen bedarf es der Feststellung, inwieweit sich solche Beihilfen, die unmittelbar Vorteile zugunsten von Nichtunternehmern vorsehen, im Gewinn der mittelbar begünstigten Unternehmen niedergeschlagen haben.[708] Die genaue Quantifizierung des abzuschöpfenden Vorteils sowie die Ermittlung der mittelbar begünstigten Unternehmen sind mit erheblichen Schwierigkeiten verbunden und können letztlich nur durch Schätzung vorgenommen werden.[709]

Im Steuerrecht spiegelt sich die praktische Umsetzung der Rückforderungspflicht in der Nachforderung der zu Unrecht nicht erhobenen Steuer durch die jeweils zuständige Finanzbehörde wider.[710] Ausgehend von der Prämisse, dass eine steuerliche Begünstigung vorliegt, wenn es sich – ungeachtet der Regelungstechnik – um eine Ausnahme von der Regelbesteuerung handelt,[711] ergibt sich der zurückzufordernde Betrag aus der Differenz zwischen der tatsächlich gezahlten Steuer und der Steuerlast, die bei der Anwendung der allgemeinen Regelung im jeweiligen Einzelfall hätte gezahlt werden müssen.[712] Mit anderen

706 Dazu im Kontext des Art. 107 Abs. 1 AEUV siehe oben Abschnitt C. II. 2 c).

707 Ausführlich dazu *Milutinović*, HFSt 8 (2018), 85, 96 ff.

708 Vgl. Schlussanträge des GA *Mengozzi* vom 5.7.2016 zu *Kommission/AerLingus und Ryanair*, verb. Rs. C-164/15 P und C-165/15 P, ECLI:EU:C:2016:515, Rn. 69 m.w.N.; *Milutinović*, HFSt 8 (2018), 85, 100.

709 *Milutinović*, HFSt 8 (2018), 85, 97 f.; Die vollständige Rückabwicklung solcher Beihilfen dürfte in der Praxis kaum gelingen, mit der Konsequenz, eine bereits eingetretene Wettbewerbsverfälschung nicht mehr beseitigen zu können. Darüber hinaus ist es in der Praxis kaum möglich festzustellen, welche konkreten Unternehmen überhaupt und wenn ja, in welcher Höhe, mittelbar begünstigt worden sind. Kritisch daher gegenüber der Anwendung des Art. 107 Abs. 1 AEUV auf mittelbare Beihilfen: *Jennert/Ellenrieder*, EWS 2011, 305, 311; *Heidenhain*, in: Heidenhain, § 4 Rn. 16 unter Bezugnahme auf EuGH, Urteil vom 19.9.2000, *Deutschland/Kommission*, Rs. C-156/98, ECLI:EU:C:2000:467; *ders.*, EuZW 2007, 623, 625.

710 *Berg/Szymczak*, UR 2018, 853, 862; *Brandau/Neckenich/Reich/Reimer*, BB 2017, 1175, 1186 f.; *Reich*, HFSt 8 (2018), 219, 226.

711 Ausführlich dazu oben in Abschnitt C. II. 1.

712 *Berg/Szymczak*, UR 2018, 853, 863; *Jann*, S. 438; *Spengel*, in: Jacobs, Internationale Unternehmensbesteuerung, S. 193 m.w.N.; EuGH, Urteil vom 22.6.2006, *Belgien/Kommission*, verb. Rs. C-182/03 und C-217/03, ECLI:EU:C:2006:416, Rn. 95; EuGH, Urteil vom 15.12.2005, *Unicredito Italiano*, Rs. C-148/04, ECLI:EU:C:2005:774, Rn. 117; EuGH, Urteil vom 15.9.2022, *Fossil (Gibraltar)*, Rs. C-705/20, ECLI:EU:C:2022:680, Rn. 42 f.; Bekanntmachung der Kommission vom 23.7.2019 über die Rückforderung rechtswidriger und mit dem Binnenmarkt unvereinbarer staatlicher Beihilfen, Abl. (EU), C 247/1, Rn. 105, 106.

Worten: Der Begünstigungsempfänger ist nachträglich so zu besteuern, wie er es ohne die rechtswidrige Beihilfemaßnahme gewesen wäre.[713] Bei der Quantifizierung darf sich der Mitgliedstaat nur auf die in der Vergangenheit tatsächlich getroffenen unternehmerischen Entscheidungen stützen, d.h. es dürfen keine alternativen, hypothetischen Unternehmensentscheidungen, die zum Zeitpunkt der Erlangung der rechtswidrigen Begünstigung möglich gewesen wären, berücksichtigt werden.[714]

Um den vollständigen beihilfenrechtswidrigen Vorteil abzuschöpfen, ist der nominelle Beihilfebetrag für den Zeitraum der vorzeitigen Gewährung zu verzinsen (Art. 16 Abs. 2 Satz 1 VerfVO).[715] In diesem Zusammenhang ist von sog. „*Rechtswidrigkeitszinsen*" die Rede.[716] Die Notwendigkeit der Verzinsung besteht darin, auch den wirtschaftlichen Liquiditätsvorteil, den der jeweilige Beihilfenempfänger gegenüber seinen Konkurrenten infolge der verfrühten Beihilfengewährung ungerechtfertigt erlangt hat, zurückzufordern.[717] Wäre die Beihilfe nämlich ordnungsgemäß angemeldet und auch nicht (vorzeitig) durchgeführt worden, dann hätte der Beihilfenempfänger, sofern er entsprechende Mittel auf dem Kapitalmarkt erlangt hätte, dafür auch marktübliche Zinsen aufbringen müssen.[718] Infolge der Ersparnis dieser Zinsen hat der

713 Bekanntmachung der Kommission vom 23.7.2019 über die Rückforderung rechtswidriger und mit dem Binnenmarkt unvereinbarer staatlicher Beihilfen, Abl. (EU), C 247/1, Rn. 106; EuGH, Urteil vom 15.9.2022, *Fossil (Gibraltar)*, Rs. C-705/20, ECLI:EU:C:2022:680, Rn. 43.

714 Bekanntmachung der Kommission vom 23.7.2019 über die Rückforderung rechtswidriger und mit dem Binnenmarkt unvereinbarer staatlicher Beihilfen, Abl. (EU), C 247/1, Rn. 106; EuGH, Urteil vom 15.12.2005, *Unicredito Italiano*, Rs. C-148/04, ECLI:EU:C:2005:774, Rn. 118 f.; EuGH, Urteil vom 15.9.2022, *Fossil (Gibraltar)*, Rs. C-705/20, ECLI:EU:C:2022:680, Rn. 43.

715 EuGH, Urteil vom 21.12.2016, *Kommission/Aer Lingus und Ryanair*, verb. Rs. C-164/15 P und C-165/15 P, ECLI:EU:C:2016:990, Rn. 90.

716 *Cremer*, in: Calliess/Ruffert, Art. 108 AEUV Rn. 14; Bekanntmachung der Kommission vom 9.4.2009 über die Durchsetzung des Beihilfenrechts durch die einzelstaatlichen Gerichte, Abl. (EU), C 85/1, Rn. 39.

717 EuGH, Urteil vom 12.2.2008, *CELF und ministre de la Culture und de la Communication*, Rs. C-199/06, ECLI:EU:C:2008:79, Rn. 51; Bekanntmachung der Kommission vom 9.4.2009 über die Durchsetzung des Beihilfenrechts durch die einzelstaatlichen Gerichte, Abl. (EU), C 85/1, Rn. 39; *Cremer*, in: Calliess/Ruffert, Art. 108 AEUV Rn. 14.

718 Bekanntmachung der Kommission vom 9.4.2009 über die Durchsetzung des Beihilfenrechts durch die einzelstaatlichen Gerichte, Abl. (EU), C 85/1, Rn. 37.

Beihilfenempfänger gegenüber seinen Konkurrenten eine Verbesserung seiner Wettbewerbsposition erlangt.[719] Nur unter Berücksichtigung dieses Zinsvorteils kann die unionsrechtswidrige Begünstigung *vollständig* rückabgewickelt werden.[720] Andernfalls verbliebe dem Beihilfenempfänger nach wie vor ein geldwerter Vorteil, welcher der kostenlosen Verfügung über Barmittel bzw. einem vergünstigten Darlehen entsprechen würde.[721] Den anzuwendenden Zinssatz berechnet die Europäische Kommission selbst und legt diesen ausdrücklich im Rückforderungsbeschluss fest (Art. 16 Abs. 2 Satz 1 VerfVO).[722]

2. Verjährung der Rückforderungspflicht

Die Befugnis der Europäischen Kommission, einen Rückforderungsbeschluss zu erlassen, ist gem. Art. 17 Abs. 1 VerfVO zeitlich auf eine Frist von zehn Jahren beschränkt. Nach Ablauf dieser Frist gilt die unter Verstoß gegen Art. 108 Abs. 3 Satz 3 AEUV durchgeführte neue Beihilfe gem. Art. 17 Abs. 3, Art. 1 lit. b) iv) VerfVO als *„bestehende Beihilfe"*. Da bestehende Beihilfen nicht dem präventiven, sondern dem repressiven Beihilfeverfahren unterliegen, ist eine Rückforderungsanordnung dann für die Vergangenheit ausgeschlossen. Der Mitgliedstaat kann von der Kommission nur noch verpflichtet werden, die staatliche Maßnahme mit Wirkung für die Zukunft aufzuheben.[723]

Die Verjährungsfrist beginnt mit dem Tag, an dem die rechtswidrige Beihilfe dem Empfänger entweder als Einzelbeihilfe oder im Rahmen einer Beihilferegelung gewährt wurde (Art. 17 Abs. 2 Satz 1 VerfVO). Der Begriff *„Gewährung"* in Art. 17 Abs. 2 Satz 1 VerfVO stimmt nicht mit dem Begriff *„Durchführung"* in Art. 108 Abs. 3 Satz 3 AEUV überein.[724] Bei Einzelbeihilfen fallen Gewährung

719 EuGH, Urteil vom 12.2.2008, *CELF und ministre de la Culture und de la Communication*, Rs. C-199/06, ECLI:EU:C:2008:79, Rn. 51; *Martini*, StuW 2017, 101, 103.

720 Bekanntmachung der Kommission vom 9.4.2009 über die Durchsetzung des Beihilfenrechts durch die einzelstaatlichen Gerichte, Abl. (EU), C 85/1, Rn. 37; ausführlich zur Berechnung der Zinsen, siehe Rn. 41 der Bekanntmachung sowie Art. 9 Beihilfenverf.-DVO.

721 EuGH, Urteil vom 24.9.2002, *Falck und Acciaierie di Bolzano/Kommission*, verb. Rs. C-74/00 P und C-75/00 P, ECLI:EU:C:2002:524, Rn. 159.

722 Näher dazu unten in Abschnitt D. II. 4. c).

723 Vgl. oben Abschnitt D. I. 1. c).

724 EuG, Urteil vom 6.3.2002, *Diputación Foral de Álava u.a./Kommission*, verb. Rs. T-127/99, T-129/99 und T-148/99, ECLI:EU:T:2002:59, Rn. 181; vgl. auch EuGH, Urteil vom 27.3.1984, *Kommission/Italien*, Rs. 169/82, ECLI:EU:C:1984:126, Rn. 11; *Bär-Bouyssière*, in: Schwarze, Art. 108 AEUV Rn. 4; *Birnstiel/Heinrich*, in: Birnstiel/

und Durchführung zeitlich zusammen.[725] Anders stellt sich die Situation bei Beihilferegelungen dar. „*Durchgeführt*" werden diese bereits mit ihrem Inkrafttreten.[726] Eine Begünstigung nach Maßgabe einer Beihilferegelung wird dem Begünstigungsempfänger hingegen erst im Zeitpunkt „*gewährt*", in welchem dieser nach dem nationalen Recht einen Rechtsanspruch auf den gesetzlich verankerten Vorteil erlangt.[727]

Im deutschen Steuerrecht entsteht der staatliche Steueranspruch gem. § 38 AO, sobald der Tatbestand verwirklicht ist, an den das Gesetz die Leistungspflicht knüpft. Die geschuldete Steuer entsteht nicht erst infolge des Erlasses des Steuerbescheides durch die Finanzverwaltung, sondern bereits unmittelbar kraft Gesetzes.[728] Die behördliche Steuerfestsetzung wirkt daher grundsätzlich rein deklaratorisch.[729] Konstitutive Bedeutung kommt dem Steuerbescheid nur zu, soweit dieser die Steuerschuld abweichend vom gesetzlichen Tatbestand festsetzt.[730] Für die Entstehung des Anspruchs aus dem Steuerschuldverhältnis ist also allein die Tatbestandsverwirklichung des materiellen Steuergesetzes maßgeblich.[731] Dies gilt, vorbehaltlich gesetzlich angeordneter Antragserfordernisse, unabhängig von einem Verwirklichungswillen des Steuerpflichtigen.[732] So

Bungenberg/Heinrich, Art. 3 VO 659/1999 Rn. 214; *Frenz*, Beihilfe- und Vergaberecht, Rn. 1265; *Werner*, in: MüKo, Art. 108 AEUV Rn. 138; *Rosenberg*, Das beihilfenrechtliche Durchführungsverbot im Steuerverfahren, S. 130 f.

725 *Sinnaeve*, EuZW 1999, 270, 274.

726 *Sinnaeve*, EuZW 1999, 270, 275; siehe oben Abschnitt D. I. 2. d) cc) (1).

727 EuGH, Urteil vom 21.3.2013, *Magdeburger Mühlenwerke*, Rs. C-129/12, ECLI:EU:C:2013:200, Rn. 40.

728 *Drüen*, in: Tipke/Kruse, § 38 AO Rn. 6; *Birk/Desens/Tappe*, Steuerrecht, Rn. 244; *Ratschow*, in: Klein, § 38 AO Rn. 18.

729 So die herrschende sog. materielle Rechtsgrundtheorie, siehe *Drüen*, in: Tipke/Kruse, § 38 AO Rn. 10 m.w.N. zur Rechtsprechung. Nach der vereinzelnd vertretenen sog. formellen Rechtgrundtheorie bedarf es zur Entstehung des Steueranspruchs dagegen noch der behördlichen Steuerfestsetzung, in diese Richtung tendierend zum Beispiel *P. Kirchhof*, NJW 1985, 2977, 2978. Dem Streit ist keine große praktische Bedeutung beizumessen, da auch nach der materiellen Rechtsgrundtheorie der Festsetzung der Steuer zur Durchsetzung des Steueranspruchs bedarf, *Schuster*, in: Hübschmann/Hepp/Spitaler, § 38 AO Rn. 76.

730 BFH, Urteil vom 17.1.1989, VIII R 370/83, BFHE 156, 103, 109, Rn. 36 (juris).

731 *Drüen*, in: Tipke/Kruse, § 38 AO Rn. 7; BFH, Urteil vom 17.1.1989, VIII R 370/83, BFHE 156, 103, 109, Rn. 36 (juris).

732 *Schuster*, in: Hübschmann/Hepp/Spitaler, § 38 AO Rn. 5; *Drüen*, in: Tipke/Kruse, § 38 Rn. 4.

entstehen etwa der Einkommen- und Körperschaftsteueranspruch gem. §§ 36 Abs. 1 EStG, 30 Nr. 3 KStG grundsätzlich mit Ablauf des Veranlagungszeitraums, in welchem die anspruchsbegründenden Tatbestände verwirklicht werden. Der Umsatzsteueranspruch entsteht grundsätzlich mit Ablauf des Voranmeldungszeitraums (§ 13 Abs. 1 UStG) und der Gewerbesteueranspruch mit Ablauf des Erhebungszeitraums (§ 18 GewStG).[733] Spiegelbildlich erlangt der Steuerpflichtige die beihilferechtlich relevante Steuervergünstigung durch die Verwirklichung des entsprechenden begünstigenden Tatbestandes und den Ablauf des maßgeblichen Zeitraums, mit der Folge, dass die Steuerschuld des Steuerpflichtigen vermindert wird.[734] Für den Beginn der Verjährung nach Art. 17 VerfVO hat der Zeitpunkt des Normerlasses daher keine Bedeutung.[735] Ebenso wenig ist entscheidend, ob dem Begünstigungsempfänger gegenüber ein Steuerbescheid erlassen worden ist.[736] Wenn eine gesetzliche Steuerbeihilfe beispielsweise 1968 in Kraft getreten ist, dann ist die Verjährung nach Art. 17 Abs. 1 VerfVO nicht bereits 1978 eingetreten. Vielmehr ist die Kommission befugt, solange die gesetzliche Beihilferegelung in Kraft ist, die Rückforderung sämtlicher erlangter Steuervorteile der letzten zehn Jahren seit der jüngsten Gewährung anzuordnen.[737]

Nach Art. 17 Abs. 2 Satz 2 VerfVO führt jede Maßnahme, die die Kommission oder ein Mitgliedstaat auf Antrag der Kommission bezüglich der rechtswidrigen Beihilfe ergreift, zur Unterbrechung der Frist. Dies führt dazu, dass die Frist erneut zu laufen beginnt (Art. 17 Abs. 2 Satz 3 VerfVO). Zur Unterbrechung der Frist genügt bereits ein einfaches Auskunftsersuchen gegenüber dem betreffenden Mitgliedstaat.[738] Ob der Beihilfenempfänger hiervon in Kenntnis gesetzt

733 *Drüen*, in: Tipke/Kruse, § 38 AO Rn. 13 f. mit einem anschaulichen Überblick über die Anspruchsentstehung nach den Einzelsteuergesetzen.

734 *Helios*, EWS 2006, 108, 112; *Berg/Szymczak*, UR 2018, 853, 862.

735 *Berg/Szymczak*, UR 2018, 853, 862; Bekanntmachung der Kommission vom 23.7.2019 über die Rückforderung rechtswidriger und mit dem Binnenmarkt unvereinbarer staatlicher Beihilfen, Abl. (EU), C 247/1, Rn. 57.

736 A.A. *Reich*, HFSt 8 (2018), 219, 225.

737 *Berg/Szymczak*, UR 2018, 853, 862 in Bezug auf § 12 Abs. 2 Nr. 8 UStG zugunsten von Zweckbetrieben; näher zu § 12 Abs. 2 Nr. 8 UStG im Lichte des Beihilfenrechts siehe auch *Hummel*, UR 2023, 345 ff.

738 *Köster*, in: MüKo, Art. 17 VO 2015/1589 Rn. 5; EuG, Urteil vom 10.4.2003, *Scott/ Kommission*, Rs. T-366/0, ECLI:EU:T:2003:113, Rn. 57 ff.; vgl. EuGH, Urteil vom 26.4.2018, *ANGED*, Rs. C-233/16, ECLI:EU:C:2018:280, Rn. 84 ff.

wird, ist ohne rechtliche Bedeutung.[739] Vor diesem Hintergrund dürfte die Verjährung nach Art. 17 VerfVO nur in seltenen Ausnahmefällen eintreten.[740]

Im Übrigen werden die mitgliedstaatlichen Verjährungsfristen (insbesondere die §§ 169 ff. AO) von Art. 17 VerfVO nach Maßgabe des Anwendungsvorrangs des Unionsrechts suspendiert.[741] Solange die Europäische Kommission zeitlich berechtigt ist, einen Rückforderungsbeschluss zu erlassen, müssen die Mitgliedstaaten also die Rückforderungspflicht nach nationalem Recht erfüllen.[742]

3. Einstweilige Rückforderung formell rechtswidriger Beihilfen

Mangels Rechtsgrundlage kann die Europäische Kommission einen Rückforderungsbeschluss allein aufgrund der formellen Rechtswidrigkeit einer Beihilfe grundsätzlich[743] nicht erlassen.[744] Diese Möglichkeit steht ihr grundsätzlich nur

---

739 *Köster*, in: MüKo, Art. 17 VO 2015/1589 Rn. 5; EuGH, Urteil vom 6.10.2005, *Scott/Kommission*, C-276/03 P, ECLI:EU:C:2005:590, Rn. 27 f.

740 So auch *Sinnaeve*, in: Heidenhain, § 34 Rn. 17; *Köster*, in: MüKo, Art. 17 VO 2015/1589 Rn. 6 m.w.N.

741 *Krumm*, DStJG 41 (2018), 561, 606 m.w.N.; vgl. BFH, Urteil vom 30.1.2009, VII B 180/08, BFHE 224, 372, Leitsatz 4. und Rn. 15 (juris); *Geisenberger*, Der Einfluss des Europarechts auf steuerliches Verfahrensrecht, S. 66 f.; *Linn*, IStR 2008, 601, 606; *Martini*, StuW 2017, 101, 105.

742 EuGH, Urteil vom 30.4.2020, *Nelson Antunes da Cunha*, Rs. C-627/18, ECLI:EU:C:2020:321, Rn. 50. Zu den einschlägigen Rechtsgrundlagen im Steuerrecht siehe unten Abschnitt D. II. 4. c) und e). Zur unionsrechtlichen Überformung des Verfahrensrechts vor dem Hintergrund des Effektivitätsprinzips und den strengen Anforderungen an den möglichen Einwand des Vertrauensschutzes siehe unten Abschnitt D. II. 5. c).

743 Nur in sehr engen Grenzen kann eine einstweilige Rückforderung formell rechtswidriger Beihilfen durch die Kommission beschlossen werden, siehe Art. 13 Abs. 2 VerfVO; vgl. hierzu EuGH, Urteil vom 16.3.2021, *Kommission/Polen*, Rs. C-562/19 P, ECLI:EU:C:2021:201, Rn. 48 ff.

744 Bekanntmachung der Kommission vom 9.4.2009 über die Durchsetzung des Beihilfenrechts durch die einzelstaatlichen Gerichte, Abl. (EU), C 85/1, Rn. 25 m.w.N.; EuGH, Urteil vom 21.10.2003, *van Calster und Cleeren*, verb. Rs. C-261/01 und C-262/01, ECLI:EU:C:2003:571, Rn. 76; *Cremer*, in Calliess/Ruffert, Art. 108 AEUV Rn. 13; der Gesetzesvorbehalt ist auf Unionsebene, wie im Verfassungsrecht, ein anerkannter allgemeiner Rechtsgrundsatz, der den Kern des Rechtsstaatsprinzips ausmacht, *Geisenberger*, Der Einfluss des Europarechts auf steuerliches Verfahrensrecht, S. 85; *Grabitz*, NJW 1989, 1776, 1779 m.w.N. zur Rechtsprechung des EuGH.

nach Maßgabe eines Negativbeschlusses zu, nachdem sie die materielle Unionsrechtswidrigkeit festgestellt hat.[745]

In der Phase zwischen einem Verstoß gegen Art. 108 Abs. 3 Satz 3 AEUV und dem Abschluss des Prüfverfahrens kommen der Europäischen Kommission und den Mitgliedstaaten unterschiedliche und einander ergänzende Rollen und Aufgaben zu.[746]

Die Aufgabe der Europäischen Kommission besteht darin, die materielle Vereinbarkeit der – jedenfalls formell – rechtswidrigen Beihilfe vor dem Hintergrund der Art. 107 Abs. 2 und 3 AEUV zu prüfen.[747]

Währenddessen sind die mitgliedstaatlichen Institutionen verpflichtet, entsprechend *„ihrem nationalen Recht"* aus einem Verstoß gegen das Durchführungsverbot

> *„sämtliche Folgerungen sowohl bezüglich der Gültigkeit der Rechtsakte zur Durchführung der Beihilfemaßnahmen als auch bezüglich der Rückforderung der unter Verletzung dieser Bestimmung gewährten finanziellen Unterstützungen oder eventueller vorläufiger Maßnahmen [zu] ziehen"*.[748]

Bereits aufgrund des formellen Verstoßes gegen Art. 108 Abs. 3 Satz 3 AEUV sind die einzelstaatlichen Gerichte sowie die Behörden[749] dazu verpflichtet, die *vollständige* Rückforderung formell rechtswidrig gewährter Beihilfen

---

745 *von Brevern*, EWS 2005, 154, 155.

746 Vgl. EuGH, Urteil vom 5.10.2006, *Transalpine Ölleitung in Österreich*, Rs. C-368/04, ECLI:EU:C:2006:644, Rn. 37 m.w.N.

747 Bekanntmachung der Kommission vom 9.4.2009 über die Durchsetzung des Beihilfenrechts durch die einzelstaatlichen Gerichte, Abl. (EU), C 85/1, Rn. 29; EuGH, Urteil vom 21.11.1991, *FNCE*, Rs. C-354/90, ECLI:EU:C:1991:440, Rn. 14; EuGH, Urteil vom 12.2.2008, *CELF und ministre de la Culture und de la Communication*, Rs. C-199/06, ECLI:EU:C:2008:79, Rn. 38.

748 EuGH, Urteil vom 8.11.2001, *Adria-Wien Pipeline und Wietersdorfer & Peggauer Zementwerke*, Rs. C-143/99, ECLI:EU:C:2001:598, Rn. 27 m.w.N.; EuGH, Urteil vom 5.10.2006, *Transalpine Ölleitung in Österreich*, Rs. C-368/04, ECLI:EU:C:2006:644, Rn. 47; EuGH, Urteil vom 21.11.1991, *FNCE*, Rs. C-354/90, ECLI:EU:C:1991:440, Rn. 12; EuGH, Urteil vom 21.10.2003, *van Calster und Cleeren*, verb. Rs. C-261/01 und C-262/01, ECLI:EU:C:2003:571, Rn. 64; zu den Möglichkeiten der jeweiligen Staatsgewalten eine rechtswidrige Gewährung zu vermeiden siehe oben Abschnitt D. I. 2. d) cc).

749 *Englisch*, DStR 2018, 2501, 2507; *Finck/Gurlit*, JURA 2011, 87; *Berg/Szymczak*, UR 2018, 853, 864.

herbeizuführen, noch bevor die Europäische Kommission über die materielle Vereinbarkeit mit dem Unionsrecht abschließend geprüft hat.[750]

Die Finanzbehörden sind vor diesem Hintergrund von Amts wegen verpflichtet, sämtliche formell rechtswidrigen Steuerbegünstigungen zurückzufordern, also die zuvor unionsrechtswidrig nicht erhobene Steuer nachzufordern.[751] Sofern dies nicht geschieht, haben die nichtbegünstigten Wettbewerber die Möglichkeit, einen Verstoß gegen Art. 108 Abs. 3 Satz 3 AEUV im Rahmen einer sog. negativen Konkurrentenklage geltend zu machen,[752] mit dem Ziel, dem Beihilfenempfänger den unter Verstoß gegen das Durchführungsverbot gewährten Steuervorteil wieder zu entziehen.[753] Im Hinblick auf die Durchsetzung des unionsrechtlichen Beihilfenrechts wird von den Finanzgerichten sogar ausdrücklich auf diese Möglichkeit hingewiesen.[754] Die statthafte Klageart richtet sich danach, ob gegenüber dem Begünstigungsempfänger ein begünstigender Verwaltungsakt erlassen worden ist oder nicht. Im ersten Fall ist die statthafte Klageart die Anfechtungsklage nach § 40 Abs. 1 Fall 1 FGO in Form der sog. Drittanfechtungsklage.[755] Diese ist auf die Aufhebung (§ 100 Abs. 1 Satz 1 FGO) bzw. belastende Abänderung (§ 100 Abs. 1 Satz 1, Abs. 2 Satz 1 FGO)[756] des den Konkurrenten begünstigenden beihilfenrechtswidrigen Steuerverwaltungsaktes gerichtet.[757] Einer zusätzlichen Verpflichtungsklage

---

750 *Bartosch*, Art. 108 AEUV Rn. 12; EuGH, Urteil vom 11.7.1996, *SFEI u.a.*, Rs. C-39/94, ECLI:EU:C:1996:285, Rn. 68; EuGH, Urteil vom 21.7.2005, *Xunta de Galicia*, Rs. C-71/04, ECLI:EU:C:2005:493, Rn. 49.

751 *Berg/Szymczak*, UR 2018, 853, 864; zu den einschlägigen Rechtsgrundlagen siehe unten Abschnitt D. II. 4.

752 *Thiede*, IStR 2017, 51, 55.

753 *Bode*, FR 2011, 1034, 1038; *Helm*, StuW 2021, 265, 272.

754 *Cordewener/Henze*, FR 2016, 756, 758; vgl. FG Baden-Württemberg, Urteil vom12.4.2011, 3 K 526/08, EFG 2011, 1824 unter 4., Rn. 68 (juris); FG Baden-Württemberg, Urteil vom 17.8.2015, 9 K 403/12, EFG 2016, 330 unter II.3., Rn. 49 (juris).

755 *Nordmann*, Die negative Konkurrentenklage im EG-Beihilferecht, S. 175; BFH, Urteil vom 15.10.1997, I R 10/92, BFHE 184, 212, BStBl. II 1998, 63, Rn. 15 (juris); *Krumm*, in: Tipke/Kruse, § 40 FGO, Rn. 85; *Kohlhepp*, DStR 2011, 145, 148 f.; a.A.: *Englisch*, StuW 08, 43, 44 f.; *Grimm*, Die negative Konkurrentenklage im Steuerrecht, S. 19 ff.; *Sinewe/Frase*, BB 2011, 1567, 1568 f.; offen lassend etwa *Krumm*, in: Tipke/Kruse, § 40 FGO Rn. 85; *Schnitger*, IStR 2017, 421, 435.

756 So etwa *Englisch*, StuW 2008, 43, 45.

757 *Krumm*, in: Tipke/Kruse, § 40 FGO Rn. 85; BFH, Urteil vom 15.10.1997, I R 10/92, BFHE 184, 212, BStBl. II 1998, 63, Rn. 15 (juris).

bedarf es nicht.[758] Im Falle des Erfolgs der Anfechtungsklage ist die Finanzverwaltung an die rechtliche Beurteilung, die der Aufhebung zugrunde liegt, gebunden (§ 100 Abs. 1 Satz 1 FGO) und von Amts wegen (§ 85 AO) verpflichtet, die Beihilfe zurückzufordern.[759] Sofern noch kein Steuerbescheid oder sonstiger Steuerverwaltungsakt ergangen ist, muss der klagende Konkurrent nicht zuerst dessen Erlass abwarten, um Rechtsschutz ersuchen zu können.[760] In diesem Fall ist die statthafte Klageart die Feststellungsklage (§ 41 Abs. 1 FGO).[761] So kann ein klarstellender Richterspruch im Hinblick auf die beihilfenrechtliche Einschätzung einer steuerlichen Maßnahme erlangt werden,[762] sodass die Finanzverwaltung mit erhöhter Rechtssicherheit das Durchführungsverbot beachten wird, um dabei ihrer Verpflichtung aus dem Legalitätsprinzip nachzukommen. Diese Situation entspricht weniger der Rückforderung einer Beihilfe, sondern vielmehr der Verhinderung ihrer „*Auszahlung*".[763]

Für den benachteiligten Wettbewerber ist es im Hinblick auf die Erhebung der einschlägigen Klage von Bedeutung zu wissen, ob gegenüber seinem Konkurrenten bereits ein begünstigender Steuerverwaltungsakt erlassen worden ist oder erst noch bevorsteht. Aus diesem Grund ist ein verfassungsunmittelbarer Auskunftsanspruch gegenüber der Finanzverwaltung anerkannt worden.[764]

---

758 BFH, Urteil vom 15.10.1997, I R 10/92, BFHE 184, 212, BStBl. II 1998, 63, Rn. 15 (juris).

759 Vgl. BFH, Urteil vom 15.10.1997, I R 10/92, BFHE 184, 212, BStBl. II 1998, 63, Rn. 15 (juris).

760 Siehe etwa *Sinewe/Frase*, BB 2011, 1568 f.

761 BFH, Urteil vom 15.10.1997, I R 10/92, BFHE 184, 212, BStBl. II 1998, 63, Rn. 16 (juris); *Levedag*, in: Gräber, § 41 FGO Rn. 35; a.A. jeweils die Verpflichtungsklage befürwortend: *Englisch*, StuW 2008, 43, 45; *Knobbe-Keuk*, BB 1982, 385, 389; *Grimm*, Die negative Konkurrentenklage im Steuerrecht, S. 23 sowie *Braun*, in: Hübschmann/Hepp/Spitaler, § 40 FGO Rn. 241.

762 Vgl. *Levedag*, in: Gräber, § 41 FGO Rn. 1.

763 Die Kommission sieht die Verhinderung der Auszahlung einer rechtswidrigen Beihilfe ausdrücklich als möglichen Rechtsbehelf vor, der zur Durchsetzung des Art. 108 Abs. 3 Satz 3 AEUV auf mitgliedstaatlicher Ebene angestrebt werden kann, siehe Bekanntmachung der Kommission vom 9.4.2009 über die Durchsetzung des Beihilfenrechts durch die einzelstaatlichen Gerichte, Abl. (EU), C 85/1, Rn. 28. Es ist darauf hinzuweisen, dass sich die Feststellunglage in der Hauptsache erledigt und unzulässig wird, wenn zwischenzeitlich ein entsprechender Steuerverwaltungsakt erlassen wird, *Levedag*, in: Gräber, § 41 FGO Rn. 35.

764 BFH, Urteil vom 26.1.2012, VII R 4/11, BFHE 236, 481, BStBl. II 2012, 541, Rn. 13 ff. (juris); BFH, Urteil vom 5.10.2006, VII R 24/03, BFHE 215, 32, BStBl. II 2007, 243,

Dieser Anspruch ist aus Art. 12 Abs. 1 GG i.V.m. Art. 19 Abs. 4 GG herzuleiten.[765] Mithilfe dieses Auskunftsanspruchs ist der Wettbewerber nicht gezwungen, auf Verdacht *„ins Blaue hinein"* zu klagen.[766] Einer solchen Auskunft soll § 30 Abs. 1 AO nicht entgegenstehen, da das Steuergeheimnis insofern aufgrund des § 30 Abs. 4 Nr. 1 AO durchbrochen sei.[767] Die Einschränkung des Steuergeheimnisses auf Seiten des Begünstigungsempfängers sei darüber hinaus damit zu rechtfertigen, dass es nicht nur dem Schutz des Betroffenen diene, sondern auch der Sicherstellung der materiell rechtmäßigen Besteuerung.[768]

Die mitgliedstaatliche Pflicht, (lediglich) formell rechtswidrige Beihilfen zurückzufordern, entfällt, sobald die Europäische Kommission eine solche Beihilfe nachträglich genehmigt. Ein Verstoß gegen Art. 108 Abs. 3 Satz 3 AEUV wird durch die nachträgliche Genehmigung zwar nicht rückwirkend geheilt;[769] gleichwohl hebt die Genehmigung das Durchführungsverbot mit Wirkung für die Vergangenheit auf.[770] Das Durchführungsverbot soll formell rechtswidrige, aber materiell rechtmäßige Beihilfen nicht dauerhaft untersagen.[771] Nach der Rechtsprechung des EuGH verlangt das Unionsrecht nach Erlass eines Positivbeschlusses daher nicht die Anordnung der Rückzahlung der vollständigen Beihilfe.[772] Konkret bedeutet das, dass die Beihilfenempfänger die vor

---

Rn. 9 ff. (juris); im Zusammenhang mit dem Beihilfenrecht bejahend auch *Bode*, FR 2011, 1034, 1041 f.; näher zum Ganzen *Englisch*, StuW 2008, 43, 59 f.

765 *Grube*, Der Einfluss des unionsrechtlichen Beihilfenverbots auf das deutsche Steuerrecht, S. 102; BFH, Urteil vom 5.10.2006, VII R 24/03, BFHE 215, 32, BStBl. II 2007, 243, Rn. 9; *Nieskens*, UR 2013, 739, 748.

766 *Krumm*, in: Tipke/Kruse, § 40 FGO Rn. 86. Die Geltendmachung des Auskunftsanspruchs setzt aber voraus, dass substantiiert und glaubhaft dargelegt werden kann, durch eine zu vermutende oder nicht auszuschließende unzutreffende Besteuerung eines Konkurrenten Wettbewerbsnachteile zu erleiden, *Grube*, Der Einfluss des unionsrechtlichen Beihilfenverbots auf das deutsche Steuerrecht, S. 102 m.w.N ; *Nieskens*, UR 2013, 739, 748.

767 BFH, Urteil vom 26.1.2012, VII R 4/11, BFHE 236, 481, BStBl. II 2012, 541, Rn. 16 (juris).

768 Näher dazu *Knobbe-Keuk*, BB 1982, 385, 389.

769 Siehe oben Abschnitt D. I. 2. d) bb).

770 EuGH, Urteil vom 18.12.2008, *Wienstrom*, Rs. C-384/07, ECLI:EU:C:2008:747, Rn. 25 f. und 30; *Jaeger*, in: Hummer, Neueste Entwicklungen im Zusammenspiel von Europarecht und nationalem Recht der Mitgliedstaaten, 417, 450.

771 *Blumenberg/Kring*, IFSt-Schrift Nr. 473 (2011), S. 30.

772 EuGH, Urteil vom 18.12.2008, *Wienstrom*, Rs. C-384/07, ECLI:EU:C:2008:747, Rn. 28; EuGH, Urteil vom 12.2.2008, *CELF und ministre de la Culture und de la Communication*, Rs. C-199/06, ECLI:EU:C:2008:79, Rn. 46; a.A. Schlussanträge des GA *Mazák*

der Genehmigung gewährten Vorteile behalten dürfen.[773] Da die Vereinbarkeitsentscheidung der Kommission den Verstoß gegen das Durchführungsverbot jedoch nicht rückwirkend legalisiert,[774] bleibt die Pflicht zur Abschöpfung des „*Rechtswidrigkeitszinses*“ von der Genehmigung unberührt.[775] So sehr die EuGH-Rechtsprechung dogmatisch begrüßenswert ist, kann dies in der Praxis dazu führen, dass nationale Gerichte und Behörden die vollständige Rückforderung nicht sogleich anordnen bzw. Verfahren verzögern, bis die Kommission einen abschließenden Beschluss erlassen hat.[776]

4. Rechtsgrundlagen zur Rückforderung unionsrechtswidriger Beihilfen im deutschen Steuerrecht

a) *Notwendigkeit der Existenz einer materiellen Rechtsgrundlage*

Die Rückforderung einer rechtswidrigen Beihilfe kann von Seiten der Finanzbehörden und der Finanzgerichte nicht losgelöst von einer materiell-rechtlichen Rechtsgrundlage durchgesetzt werden. Dies folgt bereits aus dem verfassungsrechtlich verankerten Grundsatz des Gesetzesvorbehalts, welcher besagt, dass staatliche Stellen grundsätzlich nur dann tätig werden dürfen, wenn sie durch formelles Gesetz dazu ermächtigt worden sind.[777] Es besteht zwar kein sog. Totalvorbehalt zugunsten des Gesetzgebers.[778] Einer gesetzlichen Grundlage bedürfen jedoch alle für das Gemeinwesen wesentlichen Fragen (sog. Wesentlichkeitstheorie) sowie staatliches Handeln im Bereich der exekutiven Eingriffsverwaltung, d.h. wenn Eingriffe in individuelle Rechtspositionen ermöglicht werden sollen.[779] Steuerrecht ist Eingriffsrecht, welches sowohl im materiellen Recht als

---

vom 24.5.2007 zu *CELF und ministre de la Culture und de la Communication*, Rs. C-199/06, ECLI:EU:C:2007:304, Rn. 33.

773 EuGH, Urteil vom 18.12.2008, *Wienstrom*, Rs. C-384/07, ECLI:EU:C:2008:747, Rn. 30.

774 *Werner*, in: MüKo, Art. 108 AEUV Rn. 176.

775 EuGH, Urteil vom 18.12.2008, *Wienstrom*, Rs. C-384/07, ECLI:EU:C:2008:747, Rn. 29 f.; EuGH, Urteil vom 12.2.2008, *CELF und ministre de la Culture und de la Communication*, Rs. C-199/06, ECLI:EU:C:2008:79, Rn. 49 ff.; *Werner*, in: MüKo, Art. 108 AEUV Rn. 179.

776 Darauf hinweisend *Werner*, in: MüKo, Art. 108 Rn. 177.

777 *Badura*, Staatsrecht, Kap. F Rn. 13; zur historischen Entwicklung siehe *Grzeszick*, in: Dürig/Herzog/Scholz, Art. 20 Abs. 3 GG Rn. 77 f.

778 Zum mittlerweile überkommenen Totalvorbehalt siehe näher *F. Ossenbühl*, in: HStR, Band V, § 101 Rn. 23.

779 *Vögler*, NVwZ 2007, 294, 295 m.w.N.; *Badura*, Staatsrecht, Kap. F Rn. 13 m.w.N.; *Sachs*, in: Sachs, Art. 20 GG Rn. 117; *Rux*, in: Epping/Hillgruber, Art. 20 GG Rn. 176.

auch im Verfahrensrecht in besonderem Maße vom Gesetzesvorbehalt geprägt ist.[780] Der Entzug rechtswidrig gewährter (Steuer-)Beihilfen ist stets mit einem Eingriff in individuelle Rechtspositionen verbunden, sodass eine formell gesetzliche Ermächtigungsgrundlage erforderlich ist, um die Rückforderungspflicht auf mitgliedstaatlicher Ebene durchzusetzen.[781]

Der Vorbehalt des Gesetzes ist ein in Art. 20 GG verankerter Grundsatz[782] und daher gem. Art. 79 Abs. 3 GG einer Änderung der Verfassung entzogen (sog. Identitätsgarantie).[783] Die in Art. 20 GG enthaltenen Grundsätze wirken darüber hinaus über Art. 23 Abs. 1 Satz 3 GG als Schranken für die Übertragung von Hoheitsrechten an die Europäische Union.[784] Das bedeutet, dass der verfassungsrechtliche Vorbehalt des Gesetzes nicht nur gegenüber dem nationalen Verfassungsgeber geschützt ist, sondern zugleich von der Reichweite des Anwendungsvorranges des Unionsrechts nicht erfasst wird.[785] Im Übrigen ist der Grundsatz des Gesetzesvorbehalts auch im Unionsrecht als ungeschriebener Rechtsgrundsatz anerkannt.[786]

---

780 *Seer*, in: Tipke/Lang, § 1 Rn. 27; allgemein zum Gesetzesvorbehalt im Rahmen der Eingriffsverwaltung *Maurer/Waldhoff*, Allgemeines Verwaltungsrecht, § 6 Rn. 16 ff.

781 *Cremer*, in: Calliess/Ruffert, Art. 108 AEUV Rn. 31.

782 Zu den verschiedenen Ansätzen der Herleitung dieses Grundsatzes siehe *F. Ossenbühl*, in: HStR, Band V, § 101 Rn. 21; *Geisenberger*, Der Einfluss des Europarechts auf steuerliches Verfahrensrecht, S. 84; *Vögler*, NVwZ 2007, 294, 295 f.

783 Siehe nur *Dietlein*, in: Epping/Hillgruber, Art. 79 GG Rn. 46.

784 *Vögler*, NVwZ 2007, 294, 296. m.w.N.

785 *Geisenberger*, Der Einfluss des Europarechts auf steuerliches Verfahrensrecht, S. 86; *Schlücke*, Die Umsetzung von EuGH-Entscheidungen in das deutsche Steuerrecht, S. 52 f.

786 *Cremer*, in: Calliess/Ruffert, Art. 108 AEUV Rn. 31; *Grabitz*, NJW 1989, 1776, 1778; ausführlich dazu *Kokott*, Das Steuerrecht der Europäischen Union, § 2 Rn. 11 ff.; EuGH, Urteil vom 21.9.1989, *Hoechst/Kommission*, verb. Rs. C-46/87 und 227/88, ECLI:EU:C:1989:337, Rn. 19: „*Indessen bedürfen in allen Rechtsordnungen der Mitgliedstaaten Eingriffe der öffentlichen Gewalt in die Sphäre der privaten Betätigung jeder – natürlichen oder juristischen – Person einer Rechtsgrundlage und müssen aus den gesetzlich vorgesehenen Gründen gerechtfertigt sein; diese Rechtsordnungen sehen daher, wenn auch in unterschiedlicher Ausgestaltung, einen Schutz gegen willkürliche oder unverhältnismäßige Eingriffe vor. Das Erfordernis eines solchen Schutzes ist folglich als allgemeiner Grundsatz des Gemeinschaftsrechts anzuerkennen.*“; den Grundsatz der Gesetzmäßigkeit der Besteuerung anerkennend EuGH, Urteil vom 8.11.2022, *Fiat Chrysler Finance Europe/Kommission*, verb. Rs. C-885/19 P und C-898/19 P, ECLI:EU:C:2022:859, Rn. 97; siehe auch EuGH, Urteil vom 8.5.2019, *Związek Gmin Zagłębia Miedziowego*, Rs. C-566/17, ECLI:EU:C:2019:390, Rn. 39.

Allein die unionsrechtliche Verpflichtung des Mitgliedstaates zu einem bestimmten Handeln könnte über das Fehlen einer Rechtsgrundlage zur Rückforderung nicht hinweghelfen.[787]

Sollte eine materielle Rechtsgrundlage zur Beihilfenrückforderung fehlen, dann könnte man in Erwägung ziehen, dass dies die (rechtliche) Unmöglichkeit der Beihilfenrückforderung bedeuten würde.[788] Die Durchsetzung der Rückforderung der Beihilfe gegenüber den Begünstigungsempfängern wäre dann ausgeschlossen. Nach Auffassung der Europäischen Kommission und des Europäischen Gerichtshofs dürfe der Umstand einer fehlenden Rechtsgrundlage, der Umsetzung der unionsrechtlichen Rückforderungspflicht jedoch nicht entgegenstehen.[789] Der Mitgliedstaat ist in einem solchen Fall unionsrechtlich dazu verpflichtet, die rechtliche Unmöglichkeit selbst zu beseitigen.[790] Um zum einen den Anforderungen an den Vorbehalt des Gesetzes gerecht zu werden und zum anderen die unionsrechtliche Pflicht zur Durchsetzung der Beihilfenrückforderung zu erfüllen, müsste der Mitgliedstaat bei Fehlen einer materiellen Rechtsgrundlage, eine solche erlassen.[791]

Nachfolgend wird der Frage nachgegangen, auf welcher materiellen Rechtsgrundlage die Rückforderung steuerlicher Beihilfen gestützt werden könnte.

b) *Fehlen einer materiellen Rechtsgrundlage im Unionsrecht*

Eine Ermächtigungsgrundlage für staatliches Handeln muss sich nicht zwingend aus dem innerstaatlichen Recht ergeben, sondern kann auch dem Unionsrecht entstammen.[792]

---

787 Vgl. *Frenz*, Beihilfe- und Vergaberecht, Rn. 1515; *Hoffmann/Bollmann*, EuZW 2006, 398, 399; a.A. *Kreße*, EuZW 2008, 394, 397.

788 *Hoffmann/Bollmann*, EuZW 2006, 398, 399.

789 Bekanntmachung der Kommission vom 23.7.2019 über die Rückforderung rechtswidriger und mit dem Binnenmarkt unvereinbarer staatlicher Beihilfen, Abl. (EU), C 247/1, Rn. 51; EuGH, Urteil vom 21.3.1991, *Italien/Kommission*, Rs. C-303/88, ECLI:EU:C:1991:136, Rn. 56, 60.

790 *Geisenberger*, Der Einfluss des Europarechts auf steuerliches Verfahrensrecht, S. 59 m.w.N.

791 *Hoffmann/Bollmann*, EuZW 2006, 398, 400; so etwa geschehen im zugrunde liegenden Fall im Urteil des EuGH vom 15.9.2022, *Fossil (Gibraltar)*, Rs. C-705/20, ECLI:EU:C:2022:680, Rn. 21.

792 *Haas/Hoffmann*, JA 2009, 119, 121 m.w.N.; *Hoffmann/Bollmann*, EuZW 2006, 398, 400.

Einzelne Stimmen in der Literatur ziehen unmittelbar Art. 108 Abs. 3 Satz 3 AEUV als Rechtsgrundlage zur Durchsetzung der Rückforderung gegenüber dem Beihilfeempänger heran.[793] Dafür könnte sprechen, dass die Vorschrift innerstaatlich unmittelbar anwendbar ist[794] und alle drei Staatsgewalten verpflichtet sind, sämtliche Folgerungen zu ziehen, um das Durchführungsverbot durchzusetzen, was auch die Anordnung der Rückforderung erfasst.[795] Den Anforderungen aus dem verfassungsrechtlich zwingenden Grundsatz des Gesetzesvorbehalts kann jedoch nur entsprochen werden, wenn die Rechtsgrundlage hinreichend bestimmt ist, sodass die Folgen der Regelung für den Normadressaten so vorhersehbar und berechenbar sind, dass er sein Verhalten danach ausrichten kann.[796] Art. 108 Abs. 3 Satz 3 AEUV verpflichtet allein die Mitgliedstaaten.[797] Die Vorschrift adressiert gerade nicht die einzelnen Beihilfenempfänger.[798] Welche konkreten Maßnahmen im Einzelfall zu ergreifen sind, ist Art. 108 Abs. 3 Satz 3 AEUV nicht unmittelbar zu entnehmen.[799] Von einer Rückforderungspflicht ist in Art. 108 Abs. 3 Satz 3 AEUV ausdrücklich keine Rede.[800] Mangels hinreichender Bestimmtheit kann die Vorschrift daher nicht als materiell-rechtliche Grundlage herangezogen werden, um gegenüber den Empfängern die Rückforderung anzuordnen.

---

793 So *Kreße*, EuWZ 2008, 394, 397; *Heidenhain*, EuZW 2005, 659, 661: „*Die Rechte und Pflichten der Mitgliedstaaten und der begünstigten Unternehmen zur Rückforderung und Rückerstattung rechtswidriger Beihilfen ergeben sich sonach unmittelbar aus Art. 88 III 3 EG. Einer nationalen Rechtsgrundlage bedarf es nicht.*"

794 Vgl. oben Abschnitt A. III. sowie Abschnitt D. I. 2 d) cc).

795 *Geisenberger*, Der Einfluss des Europarechts auf steuerliches Verfahrensrecht, S. 76; siehe oben Abschnitt D. II. 3.

796 *Geisenberger*, Der Einfluss des Europarechts auf steuerliches Verfahrensrecht, S. 77 m.w.N.; *Grzeszick*, in: Dürig/Herzog/Scholz, Art. 20 GG, VII. Rechtsstaat Rn. 58 f. m.w.N.

797 Siehe oben Abschnitt A. I.

798 Siehe unten Abschnitt D. II. 5. d) aa).

799 Darauf bereits hinweisend die Schlussanträge des GA *Jacobs* vom 14.12.1995 zu *SFEI u.a.*, Rs. C-39/94, ECLI:EU:C:1995:445, Rn. 77; siehe die unterschiedlichen in Betracht kommenden Rechtsbehelfe in der Bekanntmachung der Kommission vom 9.4.2009 über die Durchsetzung des Beihilfenrechts durch die einzelstaatlichen Gerichte, Abl. (EU), C 85/1, Rn. 26.

800 Bekanntmachung der Kommission vom 23.7.2019 über die Rückforderung rechtswidriger und mit dem Binnenmarkt unvereinbarer staatlicher Beihilfen, Abl. (EU), C 247/1, Rn. 14.

Ferner kann die Rückforderung nicht unmittelbar auf Art. 108 Abs. 2 UAbs. 1 AEUV gestützt werden. Danach sind die Mitgliedstaaten zwar verpflichtet, rechtswidrige Beihilfen aufzuheben oder umzugestalten. Dies gilt, wie dem Wortlaut eindeutig zu entnehmen ist, jedoch erst, nachdem die Kommission einen entsprechenden Beschluss erlassen hat. Art. 108 Abs. 2 UAbs. 1 AEUV entfaltet seine Wirkung somit nicht vorbehaltlos, sodass die Vorschrift innerstaatlich nicht einmal unmittelbar anwendbares Recht ist.[801]

Schließlich kann der Mitgliedstaat die unionsrechtliche Pflicht zur Rückforderung gegenüber dem Beihilfenempfänger nicht auf Art. 16 VerfVO stützen. Die Vorschrift adressiert und verpflichtet in erster Linie allein die Europäische Kommission, die Rückforderung anzuordnen, wenn sie eine staatliche Beihilfe als mit dem Binnenmarkt unvereinbar erklärt.[802] Der Rückforderungsbeschluss wiederum adressiert ausschließlich den betreffenden Mitgliedstaat, nicht dagegen die Beihilfenempfänger.[803]

Für die Rückforderung unionsrechtswidrig gewährter Beihilfen sieht das Unionsrecht somit eine eigenständige Rechtsgrundlage nicht vor.[804]

c) Materielle Rechtsgrundlagen im nationalen Recht

Die einschlägige materielle Rechtsgrundlage zur Rückforderung von Beihilfen hängt im deutschen Rechtssystem davon ab, wie die Beihilfe gewährt worden ist.[805] Hat eine Beihilfe ihre Grundlage in einem privatrechtlichen Vertrag, dann ist die rechtswidrig gewährte Begünstigung nach Maßgabe der Leistungskondiktion gem. § 812 Abs. 1 Satz 1 Fall 1 BGB zurückzuverlangen.[806] Beruht die Beihilfengewährung auf einem begünstigenden Verwaltungsakt, dann kann die Rückforderungspflicht auf § 49a (L)VwVfG gestützt werden, nachdem der Verwaltungsakt gem. §§ 48, 49 (L)VwVfG zurückgenommen oder widerrufen wurde.[807]

---

801 *Hoffmann/Bollmann*, EuZW 2006, 398, 401.

802 *Bartosch*, Art. 16 VO 2015/1589 Rn. 1.

803 *Hoffmann/Bollmann*, EuZW 2006, 398, 400.

804 So auch EuGH, Urteil vom 1.9.2014, *Kommission/Deutschland*, Rs. C-527/12, ECLI:EU:C:2014:2193, Rn. 39; BVerwG, Urteil vom 23.4.1998, 3 C 15/97, EuZW 1998, 730, 731 unter II. 1.

805 *Mederer*, in: von der Groeben/Schwarze/Hatje, Art. 108 AEUV Rn. 53; *Finck/Gurlit*, JURA 2011, 87, 89.

806 *Finck/Gurlit*, JURA 2011, 87, 90; *Koenig/Ghazarian*, in: Streinz, Art. 108 AEUV Rn. 44.

807 *Finck/Gurlit*, JURA 2011, 87, 91; *Koenig/Ghazarian*, in: Streinz, Art. 108 AEUV Rn. 44.

aa) Rechtgrundlage zur Rückforderung des nominellen Beihilfebetrags

In der Literatur wird vielfacht vertreten, dass im Steuerrecht § 37 Abs. 2 AO die materielle Rechtsgrundlage zur Rückforderung unionsrechtswidriger Steuerbeihilfen sei.[808] In § 37 Abs. 2 Satz 1 und 2 AO heißt es:

> *„[1]Ist eine Steuer, eine Steuervergütung, ein Haftungsbetrag oder eine steuerliche Nebenleistung ohne rechtlichen Grund gezahlt oder zurückgezahlt worden, so hat derjenige, auf dessen Rechnung die Zahlung bewirkt worden ist, an den Leistungsempfänger einen Anspruch auf Erstattung des gezahlten oder zurückgezahlten Betrags. [2]Dies gilt auch dann, wenn der rechtliche Grund für die Zahlung oder Rückzahlung später wegfällt."*

§ 37 Abs. 2 AO kodifiziert sowohl den Anspruch des Steuerpflichtigen gegenüber dem Fiskus auf Erstattung als auch umgekehrt des Fiskus gegenüber dem Steuerpflichtigen. Die Vorschrift ist eine Spezialregelung des öffentlich-rechtlichen Erstattungsanspruchs,[809] dessen Zweck der Ausgleich rechtsgrundloser Vermögensverschiebungen ist.[810]

§ 37 Abs. 2 AO könnte grundsätzlich als materielle Rechtsgrundlage zur Rückforderung unionsrechtswidrig gewährter Steuerbeihilfen in Betracht kommen. Allerdings ist zu bedenken, dass diese Vorschrift ausweislich ihres Wortlauts voraussetzt, dass eine *Zahlung* bzw. *Rückzahlung*, d.h. ein tatsächlicher Geldtransfer, vorausgegangen ist.[811] Dies ist bei steuerlichen Beihilfen grundsätzlich nicht der Fall. Der wirtschaftliche Vorteil manifestiert sich beim Beihilfenempfänger nämlich dadurch, dass zu geringe Steuern festgesetzt bzw. erhoben worden sind.[812] Die Rückforderung des Beihilfenbetrags bedeutet im Steuerrecht die Nachforderung zu Unrecht nicht erhobener Steuern, d.h. der Begünstigungsempfänger ist nachträglich so zu besteuern, wie er ohne die rechtswidrige Beihilfemaßnahme zu besteuern gewesen wäre.[813] Die beihilfenrechtswidrige staatliche Maßnahme darf nach Maßgabe des Anwendungsvorrangs des Unionsrechts nicht

---

808 Siehe *Grube*, Der Einfluss des unionsrechtlichen Beihilfenverbots auf das deutsche Steuerrecht, S. 71; *dies.*, DStZ 2007, 371, 378; *Geisenberger*, Der Einfluss des Europarechts auf steuerliches Verfahrensrecht, S. 87 ff.; *Kühn*, ISR 2018, 360, 362; *Englisch*, in: Tipke/Lang, § 4 Rn. 45.

809 *Boeker*, in: Hübschmann/Hepp/Spitaler, § 37 AO Rn. 21.

810 Vgl. *Boeker*, in: Hübschmann/Hepp/Spitaler, § 37 AO Rn. 22.

811 Vgl. *Koenig*, in: Koenig, § 37 AO Rn. 13, 16; *Ratschow*, in: Klein, § 37 AO Rn. 12; *Boeker*, in: Hübschmann/Hepp/Spitaler, § 37 AO Rn. 21.

812 Zur typischen Charakteristik steuerlicher Begünstigungen siehe oben Abschnitt C. II. 1. a).

813 Siehe oben Abschnitt D. II. 1.

angewendet werden.[814] Die Steuerschuld ergibt sich somit aus der Anwendung der materiellen Steuergesetze unter Außerachtlassung der beihilfenrechtswidrigen Norm bzw. Einzelmaßnahme (Bsp. Stundung oder Erlass).[815] Materielle Rechtsgrundlage für die Rückforderung ist folglich die Regelbesteuerung, die sich aus den materiellen Steuergesetzen, etwa des EStG, KStG, GewStG, UStG etc., ergibt. Der Steueranspruch entsteht gem. §§ 37 Abs. 1, 38 AO kraft Gesetzes durch Verwirklichung des Tatbestands durch den Steuerpflichtigen.[816] Eines Rückgriffs auf § 37 Abs. 2 AO bedarf es daher in den praktisch bedeutsamen Fällen der Rückforderung steuerlicher Verschonungssubventionen nicht.

bb) Rechtgrundlage zur Verzinsung des Rückforderungsbetrags

Zur Verzinsung der Steuernachforderungen sieht die Abgabenordnung in § 233a Abs. 1 Satz 1 AO eine eigenständige Rechtsgrundlage vor. Zinssatz und -lauf richten sich jedoch nicht nach §§ 233a Abs. 2 f. sowie § 238 Abs. 1 AO.[817] Denn das Unionsrecht sieht für den Fall der Rückforderung von Beihilfen – in Abweichung zu den §§ 233 f. AO – eigenständige Regelungen vor.[818] Erlässt die Europäische Kommission einen Rückforderungsbeschluss, dann legt sie dabei gem. Art. 16 Abs. 2 Satz 1 VerfVO die Höhe des zugrunde zu legenden Zinssatzes fest. Die Zinsen sind gem. Art. 16 Abs. 2 Satz 2 VerfVO für den Zeitraum, ab dem die rechtswidrige Beihilfe dem Empfänger zur Verfügung stand, bis zu ihrer tatsächlichen Rückzahlung zu erheben. Die Umsetzung des Rückforderungsbeschlusses

---

814 Vgl. oben Abschnitt D. I. 2. d) cc) (3) zur präventiven Einhaltung des Durchführungsverbots durch die Finanzbehörden.

815 *Jansen*, Vorgaben des europäischen Beihilferechts für das nationale Steuerrecht, S. 168.

816 Näher dazu oben in Abschnitt D. II. 2.

817 Für Veranlagungszeiträume ab 2015 bestehen nach Auffassung des BFH erhebliche verfassungsrechtliche Bedenken an der Zinshöhe BFH, Beschluss vom 25.4.2018, IX B 21/18, BFHE 260, 431; infolge zweier Verfassungsbeschwerden hat das Bundesverfassungsgericht die Vollverzinsung in Höhe von 0,5 % pro Monat für alle Verzinsungszeiträume ab dem 1.1.2014 für mit Art. 3 Abs. 1 GG unvereinbar erklärt, siehe BVerfG, Beschluss vom 8.7.2021, 1 BvR 2237/14, 1 BvR 2422/17.

818 Genaue Vorgaben zur Zinsberechnung sind in Kapitel V der Beihilfenverf.-DVO enthalten. Der auf den nominellen Rückforderungsbetrag anzuwendende Zinssatz ist ein für jedes Kalenderjahr bestimmter effektiver Jahreszins (Art. 9 Abs. 1 Beihilfenverf.-DVO). Dieser wird grundsätzlich auf der Grundlage des Durchschnitts der für September, Oktober und November des vorangehenden Jahres veröffentlichen Fünfjahres-Interbank-Swap-Sätze zuzüglich 75 Basispunkten berechnet (Art. 9 Abs. 1 Uabs. 2 Satz 1 Beihilfenverf.-DVO). Weitere Einzelheiten sind Art. 9 Abs. 2 bis 4 Beihilfenverf.-DVO zu entnehmen; siehe auch *Härtwig*, ISR 2019, 17, 23.

ist für den betreffenden Mitgliedstaat gem. Art. 288 Abs. 3 AEUV verbindlich.[819] Dies betrifft konsequenterweise auch den von der Kommission festgesetzten abzuschöpfenden Rechtswidrigkeitszins. Die unionsrechtlichen Regelungen betreffend die Berechnung der zu zahlenden Zinsen finden darüber hinaus Anwendung in den Fällen der Rückforderung (lediglich) formell rechtswidriger Beihilfen.[820] Dies folgt zwar nicht aus einem entsprechenden Kommissionsbeschluss, da der Rückforderungsbeschluss in diesen Situationen noch nicht ergangen ist.[821] Die unionsrechtlichen Vorschriften bezüglich der Zinsberechnung sind jedoch, ungeachtet eines ergangenen Kommissionsbeschlusses, *leges speciales* zu den §§ 233 f. AO.[822] Ansonsten hinge die Höhe des zu zahlenden Zinses allein davon ab, ob die Mitgliedstaaten ihre Pflicht zur Rückforderung bereits vor Erlass des Rückforderungsbeschlusses oder erst danach erfüllen. Es ist kein Sachgrund ersichtlich, in den Fällen der Rückforderung formell rechtswidriger Beihilfen die zu zahlenden Zinsen nach den Vorschriften des nationalen Rechts zu berechnen, dagegen in den Fällen der Rückforderung materiell rechtswidriger Beihilfen den Zinslauf und die Zinshöhe nach Maßgabe des Unionsrechts zu bestimmen. Der abzuschöpfende sog. Rechtswidrigkeitszins verfolgt allein das Ziel, den zu Unrecht erhaltenen Liquiditätsvorteil zu entziehen, um die eingetretene Wettbewerbsverzerrung (vollständig) wiederherzustellen.[823] Gerade im deutschen Steuerrecht würde die Anwendung des Zinssatzes nach der Abgabenordnung, der gem. § 238 Abs. 1 Satz 1 AO für jeden vollen Monat 0,5 % beträgt, mithin 6 % p.a., aufgrund der (derzeit) fehlenden Marktüblichkeit nicht nur zu einer Entziehung des Liquiditätsvorteils führen, sondern darüber hinaus eine

---

819 EuGH, Urteil vom 13.2.2014, *Mediaset*, Rs. C-69/13, ECLI:EU:C:2014:71, Rn. 23.

820 *Härtwig*, ISR 2019, 17, 23 f.; a.A. Bekanntmachung der Kommission vom 9.4.2009 über die Durchsetzung des Beihilfenrechts durch die einzelstaatlichen Gerichte, Abl. (EU), C 85/1, Rn. 41 lit. d).

821 Die Kommission kann auf Grundlage des Art. 16 Abs. 1 VerfVO einen Rückforderungsbeschluss nicht allein deshalb erlassen, weil eine Beihilfe unter Verstoß gegen das Durchführungsverbot gewährt wurde, vgl. oben Abschnitt D. II. 3.

822 *Härtwig*, ISR 2019, 17, 23 f. unter Verweis auf die Situation der Verzinsung im Anwendungsbereich des Zollkodex, BT-Drucks. 8/1410 Rn. 9.

823 Siehe oben Abschnitt D. II. 1.; siehe auch Erwägungsgrund Nr. 25 der VerfVO: *„Bei rechtswidrigen Beihilfen, die mit dem Binnenmarkt nicht vereinbar sind, sollte wirksamer Wettbewerb wiederhergestellt werden. Dazu ist es notwendig, die betreffende Beihilfe einschließlich Zinsen unverzüglich zurückzufordern."*

Sanktion bedeuten.[824] Eine Sanktionierung der Beihilfenempfänger soll wiederum mit der Rückforderung rechtswidrig gewährter Beihilfen nicht verbunden sein.[825]

d) Notwendigkeit der Korrektur beihilfenrechtswidriger Steuerverwaltungsakte

Dem Erhalt einer Beihilfe liegt im Steuerrecht ein gegenüber den Beihilfenempfängern wirksamer Verwaltungsakt zugrunde. Dies gilt sowohl bei konkret-individuellen administrativen Beihilfen als auch bei normativen Beihilferegelungen.[826] Denn begünstigt die Finanzverwaltung ein bestimmtes Unternehmen etwa im Rahmen einer Stundung, eines Erlasses oder einer verbindlichen Auskunft, dann erlässt sie hierzu einen entsprechenden Verwaltungsakt.[827] In den Fällen gesetzlicher Steuerbegünstigungen mindert sich die Steuerschuld zwar materiell-rechtlich bereits mit Erfüllung der Tatbestandsmerkmale der begünstigenden Vorschrift (§ 38 AO).[828] Die nach § 38 AO entstandene Steuer ist jedoch erst durch die Konkretisierung mittels entsprechenden Steuerbescheids, infolge Steuerfestsetzung oder Steueranmeldung, realisierbar (vgl. § 218 Abs. 1 AO).[829] Eine gesetzliche Steuerbegünstigung manifestiert sich in wirtschaftlicher und tatsächlicher Hinsicht beim Begünstigungsempfänger daher erst, nachdem die Steuerschuld mit entsprechendem Bescheid festgesetzt wurde, sodass die Zahllast geringer ausfällt als bei Anwendung der allgemeinen Steuerregelung.[830] Mit Bekanntgabe des entsprechenden Steuerverwaltungsakts (§ 124 Abs. 1 AO) wird dieser für die Finanzverwaltung sowie für den Steuerpflichtigen verbindlich.[831] Dies gilt solange und soweit er nicht zurückgenommen, widerrufen, anderweitig aufgehoben oder durch Zeitablauf oder auf andere Weise erledigt ist (§ 124

---

824 Aufgrund der fehlenden Marktüblichkeit der Nacherhebungszinsen nach § 238 Abs. 1 Satz 1 AO und der damit einhergehenden Sanktionswirkung, wird die Verfassungsmäßigkeit dieser Vorschrift (zu Recht) bezweifelt, siehe oben Fn. 817.

825 Zum Sinn und Zweck der Beihilfenrückforderung siehe unten Abschnitt D. III. 1.

826 *Nordmann*, Die negative Konkurrentenklage im EG-Beihilferecht, S. 173.

827 Zum Verwaltungsakt als typische Handlungsform der Exekutive siehe *Stelkens*, in: Stelkens/Bonk/Sachs, § 35 VwVfG Rn. 2 f.

828 Siehe oben Abschnitt D. II. 2.

829 *Schuster*, in: Hübschmann/Hepp/Spitaler, § 38 AO Rn. 11; BT-Drucks. VI/1982, S. 113.

830 *Lehnert*, Die Korrektur von gemeinschaftsrechtswidrigen Beihilfen in Form von Steuervergünstigungen, S. 167; *Winkler*, DVBl. 1979, 263, 264; vgl. auch *Nordmann*, Die negative Konkurrentenklage im EG-Beihilferecht, S. 173.

831 *Vorbeck*, in: Koenig, § 124 AO Rn. 3; *Lühn*, SteuerStud 2008, 4.

Abs. 2 AO). Zur Herbeiführung der Nachbesteuerung bedarf es daher zunächst der Aufhebung bzw. Korrektur des entgegenstehenden beihilfenrechtswidrigen Steuerverwaltungsaktes.[832] Die Bestandskraft eines Verwaltungsakts kann nicht allein mit dem Argument der Unionsrechtswidrigkeit beseitigt werden.[833] Die Unionsrechtswidrigkeit eines Verwaltungsaktes führt (nur) zu dessen Rechtswidrigkeit, nicht zu dessen Nichtigkeit nach § 125 Abs. 1 AO.[834] Die Finanzverwaltung kann daher nicht losgelöst von einer Korrektur entgegenstehender Bescheide unter Außerachtlassung der beihilfenrechtswidrigen Steuervergünstigung einen anderweitigen Verwaltungsakt erlassen, der die Rückforderung anordnet.[835] Mangels unionsrechtlicher Vorgaben erfolgt die Beihilfenrückforderung nicht nur materiell-rechtlich, sondern auch verfahrensrechtlich ausschließlich nach dem innerstaatlichen Recht des jeweiligen Mitgliedstaates.[836] Für die Situation einer materiell rechtswidrigen Beihilfe ist das in Art. 16 Abs. 3 Satz 1 VerfVO ausdrücklich kodifiziert („[...] *erfolgt die Rückforderung unverzüglich und nach den Verfahren des betreffenden Mitgliedstaates,* [...]“). Da es sich dabei letztlich um die Kodifikation der EuGH-Rechtsprechung handelt,[837] gilt dies auch in der Situation der Rückforderung ausschließlich formell rechtswidriger Beihilfen.[838] Die obigen Ausführungen betreffend die Notwendigkeit der Existenz einer materiellen Rechtsgrundlage gelten hier entsprechend. Das bedeutet, dass vor dem Hintergrund des Gesetzesvorbehalts erforderlich ist, dass das nationale Recht Vorschriften zur Aufhebung von unionsrechtswidrigen Verwaltungsakten enthält.[839]

---

832 Vgl. *Grube*, Der Einfluss des unionsrechtlichen Beihilfenverbots auf das deutsche Steuerrecht, S. 71; *Lehnert*, Die Korrektur von gemeinschaftsrechtswidrigen Beihilfen in Form von Steuervergünstigungen, S. 159.

833 *Rüsken*, in: Klein, § 130 AO Rn. 25a; *Gröpl*, in: Dauses/Ludwigs, Handbuch des EU-Wirtschaftsrechts, J. Steuerrecht Rn. 234; a.A. *Linn*, IStR 2008, 601, 607; *ders.*, in: Birnstiel/Bungenberg/Heinrich, Art. 107 AEUV Rn. 620.

834 BFH, Beschluss vom 3.8.2010, XI B 104/09, BeckRS 2010, 25016558, Rn. 6.

835 So aber unzutreffender Weise *Linn*, IStR 2008, 601, 607; *ders.*, in: Birnstiel/Bungenberg/Heinrich, Art. 107 AEUV Rn. 620.

836 Vgl. EuGH, Urteil vom 12.12.2002, *Kommission/Deutschland*, Rs. C-209/00, ECLI:EU:C:2002:747, Rn. 32; *Hoffmann/Bollmann*, EuZW 2006, 398, 400 ff.

837 EuGH, Urteil vom 11.9.2014, *Kommission/Deutschland*, Rs. C-527/12, ECLI:EU:C:2014:2193, Rn. 38 f.

838 *Finck/Gurlit*, JURA 2011, 87, 88 f.

839 *Kühn*, ISR 2018, 360, 361; *Frenz*, Beihilfe- und Vergaberecht, Rn. 1531; vgl. oben Abschnitt D. II. 4. a).

e) Korrektur unionsrechtswidriger Steuerverwaltungsakte

Im Steuerrecht ist die Abgabenordnung das maßgebliche Verfahrensrecht, in welcher Regelungen betreffend die Korrektur von Steuerverwaltungsakten geregelt sind.[840] In der Abgabenordnung wird unterschieden zwischen der Korrektur von *Steuerbescheiden* und diesen *gleichgestellten* Bescheiden auf der einen Seite, für welche die §§ 164 f. sowie §§ 172 ff. AO Anwendung finden, und der Korrektur sonstiger Steuerverwaltungsakte, die gem. §§ 130, 131 AO zurückgenommen bzw. widerrufen werden können, auf der anderen Seite (sog. Korrekturdualismus).[841]

An dieser Stelle ist darauf hinzuweisen, dass die Korrektur nach den Vorschriften der Abgabenordnung nur notwendig ist, wenn die Finanzverwaltung tätig wird, ohne dass zuvor eine Aufhebung des beihilfenrechtswidrigen Steuerverwaltungsaktes von Seiten des Finanzgerichts erfolgt ist. Ein bestandskräftiger Verwaltungsakt, der zunächst korrigiert werden müsste, existiert infolge der Aufhebung durch das Finanzgericht nach § 100 Abs. 1 Satz 1 FGO gerade nicht mehr. Im Übrigen kann das Finanzgericht einen Steuerverwaltungsakt nach h.M. sogar dann noch aufheben, wenn die Finanzbehörde nach den §§ 130, 131 bzw. §§ 169 ff. AO dazu nicht mehr rechtlich befugt wäre.[842]

aa) Korrektur sog. sonstiger Steuerverwaltungsakte

Gewährt die Finanzverwaltung beihilfenrechtswidrige Begünstigungen etwa im Rahmen einer Stundung (§ 222 AO) oder eines Erlasses (§§ 163, 227 AO), dann ist für die Korrektur eines entsprechenden Steuerverwaltungsaktes der Anwendungsbereich der §§ 130, 131 AO eröffnet.[843] Gleiches gilt für den Fall, dass eine verbindliche Auskunft nicht mit dem Beihilfenrecht im Einklang steht.[844] Die §§ 130, 131 AO sind im Wesentlichen den §§ 48, 49 (L)VwVfG nachempfunden.[845]

---

840 Die Abgabenordnung ist gegenüber dem VwVfG das speziellere Gesetz, *Kühn*, ISR 2018, 360, 361.

841 Zur Kritik am Korrekturdualismus: *Loose*, in: Tipke/Kruse, Vorbem. zu §§ 130–133 AO Rn. 17 ff.

842 *Nordmann*, Die negative Konkurrentenklage im EG-Beihilferecht, S. 182 f.; *Grimm*, Die negative Konkurrentenklage im Steuerrecht, S. 222 ff.; *Englisch*, StuW 2008, 43, 58 f.; a.A. *Knobbe-Keuk*, BB 1982, 385, 389 f.

843 Zum Anwendungsbereich der §§ 130 f. AO siehe *Rüsken* in Klein, § 130 AO Rn. 10 f.

844 Eine rechtswidrige verbindliche Auskunft kann stets nach Maßgabe der §§ 129 ff. aufgehoben werden. Das ergibt sich aus dem Umkehrschluss zu § 2 Abs. 4 StAuskV, vgl. *Hahlweg*, in: Koenig, § 89 AO Rn. 29.

845 *Loose*, in: Tipke/Kruse, § 130 AO Rn. 2.

Wie im Verwaltungsverfahrensgesetz ist zwischen der Rücknahme eines rechtswidrigen (§ 130 AO; vgl. § 48 (L)VwVfG) und dem Widerruf eines rechtmäßigen Verwaltungsaktes (§ 131 AO; vgl. § 49 (L)VwVfG) zu unterscheiden. Ein unter Verstoß gegen Art. 107 Abs. 1 i.V.m. 108 Abs. 3 Satz 3 AEUV erlassener Steuerverwaltungsakt ist stets rechtswidrig.[846] Nach § 130 Abs. 1 AO können rechtswidrige Verwaltungsakte, auch nachdem sie unanfechtbar geworden sind, ganz oder teilweise mit Wirkung für die Zukunft oder für die Vergangenheit zurückgenommen werden. Bestandskraftdurchbrechende Rechtsgrundlage zur Herbeiführung der Rückforderung unionsrechtswidriger Steuerbeihilfen, die auf Grundlage eines sonstigen Steuerverwaltungsaktes gewährt worden sind, ist folglich § 130 Abs. 1 AO.[847]

bb) Korrektur von Steuerbescheiden und ihnen gleichgestellten Bescheiden

Steuerbescheide, die vorläufig festgesetzt wurden (§ 165 Abs. 1 Satz 1 AO) oder unter Vorbehalt der Nachprüfung ergangen sind (§ 164 Abs. 1 AO), können unproblematisch nach den §§ 165 Abs. 2, 164 Abs. 2 AO korrigiert werden.[848]

Nach welchen Vorschriften die Korrektur beihilfenrechtswidriger Steuerbescheide vorzunehmen ist bzw. ob überhaupt eine Rechtsgrundlage existiert, wenn der Bescheid weder vorläufig noch unter Vorbehalt der Nachprüfung ergangen ist, ist bis *dato* nicht abschließend geklärt. Soweit ersichtlich, ist diese Frage bislang noch nicht höchstrichterlich entschieden. Der BFH berief sich bislang lediglich auf *„zwingende Gründe des Gemeinwohls“*,[849] ohne dabei auf eine konkrete Rechtsgrundlage zu rekurrieren.[850]

Die §§ 130, 131 AO sind ausweislich des Wortlauts des § 172 Abs. 1 Satz Nr. 2 lit. d) AO nicht anwendbar und die §§ 173 ff. AO sehen keine Korrekturmöglichkeit für unionsrechtwidrige Steuerbescheide vor.[851] Die Qualifizierung einer

---

846 *Lehnert*, Die Korrektur von gemeinschaftsrechtswidrigen Beihilfen in Form von Steuervergünstigungen, S. 162.

847 So auch *Lehnert*, Die Korrektur von gemeinschaftsrechtswidrigen Beihilfen in Form von Steuervergünstigungen, S. 161 f.

848 *Grube*, Der Einfluss des unionsrechtlichen Beihilfenverbots auf das deutsche Steuerrecht, S. 72, *Linn*, IStR 2008, 601, 607; vgl. oben Abschnitt D. I. 2. d) cc) (3).

849 BFH, Beschluss vom 30.1.2009, VII B 180/08, BFHE 224, 372, Rn. 12 (juris).

850 *Kühn*, ISR 2018, 360; BFH, Beschluss vom 30.1.2009, VII B 180/08, BFHE 224, 372, Leitsatz 2.

851 BFH, Urteil vom 16.9.2010, V R 57/09, BFHE 230, 504, BStBl. II 2011, 151; *Linn*, IStR 2008, 601, 607; *Blumenberg/Kring*, IFSt-Schrift Nr. 473 (2011), S. 32; a.A. *Hahn/Suhrbier-Hahn*, DStZ 2002, 632, 639, die den Ausdruck „nur“ in § 172 Abs. 1 Satz 1

Steuervergünstigung als rechtswidrige Beihilfe ist weder „*eine neue Tatsache*" im Sinne des § 173 AO[852] noch handelt es sich um ein „*rückwirkendes Ereignis*" nach § 175 Abs. 1 Satz 1 Nr. 2 AO.[853] Eine Korrektur nach § 175 Abs. 1 Satz 1 Nr. 1 AO scheidet aus, da der Rückforderungsbeschluss der Kommission kein Grundlagenbescheid im Verhältnis zum beihilfegewährenden Steuerbescheid ist.[854]

Festzuhalten ist, dass die Abgabenordnung die Aufhebung unionsrechtswidriger Steuerbescheide, die nicht vorläufig festgesetzt oder unter dem Vorbehalt der Nachprüfung ergangen sind, nicht ausdrücklich vorsieht.[855] Insoweit besteht eine indirekte Kollision zwischen Unionsrecht und nationalem Steuerverfahrensrecht.[856] Um diesen Konflikt aufzulösen, werden verschiedene Lösungsansätze vorgeschlagen.

Zunehmend wird vertreten, man könne mittels unionsrechtskonformer Auslegung in dem Rückforderungsbeschluss einen Grundlagenbescheid erblicken, um so eine Korrektur nach § 175 Abs. 1 Satz 1 Nr. 1 AO zu ermöglichen.[857] Diese Auffassung ist jedoch abzulehnen. Gegen die Einstufung des Rückforderungsbeschlusses als Grundlagenbescheid im Sinne des § 171 Abs. 10 AO spricht bereits, dass der Beschluss nicht den Steuerpflichtigen, sondern allein den Mitgliedstaat

---

Nr. 2 lit. d) AO unionsrechtskonform einengend und § 173 Abs. 1 AO erweiternd auslegen möchten, um so eine Änderung eines bestandskräftigen Steuerbescheides im Fall der Rückforderung staatlicher Beihilfen zu ermöglichen.

852 *Grube*, Der Einfluss des unionsrechtlichen Beihilfenverbots auf das deutsche Steuerrecht, S. 73; *Krumm*, DStJG 41 (2018), 561, 595; *Linn*, IStR 2008, 601, 607 dort Fn. 96.

853 *Krumm*, DStJG 41 (2018), 561, 595; *Jansen*, Vorgaben des europäischen Beihilferechts für das nationale Steuerrecht, S. 175; *Linn*, IStR 2008, 601, 607 Fn. 97; *Kühn*, ISR 2018, 360, 362 m.w.N.

854 *Krumm*, DStJG 41 (2018), 561, 595; *Blumenberg/Kring*, IFSt-Schrift Nr. 473 (2011), S. 32; *Jansen*, Vorgaben des europäischen Beihilferechts für das nationale Steuerrecht, S. 174 f.

855 BFH, Urteil vom 16.9.2010, V R 57/09, BFHE 230, 504, BStBl II 2011, 151; in Betracht käme grundsätzlich noch die Möglichkeit der Änderung des Steuerbescheids nach § 172 Satz 1 Nr. 2a AO, jedoch setzt dies die Zustimmung des Steuerpflichtigen innerhalb der Rechtsbehelfsfrist voraus, was in der Praxis kaum zu erwarten ist, *Grube*, Der Einfluss des unionsrechtlichen Beihilfenverbots auf das deutsche Steuerrecht, S. 73.

856 *Krumm*, DStJG 41 (2018), 561, 597.

857 So etwa *Kühn*, ISR 2018, 360, 363 f.; *Härtwig*, ISR 2019, 17, 20 f.; *Lehnert*, Die Korrektur von gemeinschaftsrechtswidrigen Beihilfen in Form von Steuervergünstigungen, S. 190 f.; *Geisenberger*, Der Einfluss des Europarechts auf steuerliches Verfahrensrecht, S. 146 f.

adressiert.[858] Selbst wenn man im Rückforderungsbeschluss einen Grundlagenbescheid sähe, so könnte mit diesem Lösungsansatz nur die Rückforderung materiell rechtswidriger Beihilfen, nicht dagegen ausschließlich formell rechtswidriger Beihilfen begründet werden.[859] Denn im letzten Fall fehlt es noch an einem Rückforderungsbeschluss der Europäischen Kommission. Gleichwohl sind die Mitgliedstaaten unionsrechtlich verpflichtet, formell rechtswidrige Beihilfen (einstweilig) zurückzufordern.[860]

Andere Stimmen möchten die §§ 130, 131 AO analog anwenden, um eine Rückforderung zu ermöglichen.[861] Es fehlt jedoch an einer planwidrigen Regelungslücke.[862] Denn § 172 Abs. 1 Nr. 2 lit. d) AO schließt die Anwendung der §§ 130, 131 AO explizit aus. Eine Analogie ist rechtsmethodisch daher nicht vertretbar.[863]

Dogmatisch am überzeugendsten ist es, zum Zwecke der Beihilfenrückforderung § 172 Abs. 1 Nr. 2 lit. d) AO nach Maßgabe des Anwendungsvorrangs des Unionsrechts nicht anzuwenden.[864] Da Steuerbescheide auch Verwaltungsakte sind (siehe §§ 155 Satz 2, 122 Abs. 1, 118 AO), könnten diese dann gem. § 130 Abs. 1 AO zurückgenommen werden. Soweit diesem Lösungsvorschlag der eindeutige Wortlaut des § 172 Abs. 1 Nr. 2 lit. d) AO entgegengehalten wird,[865] so wird dabei gerade die Wirkungsweise des unionsrechtlichen Anwendungsvorranges verkannt, die Anwendung des mit dem Unionsrecht kollidierenden nationalen Rechts außer Acht zu lassen.[866] Im Gegensatz zu der Auffassung, welche die Rückforderung über § 175 Abs. 1 Satz 1 Nr. 1 AO begründet, kann mit der Anwendung des § 130 Abs. 1 AO sowohl die Rückabwicklung materiell rechtswidriger Beihilfen als auch ausschließlich formell rechtswidriger Beihilfen

---

858 *Krumm*, DStJG 41 (2018), 595; *Jansen*, Vorgaben des europäischen Beihilferechts für das nationale Steuerrecht, S. 174.

859 *Lehnert*, Die Korrektur von gemeinschaftsrechtswidrigen Beihilfen in Form von Steuervergünstigungen, S. 205.

860 Näher dazu oben in Abschnitt D. II. 3.

861 So etwa *Schacht/Steffens*, BB 2008, 1254, 1257; dies diskutierend auch *Krumm*, DStJG 41 (2018), 561, 604 f.; ablehnend *von Wedelstädt*, in: Gosch, § 172 AO Rn. 74.

862 *de Weerth*, DStR 2008, 1669, 1671; *von Wedelstädt*, in: Gosch, § 172 AO Rn. 74.

863 Zu den Voraussetzungen einer Analogie siehe *Rüthers/Fischer/Birk*, § 23 Rn. 889 f.

864 *Jahndorf/Oellerich*, DB 2008, 2559, 2564; *Englisch*, in: Schaumburg/Englisch, Rn. 9.65.

865 So etwa *Kühn*, ISR 2018, 360, 362.

866 Dazu *Ruffert*, in: Calliess/Ruffert, Art. 1 AEUV Rn. 22; *Streinz*, in: Streinz, Art. 4 EUV Rn. 39 f.; *Schlachter*, in: Erfurter Kommentar zum Arbeitsrecht, Vorbem. zum AEUV Rn. 45.

begründet werden. Auf den Umstand des Erlasses des Rückforderungsbeschlusses käme es nicht an. Für die Anwendung des § 130 Abs. 1 AO spricht außerdem, dass die Möglichkeit der Rückforderung dann nicht von dem – mitunter zufälligen – Umstand abhängig ist, ob einer Steuerbeihilfe der Erlass eines Steuerbescheids oder eines sonstigen Steuerverwaltungsakts folgt. Schließlich würden Steuerbeihilfen verfahrensrechtlich im Grunde nach den gleichen Maßstäben zurückgefordert werden können wie auch im allgemeinen Verwaltungsrecht nach § 48 (L)VwVfG.[867] Dafür wiederum spricht, dass das Beihilfenrecht keine Bereichsausnahme zugunsten des Steuerrechts vorbehält.[868]

Die gesetzliche Grundlage im nationalen Recht zur Aufhebung beihilfenrechtswidriger Steuerverwaltungsakte ist richtigerweise § 130 Abs. 1 AO.[869]

5. Kein Vertrauensschutz für die Begünstigungsempfänger

Eine Rückforderung durch die Finanzbehörden oder Finanzgerichte ist ausgeschlossen, „*wenn dies gegen einen allgemeinen Grundsatz des Unionsrechts verstoßen würde*".[870]

---

867 Vgl. *Loose*, in: Tipke/Kruse, § 130 AO Rn. 2; vgl. *Sachs*, in: Stelkens/Bonk/Sachs, § 48 VwVfG Rn. 262 f.

868 *Berg/Szymczak*, UR 2018, 853, 854.

869 So auch *Reich*, HFSt 8 (2018), 219, 230; *Englisch*, in: Schaumburg/Englisch, Rn. 9.67.

870 *Englisch*, DStR 2018, 2501, 2508; dies ist ausdrücklich in Art. 16 Abs. 1 Satz 2 VerfVO im Hinblick auf den Erlass eines Rückforderungsbeschlusses von Seiten der Europäischen Kommission sekundärrechtlich vorgeschrieben. Die Europäische Kommission nimmt freilich nur eine abstrakte Prüfung vor, *Härtwig*, ISR 2019, 17, 22; vgl. EuGH, Urteil vom 7.3.2002, *Italien/Kommission*, Rs. C-310/99, ECLI:EU:C:2002:143, Rn. 103, EuGH, Urteil vom 20.9.1990, *Kommission/Deutschland*, Rs. C-5/89, ECLI:EU:C:1990:320, Rn. 16. Diese Grundsätze sind gleichfalls auf mitgliedstaatlicher Ebene von Seiten der Behörden und nationalen Gerichte im konkret-individuellen Rückabwicklungsverhältnis zu beachten, *Krumm*, DStJG 41 (2018), 561, 576; EuGH, Urteil vom 11.7.1996, *SFEI u.a.*, Rs. C-39/94, ECLI:EU:C:1996:285, Rn. 70; *Bungenberg*, in: Bungenberg/Birnstiel/Heinrich, Art. 3 VO 659/1999 Rn. 231; Schlussanträge des GA *Jacobs* vom 14.12.1995 zu *SFEI u.a.*, Rs. C-39/94, ECLI:EU:C:1995:445, Rn. 75; Bekanntmachung der Kommission vom 9.4.2009 über die Durchsetzung des Beihilfenrechts durch die einzelstaatlichen Gerichte, Abl. (EU), C 85/1, Rn. 32: „*In solchen Fällen ist ein ähnlicher rechtlicher Standard zugrunde zu legen wie bei der Anwendung der Artikel 14 und 15 der Verfahrensverordnung*" (Art. 14 VO 659/1999 entspricht dem derzeit geltenden Art. 16 VerfVO nahezu inhaltsgleich).

a) Vertrauensschutz als allgemeiner Grundsatz des Unionsrechts

Bei den allgemeinen Unionsrechtsgrundsätzen handelt es sich um ungeschriebenes Primärrecht, das den Rechtsordnungen der Mitgliedstaaten gemein ist.[871] Dazu gehören insbesondere die Grundsätze der Verhältnismäßigkeit, der Rechtssicherheit und des Vertrauensschutzes.[872] Insbesondere der Einwand schutzwürdigen Vertrauens wurde von den Rückforderungspflichtigen häufig bemüht, um sich einer Beihilfenrückforderung zu entziehen.[873] Dieser Grundsatz wurde im Unionsrecht im Zuge langjähriger Judikatur der Unionsgerichte entwickelt, in welcher dieser als *„höherrangige"*, die Einzelnen schützende *„Rechtsnorm"*,[874] als *„tragender Grundsatz der Gemeinschaft"*[875] und als *„allgemeiner Grundsatz"*[876] bezeichnet wird.[877] Daraus folgt, dass die Vorschriften des Unionsrechts hinreichend bestimmt und ihre Anwendung für den Einzelnen vorhersehbar sein müssen.[878] Eine erschöpfende Definition gibt es

---

871 *Bungenberg*, in: Bungenberg/Birnstiel/Heinrich, Art. 14 VO Nr. 659/1999, Kapitel 2, Rn. 483; Bekanntmachung der Kommission vom 23.7.2019 über die Rückforderung rechtswidriger und mit dem Binnenmarkt unvereinbarer staatlicher Beihilfen, Abl. (EU), C 247/1, Rn. 32.

872 *Grube*, Der Einfluss des unionsrechtlichen Beihilfenverbots auf das deutsche Steuerrecht, S. 77; EuGH, Urteil vom 21.9.1983, *Deutsche Milchkontor GmbH*, verb. Rs. C-205 bis C-215/82, ECLI:EU:C:1983:233, Rn. 30.

873 *Blumenberg/Kring*, IFSt-Schrift Nr. 473 (2011), S. 39 die von dem am meisten „strapazierten" Einwand sprechen.

874 EuG, Urteil vom 15.11.2018, *Deutsche Telekom/Kommission*, Rs. T-207/10, ECLI:EU:T:2018:786, Rn. 37; EuGH, Urteil vom 14.5.1975, *CNTA/Kommission*, Rs. C-74/74, ECLI:EU:C:1975:59, Rn. 44.

875 EuGH, Urteil vom 7.6.2005, *VEMW u.a.*, Rs. C-17/03, ECLI:EU:C:2005:362, Rn. 73; EuGH, Urteil vom 14.10.1999, *Atlanta/Europäische Gemeinschaft*, Rs. C-104/97 P, ECLI:EU:C:1999:498, Rn. 52.

876 EuG, Urteil vom 15.11.2018, *Deutsche Telekom/Kommission*, Rs. T-207/10, ECLI:EU:T:2018:786, Rn. 37.

877 EuG, Urteil vom 15.11.2018, *Deutsche Telekom/Kommission*, Rs. T-207/10, ECLI:EU:T:2018:786, Rn. 37; Schlussanträge des GA *Léger* zu *Belgien und Forum 187/Kommission*, C-182/03 und C-217/03, ECLI:EU:C:2006:89, Rn. 366; näher zum Prinzip der Rechtssicherheit und seiner Ausprägung im Lichte des Unionsrechts bei *Kokott*, Das Steuerrecht der Europäischen Union, § 2 Rn. 27 ff.

878 EuGH, Urteil vom 15.2.1996, *Duff u.a.*, Rs. C-63/93, ECLI:EU:C:1996:51, Rn. 20; EuGH, Urteil vom 18.5.2000, *Rombi und Arkopharma*, Rs. C-107/97, ECLI:EU:C:2000:253, Rn. 66; Schlussanträge des GA *Léger* zu *Belgien und Forum 187/Kommission*, verb. Rs. C-182/03 und C-217/03, ECLI:EU:C:2006:89, Rn. 367 spricht von *„Pendant zum Grundsatz der Rechtssicherheit"*; in EuG, Urteil vom 15.11.2018, *Deutsche Telekom/*

nicht.[879] Fest steht aber, dass sich die inhaltlichen Maßstäbe des Unionsrechts mit den Vertrauensschutzkonzepten der einzelnen Mitgliedstaaten nicht zwingend decken.[880]

b) *Inhaltliche Maßstäbe im unionsrechtlichen Beihilfenrecht*

Im Kontext des unionsrechtlichen Beihilfenrechts sind die inhaltlichen Maßstäbe des Vertrauensschutzes von den Unionsgerichten wie folgt konkretisiert worden.

Der Begünstigungsempfänger einer staatlichen Beihilfe dürfe grundsätzlich nur dann auf ihre Ordnungsmäßigkeit vertrauen, wenn sie unter Einhaltung des Beihilfeverfahrens gewährt wurde; einem sorgfältigen Gewerbetreibenden sei es regelmäßig möglich, sich diesbezüglich zu vergewissern.[881] Die Rückforderung eines unter Verstoß gegen das Durchführungsverbot gewährten Vorteils sei für den einzelnen Beihilfenempfänger eine vorhersehbare Gefahr.[882] Die Rechtsprechung unterscheidet nicht nach der Größe des Unternehmens, d.h. es gelten dieselben Grundsätze für international agierende Großunternehmen wie für kleine,

---

Kommission, Rs. T-207/10, ECLI:EU:T:2018:786, Rn. 37 heißt es: „*logische Folge des Grundsatzes der Rechtssicherheit*"; Bekanntmachung der Kommission vom 23.7.2019 über die Rückforderung rechtswidriger und mit dem Binnenmarkt unvereinbarer staatlicher Beihilfen, Abl. (EU), C 247/1, Rn. 34.

879 Schlussanträge des GA *Léger* zu *Belgien und Forum 187/Kommission*, verb. Rs. C-182/03 und C-217/03, ECLI:EU:C:2006:89, Rn. 368.

880 So ist im ersten Urteil des Europäischen Gerichtshofs, das den Grundsatz des Vertrauensschutzes im Unionsrecht bestätigt hatte, dieser Grundsatz nach der traditionellen Methode der „*Entdeckung*" allgemeiner Grundsätze des Unionsrechts aus einer rechtsvergleichenden Untersuchung zu den sechs Mitgliedstaaten der Europäischen Gemeinschaft für Kohle und Stahl hergeleitet worden, EuG, Urteil vom 15.11.2018, *Deutsche Telekom/Kommission*, Rs. T-207/10, ECLI:EU:T:2018:786, Rn. 92 unter Verweis auf EuGH, Urteil vom 12. 7.1957, *Algera u.a./Assemblée commune*, verb. Rs. C-7/56 und C-3/57 bis C-7/57, ECLI:EU:C:1957:7, S. 118.

881 EuGH, Urteil vom 15.12.2005, *Unicredito Italiano*, Rs. C-148/04, ECLI:EU:C:2005:774, Rn. 104; EuGH, Urteil vom 29.4.2004, *Italien/Kommission*, Rs. C-91/01, ECLI:EU:C:2004:244, Rn. 65; EuGH, Urteil vom 11.11.2004, *Demesa und Territorio Histórico de Álava/Kommission*, verb. Rs. C-183/02 P und C-187/02 P, ECLI:EU:C:2004:701, Rn. 44; EuGH, Urteil vom 20.3.1997, *Land Rheinland-Pfalz/Alcan Deutschland*, Rs. C-24/95, ECLI:EU:C:1997:163, Rn. 25; EuGH, Urteil vom 14.1.1997, *Spanien/Kommission*, Rs. C-169/95, ECLI:EU:C:1997:10, Rn. 51.

882 EuGH, Urteil vom 15.12.2005, *Unicredito Italiano*, Rs. C-148/04, ECLI:EU:C:2005:774, Rn. 109 sowie 6. Leitsatz.

lediglich lokal operierende Wirtschaftsteilnehmer.[883] Der Empfänger einer Beihilfe, die ohne vorherige Anmeldung bei der Kommission gewährt wurde, dürfe also grundsätzlich nicht auf dessen Rechtmäßigkeit vertrauen.[884] Nicht einmal der Erlass eines Positivbeschlusses der Kommission genüge für sich allein genommen, um Vertrauensschutz zu begründen.[885] Erst wenn dieser bestandskräftig geworden ist,[886] habe der Empfänger Gewissheit über die Rechtmäßigkeit der geplanten staatlichen Beihilfe, sodass erst dann darauf vertraut werden dürfe, die rechtswidrig erlangte Beihilfe behalten zu dürfen.[887]

Diese strengen Maßstäbe sollen uneingeschränkt auch in den Fällen der Rückgewähr steuerlicher Beihilfen gelten.[888] Denn die Rückforderungsverpflichtung dürfe nicht davon abhängen, in welcher Form eine Beihilfe gewährt wurde.[889] Die Berufung darauf, es sei für den Beihilfenempfänger nicht erkennbar gewesen, dass es sich bei einer steuerrechtlichen Regelung um eine Beihilfe gehandelt habe, sei ohne Bedeutung.[890] Sofern die Rückabwicklung die rückwirkende Besteuerung bedeuten sollte, sei dies hinzunehmen.[891] Im Übrigen stelle

---

883 *Mederer*, in: von der Groeben/Schwarze/Hatje, Europäisches Unionsrecht, Art. 108 AEUV Rn. 58 m.w.N.; Bekanntmachung der Kommission vom 23.7.2019 über die Rückforderung rechtswidriger und mit dem Binnenmarkt unvereinbarer staatlicher Beihilfen, Abl. (EU), C 247/1, Rn. 41; vgl. EuGH, Urteil vom 29.4.2004, *Italien/Kommission*, Rs. C-298/00 P, ECLI:EU:C:2004:240, Rn. 88.

884 EuGH, Urteil vom 15.12.2005, *Unicredito Italiano*, Rs. C-148/04, ECLI:EU:C:2005:774, Rn. 104; EuGH, Urteil vom 11.11.2004, *Demesa und Territorio Histórico de Álava/ Kommission*, verb. Rs. C-183/02 P und C-187/02 P, ECLI:EU:C:2004:701, Rn. 45.

885 *Mederer*, in: von der Groeben/Schwarze/Hatje, Europäisches Unionsrecht, Art. 108 AEUV Rn. 58.

886 Im Fall der Anfechtung des positiven Beschlusses kann der Beschluss erst dann berechtigtes Vertrauen begründen, wenn ein rechtskräftiges Urteil der Unionsgerichte die Gültigkeit des Beschlusses bestätigt hat, *Mederer*, in: von der Groeben/Schwarze/ Hatje, Art. 108 AEUV Rn. 58; *Köster*, in: MüKo, Art. 16 VO 2015/1589 Rn. 24.

887 EuGH, Urteil vom 29.4.2004, *Italien/Kommission*, Rs. C-91/01, ECLI:EU:C:2004:244, Rn. 66.

888 Vgl. EuG, Urteil vom 4.2.2016, *SinnLeffers/Kommission*, Rs. T-620/11, ECLI:EU:T:2016:59, Rn. 188; EuGH, Urteil vom 15.12.2005, *Unicredito Italiano*, Rs. C-148/04, ECLI:EU:C:2005:774, Rn. 104 ff.

889 EuGH, Urteil vom 10.6.1993, *Kommission/Griechenland*, Rs. C-183/91, ECLI:EU:C:1993:233, Rn. 16.

890 *Schönfeld/Ellenrieder*, IStR 2018, 444, 445; vgl. BFH, 30.1.2009, VII B 180/08, BFHE 224, 372 unter II.3.

891 Vgl. EuGH, Urteil vom 10.6.1993, *Kommission/Griechenland*, Rs. C-183/91, ECLI:EU:C:1993:233, Rn. 17 ff.

die Nachforderung einer Steuerbeihilfe keine rückwirkende Besteuerung dar. Denn es werde keine Rechtslage mit Wirkung für die Vergangenheit umgestaltet und auf dieser Grundlage eine Steuer rückwirkend erhoben, sondern lediglich der Betrag nach- bzw. zurückgefordert, der von Anfang an vom rechtswidrig begünstigten Steuerpflichtigen hätte gezahlt werden müssen.[892] Weder die Existenz einer gesetzlichen Vorschrift noch etwaiges Handeln der Finanzbehörden könne vertrauensschutzbegründend sein.[893] Dies gelte selbst dann, wenn die Rückforderung durch den Mitgliedstaat einen Verstoß gegen den Grundsatz von Treu und Glauben darstellt, da dessen Organe in erheblichem Maße für die Gewährung der rechtswidrigen Beihilfe verantwortlich waren.[894] Vor diesem Hintergrund könne der Beihilfenempfänger auch nicht auf eine ihm erteilte verbindliche Auskunft (§ 89 AO), in welcher der Beihilfecharakter einer gesetzlichen Steuervergünstigung ausdrücklich verneint wurde, vertrauen.[895]

Nur „*ausnahmsweise*",[896] d.h. bei „*außergewöhnlichen Umständen*"[897] könne der Empfänger in den Bestand einer rechtswidrigen Beihilfe vertrauen. Solche Umstände seien anzunehmen, wenn der rechtswidrigen Beihilfengewährung den Unionsorganen zurechenbare Verhaltensweisen vorausgehen,[898] wie zum Beispiel eindeutige Zusicherungen von Seiten der Kommission.[899] Solche Zusicherungen kommen jedoch zum einen nur bei klaren, nicht an Bedingungen

---

892 *Krumm*, DStJG 41 (2018), 561, 581 f.; EuGH, Urteil vom 10.6.1993, *Kommission/Griechenland*, Rs. C-183/91, ECLI:EU:C:1993:233, Rn. 15; EuGH-Urteile entfalten grds. *ex-tunc*-Wirkung, siehe EuGH, Urteil vom 30.3.2006, *Uudenkaupungin kaupunki*, Rs. C-184/04, ECLI:EU:C:2006:214, Rn. 53.

893 *Englisch*, in: Tipke/Lang, § 4 Rn. 40; *ders.*, DStR 2018, 2501, 2508.

894 EuGH, Urteil vom 20.3.1997, *Land Rheinland-Pfalz/Alcan Deutschland*, Rs. C-24/95, ECLI:EU:C:1997:163, Rn. 39 ff.; *Grube*, Der Einfluss des unionsrechtlichen Beihilfenverbots auf das deutsche Steuerrecht, S. 78; *Martini*, StuW 2017, 101, 105.

895 EuG, Urteil vom 4.2.2016, *SinnLeffers/Kommission*, Rs. T-620/11, ECLI:EU:T:2016:59, Rn. 190 m.w.N.

896 EuGH, Urteil vom 20.9.1990, *Deutschland/Kommission*, Rs. C-5/89, ECLI:EU:C:1990:320, Rn. 16.

897 EuG, Urteil vom 15.11.2018, *Deutsche Telekom/Kommission*, Rs. T-207/10, ECLI:EU:T:2018:786, Rn. 40.

898 EuGH, Urteil vom 21.7.2011, *Alcoa Trasformazioni/Kommission*, Rs. C-194/09 P, ECLI:EU:C:2011:497, Rn. 71; EuGH, Urteil vom 17.9.2009, *Kommission/Koninklijke FrieslandCampina*, Rs. C-519/07 P, ECLI:EU:C:2009:556, Rn. 84; näher dazu *Martini*, StuW 2017, 101, 105 f.

899 EuGH, Urteil vom 16.12.2010, *Kahla Thüringen Porzellan/Kommission*, Rs. C-537/08 P, ECLI: EU:C:2010:769, Rn. 63 m.w.N.

geknüpften und übereinstimmenden Auskünften von der Kommission als Kollegialorgan in Betracht.[900] Zum anderen müssen diese „*im Einklang mit den anwendbaren Rechtsnormen sein*".[901] Aus diesem Grund dürften informelle Auskünfte im Rahmen sog. „*comfort letter*"[902] nicht *per se* Vertrauensschutz gewähren können,[903] erst recht nicht, wenn diese lediglich gegenüber dem Mitgliedstaat erteilt werden, nicht dagegen gegenüber den Beihilfenempfängern.[904] Nach Auffassung der Europäischen Kommission könne – speziell im Bereich des Steuerrechts – ein Vertrauenstatbestand auch angenommen werden, wenn in anderen EU-Mitgliedstaaten ähnliche Steuervergünstigungen nicht beanstandet bzw. nicht als Beihilfe qualifiziert wurden.[905] Die bloße Existenz einer vergleichbaren Regelung genüge jedoch nicht.[906] Vielmehr sei erforderlich, dass die Kommission die Beihilfequalität ausdrücklich verneinte, keine Einwände gegen die Kommissionentscheidung erhoben worden sind und diese Informationen in der Öffentlichkeit bekannt gemacht wurden.[907] Allein der Umstand, dass die Kommission über einen längeren Zeitraum die Kontrollbefugnisse nicht ausgeübt hat, könne kein berechtigtes Vertrauen in die Rechtmäßigkeit einer Beihilfe begründen.[908] Soweit ersichtlich hat der EuGH bis *dato* nur einmal in der

900 EuGH, Urteil vom 16.12.2010, *Kahla Thüringen Porzellan/Kommission*, Rs. C-537/08 P, ECLI:EU:C:2010:769, Rn. 63 m.w.N.; näher dazu EuG, Urteil vom 15.11.2018, *Deutsche Telekom/Kommission*, Rs. T-207/10, ECLI:EU:T:2018:786, Rn. 46; *Schönfeld/Ellenrierder*, IStR 2018, 444, 446.

901 EuGH, Urteil vom 24.3.2011, *ISD Polska u.a./Kommission*, Rs. C-369/09 P, ECLI:EU:C:2011:175, Rn. 123; Bekanntmachung der Kommission vom 23.7.2019 über die Rückforderung rechtswidriger und mit dem Binnenmarkt unvereinbarer staatlicher Beihilfen, Abl. (EU), C 247/1, Rn. 39.

902 Zur Möglichkeit einer sog. Pränotifizierung siehe oben Abschnitt D. I. 2. b) bb).

903 So aber *Seer*, in: Tipke/Kruse, Europarechtsschutz, I. Rechtsschutz gegen Negativ-/Rückforderungsbeschlüsse der EU-Kommission, Rn. 63; *ders.*, in: Kirchhof/Seer, § 3a EStG Rn. 8; *Bodden*, in: Korn, § 3a EStG Rn. 5; EuG, Urteil vom 15.11.2018, *Deutsche Telekom/Kommission*, Rs. T-207/10, ECLI:EU:T:2018:786, Rn. 50 f., *Micker*, ISR 2019, 105 f.; a.A. richtigerweise *Möhlenkamp*, ZIP 2018, 1907, 1914; *Hallerbach*, in: Herrmann/Heuer/Raupach, § 3a EStG Rn. 6.

904 So aber EuG, Urteil vom 15.11.2018, *Deutsche Telekom/Kommission*, Rs. T-207/10, ECLI:EU:T:2018:786, Rn. 57.

905 Dazu *Geisenberger*, Der Einfluss des Europarechts auf steuerliches Verfahrensrecht, S. 58 mit zahlreichen Nachweisen in Fn. 224.

906 Näher dazu *Martini*, StuW 2017, 10, 106; EuG, Urteil vom 4.2.2016, *SinnLeffers/Kommission*, Rs. T-620/11, ECLI:EU:T:2016:59, Rn. 192.

907 *Martini*, StuW 2017, 101, 106.

908 *Krumm*, DStJG 41 (2018), 561, 579.

Rechtssache C-223/85 (*RSV/Kommission*) aus dem Jahr 1987 den Einwand des Vertrauensschutzes bejaht.[909] Die dem Urteil zugrundeliegende streitgegenständliche Beihilfe betraf einen Sektor, für den über einen langjährigen Zeitraum mit Genehmigung der Kommission staatliche Beihilfen gewährt worden waren, und diente dazu, die Mehrkosten eines Vorgangs aufzufangen, der bereits mit einer genehmigten Beihilfe bezuschusst worden war.[910] Die Kommission stellte die Unvereinbarkeit mit dem Binnenmarkt fest und ordnete die Rückforderung an, allerdings erst 26 Monate nachdem sie Kenntnis von der Maßnahme erhalten hatte.[911] Da die Kommission keinen trifftigen Grund vortragen konnte, der den langen Zeitablauf bis zum Erlass der Entscheidung rechtfertigen konnte, wurde unter Würdigung der Gesamtumstände und der zeitlichen Verzögerung auf Seiten des Beihilfenempfängers ein berechtigtes Vertrauen ausnahmsweise angenommen.[912] Von den Unionsgerichten wird in ständiger Rechtsprechung betont, dass es sich dabei um einen besonderen Einzelfall handelt und die Ausführungen nicht auf anderweitige Konstellationen übertragen werden können.[913]

c) *Suspendierung mitgliedstaatlicher Vertrauensschutzkonzepte*

Die allgemeinen Grundsätze des Unionsrechts spiegeln sich im Rechtsstaatsprinzip im Sinne des Art. 20 Abs. 3 GG wider.[914] Nach Maßgabe des

---

909 Darauf hinweisend auch die Europäische Kommission, siehe Bekanntmachung der Kommission vom 23.7.2019 über die Rückforderung rechtswidriger und mit dem Binnenmarkt unvereinbarer staatlicher Beihilfen, Abl. (EU), C 247/1, Fn. 43 unter Verweis auf EuGH, Urteil vom 24.11.1987, *RSV/Kommission*, Rs. C-223/85, ECLI:EU:C:1987:502, Rn. 16 f.

910 So zusammengefasst in EuGH, Urteil vom 28.1.2003, *Deutschland/Kommission*, Rs. C-334/99, ECLI:EU:C:2003:55, Rn. 44.

911 EuGH, Urteil vom 24.11.1987, *RSV/Kommission*, Rs. C-223/85, ECLI:EU:C:1987:502.

912 EuGH, Urteil vom 24.11.1987, *RSV/Kommission*, Rs. C-223/85, ECLI:EU:C:1987:502, Rn. 16 f.; EuG, Urteil vom 14.1.2004, *Fleuren Compost/Kommission*, Rs. T-109/01, ECLI:EU:T:2004:4, Rn. 145.

913 EuGH, Urteil vom 29.4.2004, *Italien/Kommission*, Rs. C-298/00 P, ECLI:EU:C:2004:240, Rn. 90; EuGH, Urteil vom 28.1.2003, *Deutschland/Kommission*, Rs. C-334/99, ECLI:EU:C:2003:55, Rn. 44; EuG, Urteil vom 14.1.2004, *Fleuren Compost/Kommission*, Rs. T-109/01, ECLI:EU:T:2004:4, Rn. 145 f.; Bekanntmachung der Kommission vom 23.7.2019 über die Rückforderung rechtswidriger und mit dem Binnenmarkt unvereinbarer staatlicher Beihilfen, Abl. (EU), C 247/1, Fn. 43.

914 BVerfG, Beschluss vom 17.2.2000, 2 BvR 1210/98, EuZW 2000, 445, 446 m.w.N.; große praktische Bedeutung kommt im Steuerrecht dem verfassungsrechtlichen Grundsatz des Vertrauensschutzes zu, näher dazu *Englisch/Plum*, StuW 2004, 342 ff.

Anwendungsvorrangs des Unionsrechts werden die mitgliedstaatlichen Vertrauensschutzkonzepte im Rahmen der Rückforderung beihilfenrechtswidriger Subventionen nach ganz herrschender Auffassung von den oben genannten inhaltlichen Maßstäben der Unionsgerichte „*überlagert*“ bzw. „*suspendiert*“.[915]

Vor diesem Hintergrund sei es nach Auffassung des BFH dem Steuerpflichtigen zuzumuten, sich etwa durch Einsichtnahme in amtliche Veröffentlichungen oder durch eine entsprechende Nachfrage bei den Finanzbehörden zu erkundigen, ob das nötige Notifikationsverfahren eingeleitet worden ist.[916] Sofern die Rückforderung rechtswidrig gewährter Beihilfen im Steuerrecht eine echte rückwirkende Besteuerung nach sich ziehen sollte, so sei diese jedenfalls aus zwingenden Gründen des Gemeinwohls gerechtfertigt.[917]

Darüber hinaus führen die inhaltlichen Maßstäbe des unionsrechtlichen Vertrauensschutzkonzepts zu einer Überformung des mitgliedstaatlichen Verfahrensrechts. Nach Art. 16 Abs. 3 Satz 1 VerfVO erfolgt die Rückforderung zwar „*nach den Verfahren des betreffenden Mitgliedstaates*“, jedoch nur „*sofern hierdurch die sofortige und tatsächliche Vollstreckung des Beschlusses der Kommission ermöglicht wird*“. Die Anwendung der verfahrensrechtlichen Vorschriften wird durch das sog. Äquivalenz- und das Effektivitätsgebot modifiziert, welche jeweils Ausprägung des Art. 4 Abs. 3 EUV sind (Grundsatz der loyalen Zusammenarbeit).[918] Nach dem Äquivalenzgebot – auch Diskriminierungsverbot genannt – dürfen zur Durchführung des Unionsrechts bei der Anwendung nationalen Verfahrensrechts keine Unterschiede gemacht werden, in denen über

915 Vgl. *Brandau/Neckenich/Reich/Reimer*, BB 2017, 1175, 1187; *Blumenberg/Kring*, IFSt-Schrift Nr. 473 (2011), S. 38; vgl. auch *Bungenberg*, in: Birnstiel/Bungenberg/Heinrich, Art. 14 VO 659/1999, Kapitel 2, Rn. 483 m.w.N; *Reich*, HFSt 8 (2018), 219, 231; BFH, Beschluss vom 30.1.2009, VII B 181/08, BFHE 224, 372; BVerwG, Urteil vom 23.4.1998, 3 C 15/97, EuZW 1998, 730, 731 f.; *Schnitger*, IStR 2017, 421, 427; *Grube*, Der Einfluss des unionsrechtlichen Beihilfenverbots auf das deutsche Steuerrecht, S. 80; BVerfG, Nichtannahmebeschluss vom 17.2.2000, 2 BvR 1210/98; BVerfG, Nichtannahmebeschluss vom 3.7.2001, 1 BvR 382/01, Rn. 11 (juris); *Jahndorf/Oellerich*, DB 2008, 2559, 2565; *Weiß*, DÖV 2008, 477, 487.

916 BFH, Beschluss vom 30.1.2009, VII B 181/08, BFHE 224, 372, Rn. 13 (juris).

917 BFH, Beschluss vom 30.1.2009, VII B 181/08, BFHE 224, 372, Rn. 12 (juris).

918 EuGH, Urteil vom 5.10.2006, *Transalpine Ölleitung in Österreich*, Rs. C-368/04, ECLI:EU:C:2006:644, Rn. 45 m.w.N.; *von Brevern*, EWS 2005, 154, 156; *Sinnaeve*, Die Rückforderung gemeinschaftsrechtswidriger nationaler Beihilfen, S. 110 f.; *Kahl*, in: Calliess/Ruffert, Art. 4 EUV Rn. 128.

gleichartige, rein nationale Sachverhalte entschieden wird.[919] Das Effektivitätsgebot – auch Beeinträchtigungsverbot genannt – verlangt, dass die die Wirksamkeit bzw. Durchsetzung des Unionsrechts „*nicht praktisch unmöglich gemacht*" oder „*übermäßig erschwert werden*" dürfen.[920] Es sei unionsrechtlich grundsätzlich unbedenklich, wenn nationale Verfahrensvorschriften die Grundsätze der Rechtssicherheit und des Vertrauensschutzes berücksichtigen.[921] Zur effektiven Durchsetzung des Beihilfenrechts dürfen aber weder nationale Ausschlussfristen[922] noch die Berufung auf den Wegfall der Bereicherung einer Rückforderung entgegenstehen.[923] Der Mitgliedstaat soll sich nicht auf Bestimmungen oder Umstände seiner internen Rechtsordnung berufen können, um sich der Durchsetzung unionsrechtlicher Verpflichtungen zu entziehen.[924]

Konkret für die Rückabwicklung steuerlicher Beihilfen bedeutet das, dass vor dem Hintergrund des Effektivitätsprinzips und der strengen Anforderungen an den Einwand des Vertrauensschutzes die Regelungen der Abgabenordnung nicht angewendet werden dürfen, soweit sie der Umsetzung unionsrechtlicher Verpflichtungen entgegenstehen.[925] Das Entschließungsermessen nach § 130 Abs. 1 AO ist danach auf Null reduziert,[926] und soweit die einschränkenden

---

919 EuGH, 21.9.1983, *Deutsche Milchkontor GmbH*, verb. Rs. C-205 bis C-215/82, ECLI:EU:C:1983:233, Rn. 19, 23; EuGH, Urteil vom 4.7.2006, *Adeneler u.a.*, Rs. C-212/04, ECLI:EU:C:2006:443, Rn. 95.

920 *Kahl*, in: Calliess/Ruffert, Art. 4 EUV Rn. 128; EuGH, Urteil vom 24.10.2018, *XC u.a.*, Rs. C-234717, ECLI:EU:C:2018:853 Rn. 22 m.w.N.

921 EuGH, Urteil vom 20.3.1997, *Land Rheinland-Pfalz/Alcan Deutschland*, Rs. C-24/95, ECLI:EU:C:1997:163, Rn. 25.

922 EuGH, Urteil vom 20.3.1997, *Land Rheinland-Pfalz/Alcan Deutschland*, Rs. C-24/95, ECLI:EU:C:1997:163, Rn. 25; so entschied der BFH einst, dass vor dem Hintergrund des Anwendungsvorranges die Festsetzungsverjährung nach § 169 AO (im Bereich eines Zollfalles) nicht anzuwenden ist, damit eine Beihilfenrückforderung möglich ist, siehe BFH, Beschluss vom 30.1.2009, VII B 180/08, BFHE 224, 372, 4. Leitsatz.

923 EuGH, Urteil vom 20.3.1997, *Land Rheinland-Pfalz/Alcan Deutschland*, Rs. C-24/95, ECLI:EU:C:1997:163, Rn. 54.

924 *Martini*, StuW 2017, 101, 105 Fn. 31 m.w.N.; zur Überformung des nationalen Rechts insbesondere durch das Effizienzgebot siehe die zahlreichen Nachweise bezüglich der §§ 48 ff. VwVfG, des § 812 BGB sowie des öffentlich-rechtlichen Erstattungsanspruchs bei *Finck/Gurlit*, Jura 2011, 87, 88 in Fn. 21.

925 Vgl. *Reimer*, FR 2008, 302, 305; in Bezug auf die §§ 48, 49 (L)VwVfG siehe *von Brevern*, EWS 2005, 154, 157; EuGH, Urteil vom 20.3.1997, *Land Rheinland-Pfalz/Alcan Deutschland*, Rs. C-24/95, ECLI:EU:C:1997:163, Rn. 27 ff.

926 In Bezug auf § 48 Abs. 1 VwVfG: *Koenig/Ghazarian*, in: Streinz, Art. 108 Rn. 40; BVerwG, Urteil vom 31.5.2012, 3 C 12/11, NVwZ-RR 2012, 628, 629.

Tatbestandsvoraussetzungen in Art. 130 Abs. 2 und 3 AO der Durchsetzung der mitgliedstaatlichen Rückforderungspflicht entgegenstehen, sind diese nicht anzuwenden.[927]

d) Kritik am unionsrechtlichen Vertrauensschutzkonzept

Die vom EuGH entwickelten inhaltlichen Maßstäbe betreffend den Grundsatz des Vertrauensschutzes im Kontext des Beihilfenrechts sind nicht überzeugend und unionsrechtlich höchst bedenklich.[928]

aa) Dogmatisch verfehlte Bezugspunkte

Der EuGH legt dem Beihilfenempfänger dem Grunde nach eine Vergewisserungsobliegenheit auf, die darauf gerichtet ist, zu prüfen, ob der Mitgliedstaat seinen Pflichten aus Art. 108 Abs. 3 AEUV nachgekommen ist. Sind die mitgliedstaatlichen Pflichten nicht eingehalten worden, dann führt dies zum Versagen des Vertrauensschutzes.[929]

Dies ist rechtsdogmatisch verfehlt. Denn die Mitgliedstaaten sind dazu verpflichtet, die beihilfenrechtlichen Pflichten zu erfüllen.[930] Die Beihilfenempfänger sind weder Adressaten hinsichtlich der Anmeldepflicht, noch resultieren für sie etwaige Pflichten aus dem Durchführungsverbot:

> *„Aus dem System des Artikels [108 Abs. 3 AEUV], der ein* ***zweiseitiges Verhältnis*** *zwischen der Kommission und dem Mitgliedstaat begründet, ergibt sich nämlich bereits, dass die* ***Anmeldepflicht nur die Mitgliedstaaten trifft. Dieser Pflicht kann daher nicht durch eine Anmeldung genügt werden, die das Unternehmen vornimmt, das die Beihilfe erhält.*** *Wie der Gerichtshof bereits entschieden hat, erlegt der durch Artikel [108 Abs. 3 AEUV] geschaffene Mechanismus der Kontrolle und Prüfung staatlicher Beihilfen dem* ***Empfänger der Beihilfe keine spezifische Verpflichtung auf.*** *Zum einen* ***gelten die Verpflichtung zur Unterrichtung und das bis dahin geltende Verbot der Durchführung von beabsichtigten Beihilfemaßnahmen für den Mitgliedstaat.*** *Zum anderen ist dieser auch Adressat der Entscheidung, mit der die Kommission die Unvereinbarkeit einer*

927 *Englisch*, in: Schaumburg/Englisch, Rn. 9.67.

928 Siehe nur *Cremer*, in: Calliess/Ruffert, Art. 108 AEUV Rn. 30.

929 *Jansen*, Vorgaben des europäischen Beihilferechts für das nationale Steuerrecht, S. 164; *Koenig/Kühling/Ritter*, EG-Beihilfenrecht, Rn. 463; *Krumm*, DStJG 41 (2018), 561, 580.

930 *Birnstiel/Heinrich*, in: Birnstiel/Bungenberg/Heinrich, Art. 3 VO 659/1999 Rn. 216, 220; EuGH, Urteil vom 1.6.2006, *P&O European Ferries (Vizcaya)/Kommission*, verb. Rs. C-442/03 P und C-471/03 P, ECLI:EU:C:2006:356, Rn. 103; siehe auch BGH, 10.2.2011, I ZR 136/09, BGHZ 188, 326, Rn. 19 (juris) m.w.N.

Beihilfe feststellt und ihn auffordert, die Beihilfe binnen einer von ihr bestimmten Frist aufzuheben.“[931]

Die Unternehmen können eine staatliche Beihilfe nicht formwirksam notifizieren. Den Verstoß gegen das Durchführungsverbot begehen nicht die Begünstigten durch die Annahme der Beihilfe,[932] sondern allein die Mitgliedstaaten durch die verfrühte Gewährung.[933] Das Unionsrecht bietet auch keine Rechtsgrundlage etwa für eine Schadensersatzhaftung des Beihilfenempfängers gegenüber seinen Konkurrenten wegen der Annahme einer rechtswidrigen Beihilfe, selbst wenn dieser bösgläubig gewesen ist.[934] Wenn man dem Beihilfenempfänger die Berufung auf Vertrauensschutz in die Rechtmäßigkeit einer Beihilfe aus dem Grund versagt, weil das Beihilfeverfahren nicht eingehalten wurde, dann impliziert das letztlich doch eine unmittelbare Wirkung der Beihilfevorschriften diesem gegenüber.[935] Richtigerweise müsste allein der Mitgliedstaat für die unterlassene Anmeldung die Verantwortung tragen und nicht der Beihilfenempfänger, der auf das Beihilfeverfahren keinen Einfluss nehmen kann.[936]

Auf den ersten Blick mag es zwar überzeugend erscheinen, mitgliedstaatlichem Handeln keine vertrauensschutzbegründende Wirkung zukommen zu lassen. Denn der Mitgliedstaat soll sich nicht auf sein eigenes rechtswidriges Verhalten berufen können, um sich der Rückforderungspflicht zu entziehen, da anderenfalls die Art. 107 f. AEUV wirkungslos wären.[937] Gleichwohl liegt die Schwachstelle dieser Argumentationslinie darin, dass es nicht die entscheidende Frage ist, ob der Mitgliedstaat im guten Glauben die Beihilfe gewährt hat,

---

931 EuGH, Urteil vom 1.6.2006, *P&O European Ferries (Vizcaya)/Kommission*, verb. Rs. C-442/03 P und C-471/03 P, ECLI:EU:C:2006:356, Rn. 103 (Hervorhebung nur hier).

932 Aus diesem Grund sind etwaige Schadensersatzansprüche von Konkurrenten unmittelbar gegen den Beihilfenempfänger wegen der Annahme einer staatlichen Beihilfe grundsätzlich ausgeschlossen, EuGH, Urteil vom 11.7.1996, *SFEI u.a.*, Rs. C-39/94, ECLI:EU:C:1996:285, Rn. 74: *Werner*, in: MüKo, Art. 108 AEUV Rn. 195 ff.

933 *Sinnaeve*, Die Rückforderung gemeinschaftsrechtswidriger nationaler Beihilfen, S. 183; vgl. EuG, Urteil vom 15.11.2018, *Deutsche Telekom/Kommission*, Rs. T-207/10, ECLI:EU:T:2018:786, Rn. 43.

934 EuGH, Urteil vom 11.7.1996, *SFEI u.a.*, Rs. C-39/94, ECLI:EU:C:1996:285, Rn. 74.

935 *Sinnaeve*, Die Rückforderung gemeinschaftsrechtswidriger nationaler Beihilfen, S. 183.

936 *Sinnaeve*, Die Rückforderung gemeinschaftsrechtswidriger nationaler Beihilfen, S. 186 m.w.N.

937 EuGH, Urteil vom 14.1.1997, *Spanien/Kommission*, Rs. C-169/95, ECLI:EU:C:1997:10, Rn. 48.

sondern ob die begünstigten Unternehmen in den Bestand der Vorteilsgewährung bei der Annahme des Vorteils vertrauen durften. Maßgeblich müsste daher allein die Perspektive der Beihilfenempfänger sein. Vor diesem Hintergrund kann es nicht überzeugen, allein dem Handeln der Unionsorgane vertrauensschutzbegründende Wirkung zukommen zu lassen. Insbesondere die Existenz eines förmlichen Parlamentsgesetzes *per se* als berechtigte Vertrauensgrundlage auszuschließen, ist nicht nachvollziehbar.[938] Soll der Empfänger wirklich weniger in ein förmliches Parlamentsgesetz vertrauen dürfen als in eine E-Mail[939] von Seiten der Kommission?

bb) Zu hohe Anforderungen im Steuerrecht

In der Literatur wird vertreten, dass die Anforderungen an die Beihilfenempfänger sehr hoch seien, sogar „*zu hoch*", um den Einwand des Vertrauensschutzes erfolgreich geltend machen zu können.[940] Sowohl *Englisch* als auch *Schön* formulieren, dass die Sorgfaltsanforderungen, sich über die Notifikation einer Beihilfe zu vergewissern, gerade im Steuerrecht, „*zu rigide und überspannt*" seien.[941] Des Weiteren heißt es, dass es nahezu unmöglich sei, die Vergewisserungsobliegenheit zu erfüllen.[942] Dem ist beizupflichten, vor allem, da die Qualifikation einer steuerlichen Vergünstigung als Beihilfe nicht stets rechtssicher *ex ante* vorherbestimmt werden kann. Nahezu jeder steuerliche Vorteil hat das Potential, den Tatbestand des Art. 107 Abs. 1 AEUV zu erfüllen.[943] Der Steuerpflichtige müsste sich dementsprechend auch bei nahezu jeder begünstigenden Steuervorschrift zunächst informieren, ob das Beihilfeverfahren eingehalten worden ist, bevor er den begünstigenden Tatbestand verwirklicht. Das ist nicht zumutbar. Außerdem ist für den Steuerpflichtigen aus dem Steuerbescheid nicht einmal eindeutig zu

---

938 *Martini*, StuW 2017, 101, 110; näher zum Parlamentsgesetz als Anknüpfungspunkt zur Begründung schutzwürdigen Vertrauens siehe *Krumm*, DStJG 41 (2018), 561, 580 f.

939 Die Form nicht förmlicher Zusicherungen, die Vertrauensschutz begründen können, ist nicht von Bedeutung, siehe oben Abschnitt D. II. 5. b).

940 Siehe nur *Sinnaeve*, Die Rückforderung gemeinschaftsrechtswidriger nationaler Beihilfen, S. 183 ff.

941 *Englisch*, in: Tipke/Lang, § 4 Rn. 40; *ders.*, in: Schaumburg/Englisch, Rn. 9.70; dem zustimmend etwa *Seer*, in: Tipke/Kruse, Europarechtsschutz, I. Rechtsschutz gegen Negativ-/Rückforderungsbeschlüsse der EU-Kommission, Rn. 63.

942 Vgl. *Jansen*, Vorgaben des europäischen Beihilferechts für das nationale Steuerrecht, S. 178; *Arhold*, EStAL 2011, 71, 79.

943 Zum latenten Verdacht der Selektivität steuerlicher Regelungen siehe oben Abschnitt C. II. 3. b) ff).

entnehmen, auf welcher Grundlage die Steuerlast tatsächlich verringert wurde, da die konkreten Steuertatbestände keine Erwähnung im Steuerbescheid finden.[944] Aufgrund der Vielzahl der anzuwendenden Normen im Rahmen der steuerlichen Veranlagung ist es nur mit erheblichem Aufwand möglich, sich zu vergewissern, dass man möglicherweise von einer beihilfenrechtswidrigen Norm profitiert hat.[945] Des Weiteren ist anzuführen, dass die Begünstigungsempfänger in Fällen gesetzlicher Steuervergünstigungen die Erlangung einer Beihilfe nicht einmal beeinflussen bzw. verhindern können. Steuerliche Begünstigungen müssen in der Regel weder beantragt noch aktiv entgegengenommen werden.[946] Vielmehr werden sie den Empfängern geradezu *„aufgedrängt“*.[947] Die Inanspruchnahme bzw. Vermeidung des Steuervorteils kann der potentielle Beihilfenempfänger ab dem Zeitpunkt der Verwirklichung des begünstigenden Tatbestandes nicht mehr beeinflussen.[948] Die Erlangung einer rechtswidrigen Beihilfe kann nur dann mit vollständiger Sicherheit vermieden werden, wenn der begünstigende Tatbestand der Beihilferegelung (rechtzeitig) nicht erfüllt wird.[949] Hat der Steuerpflichtige den Beihilfentatbestand schon erfüllt, dann muss dieser, wenn die Finanzbehörde das Durchführungsverbot von Amts wegen nicht beachtet,[950] Einspruch gegen den ihn insoweit begünstigenden Bescheid einlegen und gegebenfalls Klage beim Finanzgericht erheben, damit die Beihilfevorschrift in der Veranlagung nicht berücksichtigt wird.[951] Dies kann von den Steuerpflichtigen nicht ernsthaft verlangt werden. Der Steuerpflichtige kann nämlich im Grunde nur verlieren. Erweist sich seine beihilfenrechtliche Einschätzung als korrekt, folgen Finanzbehörde und Finanzgericht

---

944 Zutreffend darauf hinweisend auch *Geisenberger*, Der Einfluss des Europarechts auf steuerliches Verfahrensrecht, S. 183; *Martini*, StuW 2017, 101, 108; *Jansen*, Vorgaben des europäischen Beihilferechts für das nationale Steuerrecht, S. 180.

945 Vgl. *Martini*, StuW 2017, 101, 108.

946 *Martini*, StuW 2017, 101, 108.

947 *Kokott*, DStJG 41 (2018), 535, 556; *Berg/Szymczak*, UR 2018, 853, 864; *Martini*, StuW 2017, 101, 108.

948 *Martini*, StuW 2017, 101, 108; *Kokott*, Das Steuerrecht der Europäischen Union, § 3 Rn. 232.

949 *Berg/Szymczak*, UR 2018, 853, 864.

950 Grundsätzlich ist die Finanzverwaltung dazu verpflichtet, ungeachtet der fehlenden Möglichkeit dem EuGH eine entsprechende Frage vorlegen zu können, siehe oben Abschnitt D. I. 2. d) cc) (3).

951 Ob insoweit überhaupt eine zulässige Beschwer im Sinne des § 350 AO anzunehmen wäre, mag an dieser Stelle offen bleiben.

seiner Rechtsauffassung aber nicht, dann droht dem Steuerpflichtigen, dass die zu Unrecht nicht erhobene Steuer nebst Zinsen nachgefordert wird, spätestens nachdem die Europäische Kommission einen Rückforderungsbeschluss erlassen hat. Hat der Steuerpflichtige hingegen zu Unrecht eine steuerliche Begünstigung als unzulässige Beihilfe eingestuft und wird dem Einspruch konsequenterweise nicht abgeholfen und eine Klage abgewiesen, dann wird der Steuerpflichtige mit den Verfahrenskosten belastet. Obwohl die Unternehmen nicht Adressaten des Beihilfenrechts sind, wirken sich Fehleinschätzungen von Seiten der an das Beihilfenrecht gebundenen staatlichen Institutionen einseitig zu Lasten der Unternehmen aus. Vor diesem Hintergrund ist es *„verantwortungslos, die Unternehmen in das Messer des Beihilfenrechts laufen zu lassen"*.[952] An dieser Stelle wird deutlich, dass beim beihilfenrechtlichen Rechtsfolgenkonzept eine falsche Risikoverteilung bei der Folgenverantwortung besteht.

cc) Widerspruch zur Situation der Rückabwicklung von Unionsbeihilfen

Des Weiteren vermag es nicht zu überzeugen, dass der EuGH die Anforderungen an den Vertrauensschutz bei der Rückabwicklung von Unionsbeihilfen wesentlich großzügiger handhabt als in den Fällen der Rückforderung staatlicher Beihilfen.[953]

Unionsbeihilfen unterliegen zwar nicht dem Anwendungsbereich des Art. 107 Abs. 1 AEUV.[954] Jedoch ist allgemein anerkannt, dass auch diese den Wettbewerb im Europäischen Binnenmarkt nicht verfälschen dürfen.[955] Folgerichtig müssen rechtswidrig gewährte Unionsbeihilfen grundsätzlich zurückgefordert werden.[956] Der Empfänger einer solchen Beihilfe kann sich nach der Rechtsprechung des EuGH der Rückforderungsverpflichtung unter Berufung auf den Einwand schutzwürdigen Vertrauens entziehen, wenn die Gutgläubigkeit in die Rechtmäßigkeit der Beihilfe dargelegt werden kann.[957] Dem Unionsrecht stehe

---

952 *Blumenberg*, IFSt-Schrift Nr. 516 (2017), S. 67.

953 Vgl. auch *de Weerth*, DB 2009, 2677, 2679 f.; *ders.*, IStR 2010, 172, 173.

954 *Englisch*, EuR 2009, 488, 489; vgl. oben Abschnitt C. I. 2.

955 *Mederer*, in: von der Groeben/Schwarze/Hatje, Vorbem. zu den Artikeln 107 bis 109 AEUV Rn. 16; *Härtel*, in: Streinz, Art. 42 AEUV Rn. 17 unter Berufung auf Art. 3 Abs. 1 S. 1 EUV (gemeint dürfte wohl Abs. 3 Uabs. 1 sein) und Art. 3 Abs. 1 lit. b) AEUV.

956 *Frenz*, Beihilfe- und Vergaberecht, Rn. 1568.

957 EuGH, Urteil vom 16.7.1998, *Oelmühle Hamburg und Schmidt Söhne/Bundesanstalt für Landwirtschaft und Ernährung*, Rs. C-298/96, ECLI:EU:C:1998:372, Rn. 31, 38; EuGH, Urteil vom 21.9.1983, *Deutsche Milchkontor GmbH*, verb. Rs. C-205 bis C-215/82, ECLI:EU:C:1983:233, Rn. 30 ff.

es nicht entgegen, wenn die Rückforderung ausgeschlossen ist, weil sich der Beihilfenempfänger etwa auf den Wegfall der Bereicherung, den Ablauf einer nationalen Ausschlussfrist oder den Umstand, dass die Verwaltung wusste oder grob fahrlässig nicht wusste, dass sie die Unionsbeihilfe zu Unrecht gewährte, berufen kann.[958]

Die unterschiedliche Handhabung der Anforderungen an den Einwand des Vertrauensschutzes bei der Rückabwicklung von Unionsbeihilfen einerseits und staatlichen Beihilfen andererseits begründet der EuGH wie folgt. Da Unionsbeihilfen keiner Beihilfeaufsicht durch die Kommission unterliegen, seien die strengen Anforderungen der EuGH-Rechtsprechung zum Vertrauensschutz im Kontext staatlicher Beihilfen nicht auf die Situation der Rückabwicklung von Unionsbeihilfen übertragbar.[959] Darüber hinaus fehle es Unionsbeihilfen, anders bei staatlichen Beihilfen, an dem den nationalen Unternehmen eingeräumten Wettbewerbsvorteil.[960]

Es kann nicht überzeugen, dass der EuGH im Rahmen der Rückforderung von Unionsbeihilfen wesentlich niedrigere Anforderungen an den Vertrauensschutz stellt als bei der Rückforderung staatlicher Beihilfen.[961] Denn zum einen bestimmt sich das Risiko einer Beihilferückforderung des Steuerpflichtigen u.a. nach dem (un-)glücklichen Zufall, ob eine Steuerbegünstigung unionsrechtliche Vorgaben umsetzt oder nicht, was der einzelne Beihilfenempfänger kaum erkennen dürfte.[962] Zum anderen ist es nicht nachvollziehbar, dass es bei der Gewährung von Unionsbeihilfen an einem Wettbewerbsvorteil fehlen soll.[963] Rechtswidrig erlangte Unionsbeihilfen können dem Empfänger ebenfalls

---

958 EuGH, Urteil vom 21.9.1983, *Deutsche Milchkontor GmbH*, verb. Rs. C-205 bis C-215/82, ECLI:EU:C:1983:233, Rn. 33; kritisch zu der Ungleichbehandlung *de Weerth*, DB 2009, 2677, 2679 f.

959 EuGH, Urteil vom 16 7.1998, *Oelmühle Hamburg und Schmidt Söhne/Bundesanstalt für Landwirtschaft und Ernährung*, Rs. C-298/96, ECLI:EU:C:1998:372, Rn. 36 f.

960 *Frenz*, Beihilfe- und Vergaberecht, Rn. 1571; EuGH, Urteil vom 16.7.1998, *Oelmühle Hamburg und Schmidt Söhne/Bundesanstalt für Landwirtschaft und Ernährung*, Rs. C-298/96, ECLI:EU:C:1998:372, Rn. 37: „[…] *insbesondere fehlt bei den Gemeinschaftsbeihilfen im Bereich der gemeinsamen Agrarpolitik der den nationalen Unternehmen eingeräumte Wettbewerbsvorteil, der die staatlichen Beihilfen kennzeichnet.*"; dem wohl zustimmend *Scheuing*, Die Verwaltung 2001, 107, 123 ff.

961 So auch *de Weerth*, IStR 2010, 172, 173.

962 Vgl. *de Weerth*, IStR 2010, 172, 173; zur Reichweite des Art. 107 Abs. 1 AEUV im unionsrechtlich determinierten Bereichen siehe oben Abschnitt C. I. 2.

963 *König/Kühling/Ritter*, EG-Beihilferecht, Rn. 468 Fn. 97.

fortdauernde Vorteile gewähren und so den Wettbewerb im Binnenmarkt beeinträchtigen.[964] Die durch die Unionsbeihilfe drohende Wettbewerbsbeeinträchtigung ist doch gerade der Grund, weshalb sie zurückgefordert werden soll. Würde sie dem Einzelnen keinen Wettbewerbsvorteil gewähren, dann bedürfte es ihrer Rückforderung nicht.

dd) Paradoxe Anforderungen der Unionsgerichte

Der vom EuGH entwickelte Grundsatz, dass nur dann in die Rechtmäßigkeit einer staatlichen Beihilfe vertraut werden dürfe, wenn sie unter Einhaltung des Beihilfeverfahrens gewährt wurde, ist außerdem paradox. Er besagt nämlich, dass man grundsätzlich nur dann in den Erhalt einer rechtswidrig gewährten Beihilfe vertrauen darf, wenn diese rechtmäßig gewährt worden ist.[965] Beihilfen, die das präventive Kontrollverfahren ordnungsgemäß durchlaufen haben und erst sodann gewährt wurden, können nur solche sein, welche die Kommission entweder als Nicht-Beihilfe eingestuft oder nach Maßgabe der Art. 107 Abs. 2 und 3 AEUV genehmigt hat.[966] Ist ein solcher Beschluss bestandskräftig geworden, dann sind die gewährten Beihilfen formell und materiell nicht rechtswidrig, sondern rechtmäßig (!), sodass der Begünstigungsempfänger auf Vertrauensschutz überhaupt nicht angewiesen ist. Eine Rückabwicklungssituation kann sich in diesen Fällen gar nicht stellen. Gleiches gilt betreffend die Ausnahmen, in denen *„außergewöhnliche"* Umstände angenommen werden können sollen.[967] Wenn in etwaige Zusicherungen von Seiten der Kommission nur vertraut werden dürfe, wenn diese im Einklang mit dem Unionsrecht stehen, dann besteht in diesen Fällen kein Bedürfnis für Vertrauensschutz.

Es kann also nicht verwundern, dass der Einwand des Vertrauensschutzes in der Praxis faktisch ausgeschlossen ist.[968] Der vom EuGH betonte Grundsatz

---

964 *Mestmäcker/Schweitzer*, in: Immenga/Mestmäcker, A. Die Beihilfenregeln im System des AEUV, Rn. 60.

965 Zu den von den Unionsgerichten entwickelten inhaltlichen Maßstäben an den Einwand des Vertrauensschutzes siehe oben Abschnitt D. II. 5. b).

966 Zum Prüfverfahren siehe oben Abschnitt D. I. 2. c).

967 Dazu oben Abschnitt D. II. 5. b).

968 *Berg/Szymczak*, UR 2018, 853, 862; Bekanntmachung der Kommission vom 23.7.2019 über die Rückforderung rechtswidriger und mit dem Binnenmarkt unvereinbarer staatlicher Beihilfen, Abl. (EU), C 247/1, Fn. 43; vgl. auch die Ausführungen oben in Abschnitt D. II. 5. b).

des Vertrauensschutzes stellt sich letztlich als eine bloße „*Leerformel*“[969] dar, die lediglich den Anschein der Existenz dieses Grundsatzes suggeriert.[970]

III. Erstreckung rechtswidrig gewährter Beihilfen auf die benachteiligten Konkurrenten

So sehr die Kritik an dem vom EuGH im Kontext des Beihilfenrechts entwickelten Vertrauensschutzkonzept berechtigt sein mag, muss gleichwohl bedacht werden, dass jegliche Gewährung von Vertrauensschutz einen Beihilfenverstoß vertiefen und damit der Wiederherstellung von Wettbewerbsgleichheit entgegenstehen würde.[971] Je mehr die Anforderungen an den Einwand des Vertrauensschutzes gesenkt werden würden, sodass Rückforderungen rechtswidrig gewährter Beihilfen vermehrt ausgeschlossen wären, umso mehr würde das unionsrechtliche Beihilfenrecht entwertet werden. Jede Ausnahme von der Rückforderungspflicht führt zur Manifestation des Unionsrechtsverstoßes gegen Art. 108 Abs. 3 Satz 3 AEUV. Es allein bei einem Plädoyer für mehr Vertrauensschutz bewenden zu lassen, wäre daher zu kurz gedacht.

Vielmehr müsste für die Fälle, in denen der Einwand des Vertrauensschutzes zum Ausschluss der Rückforderung rechtswidrig gewährter Beihilfen führen sollte,[972] eine alternative Rechtsfolge in Betracht gezogen werden, um die Wettbewerbsgleichheit wiederherzustellen. Dürfte eine Manifestation des rechtswidrigen Zustandes nicht erst dann hingenommen werden, wenn letztlich keine Option (mehr) zur Verfügung steht, dem Beihilfenverstoß entgegenzuwirken?

Nachfolgend ist daher zu untersuchen, ob der einzelne Mitgliedstaat einem Verstoß gegen das Durchführungsverbot auch in der Weise abhelfen könnte und unter Umständen sogar müsste, dass die rechtswidrig gewährte Begünstigung

---

969 Vgl. *Martini*, StuW 2017, 101, 110.

970 Vgl. auch *Kahl*, NVwZ 2011, 449, 452: „*EuGH bzw. EuG führen Vertrauensschutz und Rechtssicherheit zwar als Verbalfloskeln gerne im Munde, bejahen aber deren Voraussetzungen, insbesondere das Vorliegen eines ‚außergewöhnlichen Umstands', der ausnahmsweise ein berechtigtes Vertrauen entstehen lassen würde, so gut wie nie.*“

971 *Brandau/Neckenich/Reich/Reimer*, BB 2017, 1175, 1187; *Krumm*, DStJG 41 (2018), 561, 592; *Kokott*, DStJG 41 (2018), 535, 555 f.; *Reich*, HFSt 8 (2018), 219, 231; vgl. EuGH, Urteil vom 14.1.1997, *Spanien/Kommission*, Rs. C-169/95, ECLI:EU:C:1997:10, Rn. 48.

972 Dies sollte richtigerweise insbesondere die Situation der gesetzlichen Steuerbeihilfen betreffen. Insoweit sind die Anforderungen des EuGH, sich auf den Vertrauensschutz berufen zu können, evident zu hoch und für den Steuerpflichtigen unzumutbar einzuhalten, siehe ausführlich dazu oben in Abschnitt D. II. 5. d) bb).

nachträglich auf die benachteiligten Konkurrenten mit Wirkung für die Vergangenheit erstreckt wird.

1. Sinn und Zweck der Beihilfenrückforderung

Zunächst gilt es, sich den Sinn und Zweck der Rückforderung rechtswidrig gewährter Beihilfen zu vergegenwärtigen.

Ziel des unionsrechtlichen Beihilfenrechts ist die Schaffung und Bewahrung von Wettbewerbsgleichheit.[973] Von den begünstigten Unternehmen sollen die rechtswidrig gewährten Vorteile vollumfänglich abgeschöpft werden, welche diese im Gegensatz zu ihren Konkurrenten erhalten haben, damit die Wettbewerbssituation in die Lage zurückversetzt wird, die vor der Beihilfengewährung bestand.[974] Mit anderen Worten: Es soll der Zustand wiederhergestellt werden, der bestünde, wenn sich der beihilfengewährende Mitgliedstaat von Anfang an rechtmäßig verhalten hätte.[975] Ferner soll dem Individualschutz der mit den Empfängern konkurrierenden und benachteiligten Wettbewerber Rechnung getragen werden.[976] Eine Sanktion der Begünstigungsempfänger soll mit der Pflicht zur Rückforderung nicht intendiert sein.[977] Sofern die Vorteilsabschöpfung beim Beihilfenempfänger zu erheblichen nachteiligen wirtschaftlichen

---

973 *Kühling*, in: Streinz, Art. 107 AEUV Rn. 1; *Kube*, EuR 2004, 230 f.; *Höfinghoff*, RNotZ 2005, 387, 388; vgl. oben in Abschnitt A. I.

974 EuGH, Urteil vom 15.9.2022, *Fossil (Gibraltar)*, Rs. C-705/20, ECLI:EU:C:2022:680, Rn. 42; EuGH, Urteil vom 29.4.2004, *Deutschland/Kommission*, Rs. C-277/00, ECLI:EU:C:2004:238, Rn. 75; EuGH, Urteil vom 4.4.1995, *Kommission/Italien*, Rs. C-350/93, ECLI:EU:C:1995:96, Rn. 22; EuGH, Urteil vom 21.12.2016, *Kommission/Aer Lingus und Ryanair*, verb. Rs. C-164/15 P und C-165/15 P, ECLI:EU:C:2016:990, Rn. 89; *Reich*, HFSt 8 (2018), 219, 221.

975 *Koenig/Kühling/Ritter*, EG-Beihilfenrecht, Rn. 434; *Sinnaeve*, Die Rückforderung gemeinschaftsrechtswidriger nationaler Beihilfen, S. 39; *Englisch*, StuW 2012, 318, 328; Bekanntmachung der Kommission zur Gewährleistung der Umsetzung von Rückforderungsentscheidungen der Kommission in den Mitgliedstaaten (2007/C 272/05), Rn. 36; EuGH, Urteil vom 29.4.2004, *Deutschland/Kommission*, Rs. C-277/00, ECLI:EU:C:2004:238, Rn. 74 f.

976 *Koenig/Kühling/Ritter*, EG-Beihilfenrecht, Rn. 434.

977 EuGH, Urteil vom 17.6.1999, *Belgien/Kommission*, Rs. C-75/97, ECLI:EU:C:1999:311, Rn. 65; Bekanntmachung der Kommission vom 23.7.2019 über die Rückforderung rechtswidriger und mit dem Binnenmarkt unvereinbarer staatlicher Beihilfen, Abl. (EU), C 247/1, Rn. 26; *Koenig/Kühling/Ritter*, EG-Beihilfenrecht, Rn. 434; *Quardt*, in: Heidenhain, § 50 Rn. 5; *Linn*, IStR 2008, 601, 603; a.A. *Sinnaeve*, Die Rückforderung gemeinschaftsrechtswidriger nationaler Beihilfen, S. 40.

Folgen führt, so ist dies allein die Konsequenz der Beseitigung der wettbewerbsverzerrenden Wirkung, die infolge des Verstoßes gegen das Durchführungsverbot eingetreten war.[978]

2. Grundsätzliche Zulässigkeit alternativer Abhilfemaßnahmen

Die Mitgliedstaaten der Europäischen Union werden durch Art. 108 Abs. 3 Satz 3 AEUV dazu verpflichtet, im Rahmen ihres nationalen Rechts sämtliche Folgerungen zu ziehen, um einem Beihilfenverstoß abzuhelfen.[979] Konkrete Handlungspflichten, wie die Mitgliedstaaten einem Verstoß gegen das Durchführungsverbot entgegenwirken müssen, sind weder in Art. 107 ff. AEUV noch der Verfahrensverordnung kodifiziert.[980] Daraus ist abzuleiten, dass die mitgliedstaatliche Abhilfemaßnahme nicht auf eine einzige Art beschränkt ist.[981] Wenngleich in Art. 16 Abs. 1 VerfVO sowie einem auf dieser Grundlage ergehenden Kommissionsbeschluss die Rede von *„Rückforderung"* ist, steht dies der grundsätzlichen Zulässigkeit alternativer Maßnahmen zur Beseitigung des Beihilfenverstoßes nicht entgegen. Der Begriff *„Rückforderung"* ist teleologisch nämlich dahingehend zu verstehen, dass damit der Entzug des mit der Beihilfe gleich wie gearteten verbundenen Wettbewerbsvorteils von den Begünstigungsempfängern gemeint ist.[982] Entscheidend ist allein, das Ziel zu erreichen, die Beihilfe vollständig aufzuheben und hiermit die Auswirkungen auf die Konkurrenten der begünstigten Unternehmen zu *„neutralisieren"*.[983] Keinen anderen Zweck

---

978 *Schönfeld/Ellenrieder*, IStR 2018, 444; EuGH, vom 17.6.1999, *Belgien/Kommission*, Rs. C-75/97, ECLI:EU:C:1999:311, Rn. 65.

979 Vgl. EuGH, Urteil vom 11.7.1996, *SFEI u.a.*, Rs. C-39/94, ECLI:EU:C:1996:285, Rn. 40.

980 Vgl. Schlussanträge des GA *Jacobs* vom 29.11.2005 zu *Transalpine Ölleitung in Österreich*, Rs. C-368/04, ECLI:EU:C:2005:724, Rn. 61; Bekanntmachung der Kommission vom 23.7.2019 über die Rückforderung rechtswidriger und mit dem Binnenmarkt unvereinbarer staatlicher Beihilfen, Abl. (EU), C 247/1, Rn. 14; EuGH, Urteil vom 15.9.2022, *Fossil (Gibraltar)*, Rs. C-705/20, ECLI:EU:C:2022:680, Rn. 42.

981 Schlussanträge des GA *Jacobs* vom 29.11.2005 zu *Transalpine Ölleitung in Österreich*, Rs. C-368/04, ECLI:EU:C:2005:724, Rn. 85; *Frenz*, Beihilfe- und Vergaberecht, Rn. 1423; zu den verschiedenen möglichen Rechtsbehelfen mit unterschiedlichen Klagezielen siehe Bekanntmachung der Kommission vom 9.4.2009 über die Durchsetzung des Beihilfenrechts durch die einzelstaatlichen Gerichte, Abl. (EU), C 85/1, Rn. 26.

982 *Krumm*, DStJG 41 (2018), 561, 592.

983 EuGH, Urteil vom 5.10.2006, *Transalpine Ölleitung in Österreich*, Rs. C-368/04, ECLI:EU:C:2006:644, Rn. 44, 46, 48, 52; Schlussanträge des GA *Jacobs* vom 29.11.2005 zu *Transalpine Ölleitung in Österreich*, Rs. C-368/04, ECLI:EU:C:2005:724, Rn. 63.

verfolgt die Rückforderung gegenüber den Begünstigungsempfängern, die im Steuerrecht die Nachbesteuerung der rechtswidrig begünstigten Unternehmen bedeutet.[984] Präziser wäre es daher, nicht von einer Pflicht zur Rückforderung, sondern stattdessen von einer „*Folgenbeseitigungspflicht*" des Mitgliedstaates zu sprechen.[985]

Das Unionsrecht steht einer alternativen Rechtsfolge zur Nachbesteuerung der Begünstigungsempfänger damit nicht *per se* entgegen, wenn es die Wirkungen der rechtswidrigen Steuerbeihilfe beseitigt und zugleich der Rechtsverletzung der benachteiligten Konkurrenten Rechnung trägt.[986]

3. Vorteilserstreckung als Abhilfemaßnahme

a) Zulässigkeit der Erstattung beihilfenrechtswidriger Sonderbelastungen

Nach der Rechtsprechung des EuGH können die von einer beihilfenrechtswidrigen Sonderbelastung (sog. „*negative state aid*")[987] betroffenen Unternehmen die Erstattung der unionsrechtswidrig erhobenen Abgabe verlangen.[988] Denn die gezielte Mehrbelastung ist unionsrechtswidrig, weil sie gegen Art. 107 Abs. 1 AEUV i.V.m. Art. 108 Abs. 3 Satz 3 AEUV verstößt.[989] Unmittelbar aus dem Unionsrecht folgt der Anspruch auf Erstattung der gezahlten Steuern, die unter Verletzung des Unionsrechts erhoben worden sind.[990]

---

984 Siehe oben Abschnitt D. II. 1.

985 *Mederer*, in: von der Groeben/Schwarze/Hatje, Art. 108 AEUV Rn. 49, *Krumm*, DStJG 41 (2018), 561, 592 f.

986 *Jaeger*, in: Hummer, Neueste Entwicklungen im Zusammenspiel von Europarecht und nationalem Recht der Mitgliedstaaten, 417, 449; vgl. auch EuGH, Urteil vom 5.10.2006, *Transalpine Ölleitung in Österreich*, Rs. C-368/04, ECLI:EU:C:2006:644, Rn. 52.

987 Siehe dazu oben Abschnitt C. II. 2. c).

988 EuGH, Urteil vom 7.9.2006, *Laboratoires Boiron*, Rs. C-526/04, ECLI:EU:C:2006: 528, Rn. 40.

989 EuGH, Urteil vom 7.9.2006, *Laboratoires Boiron*, Rs. C-526/04, ECLI:EU:C:2006: 528, Rn. 39.

990 EuGH, Urteil vom 2.10.2003, *Weber's Wine World u.a.*, Rs. C-147/01, ECLI:EU:C:2003:533, Rn. 93 m.w.N.: „*Der Gerichtshof hat in ständiger Rechtsprechung entschieden, dass dem Einzelnen das Recht auf Erstattung von Abgaben zusteht, die ein Mitgliedstaat unter Verstoß gegen das Gemeinschaftsrecht erhoben hat. Dieses Recht ist eine Folge und eine Ergänzung der Rechte, die dem Einzelnen aus dem Gemeinschaftsrecht in seiner Auslegung durch den Gerichtshof erwachsen. Der betreffende Mitgliedstaat ist also grundsätzlich verpflichtet, gemeinschaftsrechtswidrig erhobene Abgaben zu*

Im Übrigen führe die Erstattung einer beihilfenrechtswidrigen Abgabe nicht dazu, die Anzahl der Begünstigungsempfänger zu erhöhen.[991] Vielmehr würde die Anzahl der durch eine solche Beihilfe verletzten Wirtschaftsteilnehmer und die damit einhergehenden wettbewerbswidrigen Auswirkungen sogar verringert werden.[992]

Um eine Beihilfenrückforderung unmittelbar auf Seiten der Begünstigungsempfänger handelt es sich bei der Erstattung einer rechtswidrig erhobenen Abgabenlast unzweifelhaft nicht.[993] Denn Empfänger einer solchen Beihilfe sind in dieser Fallkonstellation die konkurrierenden Unternehmen, die vom Anwendungsbereich der Sonderlast nicht erfasst sind.[994] Eine unmittelbare Vorteilsabschöpfung diesen gegenüber würde vielmehr bedeuten, die Beihilfenempfänger nachträglich mit Wirkung für die Vergangenheit mit hiesiger Abgabe zu belasten, d.h. den Anwendungsbereich der Abgabe zu erweitern.[995] Unionsrechtlich wäre gegen eine solche Abhilfemaßnahme grundsätzlich[996] nichts einzuwenden, um die eingetretene Wettbewerbsverzerrung aufzulösen.[997]

Indem der EuGH es zulässt, dass die von einer beihilfenrechtswidrigen Sonderlast betroffenen Unternehmen deren Erstattung verlangen können, erkennt der EuGH die Ausdehnung der Begünstigung als mögliche Abhilfemaßnahme in dieser Konstellation ersichtlich an.[998] Denn die rechtswidrige Begünstigung

---

erstatten.“; siehe auch EuGH, Urteil vom 30.3.2006, *Uudenkaupungin kaupunki*, Rs. C-184/04, ECLI:EU:C:2006:214, Rn. 54; m.w.N.; der Erstattungsanspruch ist unionsrechtlicher Natur, vergleichbar mit dem unionsrechtlichen Staatshaftungsanspruch, *Kokott*, Das Steuerrecht der Europäischen Union, § 6 Rn. 3.

991 EuGH, Urteil vom 7.9 2006, *Laboratoires Boiron*, Rs. C-526/04, ECLI:EU:C:2006:528, Rn. 41.

992 EuGH, Urteil vom 7.9 2006, *Laboratoires Boiron*, Rs. C-526/04, ECLI:EU:C:2006:528, Rn. 41.

993 So auch *Grube*, Der Einfluss des unionsrechtlichen Beihilfenverbots auf das deutsche Steuerrecht, S. 95; *Lang*, IStR 2010, 578, 579. *Rust*, Regionale Steuerautonomie vor dem europäischen Beihilferecht, S. 268.; *Cordewener*, Ubg. 2012, 607, 671; *Englisch*, StuW 2012, 318, 328.

994 Siehe oben Abschnitt C. II. 2. c).

995 Vgl. Schlussanträge des GA *Geelhoeld* vom 29.4.2004 zu *GIL Insurance u.a.*, Rs. C-308/01, ECLI:EU:C:2003:481, Rn. 55; vgl. *Englisch*, StuW 2012, 318, 328.

996 D.h., wenn diesem Vorgehen keine „*allgemeinen Grundsätze des Unionsrechts*“ entgegenstehen.

997 Schlussanträge des GA *Geelhoeld* vom 29.4.2004 zu *GIL Insurance u.a.*, Rs. C-308/01, ECLI:EU:C:2003:481, Rn. 55.

998 So auch *Lang*, IStR 2010, 578, 579.

gegenüber den Beihilfenempfängern liegt in diesen Fällen darin, nicht von der Sonderlast betroffen zu sein.[999] Wenn nun das von der Abgabenlast betroffene Unternehmen den zu Unrecht erhobenen Betrag zurückerlangt, dann wird es mit den von der Sonderbelastung verschonten Konkurrenten gleichgestellt, was letztlich die Ausdehnung der *Begünstigung* bedeutet.[1000]

b) Zulässigkeit der Ausdehnung beihilfenrechtswidriger Verschonungssubventionen

Fraglich ist, ob auch außerhalb der Situation der *negative state aids*, d.h. in den übrigen Fällen der steuerlichen Verschonungssubventionen, die Vorteilserstreckung als beihilfenrechtliche Rechtsfolge in Betracht kommt.

Nach den obigen Ausführungen können in den Fällen beihilfenrechtswidriger Sonderbelastungen die durch die Abgabenlast betroffenen Unternehmen die Gleichstellung mit den unionsrechtswidrig begünstigten Unternehmen dadurch erlangen, dass sie die Erstattung dieser rechtswidrig erhobenen Abgabe verlangen. Dieser Anspruch wird damit begründet, dass die Abgabenlast ihrerseits unionsrechtswidrig ist.

Mit derselben Argumentation kann die Vorteilserstreckung als zulässige Abhilfemaßnahme in den sonstigen Fällen der Verschonungssubventionen nicht begründet werden. Denn hier unterliegen die benachteiligten Wettbewerber nicht einer rechtswidrigen Mehrbelastung, dessen Erstattung sie begehren könnten. Vielmehr sind sie zu Unrecht aus dem Anwendungsbereich einer begünstigenden Ausnahmeregelung ausgenommen. Die Besteuerung der benachteiligten Wettbewerber aufgrund der Regelbesteuerung ist nicht unionsrechtswidrig, sondern allein die selektiv begünstigende Ausnahmeregelung. Der Umstand, dass eine steuerliche Verschonungsregelung beihilfenrechtswidrig ist, führt aber nicht zur Unionsrechtswidrigkeit der Regelbesteuerung.[1001] Daher können sich

---

999 Siehe oben Abschnitt C. II. 2. c).

1000 Die Ausführungen des EuGH sind insoweit nicht korrekt, dass durch die Erstattung der Kreis der Begünstigungsempfänger nicht vergrößert werde. Die Begünstigungswirkung besteht freilich nur solange anderweitige Konkurrenten existieren, die von der Sonderbelastung nach wie vor betroffen sind. Erst sobald alle von der Abgabenlast betroffenen Unternehmen die rechtswidrig erhobene Zahlung vom Staat wiedererlangt haben, werden die Auswirkungen der rechtswidrigen Beihilfe neutralisiert und keine Wirtschaftsteilnehmer mehr gegenüber anderen begünstigt.

1001 Vgl. EuGH, Urteil vom 5.10.2006, *Transalpine Ölleitung in Österreich*, Rs. C-368/04, ECLI:EU:C:2006:644, Rn. 51.

die Steuerpflichtigen der Regelbesteuerung, der sie im Vergleich zu den Beihilfenempfängern unterliegen, nicht mit dem Argument entziehen, dass bestimmte Unternehmen von dieser Regelbesteuerung unionsrechtswidrig verschont werden.[1002] Das ist überzeugend. Gleichwohl kann daraus nicht im Umkehrschluss abgeleitet werden, dass in diesen Fällen eine „*umgekehrte Lösung*“[1003] unionsrechtlich *per se* ausgeschlossen ist. In der Literatur wird eine solche Lösungsmöglichkeit – wohlgemerkt meist ohne nähere Begründung – überwiegend abgelehnt.[1004] Das ist in dieser pauschalen Form nicht überzeugend, vielmehr bedarf es einer differenzierten Auseinandersetzung mit dieser Fragestellung.

aa) Vorteilserstreckung durch die Finanzgerichte

Der EuGH hat zu der Frage nach einer möglichen Erstreckung der beihilfenrechtswidrigen Begünstigung auf die benachteiligten Konkurrenten bislang nur im Hinblick auf eine solche Möglichkeit von Seiten der mitgliedstaatlichen Gerichte Stellung bezogen.[1005] Insoweit hat er die Vorteilserstreckung als alternative Abhilfemaßnahme zu Recht abgelehnt. Einem Verstoß gegen das Durchführungsverbot kann nicht mittels Erstreckung der Begünstigung einer rechtswidrigen (Steuer-)Beihilfe abgeholfen werden, indem die mitgliedstaatlichen Gerichte die rechtswidrige Begünstigung auf die klagenden Wettbewerber erstrecken.[1006] Es kann hier dahinstehen, ob und unter welchen Voraussetzungen

---

1002 EuGH, Urteil vom 5.10.2006, *Transalpine Ölleitung in Österreich*, Rs. C-368/04, ECLI:EU:C:2006:644, Rn. 51: „*Wie sich* […] *aus der Rechtsprechung ergibt, können die Schuldner einer Abgabe sich nicht darauf berufen, dass die Befreiung anderer Unternehmen eine staatliche Beihilfe darstelle, um sich der Zahlung dieser Abgabe zu entziehen.*“; EuGH, Urteil vom 3.3.2020, *Tesco-Global Áruházak*, Rs. C-323/18, ECLI:EU:C:2020:140, Rn. 36; *Englisch*, StuW 2012, 318, 328.

1003 Schlussanträge des GA *Geelhoed* vom 4.3.2004 zu *Streekgewest*, Rs. C-174/02, ECLI:EU:C:2004:124, Rn. 72.

1004 Siehe etwa *Linn*, IStR 2008, 601, 603 unter Verweis auf EuGH, Urteil vom 5.10.2006, *Transalpine Ölleitung in Österreich*, Rs. C-368/04, ECLI:EU:C:2006:644; *Cordewener*, Ubg. 2012, 607, 616 f.; *Kokott*, DStJG 2018, 535, 557 f.

1005 EuGH, Urteil vom 5.10.2006, *Transalpine Ölleitung in Österreich*, Rs. C-368/04, ECLI:EU:C:2006:644; EuGH, Urteil vom 15.6.2006, *Air Liquide Industries Belgium*, Rs. C-41/05, ECLI:EU:C:2006:403.

1006 *Jaeger*, in: Hummer, Neueste Entwicklungen im Zusammenspiel von Europarecht und nationalem Recht der Mitgliedstaaten, 417, 449; *Sutter*, EuZW 2002, 213, 217; Schlussanträge des GA *Jacobs* vom 29.11.2005 zu *Transalpine Ölleitung in Österreich*, Rs. C-368/04, ECLI:EU:C:2005:724, Rn. 80; EuGH, Urteil vom 5.10.2006, *Transalpine Ölleitung in Österreich*, Rs. C-368/04, ECLI:EU:C:2006:644, Rn. 49 f.

eine Klage mit einem solchen Ziel vor den Finanzgerichten geltend zu machen wäre.[1007] Ebenfalls kann an dieser Stelle die Frage offen gelassen werden, wie die Erstreckung einer rechtswidrigen Steuerbeihilfe rechtsmethodisch nach nationalem Recht begründet werden könnte.[1008] Einer derartigen Abhilfemaßnahme als Reaktion auf den Verstoß gegen das Durchführungsverbot steht bereits unionsrechtlich entgegen, dass die Erstreckung des Vorteils durch ein einzelnes Gericht eine eingetretene Wettbewerbsverzerrung nicht vollständig *neutralisieren* oder ihr zumindest entgegenwirken könnte.[1009] Die einzelstaatlichen Gerichte können nämlich nur dann tätig werden, wenn ein Konkurrent des Beihilfenempfängers auch tatsächlich Rechtsschutz ersucht. In der Praxis ist es kaum denkbar, dass jeder benachteiligte Wettbewerber der Beihilfenempfänger Klage erheben würde.[1010] Selbst wenn man aber diese theoretische Möglichkeit unterstellt, kann vor dem Hintergrund der richterlichen Unabhängigkeit (Art. 97 Abs. 1 GG) nicht garantiert werden, dass alle angerufenen Finanzgerichte der Vorteilserstreckung gegenüber der Rückforderung der Beihilfe den Vorzug geben würden. Aufgrund der Gefahr divergierender Entscheidungen würde sich die Marktlage voraussichtlich nicht dahingehend verändern können, dass ein Zustand hergestellt werden würde, der ursprünglich hätte bestehen dürfen. Eine Ausdehnung der Begünstigung könnte stets nur im konkreten Einzelfall angeordnet werden. Dies wiederum würde nur dazu führen, dass jeweils weitere rechtswidrige Beihilfen gewährt werden würden.[1011] Die Wirkungen der Beihilfe würden auf diese Weise weder beseitigt noch verringert, sondern sogar noch verstärkt werden.[1012]

1007 In Betracht käme grundsätzlich eine sog. positive Konkurrentenklage. Mit der positiven Konkurrentenklage erstrebt der klagende Wettbewerber ebenfalls die Vergünstigung zu erlangen, die ihm in diskriminierender Weise vorenthalten wurde. Als statthafte Klageart kommen die Anfechtungsklage in Gestalt der sog. Abänderungsklage (§ 40 Abs. 1 Fall 1 i.V.m. § 100 Abs. 1 S. 1m Abs. 2 S. 1 FGO) sowie die Verpflichtungsklage (§ 40 Abs. 1 Fall 2 i.V.m. 100 FGO) in Betracht, dazu *Krumm*, in: Tipke/Kruse, § 40 FGO Rn. 85.

1008 Näher dazu sogleich in Abschnitt D. III. 3. b) dd) (1).

1009 EuGH, Urteil vom 5.10.2006, *Transalpine Ölleitung in Österreich*, Rs. C-368/04, ECLI:EU:C:2006:644, Rn. 50.

1010 Schlussanträge des GA *Jacobs* vom 29.11.2005 zu *Transalpine Ölleitung in Österreich*, Rs. C-368/04, ECLI:EU:C:2005:724, Rn. 80.

1011 EuGH, Urteil vom 5.10.2006, *Transalpine Ölleitung in Österreich*, Rs. C-368/04, ECLI:EU:C:2006:644, Rn. 49.

1012 EuGH, Urteil vom 15.6.2006, *Air Liquide Industries Belgium*, Rs. C-41/05, ECLI:EU:C:2006:403, Rn. 45; EuGH, Urteil vom 5.10.2006, *Transalpine Ölleitung in Österreich*, Rs. C-368/04, ECLI:EU:C:2006:644, Rn. 49; *Englisch*, in: Schaumburg/

Den Erwägungen des EuGH, die Zulässigkeit der Ausdehnung einer beihilfenrechtswidrigen Begünstigung durch die mitgliedstaatlichen Gerichte zu versagen, liegen damit nicht nur praktische Erwägungen zugrunde, sondern auch der dem Art. 3 Abs. 1 GG zugrunde liegende Rechtsgedanke, dass es *„keine Gleichheit im Unrecht"* geben dürfe.[1013]

bb) Vorteilserstreckung bei Einzelbeihilfen

Ausgehend von den obigen Ausführungen wäre auch die Erstreckung des rechtswidrig gewährten Vorteils in den Fällen von Einzelbeihilfen kein adäquates Mittel, um Wettbewerbsgleichheit wiederherzustellen. Denn die Gewährung einer weiteren Einzelbeihilfe an einen benachteiligten Konkurrenten des Beihilfenempfängers führt auch nur dazu, dass eine weitere rechtswidrige Beihilfe eingeführt würde, ohne dabei die zuvor gewährte Einzelbeihilfe zu neutralisieren.

cc) Vorteilserstreckung durch die einzelnen Finanzbehörden

Des Weiteren könnte auch die Ausdehnung der rechtswidrigen Begünstigung auf die benachteiligten Konkurrenten durch eine einzelne Finanzbehörde einem Beihilfenverstoß nicht abhelfen.[1014] Dies würde, wie im Fall der Erstreckung des Vorteils durch ein einzelnes Gericht oder im Fall der gewährten Einzelbeihilfe, nur dazu führen, dass weitere rechtswidrige Beihilfen gewährt würden mit der Konsequenz, bereits eingetretene Wettbewerbsverzerrungen zu erhöhen.

dd) Anordnung der Vorteilserstreckung durch das BMF

Im Unterschied zu den einzelnen Finanzgerichten sowie den einzelnen Finanzbehörden, könnte das Bundesministerium der Finanzen möglicherweise mithilfe von Verwaltungsvorschriften die Ausdehnung unionsrechtswidriger Vorteile einer Beihilferegelung auf alle benachteiligten Unternehmen praktisch durchsetzen. Die oben genannten unionsrechtlichen Gründe, die gegen die Vorteilserstreckung als Abhilfemaßnahme durch die mitgliedstaatlichen Gerichte sowie die einzelnen Behörden sprechen, kommen hier nicht zum Tragen, wenn man unterstellt, dass das BMF durch die Anordnung bundeseinheitlicher Handhabung gegenüber sämtlichen Finanzbehörden gewährleisten könnte, dass alle

---

Englisch, Rn. 9.63; *Bode*, FR 2011, 1034, 1043; *Linn*, IStR 2008, 601, 603; ferner *Schnitger*, IStR 2017, 421, 434.

1013 Ausführlich dazu *P. Reimer*, RW 2017, 1 f.

1014 Schlussanträge des GA *Jacobs* vom 29.11.2005 zu *Transalpine Ölleitung in Österreich*, Rs. C-368/04, ECLI:EU:C:2005:724, Rn. 80.

benachteiligten Unternehmen die beihilfenrechtliche Begünstigung nachträglich mit Wirkung für die Vergangenheit erlangen würden.[1015]

(1) Rechtsmethodische Begründung der Vorteilserstreckung

Fraglich ist jedoch, auf welche materielle Rechtsgrundlage die Vorteilserstreckung auf mitgliedstaatlicher Ebene im Rahmen eines entsprechenden Verwaltungserlasses durch das BMF gestützt werden könnte.

Eine direkte Anwendung der begünstigenden Beihilferegelung scheidet aus, da sie die benachteiligten Wettbewerber dem Wortlaut nach gerade nicht erfasst.

Eine analoge Anwendung wäre rechtsmethodisch kaum vertretbar, da es bei selektiven Steuervergünstigungen ersichtlich an einer planwidrigen Regelungslücke fehlt. Fraglich wäre bereits, ob eine solche Vorschrift überhaupt lückenhaft wäre, die mittels Analogie in ihrem Anwendungsbereich erweitert werden dürfte.[1016] Dem Gesetzgeber kann bei der Subventionierung bestimmter Wirtschaftsteilnehmer kaum der Wille unterstellt werden, dass dieser über den gesetzlichen Tatbestand hinaus die Intention verfolgte, weitere Steuerpflichtige zu begünstigen. Im Übrigen ist zu bedenken, dass Steuervergünstigungen Ausnahmen von der Regelbesteuerung darstellen[1017] und deswegen einer Analogie nicht zugänglich sind.[1018] Ausnahmevorschriften sind eng auszulegen.[1019] Ansonsten würde der gesetzgeberische Wille in sein Gegenteil verkehrt werden.[1020]

Rechtsmethodisch käme hingegen in Betracht mittels Anwendungsvorrangs des Unionsrechts die Vorteilserstreckung herbeizuführen. Lässt man die beihilfenrechtswidrige Regelung vollständig unangewendet, dann ist eine Begünstigung nach Maßgabe dieser Vorschrift ausgeschlossen (sog. Totalversagung).[1021]

1015 Zur unionsrechtlichen Zulässigkeit der rückwirkenden Aufhebung der Selektivität durch den Gesetzgeber als Abhilfe des Verstoßes gegen das Durchführungsverbot, siehe sogleich in Abschnitt D. III. 3. b) ee).

1016 Zum Begriff und Arten von „*Gesetzeslücken*" siehe *Larenz*, Methodenlehre der Rechtswissenschaft, S. 354 ff. Zur Ausfüllung „*offener*" Lücken, insbesondere durch Analogie, siehe S. 365 ff. dort.

1017 Siehe oben Abschnitt C. II. 1.

1018 Kritisch dazu *Larenz*, Methodenlehre der Rechtswissenschaft, S. 339.

1019 BGH, Urteil vom 6.11.1953, I ZR 97/52, Rn. 20 (juris) m.w.N.; Reichsgericht, Urteil vom 14.11.1936, I 124/36, RGZ 153, 1, 23; *Schweyer/Dannecker*, BB 1999, 2375, 2376 m.w.N.

1020 Vgl. *Larenz*, Methodenlehre der Rechtswissenschaft, S. 340.

1021 *Sutter*, Das EG-Beihilfenverbot und sein Durchführungsverbot in Steuersachen, S. 236.

Zieht man den unionsrechtlichen Anwendungsvorrang hingegen nur insoweit heran, dass lediglich diejenigen Tatbestandsmerkmale der unionsrechtswidrigen Steuervergünstigung nicht zur Anwendung gelangen, die den Kreis der Begünstigungsempfänger einschränken, dann würden von der Vorschrift nicht mehr nur bestimmte Unternehmen erfasst sein.[1022] Die Vorschrift könnte dann so gelesen werden, dass die Selektivität i.S.d. Art. 107 Abs. 1 AEUV entfällt und die Regelung folglich wie eine allgemeine zulässige Wirtschaftsmaßnahme zu lesen wäre.[1023] Im Ergebnis würde dies die Ausdehnung der Begünstigung bedeuten.[1024] Soweit eine Beihilferegelung aufgrund den Anwendungsbereich einschränkender Tatbestandsmerkmale – beispielsweise durch die Anknüpfung an eine bestimmte Unternehmensgröße, Branche o.ä.[1025] – eine selektive Beihilfe im Sinne des Art. 107 Abs. 1 AEUV ist, dann könnte man gut vertreten, dass die Regelung nur insoweit gegen das Unionsrecht verstößt, als sie nicht die Kriterien einer allgemeinen Regelung erfüllt. Eine Steuernorm ist nur *insoweit* nicht anzuwenden, als sie gegen die unionsrechtlichen Vorgaben verstößt.[1026] Im Kontext des Verstoßes gegen die primärrechtlichen Grundfreiheiten wird üblicherweise ein unionsrechtskonformer Zustand durch die Gerichte und Behörden in der Weise hergestellt, dass einzelne Tatbestandsmerkmale, namentlich Begriffe wie „inländisch", nicht angewendet werden. Im Übrigen gelangt die Vorschrift zur Anwendung, um auf diese Weise dem benachteiligten EU-Ausländer den rechtswidrig verwehrten Steuervorteil ebenfalls zu Teil werden zu lassen.[1027] Führt die Nichtanwendung der selektiven Tatbestandsmerkmale dazu, dass die Vorschrift wie eine allgemeine unterschiedslos wirkende Regelung gelesen werden kann, dann würde diese Vorschrift bei einer solchen Lesart nicht gegen Unionsrecht verstoßen. Der Mitgliedstaat hätte eine solche allgemeine Regelung ohne beihilfenrechtliche Bedenken ursprünglich auch einführen dürfen.[1028]

1022 *Frenz*, Beihilfe- und Vergaberecht, Rn. 1422; *Sutter*, EuZW 2006, 321, 231.

1023 So vom österreichischen Verfassungsgericht in Betracht gezogen, siehe ÖstVerfG, Entschließung vom 13.12.2001, B-2251/97; kritisch dazu *Sutter*, EuZW 2006, 321.

1024 *Sutter*, Das EG-Beihilfenverbot und sein Durchführungsverbot in Steuersachen, S. 236.

1025 Zu den verschiedenen Anknüpfungsmerkmalen, die eine Selektivität begründen können siehe oben Abschnitt C. II. 3. b) dd).

1026 *Englisch*, in: Tipke/Lang, § 4 Rn. 26 mit zahlreichen Nachweisen in Fn. 74.

1027 Siehe etwa BFH, Urteil 22.7.2008, VIII R 101/02, BFHE 222, 453, BStBl. II 2010, 265, Rn. 19 (juris): *„Mithin ist das Merkmal ‚inländisch' in § 3 Nr. 26 EStG bei der Rechtsanwendung nicht zu beachten."*

1028 Vgl. die näheren Ausführungen bei der Begründung der Möglichkeit der Vorteilserstreckung durch den Gesetzgeber in Abschnitt D. III. 3. b) ee).

Gleichwohl ist auf praktische Schwierigkeiten und Rechtsunsicherheit im Zusammenhang mit einer solchen Vorgehensweise durch die Verwaltung hinzuweisen und von einer eigenmächtigen Vorteilserstreckung durch das BMF abzuraten. Das BMF müsste nämlich beachten, dass die Vorgaben bei der Anwendung der Beihilferegelung für die einzelnen Finanzbehörden dazu führen, dass die Selektivität vollumfänglich aufgehoben wird.[1029] Erweitern sie letztlich den Anwendungsbereich der Beihilferegelung nicht genug, dann verstärkt dies die Wettbewerbsverzerrung durch die Gewährung weiterer anmeldungspflichtiger Beihilfen.[1030] Eine solche Vorgehensweise wäre unionsrechtlich unzulässig.[1031] Ferner dürfte die Verwaltung den Anwendungsbereich der Beihilferegelung aber auch nicht überdehnen. Dem stünde der Vorrang des Gesetzes aus Art. 20 Abs. 3 GG entgegen. Aus dem Grundsatz des Vorrangs des Gesetzes folgt, dass untergesetzliche Normen und andere Maßnahmen der Verwaltung den gesetzlichen Rechtsnormen nicht widersprechen dürfen.[1032] Ein Verstoß gegen diesen Grundsatz ist demnach anzunehmen, wenn eine der Verwaltungsvorschrift entgegenstehende gesetzliche Vorschrift existiert.[1033] Die Finanzverwaltung darf entgegen den materiellen Steuergesetzen den beihilfenrechtswidrigen Vorteil einer gesetzlichen Beihilferegelung daher nicht (zu weit) erstrecken.[1034]

(2) Kompetenzüberschreitung der Finanzverwaltung

Ferner würde die Erweiterung des beihilfenrechtswidrigen Vorteils durch die Verwaltung auf mitgliedstaatlicher Ebene eine Kompetenzüberschreitung in den legislativen Gestaltungsspielraum des Gesetzgebers und damit einen Verstoß gegen das Gewaltenteilungsprinzip bedeuten.[1035] Steuerrecht ist Eingriffsrecht, welches sowohl im materiellen Recht als auch im Verfahrensrecht in

1029 Zutreffend darauf hinweisend *Sutter*, EuZW 2006, 321.

1030 *Sutter*, EuZW 2006, 321; vgl. die obigen Ausführungen zur Unzulässigkeit der Erstreckung durch die nationalen Gerichte in Abschnitt D. III. 3. b) aa).

1031 Vgl. die obigen Ausführungen zur Unzulässigkeit der Vorteilserstreckung durch die mitgliedstaatlichen (Finanz-)Gerichte in Abschnitt D. III. 3. b) aa).

1032 BFH, Beschluss vom 28.11.2016, GrS 1/15, BFHE 255, 482, BStBl. II 2017, 393, Rn. 90 (juris).

1033 BFH, Beschluss vom 28.11.2016, GrS 1/15, BFHE 255, 482, BStBl. II 2017, 393, Rn. 90 (juris) m.w.N.

1034 Vgl. BFH, Urteil vom 23.8.2017, I R 52/14, BFHE 259, 20, BStBl. II 2018, 232 zur Verfassungswidrigkeit des sog. Sanierungserlasses.

1035 *Krumm*, DStJG 41 (2018), 561, 593.

besonderem Maße vom Gesetzesvorbehalt geprägt ist.[1036] Dies gilt für begünstigende und belastende Maßnahmen gleichermaßen.[1037] Die Beantwortung der Frage, ob und in welcher Höhe Steuern erhoben bzw. Steuervergünstigungen gewährt werden, obliegt zuvörderst dem nationalen Gesetzgeber. In diesem Zusammenhang ist ferner auf das Budgetrecht des Parlaments hinzuweisen. Das Budgetrecht des Parlaments stünde einem (eigenmächtigen) Vorgehen seitens der Exekutive entgegen, wenn diese – statt der Durchsetzung der Rückforderung – den beihilfenrechtswidrigen Vorteil auf die benachteiligten Steuerpflichtigen erstrecken würde.[1038] Das Budgetrecht des Parlaments, das vor allem die Entscheidung über die Bewilligung finanzieller Mittel umfasst, gehört zu den vornehmsten Rechten der demokratisch legitimierten Volksvertretung.[1039] Das Recht zu bestimmen, welche Einnahmen und welche Ausgaben von staatlicher Seite getätigt werden dürfen, steht nicht der Verwaltung als Teil der Exekutive zu, sondern allein dem Parlament, das die Verwaltung hierzu ermächtigen kann.[1040] Die Vorteilserstreckung mittels Verwaltungsvorschrift auf Eigeninitiative von Seiten des BMF wäre folglich verfassungswidrig.

ee) Vorteilserstreckung bei Beihilferegelungen durch den Steuergesetzgeber

Es verbleibt folglich die Frage, ob der Steuergesetzgeber mittels nachträglicher Erstreckung des beihilfenrechtswidrigen Vorteils einem Verstoß gegen das Durchführungsverbot abhelfen könnte.

(1) Rückwirkende Beseitigung des Tatbestandes des Beihilfenverbots

Der Ausweitung einer rechtswidrigen Beihilfe kann das Unionsrecht nicht entgegenstehen, wenn dadurch die selektive Wirkung der Maßnahme tatsächlich restlos rückwirkend beseitigt werden würde.[1041] Dies würde nämlich

---

1036 *Seer*, in: Tipke/Lang, § 1 Rn. 27; allgemein zum Gesetzesvorbehalt im Rahmen der Eingriffsverwaltung *Maurer/Waldhoff*, Allgemeines Verwaltungsrecht, § 6 Rn. 16 ff.

1037 Vgl. *Hey*, in: Tipke/Lang, § 19 Rn. 5.

1038 *Rosenberg*, Das beihilfenrechtliche Durchführungsverbot im Steuerverfahren, S. 316.

1039 *Siekmann*, in: Sachs, Art. 110 GG Rn. 11; *Kube*, in: Dürig/Herzog/Scholz, Art. 110 GG Rn. 35; *Kube*, AöR 2012, 205, 206 spricht auch vom „Kronjuwel" und „Königsrecht" des Parlaments; siehe auch *Austermann/Waldhoff*, Parlamentsrecht, Rn. 612.

1040 *P. Kirchhof*, NVwZ 1983, 505; *Siekmann*, in: Sachs, Art. 110 GG Rn. 12 und Rn. 13; *Austermann/Waldhoff*, Parlamentsrecht, Rn. 619; *Meickmann*, NVwZ 2022, 106, 107.

1041 *Jaeger*, in: Hummer, Neueste Entwicklungen im Zusammenspiel von Europarecht und nationalem Recht der Mitgliedstaaten, 417, 449; EuGH, Urteil vom 5.10.2006, *Transalpine Ölleitung in Österreich*, Rs. C-368/04, ECLI:EU:C:2006:644, Rn. 52.

vergangenheitsbezogen den Tatbestand des Art. 107 Abs. 1 AEUV der betreffenden Beihilferegelung entfallen lassen.[1042]

Den unionsrechtlichen Anforderungen entsprechend, dürfte auf mitgliedstaatlicher Ebene der Gesetzgeber mittels Vorteilserstreckung einen Beihilfenverstoß rückwirkend vollumfänglich beseitigen können. Denkbar wäre dies, indem der Tatbestand einer unionsrechtswidrigen Beihilferegelung mit Wirkung für die Vergangenheit insoweit abgeändert wird, dass der wirtschaftliche Vorteil (nebst Zinsen) mit Wirkung *erga omnes* den zuvor benachteiligten Unternehmen nachträglich zugutekommt.[1043] Die Beihilferegelung würde so ihren selektiven Charakter verlieren, sodass die Auswirkungen der zuvor eingeführten Beihilfe auf diese Weise vollständig „*neutralisiert*" werden würden.[1044] Die Ausdehnung der Begünstigung mithilfe einer gesetzlichen Regelung würde nicht dazu führen, dass *lediglich* der Kreis von Beihilfenempfängern erweitert wird. Aufgrund der Erweiterung auf *alle* benachteiligten Unternehmen wäre letztlich *niemand* mehr bevorzugt, sodass die Marktlage in der Weise wiederhergestellt wäre, als hätte sich der Mitgliedstaat von Anfang an *rechtmäßig* verhalten.

(i) Einschätzungsspielraum des Gesetzgebers und Vorbehalt des finanziell Möglichen

Ob das Änderungsgesetz nur für die Vergangenheit oder auch für die Zukunft gelten soll, wäre losgelöst vom unionsrechtlichen Beihilfenrecht eine rechtspolitische Frage, die dem Einschätzungsspielraum des Gesetzgebers unterliegt. An dieser Stelle ist auf die nationale Steuerautonomie hinzuweisen, die vom Beihilfenrecht insoweit nicht beschränkt wird, wie der nationale Gesetzgeber die Regelbesteuerung festlegt.[1045] Die unionsrechtlich geforderte Beseitigung des Verstoßes gegen das Durchführungsverbot betrifft allein die „*Vergangenheitsbewältigung*" der eingetretenen Unionsrechtswidrigkeit;[1046] nicht mehr und nicht

---

1042 *Jaeger*, in: Hummer, Neueste Entwicklungen im Zusammenspiel von Europarecht und nationalem Recht der Mitgliedstaaten, 417, 449.

1043 So auch andeutend in den Schlussanträgen des GA *Jacobs* vom 29.11.2005 zu *Transalpine Ölleitung in Österreich*, Rs. C-368/04, ECLI:EU:C:2005:724, Rn. 80: „*Würde eine solche Erweiterung tatsächlich in Betracht gezogen, so erschiene eine gesetzliche Regelung angemessener als gerichtliches Vorgehen.*"

1044 So auch *Jaeger*, in: Hummer, Neueste Entwicklungen im Zusammenspiel von Europarecht und nationalem Recht der Mitgliedstaaten, 417, 449 f.; vgl. auch *Bartosch*, Art. 108 AEUV Rn. 10.

1045 Vgl. oben Abschnitt C. II. 3. b) aa).

1046 Vgl. *Krumm*, DStJG 41 (2018), 561, 572.

weniger. Ebenfalls eine Frage des Einschätzungsspielraums des Gesetzgebers ist es, ob der Anwendungsbereich lediglich insoweit geändert wird, dass die Selektivität entfällt oder darüber hinaus sogar nicht unternehmerisch tätige Steuerpflichtige[1047] nachträglich von der Begünstigungsregelung erfasst werden.

Sofern sich der Gesetzgeber dazu entschließt, den beihilfenrechtswidrigen Vorteil nachträglich auf die benachteiligten Steuerpflichtigen zu erstrecken, so muss garantiert sein, dass der Staat finanziell auch tatsächlich dazu im Stande ist. Staatsleistungen können nur nach Maßgabe des Möglichen gewährt werden, was zuvörderst der Gesetzgeber beurteilen muss.[1048] Die Vorteilserstreckung scheidet als Abhilfemaßnahme danach aus, wenn der Staat nicht über die finanziellen Mittel verfügen sollte, um die Wettbewerbsverzerrung vollumfänglich zu beseitigen. Denn in diesem Fall könnte die unionsrechtlich erforderliche vollständige *Neutralisierung* der Beihilferegelung nicht herbeigeführt werden.

(ii) Zeitliche Dimension der Vorteilserstreckung

Beabsichtigt der Gesetzgeber den beihilfenrechtswidrigen Vorteil nachträglich zu erstrecken, um dem Durchführungsverbot abzuhelfen, dann ist dabei als zeitliche Mindestgrenze die unionsrechtliche Verjährung nach Art. 17 VerfVO zu beachten. Das rückwirkende Gesetz müsste zur vollständigen Neutralisierung der Beihilfe (mindestens) die Zeiträume erfassen bis zu denen alternativ eine Rückforderung zwingend vorzunehmen wäre, d.h. mindestens[1049] für die letzten zehn Jahre ab der jüngsten Beihilfegewährung (vgl. Art. 17 Abs. 1 VerfVO).[1050]

1047 Das Beihilfenverbot erfasst nur die Begünstigung von Unternehmen, näher dazu oben in Abschnitt C. II. 2.

1048 Vgl. *P. Kirchhof*, NVwZ 1983, 505, 511; *Kube*, in: Dürig/Herzog/Scholz, Art. 110 GG Rn. 38 f.; BVerfG, Urteil vom 18.7.1972, 1 BvL 32/70, BVerfGE 33, 303, Rn. 63 (juris): *„Auch soweit Teilhaberechte nicht von vornherein auf das jeweils Vorhandene beschränkt sind, stehen sie doch unter dem Vorbehalt des Möglichen im Sinne dessen, was der Einzelne vernünftigerweise von der Gesellschaft beanspruchen kann. Dies hat in erster Linie der Gesetzgeber in eigener Verantwortung zu beurteilen, der bei seiner Haushaltswirtschaft auch andere Gemeinschaftsbelange zu berücksichtigen und nach der ausdrücklichen Vorschrift des Art. 109 Abs. 2 GG den Erfordernissen des gesamtwirtschaftlichen Gleichgewichts Rechnung zu tragen hat.* […]".

1049 Die zehnjährige Frist beginnt erneut zu laufen, sofern eine Unterbrechung eingetreten ist (Art. 17 Abs. 2 VerfVO), siehe auch oben Abschnitt D. II. 2.

1050 Siehe dazu oben Abschnitt D. II. 2.

(iii) Berücksichtigung der Rechtswidrigkeitszinsen

Um eine vollständige Neutralisierung des rechtswidrigen Beihilfevorteils zu erreichen, müsste – auch im Fall der Ausdehnung der beihilfenrechtswidrigen Begünstigung – der Liquiditätsvorteil der zunächst bevorzugten Wirtschaftsteilnehmer abgeschöpft werden (sog. Rechtswidrigkeitszins).[1051] Die Neutralisierung des Liquiditätsvorteils wäre auch in der Weise möglich, dass die nachträglich gewährten Auszahlungen nebst Zinsen für den Zeitraum der Vorenthaltung der ursprünglichen Begünstigung gezahlt würden.[1052] Der Gesetzgeber verfügt über die Möglichkeit dies mit Wirkung *erga omnes* normativ zu statuieren, sodass die zunächst benachteiligten Konkurrenten so gestellt werden, als hätten sie von Anfang an auch von der begünstigenden – nun nachträglichen allgemeinen Regelung – profitiert.

(iv) Verfahrensrechtliche Umsetzung

Die Finanzverwaltung wäre im Zuge der Gesetzesänderung gem. § 88 AO von Amts wegen verpflichtet, das korrigierte Gesetz entsprechend für die vergangenen Zeiträume anzuwenden, damit die benachteiligten Wettbewerber nachträglich mit den zuvor rechtswidrig begünstigten Unternehmen gleichgestellt werden.

Etwaige entgegenstehende Steuerverwaltungsakte wären aufgrund der rückwirkenden Gesetzesänderung rechtswidrig.

Sofern sog. sonstige Steuerverwaltungsakte korrigiert werden müssten, könnten diese gem. § 130 Abs. 1 AO zurückgenommen werden.[1053] Auf die einschränkenden Tatbestandsmerkmale nach § 130 Abs. 2 AO käme es nicht an, da der Verwaltungsakt insoweit nicht begünstigend wäre. Die Korrektur würde nämlich zugunsten der Steuerpflichtigen erfolgen. Für die Frage der Anwendbarkeit der Vertrauensschutztatbestände nach § 130 Abs. 2 AO ist maßgeblich, ob sich die Änderung begünstigend oder belastend für den Adressaten auswirkt.[1054] Vorliegend wäre Ersteres der Fall, sodass es auf etwaigen Vertrauensschutz nicht ankäme.

1051 *Jaeger*, in: Hummer, Neueste Entwicklungen im Zusammenspiel von Europarecht und nationalem Recht der Mitgliedstaaten, 417, 450.

1052 Näher zu Verzinsung oben in Abschnitt D. II. 4. c).

1053 Vgl. die obigen Ausführungen in Abschnitt D. II. 4. e) aa).

1054 *Loose*, in: Tipke/Kruse, § 130 AO Rn. 11 m.w.N.; vgl. *Schober*, in: Gosch, § 218 AO Rn. 107; vgl. auch BFH, Urteil vom 18.9.2007, I R 54/06, BFHE 219, 67, BStBl. II 2018, 695, Rn. 17 (juris).

Steuerbescheide und ihnen gleichgestellte Bescheide könnten und müssten gem. §§ 164 Abs. 1, 165 Abs. 1 AO korrigiert werden, sofern eine Steuerfestsetzung unter Vorbehalt der Nachprüfung bzw. vorläufig erfolgte.[1055] Dies könnte ohne nähere Begründung geschehen.[1056]

Im Übrigen sehen die § 172 ff. AO eine Korrekturvorschrift für den Fall der rückwirkenden Gesetzesänderung nicht vor. Auch § 175 Abs. 1 Nr. 2 AO wäre nicht einschlägig. Die rückwirkende Änderung eines Steuergesetzes ist nämlich kein rückwirkendes Ereignis im Sinne dieser Vorschrift.[1057] Vielmehr bedürfte es im Rahmen der Gesetzesänderung einer Regelung, welche die Durchbrechung der Bestandskraft explizit vorsähe, damit der Anwendung des rückwirkenden Änderungsgesetzes die verfahrensrechtlichen Bestandskraftregeln nicht entgegenstehen.[1058] Um die unionsrechtlich geforderte Neutralisierung der Beihilfe tatsächlich durchsetzen zu können, müsste der Gesetzgeber ferner eine entsprechende Vorschrift gesetzlich regeln, sollte er sich dazu entschließen, den Vorteil rückwirkend zu erstrecken. Dies könnte durch den Gesetzgeber ohne rechtliche Bedenken geschehen.

(v) Zwischenergebnis

Voraussetzung zur rückwirkenden Beseitigung der Selektivität einer Beihilferegelung ist folglich, dass der Gesetzgeber materiell den persönlichen Anwendungsbereich der Beihilfevorschrift auf alle benachteiligten Wettbewerber erstreckt. Das Änderungsgesetz müsste zeitlich mit Wirkung für die Vergangenheit gelten und (mindestens) den Zeitraum der unionsrechtlichen Verjährung nach Art. 17 VerfVO erfassen. Des Weiteren müsste verfahrensrechtlich gesichert sein, dass alle benachteiligten Unternehmen tatsächlich an der erstreckten Begünstigung (nebst Zinsen) partizipieren können. Schließlich wäre erforderlich, dass der Staat finanziell dazu im Stande ist, die Vorteilserstreckung auf alle benachteiligten Unternehmen für den besagten Zeitraum herbeizuführen. Werden diese Voraussetzungen erfüllt, dann kann mittels Vorteilserstreckung einem Verstoß gegen das Durchführungsverbot entsprechend den unionsrechtlichen Vorgaben[1059] abgeholfen werden.

1055 Vgl. die obigen Ausführungen in Abschnitt D. II. 4. e) bb).

1056 Vgl. oben Abschnitt D. II. 4. e) dd).

1057 BFH, Urteil vom 9.8 1990, X R 5/88, BFHE 162, 355, BStBl. II 1991, 55, 3. Leitsatz; *Loose*, in: Tipke/Kruse, § 175 AO Rn. 42 m.w.N; *Rüsken*, in: Klein, § 175 AO Rn. 145.

1058 *Rüsken*, in: Klein, § 175 AO Rn. 145; BFH, Urteil vom 9.8.1990, X R 5/88, BFHE 162, 355, BStBl. II 1991, 55, Rn. 25 (juris).

1059 Siehe dazu oben in Abschnitt D. III. 2.

(2) Mögliche Erhöhung der Wettbewerbsverzerrung auf dem Binnenmarkt unbeachtlich

Der unionsrechtlichen Zulässigkeit der Vorteilserstreckung durch den Gesetzgeber kann nicht entgegengehalten werden, dass allgemeine unterschiedslos geltende Steuermaßnahmen grundsätzlich zu höheren Wettbewerbsverzerrungen im Europäischen Binnenmarkt führen können und daher als alternative Rechtsfolge abzulehnen sei.[1060]

Der Bereich der direkten Steuern befindet sich nach wie vor im Kompetenzbereich der Mitgliedstaaten; die Europäische Union ist keine Steuerrechtsunion.[1061] Das Beihilfenverbot verbietet tatbestandlich lediglich selektive Begünstigungen.[1062] Die Art. 107 ff. AEUV bieten keine Handhabe gegen den Steuersystemwettbewerb, etwa in Gestalt allgemein niedriger Steuersätze sowie gegenüber jedermann offen stehenden Steuervergünstigungen.[1063] Das Beihilfenrecht enthält über die Tatbestandsvoraussetzungen des Art. 107 Abs. 1 AEUV hinaus keine Vorgaben für die Mitgliedstaaten zur Ausgestaltung ihrer Steuersysteme. Steuerliche Vorschriften sind beihilfenrechtlich nicht zu beanstanden, sofern diese (insbesondere)[1064] keine selektiven Begünstigungen enthalten.[1065] Der Mitgliedstaat hätte folglich eine *allgemeine* Regelung in der Form des nachträglichen Korrekturgesetzes ursprünglich ohne beihilfenrechtliche Bedenken einführen dürfen, ungeachtet jedweder wettbewerbsverzerrender Wirkung.[1066] Es ist kein Grund ersichtlich, weshalb die nachträgliche Einführung einer solchen Regelung, die der Korrektur eines beihilfenrechtswidrigen Gesetzes dient

---

1060 A.A. Schlussanträge des GA *Jacobs* vom 29.11.2005 zu *Transalpine Ölleitung in Österreich*, Rs. C-368/04, ECLI:EU:C:2005:724, Rn. 79.

1061 Vgl. oben Abschnitt A. II.

1062 Siehe oben Abschnitt C. II. 3.

1063 *Englisch*, in: Tipke/Lang, § 4 Rn. 119; Schlussanträge der GAin *Kokott* vom 8.5.2008 zu *Unión General de Trabajadores de la Rioja*, verb. Rs. C-428/06 u.a., ECLI:EU:C:2008:262, Rn. 48.

1064 Die Selektivität ist das wesentliche Tatbestandsmerkmal bei der Bestimmung einer steuerlichen Maßnahme als Beihilfe. Zur Annahme einer Beihilfe ist neben der Selektivität gleichwohl erforderlich, dass sämtliche Tatbestandsmerkmale des Art. 107 Abs. 1 AEUV kumulativ erfüllt sind, siehe oben die Einleitung in Abschnitt C. Zur Beseitigung der Beihilfe genügt es daher, dass nur ein Tatbestandsmerkmal des Art. 107 Abs. 1 AEUV beseitigt wird.

1065 Vgl. oben Abschnitt C. II. 1. b) aa).

1066 Vgl. oben Abschnitt C. II. 3. b) aa).

und zeitlich vor dem Beihilfenverstoß unzweifelhaft hätte eingeführt werden können, nachträglich unionsrechtlich nicht (mehr) zulässig sein sollte.

(3) Notifikationsverfahren wird nicht entbehrlich

Teilweise wird vertreten, die Anerkennung der Zulässigkeit der nachträglichen Vorteilserstreckung würde das Notifikationsverfahren überflüssig werden lassen.[1067] Dies ist nicht stichhaltig. Denn der durch die Einführung der Beihilfe eingetretene Verstoß gegen das Durchführungsverbot würde auch durch eine rückwirkende Vorteilserstreckung nicht geheilt werden.[1068] Die Berücksichtigung des Rechtswidrigkeitszinses müsste im Änderungsgesetz ebenfalls zwingend berücksichtigt werden, um die Neutralisierung der Beihilfe zu gewährleisten.[1069] Das Argument, das Notifikationsverfahren werde entbehrlich, wenn man die Vorteilserstreckung als Abhilfemaßnahme zulässt, ist demzufolge nicht überzeugend.

(4) Wegfall etwaiger Sanktionswirkung unbeachtlich

Gegen die Erstreckung des beihilfenrechtswidrigen Vorteils wird teilweise vorgebracht, dass sie keine Sanktionswirkung entfalten könnte im Gegensatz zur Rückforderung der Beihilfe.[1070] Wenn die Beihilfenempfänger lediglich zu befürchten hätten, dass ihre Konkurrenten die Beihilfe letztlich ebenfalls erlangen könnten, mindere dies den Anreiz zu prüfen, ob das Notifikationsverfahren eingehalten wurde. Dies hätte wiederum die Schwächung des Beihilfenkontrollsystems zur Folge.[1071] Dieser Einwand geht jedoch ins Leere. Die Beseitigung des Beihilfenverstoßes soll zum einen die Beihilfenempfänger nicht sanktionieren.[1072] Sinn und Zweck der Beihilfenrückforderung ist allein die Wiederherstellung der vorherigen Marktlage.[1073] Zum anderen sind die Beihilfenempfänger weder Adressaten noch Verpflichtete der Anmeldepflicht sowie des Durchführungsverbots.[1074]

1067 So *Sutter*, EuZW 2002, 213, 217.

1068 *Jaeger*, in: Hummer, Neueste Entwicklungen im Zusammenspiel von Europarecht und nationalem Recht der Mitgliedstaaten, 417, 450.

1069 Siehe oben Abschnitt D. III. 3. b) ee) (1) (iii).

1070 *Sutter*, EuZW 2006, 321, *Sutter*, Das EG-Beihilfenverbot und sein Durchführungsverbot in Steuersachen, S. 243.

1071 Schlussanträge des GA *Jacobs* vom 29.11.2005 zu *Transalpine Ölleitung in Österreich*, Rs. C-368/04, ECLI:EU:C:2005:724, Rn. 81.

1072 Siehe oben Abschnitt D. III. 1.

1073 Siehe oben Abschnitt D. III. 1.

1074 Siehe oben Abschnitt D. II. 5. d) cc).

Den Beihilfenempfängern eine Vergewisserungsobliegenheit hinsichtlich der Einhaltung des Durchführungsverbots aufzuerlegen, ist dogmatisch nicht überzeugend.[1075] Sofern man überhaupt die Auffassung vertreten sollte, der Beseitigung des Beihilfenverstoßes müsse eine Sanktionsfunktion zukommen,[1076] dann bedürfte es weniger der Sanktionierung der Beihilfenempfänger, sondern vielmehr der Sanktionierung des gegen das Beihilfenrecht verstoßenden Mitgliedstaates.[1077]

(5) Effektivere und schonendere Abhilfemaßnahme

Die rückwirkende Aufhebung der Selektivität einer Beihilferegelung durch eine Vorteilserstreckung durch den Gesetzgeber könnte das Ziel der Wiederherstellung der Wettbewerbsgleichheit nicht nur genauso gut erfüllen wie die Rückforderung, sondern sogar noch besser. Denn zum einen dürfte es dem Interesse der benachteiligten Wettbewerber in höherem Maße entsprechen, wenn sie an der zuvor verwehrten Steuervergünstigung nachträglich partizipieren dürften. Dem Individualschutz der benachteiligten Unternehmen würde in höherem Umfang Rechnung getragen werden, wenn sie mit den zunächst begünstigten Konkurrenten nachträglich gleichgestellt würden, indem sie ebenfalls in den Genuss der Steuervergünstigung kommen und nicht den bevorzugten Konkurrenten „lediglich" der Vorteil entzogen wird. Zum anderen würde die Ausdehnung der Beihilfe für die ursprünglichen Begünstigungsempfänger nicht mit nachteiligen Konsequenzen einhergehen; Insolvenzen und wirtschaftliche Existenzvernichtungen wären ausgeschlossen. Die Vorteilserstreckung könnte also zum einen das Ziel, die Wiederherstellung der Wettbewerbsgleichheit, genauso erreichen wie die Rückforderung der Beihilfe. Zum anderen bedürfte es keines Eingriffs in subjektive Rechtspositionen der Empfänger der rechtswidrigen Beihilfe.

Im Übrigen könnte die Ausdehnung des Vorteils sogar im Interesse des Mitgliedstaates liegen. Nicht selten führt es zu einem Interessenkonflikt, wenn der Mitgliedstaat Subventionen zurückverlangen muss, die gerade von diesem mit bestimmten Lenkungszwecken gewährt worden sind.[1078] Dies gilt insbesondere,

---

1075 Siehe oben Abschnitt D. II. 5. d) aa).

1076 So etwa *Sinnaeve*, Die Rückforderung gemeinschaftsrechtswidriger nationaler Beihilfen, S. 40.

1077 *Sinnaeve*, Die Rückforderung gemeinschaftsrechtswidriger nationaler Beihilfen, S. 186 m.w.N.; vgl. oben Abschnitt D. II. 5. d) cc).

1078 *Köster*, in: MüKo, Art. 16 VO 2015/1589 Rn. 5; vgl. *Schamell*, ISR 2019, 28; *Quardt*, in: Heidenhain, § 50 Rn. 4 spricht in diesem Zusammenhang von einem

wenn der Mitgliedstaat global agierende Unternehmen subventioniert hat. Solche Unternehmen möchte kein Mitgliedstaat aus dem Inland durch die Rückforderung der Beihilfen „*vergraulen*".[1079] Die Möglichkeit der Vorteilserstreckung würde die effektive Durchsetzung des Unionsrechts („*effet utile*"), namentlich die Wiederherstellung von Wettbewerbsgleichheit, in solchen Situationen folglich befördern können.

(6) Konsequenz der gleichheitsrechtlichen Dimension des Beihilfenverbots

Sofern in Fällen gesetzlicher Beihilfenverstöße sowohl durch Rückforderung der rechtswidrig gewährten Begünstigung als auch durch dessen Ausweitung abgeholfen werden kann, folgt aus dem Unionsrecht, dass der nationalen Gesetzgeber die Entscheidungsbefugnis hat, welcher Rechtsfolge der Vorrang einzuräumen ist.[1080] Dies folgt bereits aus der grundsätzlichen Möglichkeit der Vorteilserstreckung als alternative Abhilfemaßnahme und dem Fehlen entgegenstehender unionsrechtlicher Gründe. Daneben ist die grundsätzliche Möglichkeit der Vorteilserstreckung als alternative Abhilfemaßnahme die Konsequenz der gleichheitsrechtlichen Dimension des Beihilfenverbots.[1081] Die selektive Begünstigung bestimmter Wirtschaftsteilnehmer geht stets mit der Benachteiligung anderer Unternehmen einher.[1082] Das Beihilfenverbot gebietet im Hinblick auf Subventionierungen von Unternehmen wie Art. 3 Abs. 1 GG sowie die europäischen Grundfreiheiten Rechtsetzungs- und Rechtsanwendungsgleichheit.[1083]

Im Fall eines Verstoßes gegen den verfassungsrechtlichen allgemeinen Gleichheitssatz (Art. 3 Abs. 1 GG) ist allgemein anerkannt, dass die Rechtsfolgen

---

sog. systemimmanenten Interessenkonflikt, welcher den Mitgliedstaat auch als „*Mittäter*" bezeichnet.

1079 *Schamell*, ISR 2019, 28.

1080 So im Ergebnis auch *Jaeger*, in: Hummer, Neueste Entwicklungen im Zusammenspiel von Europarecht und nationalem Recht der Mitgliedstaaten, 417, 449 f.; *Bartosch*, Art. 108 AEUV Rn. 10; tendenziell auch Frenz, Beihilfe- und Vergaberecht, Rn. 1426; Schlussanträge des GA *Jacobs* vom 29.11.2005 zu *Transalpine Ölleitung in Österreich*, Rs. C-368/04, ECLI:EU:C:2005:724, Rn. 80.

1081 Dazu oben Abschnitt C. II. 3. c).

1082 Zur Feststellung der Ungleichbehandlung im Rahmen der Selektivität siehe oben Abschnitt C. II. 3. b) dd).

1083 Vgl. oben Abschnitt C. II. 3. c).

grundsätzlich offen sind.[1084] Das bedeutet, dass die Beseitigung einer Ungleichbehandlung grundsätzlich mit unterschiedlichen, d.h. sich widersprechender Lösungsmöglichkeiten erfüllt werden kann.[1085] So ist die Auflösung einer Ungleichbehandlung grundsätzlich entweder durch eine Besserstellung des zuvor Benachteiligten oder durch die nachträgliche Schlechterstellung des zunächst Bevorzugten möglich.[1086] Bei gleichheitswidrigen Gesetzen obliegt es daher dem Gesetzgeber, auch vor dem Hintergrund der Wahrung seiner Zuständigkeit und seines Entscheidungsspielraums, wie dieser einem Gleichheitsverstoß abhilft.[1087] Der Ausdehnung rechtswidriger Begünstigungen steht der Grundsatz *„keine Gleichheit im Unrecht"* nicht entgegen, wenn damit eine rechtswidrige Ungleichbehandlung vollumfänglich neutralisiert wird. Vielmehr handelt es sich dann um die Herstellung von *„Gleichheit im Recht"*.[1088]

Dieselben Grundsätze gelten im Fall eines Verstoßes gegen die Grundfreiheiten. Den nationalen Gesetzgeber trifft aus Art. 4 Abs. 3 EUV eine *„Bereinigungspflicht"*, unionsrechtswidrige Regelungen abzuschaffen bzw. zu ändern, um einen unionsrechtskonformen Zustand wiederherzustellen.[1089] Auf welche Art und Weise der Mitgliedstaat dieser Pflicht nachkommt, ist unionsrechtlich nicht vorgegeben. Die Steuer- und die Haushaltshoheit des Gesetzgebers gebietet es hier, dass der Gesetzgeber die Wahl trifft, wie der unionsrechtswidrigen Diskriminierung abgeholfen werden soll.[1090] Denkbar ist danach, dass auf den Auslandssachverhalt die günstigere Norm für Inlandssachverhalte Anwendung

---

1084 *Desens*, in: Kempny/Reimer, S. 133, 137; *ders.*, AöR 133 (2008), 404, 411; *ders.*, DStR 2009, 727, 728; vgl. auch BVerfG, Beschluss vom 31.1.1996, 2 BvL 39/93, BVerfGE 93, 386, 396; *Sachs*, in: Stern, Band IV/2, § 120, S. 1583.

1085 *Sachs*, in: Stern, Staatsrecht IV/2, § 120 S. 1583; *P. Reimer*, in: Stern/Sodan/Möstl, Band IV, § 128 Rn. 114.

1086 *Desens*, in: Kempny/Reimer, S. 133, 137 f.; *Kingreen*, in: BK, Stand: Februar 2020, Art. 3 GG Rn. 700.

1087 *Hömig*, in: Schmidt-Bleibtreu/Klein/Bethge, § 95 BverfGG Rn. 45 m.w.N.; vgl. BVerfG, Beschluss vom 8.7.2021, 1 BvR 2237/14, 1 BvR 2422/17, Rn. 237 f. (juris); *Kingreen*, in: BK, Stand: Februar 2020, Art. 3 GG Rn. 700.

1088 Siehe nur *Sachs*, in: Stern, Band IV/2, § 120, S. 1593.

1089 *Rust*, IStR 2009, 382, 383; *Jarass/Beljin*, NVwZ 2004, 1, 4; *Gosch*, DStR 2007, 1895, 1897; EuGH, Urteil vom 25.7.1991, *Kommission/Italien*, Rs. C-58/90, ECLI:EU:C:1991:329, Rn. 12; vgl. auch EuGH, Urteil vom 18.1.2001, *Kommission/Italien*, Rs. C-162/99, ECLI:EU:C:2001:35, Rn. 22.

1090 *Frotscher*, Internationales Steuerrecht, § 2 Rn. 68; *Gosch*, UbG. 2009, 73, 78.

findet oder aber eine Schlechterstellung des Inlandssachverhaltes mit dem Auslandssachverhalt vorgenommen wird.[1091]

Ausgehend von der parallelen tatbestandlichen Struktur der Selektivität im Rahmen des Art. 107 Abs. 1 AEUV im Vergleich zur Prüfungsstruktur des allgemeinen Gleichheitssatzes sowie den Grundfreiheiten[1092] ist auch im Falle eines Beihilfenverstoßes eine grundsätzliche Offenheit der Rechtsfolgen anzuerkennen.

(7) Auflösung möglicher widersprüchlicher Konsequenzen bei gleichzeitigem Verstoß gegen Grundfreiheiten und Beihilfenverbot

Die Anerkennung der Vorteilserstreckung als mögliche beihilfenrechtliche Rechtsfolge würde außerdem dazu führen, dass sich in den Fällen gleichzeitiger Verstöße gegen das Beihilfenverbot und die Grundfreiheiten die Frage nach möglicherweise widersprechenden Lösungen nicht (mehr) stellen würde.[1093]

In der Literatur wird kontrovers diskutiert, welcher Rechtsfolge der Vorrang einzuräumen ist, wenn zugleich ein Verstoß gegen die europäischen Grundfreiheiten sowie gegen das Beihilfenverbot vorliegt.[1094] Denn es komme in einem solchen Fall zu widersprüchlichen Konsequenzen, da Verstöße gegen die Grundfreiheiten in der Regel[1095] im Wege des Anwendungsvorrangs durch Erstreckung der vorteilhaften Rechtsfolge auf die grenzüberschreitende Konstellation

1091 *Rust*, IStR 2009, 382, 384 ff.; *Lang*, IStR 2010, 570, 578; vgl. ferner Schlussanträge des GAin *Kokott* vom 13.12.2007 zu *Marks & Spencer*, Rs. C-309/06, ECLI:EU:C:2007:785, Rn. 74 f.; der Gesetzgeber kann die unionsrechtswidrige Regelung schließlich auch abschaffen und eine völlig neue (diskriminierungsfreie) Lösung finden, dazu *Rust*, IStR 2009, 382, 384 m.w.N.

1092 Zur parallelen Struktur zwischen Selektivität und Art. 3 Abs. 1 GG siehe oben Abschnitt C. II. 3. c). Zum Verhältnis von Beihilfeverbot und Grundfreiheiten siehe oben Abschnitt C. IV. 2.

1093 Näher dazu *Grube*, Der Einfluss des unionsrechtlichen Beihilfenverbots auf das deutsche Steuerrecht, S. 92 f.; *Lang*, IStR 2010, 570 f.

1094 Für den Vorrang des Beihilfenrechts; *Grube*, Der Einfluss des unionsrechtlichen Beihilfeverbots auf das deutsche Steuerrecht, S. 94 f. ebenso *Englisch*, in: Schaumburg/Englisch, Rn. 9.56.; a.A. *Blumenberg/Kring*, IFSt-Schrift Nr. 473 (2011), S. 19; *Lang*, IStR 2010, 570, 579 f.

1095 Siehe etwa BFH, Urteil vom 10.1.2007, I R 87/03, BFHE 216, 312, BStBl. II 2008, 22 in Bezug auf § 50a Abs. 4 Satz 4 EStG 1990; kritisch zur Erweiterung durch die mitgliedstaatlichen Gerichte *Gosch*, UbG 2009, 73, 77 f.

aufzulösen seien, wohingegen beihilfenrechtlich die Rückgängigmachung des Vorteils zwingend vorgenommen werden müsse.[1096]

Richtigerweise obliegt es auch hier dem Gestaltungsspielraum der Mitgliedstaaten, wie sie in einem solchen Kollisionsfall einen unionsrechtskonformen Zustand wiederherstellen. Zutreffend hat auch der EuGH die Frage offen gelassen, welche Konsequenzen auf mitgliedstaatlicher Ebene zu ziehen sind, wenn ein Verstoß gegen beide Rechtsregime zugleich vorliegt.[1097] Vergegenwärtigt man sich, dass es auch bei Grundfreiheitsverstößen keinen Automatismus gibt, den unionsrechtswidrig verwehrten Vorteil auf den Auslandssachverhalt zu erstrecken,[1098] und erkennt man die Vorteilserstreckung auch im Beihilfenrecht als mögliche Rechtsfolge an, dann stellt sich die Frage nach widersprüchlichen Konsequenzen nicht. Die zu ziehenden Konsequenzen sind nicht widersprüchlich, wenn man richtigerweise davon ausgeht, dass in beiden Rechtsbereichen die Rechtsfolgen grundsätzlich offen sind. Aus dem Unionsrecht folgt danach, dass der Mitgliedstaat diejenige Abhilfemaßnahme treffen muss, die sowohl dem Verstoß gegen das Beihilfenverbot als auch dem Grundfreiheitsverstoß abhilft.

Bemerkenswert ist, dass in diesem Kontext eine Vorteilserstreckung auch im Rahmen des Beihilfenrechts vertreten wird.[1099] Die Vorteilserstreckung ist richtigerweise nicht nur für den Fall des gleichzeitigen Verstoßes gegen Grundfreiheiten und Beihilfenverbot in Betracht zu ziehen, sondern auch, wenn „nur" gegen das Beihilfenverbot ein Verstoß gegeben ist.

ff) Ergebnis

Es ist zu konstatieren, dass die Erstreckung der Begünstigung einer rechtswidrigen Beihilferegelung als Rechtsfolge des Verstoßes gegen das Durchführungsverbot grundsätzlich in Betracht kommt.

Eine solche Abhilfemöglichkeit ist unionsrechtlich jedoch zum einen beschränkt auf die Situation der „*Neutralisierung*" von Beihilferegelungen. Zum anderen kann die tatsächliche, vollständige, rückwirkende Beseitigung jeglicher Selektivität einer Beihilferegelung nur durch den Gesetzgeber des

---

1096 *Lang*, IStR, 2010, 570, 579 f.; *Kokott*, Das Steuerrecht der Europäischen Union, § 3 Rn. 227; *Grube*, Der Einfluss des unionsrechtlichen Beihilfenverbots auf das deutsche Steuerrecht, S. 92.

1097 EuGH, Urteil vom 17.11.200, *Presidente del Consiglio dei Ministri*, Rs. C-169/08, ECLI:EU:C:2009:709, Rn. 65.

1098 *Rust*, IStR 2009, 382 385.

1099 *Lang*, IStR 2010, 570, 579 f.

beihilfengewährenden Mitgliedstaates bewerkstelligt werden, nicht dagegen durch die Gerichte oder Behörden. Gegen eine entsprechend den unionsrechtlichen Vorgaben theoretisch denkbare Abhilfe durch Verwaltungsvorschriften von Seiten des BMF sprechen neben praktischen Schwierigkeiten verfassungsrechtliche Erwägungen, namentlich das Gewaltenteilungsprinzip und das Budgetrecht des Parlaments.

Folglich beschränkt sich diese alternative Abhilfemöglichkeit allein auf die Situation der Beseitigung eines Beihilfenverstoßes durch gesetzliche Beihilferegelungen von Seiten der Legislative. Gesetzlichen Beihilferegelungen kommt im Steuerrecht jedoch größte praktische Bedeutung zu,[1100] sodass der Anerkennung der Ausweitung des rechtswidrigen Vorteils als alternative Rechtsfolge zur Nachbesteuerung der Begünstigungsempfänger in diesem Rechtsgebiet große praktische Bedeutung zukommen würde.

Dem Verweis in den Schlussanträgen des Generalanwalts *Geelhoed* zu der Rechtssache *GIL Insurance u.a.* kann daher unter Berücksichtigung der obigen Einschränkungen nur zugestimmt werden:

> *„Nach Auffassung der Kommission gibt es zwei Arten von Beihilfen:*
>
> *die ‚klassische' Beihilfe, die einen besonderen Vorteil oder eine bestimmte steuerliche Sonderbehandlung mit sich bringe. Der klassische Rechtsbehelf in Form der ‚Beseitigung des Vorteils' sei die Rückforderung des gezahlten Beihilfebetrags einschließlich Zinsen vom Begünstigten durch den betreffenden Mitgliedstaat.* ***Eine Alternative, auch wenn sie aus Haushaltsgründen nicht auf der Hand liege, sei die Verallgemeinerung der Beihilfe****;*
>
> *die ‚zweite' Art von Beihilfe, bei der einem Teil des Sektors eine besondere Abgabenlast auferlegt werde. Die Beseitigung erfolge hier durch Abschaffung der besonderen Abgabenlast. In dieser Beziehung könne entschieden werden, dass die gezahlte Sonderlast an das betroffene Unternehmen zurückzuzahlen sei, um so den Wettbewerb mit Unternehmen, die ihr nicht unterworfen gewesen seien, wieder herzustellen. Diese Auffassung werde von den Klägerinnen vertreten.* ***Man könne sich aber auch dafür entscheiden, die Sonderlast zu verallgemeinern und dann die Beihilfe von allen Begünstigten zurückzuverlangen.****"[1101] (Hervorhebung nur hier).*

1100 *Wienbracke*, IWB 2016, 784, 786, der das insbesondere auf die fehlende Publizität von Verwaltungshandeln zurückführt.

1101 Schlussanträge des GA *Geelhoed* vom 29.4.2004 zu *GIL Insurance u.a.*, Rs. C-308/01, ECLI:EU:C:2003:481, Rn. 55.

4. Pflicht des Gesetzgebers zur Erstreckung beihilfenrechtswidriger Verschonungssubventionen

Ausgehend von den obigen Erkenntnissen obliegt es den Mitgliedstaaten zu entscheiden, ob sie rechtswidrige gesetzliche Steuerbeihilfen in der Weise neutralisieren, dass mittels gesetzgeberischer Anpassungen die zuvor verwehrten Begünstigungen vollumfänglich nebst Zinsen auf die benachteiligten Unternehmen ausgedehnt werden[1102] oder stattdessen die Finanzbehörden und Finanzgerichte die Nachbesteuerung der Begünstigungsempfänger durchsetzen.[1103]

Daran anknüpfend muss weitere Konsequenz sein, dass die Vorteilserstreckung zur unionsrechtlichen Pflicht des mitgliedstaatlichen Gesetzgebers werden kann, und zwar dann, wenn es die einzig mögliche Rechtsfolge sein sollte, um einem Beihilfenverstoß abhelfen zu können.

a) Konsequenz der gleichheitsrechtlichen Dimension

Die Pflicht zur Erstreckung des beihilfenrechtswidrigen Vorteils lässt sich mit der gleichheitsrechtlichen Dimension des Art. 107 Abs. 1 AEUV begründen und folgt somit unmittelbar aus dem unionsrechtlichen Primärrecht. Deutlich wird dies anhand der Gegenüberstellung zu Verstößen gegen die europäischen Grundfreiheiten sowie den allgemeinen Gleichheitssatz nach Art. 3 Abs. 1 GG.

aa) Pflicht zur Erstreckung des Vorteils bei Verstößen gegen die Grundfreiheiten

Der Gesetzgeber ist im Fall eines Verstoßes gegen die Grundfreiheiten unionsrechtlich dazu verpflichtet, dem Rechtsverstoß entgegenzuwirken.[1104] Dabei steht dem Mitgliedstaat bei dessen Umsetzung grundsätzlich ein Gestaltungsspielraum zu, in dessen Rahmen jedoch die verfassungsrechtlichen Maßstäbe beachtet werden müssen.[1105] Dabei sind bei der Vergangenheitsbewältigung andere rechtliche Voraussetzungen zu beachten als bei der Abhilfe für die Zukunft.

Beabsichtigt der Gesetzgeber, einem Grundfreiheitsverstoß für die Vergangenheit in der Weise entgegenzuwirken, dass er den Inländer nachträglich mit dem

---

1102 Zu den praktischen Anforderungen siehe oben Abschnitt D. III. 3. b) ee) (1).

1103 Zu den materiellen und verfahrensrechtlichen Rechtsgrundlagen siehe oben Abschnitt D. II. 4.

1104 *Frenz*, EWS 2020, 76, 80.

1105 *Hey*, StuW 2010. 301, 315; vgl. *M. Lang*, in: FS Lang, 2010, S. 1011.

EU-Ausländer gleichstellt, dann würde dies eine Nachbesteuerung des Inlandssachverhalts bedeuten vergleichbar mit den Rechtsfolgen der Rückforderung unionsrechtswidriger Beihilfen. Bei der Frage der Zulässigkeit einer rückwirkenden Besteuerung des Inlandssachverhalts sind die Schranken des nationalen Verfassungsrechts zu beachten, namentlich das Prinzip der Rechtssicherheit und des Vertrauensschutzes (Art. 20 Abs. 3 GG).[1106] Einer nachträglichen Schlechterstellung des Inlandssachverhalts wird regelmäßig das Rückwirkungsverbot entgegenstehen, insbesondere dann, wenn eine sog. echte Rückwirkung eintreten würde.[1107] Vor diesem Hintergrund führt ein Verstoß gegen die Grundfreiheiten vergangenheitsbezogen grundsätzlich zur Ausdehnung der Begünstigung auf den Auslandssachverhalt und nicht zur nachträglichen Schlechterstellung des Inlandssachverhalts.[1108]

Im Zusammenhang mit der Beseitigung des Grundfreiheitsverstoßes für zukünftige Veranlagungszeiträume unterliegt der Gesetzgeber nicht diesen strengen verfassungsrechtlichen Einschränkungen. Denn die allgemeine Erwartung des Steuerpflichtigen, das geltende Recht werde unverändert fortbestehen, ist verfassungsrechtlich nicht geschützt.[1109] Der Steuerpflichtige kann danach nicht darauf vertrauen, dass der Gesetzgeber steuerliche Vergünstigungen stets uneingeschränkt auch für die Zukunft aufrechterhält.[1110] Nicht selten hat sich der Steuergesetzgeber – wohl aus haushaltsrechtlichen Gründen – dafür entschieden, die unionsrechtswidrige Steuervergünstigung auch dem Inländer nachträglich zu verwehren, um auf diese Weise die Ungleichbehandlung fortan zu beseitigen. Man denke nur an die Abschaffung von § 10 Abs. 1 Nr. 6 EStG (Sonderausgabenabzug für private Steuerberatungskosten),[1111] die Abschaffung

1106 *Hey*, StuW 2010. 301, 307.

1107 Siehe nur *Birk/Desens/Tappe*, Steuerrecht, Rn. 162 m.w.N.

1108 *Lang*, IStR 2010, 570, 578.

1109 BVerfG, Nichtannahmebeschluss vom 30.10.2010, 1 BvR 1993/10, Rn. 21 (juris).

1110 BVerfG, Nichtannahmebeschluss vom 30.10.2010, 1 BvR 1993/10, Rn. 21 (juris); siehe auch BVerfG, Beschluss vom 5.2.2002, 2 BvR 305/93, BVerfGE 105, 17, 2. Leitsatz: „*Bei unbefristeten und über Jahrzehnte wirkenden Steuervergünstigungen kann der Steuerpflichtige sich nicht darauf berufen, dass die gesetzlichen Rahmenbedingungen nicht zu seinen Lasten verändert werden dürften.*"

1111 Aufgehoben mit Gesetz vom 22.12.2005, BGBl. I 2005, S. 3682 vor dem Hintergrund von EuGH, Urteil vom 6.7.2006, *Conijn*, Rs. C-346/04, ECLI:EU:C:2006:445.

der Eigenheimzulage,[1112] die Einführung der Zinsschranke nach § 4h EStG[1113] sowie die Einführung des § 8b Abs. 4 KStG.[1114]

Die Offenheit der Rechtsfolgen wird in den Fällen von Grundfreiheitsverstößen eingeschränkt, wenn eine der Lösungen aus rechtlichen oder tatsächlichen Gründen ausgeschlossen ist. Kann eine Gleichbehandlung von Inlands- und Auslandssachverhalt nicht durch nachträgliche Schlechterstellung des Inlandssachverhalts hergestellt werden, weil etwa Vertrauensschutzgesichtspunkte entgegenstehen, dann ist der Mitgliedstaat verpflichtet, die inländische Bevorzugung auf den Auslandssachverhalt auszudehnen.[1115] Dies betrifft aber nur die Vergangenheitsbewältigung. Für die Zukunft hat der Einzelne keinen Anspruch darauf, dass staatliche Leistungen fortgewährt werden.

bb) Pflicht zur Erstreckung des Vorteils bei Verstößen gegen Art. 3 Abs. 1 GG

Kann im Rahmen von Art. 3 Abs. 1 GG aus rechtlichen oder tatsächlichen Gründen nur durch eine einzige Lösungsmöglichkeit ein gleichheitskonformer Zustand wiederhergestellt werden, dann führt dies ebenfalls dazu, dass die grundsätzliche Offenheit in den Rechtsfolgen entfällt. Infolgedessen entsteht die Pflicht, die einzig mögliche Rechtsfolge umzusetzen.[1116] Diese Pflicht betrifft im Kontext von Art. 3 Abs. 1 GG ebenfalls in erster Linie die Vergangenheitsbewältigung, da – wie soeben erwähnt – der Steuerpflichtige nicht darauf vertrauen kann, dass der Gesetzgeber steuerliche Vergünstigungen stets uneingeschränkt auch für die Zukunft aufrechterhält.[1117]

1112 Aufgehoben mit Gesetz vom 22.12.2005, BGBl. I 2005, S. 3680 vor dem Hintergrund von EuGH, Urteil vom 17.1.2008, *Kommission/Deutschland*, Rs. C-152/05, ECLI:EU:C:2008:17.

1113 Eingeführt durch Gesetz vom 14.8.2007, BGBl. I 2007, S. 1912; zum Hintergrund siehe *Seiler*, in: Kirchhof/Seer, § 4h EStG Rn. 1.

1114 Eingeführt durch Gesetz vom 21.3.2013, BGBl. I 2013, S. 561 vor dem Hintergrund von EuGH, Urteil vom 20.10.2011, *Kommission/Deutschland*, Rs. C-284/09, ECLI:EU:C:2011:670.

1115 Siehe nur *Rust*, IStR 2009, 382, 384 m.w.N.

1116 *Sachs*, in: Stern, Staatsrecht IV/2, § 120 S. 1583; *P. Reimer*, in: Stern/Sodan/Möstl, Band IV, § 128 Rn. 116; *Nußberger*, in: Sachs, Art. 3 GG Rn. 54 m.w.N.

1117 Siehe oben Abschnitt D. III. 4. a) aa).

cc) Übertragung dieser Grundsätze auf das Beihilfenrecht

Vor dem Hintergrund der gleichheitsrechtlichen Dimension des Beihilfenrechts, die dem Tatbestandsmerkmal der Selektivität immanent ist,[1118] ist es nur konsequent, die Vorteilserstreckung als verpflichtende Rechtsfolge anzuerkennen, wenn nur auf diese Weise ein unionsrechtskonformer Zustand wiederhergestellt werden kann. Ist die Rückforderung der rechtswidrigen Beihilfe ausgeschlossen, weil diese gegen einen allgemeinen Grundsatz des Unionsrechts verstoßen würde (Art. 16 Abs. 1 Satz 2 VerfVO), dann muss die Erstreckung des Vorteils, sofern damit die Beihilfe neutralisiert werden kann, die mitgliedstaatliche Pflicht aus Art. 108 Abs. 3 Satz 3 AEUV sein. Diese Pflicht würde sich auch nur auf die Vergangenheitsbewältigung beziehen, nicht hingegen auf eine Vorteilserstreckung für die Zukunft.[1119]

b) Auswirkungen auf das unionsrechtliche Vertrauensschutzkonzept

Die erfolgreiche Geltendmachung des Einwands des Vertrauensschutzes, um eine Beihilfenrückforderungspflicht zu verneinen, ist nach derzeitiger Dogmatik der Unionsgerichte von keiner praktischen Relevanz.[1120] Hält man an den paradoxen Anforderungen fest, dass man sich nur dann auf Vertrauensschutz berufen kann, wenn die Beihilfe im Einklang mit dem Unionsrecht gewährt worden ist,[1121] dann kann eine Pflicht des Mitgliedstaates zur Vorteilserstreckung praktisch nicht begründet werden. Die in dieser Arbeit geäußerte Kritik[1122] am unionsrechtlichen Vertrauensschutzkonzept verdeutlicht, dass es der Herabsetzung der Anforderungen für dessen erfolgreiche Geltendmachung bedarf. Insbesondere sollten Besonderheiten des Steuerrechts, wie etwa die Existenz formeller Gesetze, grundsätzlich Vertrauensschutz begründen können.[1123] Dies würde zur Folge haben, dass dieser *allgemeine Grundsatz des Unionsrechts* im Beihilfenrecht überhaupt erst an Bedeutung erlangen würde.[1124]

1118 Siehe oben Abschnitt C. II. 3. c).

1119 Vgl. oben Abschnitt D. III. 3. b) ee) (1) (i) zur praktischen Umsetzung der Vorteilserstreckung und dem Einschätzungsspielraum des Gesetzgebers.

1120 Siehe oben Abschnitt D. II. 5. d) dd).

1121 Zur Paradoxie dieser Rechtsdogmatik siehe oben Abschnitt D. II. 5. d) dd).

1122 Zur Kritik am Vertrauensschutzkonzept siehe oben Abschnitt D. II. 5. d).

1123 Vgl. oben Abschnitt D. II 5. d) bb).

1124 Nach der Dogmatik der Unionsgerichte läuft der Grundsatz des Vertrauensschutzes im Beihilfenrecht faktisch leer, siehe oben Abschnitt D. II. 5. d).

Die Versagung jeglichen Vertrauensschutzes ist im Beihilfenrecht ersichtlich allein von dem Gedanken getragen, dass das Beihilfenrecht nicht der praktischen Wirksamkeit beraubt wird.[1125] Die Anerkennung der Vorteilserstreckung als alternative Rechtsfolge lässt dieses Argument entfallen. Der Ausschluss einer Rückforderung würde in den Fällen von Beihilfeverstößen durch gesetzliche Vorschriften nicht mit der Manifestation eines unionsrechtswidrigen Zustandes einhergehen müssen. Jedenfalls in den Fällen, in denen anderweitig einem Beihilfenverstoß abgeholfen werden könnte, namentlich bei Steuerbeihilfen durch den Gesetzgeber, ist es nicht gerechtfertigt, die „zu hohen" Anforderungen[1126] an die Geltendmachung des Vertrauensschutzes aufrecht zu erhalten.

Fraglich ist, welche Maßstäbe an den Einwand des Vertrauensschutzes richtigerweise gestellt werden sollten.

Man könnte einerseits erwägen, inhaltlich im Wesentlichen dieselben Maßstäbe anzusetzen wie im nationalen Verfassungsrecht. Auf diese Weise würde ein Gleichlauf hergestellt werden mit der Situation des Verstoßes gegen die Grundfreiheiten.[1127] Es ist nicht überzeugend, dass der Steuerpflichtige grundsätzlich darauf vertrauen kann, dass im Fall der Unionsrechtswidrigkeit aufgrund eines Verstoßes gegen die Grundfreiheiten eine Nachbesteuerung unterbleibt, im Fall des Verstoßes gegen das Beihilfenverbot der Vertrauensschutz hingegen vollständig ausgehebelt wird. Nimmt man die Perspektive des Steuerpflichtigen in den Blick, der von einer unionsrechtswidrigen Steuervergünstigung profitiert, so wird man unterstellen dürfen, dass dieser eine Unvereinbarkeit mit den Grundfreiheiten in der Regel in höherem Maße vorhersehen könnte als eine Unvereinbarkeit mit dem Beihilfenrecht. Die Feststellung der Selektivität ist, vor dem Hintergrund der Komplexität dieses Tastbestandsmerkmals, kaum vorhersehbar für den Steuerpflichtigen.[1128] Wenn eine Vorschrift dagegen beispielsweise explizit an *„inländische"*[1129] Sachverhalte anknüpft, dann wird man die These vertreten können, dass ein Grundfreiheitsverstoß zumindest nahe liegt. Wenn der einzelne Steuerpflichtige bei Grundfreiheitsverstößen grundsätzlich darauf vertrauen darf, dass der Gesetzgeber nicht nachträglich durch dessen

---

1125 Vgl. oben die einleitenden Ausführungen zu Abschnitt D. III.

1126 Dazu oben Abschnitt D. II. 5. d) bb).

1127 Die unterschiedliche Berücksichtigung von Vertrauensschutzgesichtspunkten bei Beihilfesachverhalten im Vergleich zu sonstigen Sachverhalten mit Bezug zum Unionsrecht zu Recht kritisierend *de Weerth*, DB 2009, 2677, 2679.

1128 Dazu oben Abschnitt C. II. 3.

1129 Siehe beispielsweise § 3 Nr. 26 EStG a.F.

Schlechterstellung den Unionsrechtsverstoß behebt, dann sollte dies im Beihilfenrecht erst recht gelten.

Andererseits könnte man vertreten, im Rahmen der Art. 107 ff. AEUV die gleichen Maßstäbe an den Vertrauensschutz zu stellen wie im Kontext der Rückabwicklung von Unionsbeihilfen.[1130] Es kann nicht überzeugen, dass im Kontext des Beihilfenrechts Vertrauensschutz vollständig versagt wird, wohingegen in anderen Sachverhalten mit Bezug zum Unionsrecht Vertrauensschutz in größerem Maße Beachtung findet.[1131]

Ungeachtet dessen, welche konkreten Maßstäbe im Beihilfenrecht bei der Frage des Vertrauensschutzes richtigerweise angesetzt werden sollten, kann jedenfalls festgehalten werden, dass die von den Unionsgerichten vertretenen Anforderungen zu hoch sind und dogmatisch nicht überzeugend begründet werden können.[1132] Bis *dato* kann im Beihilfenrecht keine Rede davon sein, dass der Bedeutung des Vertrauensschutzes Rechnung getragen wird, wenn man es ernst damit meint, dass es sich um einen allgemeinen Grundsatz des Unionsrechts handelt, der im Zuge langjähriger Judikatur der Unionsgerichte entwickelt wurde und als *„höherrangige"*, die Einzelnen schützende *„Rechtsnorm"*,[1133] als *„tragender Grundsatz der Gemeinschaft"*[1134] sowie als *„allgemeiner Grundsatz"*[1135] bezeichnet werden soll.[1136]

Es ist festzuhalten, dass mithilfe der Anerkennung der Möglichkeit der Vorteilserstreckung dem Einwand des Vertrauensschutzes zur praktischen Bedeutung verholfen werden könnte. Ferner könnten die dogmatisch verfehlten Anforderungen diesbezüglich aufgegeben werden.

1130 Siehe dazu oben Abschnitt D. II. 5. d) cc).

1131 So auch *de Weerth*, DB 2009, 2677, 2679.

1132 Ausführlich dazu oben Abschnitt D. II. 5. d).

1133 EuG, Urteil vom 15.11.2018, *Deutsche Telekom/Kommission*, Rs. T-207/10, ECLI:EU:T:2018:786, Rn. 37; EuGH, Urteil vom 14.5.1975, *CNTA/Kommission*, Rs. C-74/74, ECLI:EU:C:1975:59, Rn. 44.

1134 EuGH, Urteil vom 7.6.2005, *VEMW u.a.*, Rs. C-17/03, ECLI:EU:C:2005:362, Rn. 73; EuGH, Urteil vom 14.10.1999, *Atlanta/Europäische Gemeinschaft*, Rs. C-104/97 P, ECLI:EU:C:1999:498, Rn. 52.

1135 EuG, Urteil vom 15.11.2018, *Deutsche Telekom/Kommission*, Rs. T-207/10, ECLI:EU:T:2018:786, Rn. 37.

1136 Siehe oben Abschnitt D. II. 5. a); zur Kritik am Vertrauensschutzkonzept siehe oben Abschnitt D. II. 5. d).

c) Schaffung von Anreizen zum unionsrechtskonformen Verhalten

Wie eingangs formuliert[1137] ist nicht zu verkennen, dass für die Adressaten des Beihilfenrechts, die Mitgliedstaaten, keine negativen Konsequenzen damit verbunden sind, wenn die Vorgaben des Beihilfenverbots missachtet werden und lediglich die Rückforderung der Beihilfe als Rechtsfolge in Betracht gezogen wird. Im Gegenteil: Die Mitgliedstaaten können von einem Verstoß gegen das Beihilfenrecht bei derzeitiger Rechtsdogmatik profitieren.[1138] Unter Anreizgesichtspunkten ist die Rückforderung als Rechtsfolge des Beihilfenrechts daher ein *„offensichtlicher Webfehler“*.[1139]

Die Anerkennung der Vorteilserstreckung als unionsrechtlich verpflichtende Rechtsfolge würde diesem Umstand abhelfen können.

Es dürfte zu einer erheblichen Disziplinierung der Mitgliedstaaten führen, neue Beihilferegelungen stets rechtzeitig anzumelden und das Durchführungsverbot stets einzuhalten, um etwaige drohende budgetäre Auswirkungen für den Staatshaushalt zu vermeiden, die mit der Erstreckung der beihilfenrechtswidrigen Begünstigung einhergehen würden. Die Pflicht zur Vorteilserstreckung würde gegenüber dem Adressaten des Beihilfenrechts eine effektive Sanktionswirkung entfalten. Eine solche Sanktionswirkung bzw. spürbare Rechtsfolge würde Anreize zu unionsrechtskonformem Verhalten schaffen. Rechtsbrüche würden sich für die Mitgliedstaaten in den Fällen, in denen sie zur Erstreckung des Vorteils verpflichtet wären, nicht lohnen.[1140] Der *„offensichtliche Webfehler“* des Beihilfenrechts würde folglich durch die Anerkennung der Vorteilserstreckung als verpflichtende Rechtsfolge korrigiert werden können.

Die Erhöhung – bzw. überhaupt erst Schaffung – von Anreizen auf Seiten der Mitgliedstaaten, die beihilfenrechtlichen Vorgaben zu beachten, hätte auf der einen Seite zur Folge, dass das Durchführungsverbot wohl seltener missachtet werden und daher die Effektivität an der Durchsetzung des Beihilfenrechts gesteigert werden würde. Auf der anderen Seite würde es die Rechtssicherheit für die Begünstigungsempfänger erhöhen, wenn diese, insbesondere bei gesetzlich normierten Beihilfen, grundsätzlich darauf vertrauen könnten, den unionsrechtswidrigen Vorteil behalten zu dürfen. Vor allem im Steuerrecht ist dies von großer Bedeutung, da Unternehmenssteuervergünstigungen ihrer Rechtsnatur

---

1137 Siehe oben Abschnitt A. IV.

1138 Siehe oben Abschnitt A. IV.

1139 *Brandau/Neckenich/Reich/Reimer*, BB 2017, 1175, 1187.

1140 Zu den fehlenden Anreizen der Mitgliedstaaten zum unionsrechtskonformen Verhalten, siehe oben Abschnitt A. IV.

nach dem latenten Verdacht der Beihilfenrechtswidrigkeit ausgesetzt sind und eine zweifelsfreie Qualifikation einer steuerlichen Maßnahme als Beihilfe oder Nicht-Beihilfe rechtssicher nur schwer bestimmbar ist.[1141]

Im Übrigen würde dem Rechtsfolgenregime des Beihilfenrechts eine ausgewogene Risikoverteilung bei der Folgenverantwortung zugrunde liegen, wenn sich Rechtsverstöße gegen Art. 108 Abs. 3 Satz 3 AEUV zu Lasten der an das Beihilfenrecht gebundenen Mitgliedstaaten auswirken würden. Diese allein sind dazu verpflichtet, die unionsrechtlichen Vorgaben des Beihilfenrechts zu beachten.[1142] Nicht zu vergessen ist außerdem, dass die Mitgliedstaaten gem. Art. 108 Abs. 3 Satz 3 AEUV nicht zuvörderst der Pflicht unterliegen, Beihilfenverstöße zu beseitigen. Vielmehr müssen sie das Durchführungsverbot im Rahmen aller drei Staatsgewalten präventiv beachten.[1143] Wenn die Mitgliedstaaten ihrer Aufgabe nicht gerecht werden, dann müssen auch sie richtigerweise die (nachteilhaften) Konsequenzen eines Rechtsverstoßes tragen.

d) Kein Entgegenstehen der nationalen Steuer- und Budgethoheit

Fraglich ist, ob der unionsrechtlichen Verpflichtung zur Vorteilserstreckung die mitgliedstaatliche Steuerhoheit und das nationale Budgetrecht des Parlaments entgegenstehen könnten.

Die Europäische Union ist keine Steuerrechtsunion. Mit Ausnahme des Rechts der indirekten Steuern und einzelnen speziellen Bereichen im direkten Steuerrecht befindet sich dieses Rechtsgebiet im ausschließlichen Zuständigkeitsbereich der Mitgliedstaaten.[1144] Eng damit verbunden steht die nationale Budgethoheit als das Recht der Volksvertretung, über Einnahmen und Ausgaben zu bestimmen.[1145] Das Budgetrecht ist als „*zentrales Element der demokratischen Willensbildung*“ und „*als eine wesentliche Ausprägung rechtsstaatlicher Demokratie*“ zu begreifen.[1146] Es handelt sich um eine Ausprägung des Identitätskerns des Grundgesetzes (Art. 20 Abs. 1 und 2, Art. 79 Abs. 3 GG).[1147] Dies hat zur Folge,

---

1141 Siehe oben Abschnitt C. II. 3. b) ff).

1142 Siehe oben Abschnitt D. I. 2. d) cc).

1143 Siehe oben Abschnitt D. I. 2. d) cc).

1144 Siehe oben Abschnitt A. II.

1145 *Kokott*, Das Steuerrecht der Europäischen Union, § 5 Rn. 3.

1146 BVerfG, Urteil vom 7.9.2011, 2 BvR 987/10, BVerfGE 129, 124–186, Rn. 122 (juris) m.w.N.

1147 *Moench/Ruttloff*, in: Rengeling/Middeke/Gellermann, Handbuch des Rechtschutzes in der Europäischen Union, § 36 Rn. 63; *Kube*, AöR 2012, 207 ff.

dass der Reichweite des unionsrechtlichen Anwendungsvorrangs und somit auch etwaiger unionsrechtlicher Umsetzungsbefehle Grenzen gesetzt werden.[1148] Im Kontext der europäischen Integration bedeutet das konkret, dass *„der Haushaltsgesetzgeber seine Entscheidungen über Einnahmen und Ausgaben frei von Fremdbestimmung seitens der Organe und anderer Mitgliedstaaten der Europäischen Union trifft und dauerhaft ‚Herr seiner Entschlüsse' bleibt"*.[1149] Demnach gilt der parlamentarisch-budgetrechtliche Zustimmungs- und Kontrollvorbehalt für jede Disposition, deren Größe eine strukturelle Bedeutung für das Budgetrecht erreicht.[1150] Darüber hinaus muss gesichert sein, dass hinreichender parlamentarischer Einfluss auf die Art und Weise des Umgangs mit den zur Verfügung gestellten Mitteln besteht.[1151] Die aus dem Demokratieprinzip abzuleitende Obergrenze ist demnach überschritten, wenn aufgrund der eingegangenen Verpflichtungen die Haushaltsautonomie für einen nennenswerten Zeitraum *„nicht nur eingeschränkt würde, sondern praktisch vollständig leerliefe"*.[1152] Mit anderen Worten: Der Bundestag darf sich im Rahmen der europäischen Integration seines Budgetrechts nicht vollständig entäußern.[1153]

Es ist zunächst zu konstatieren, dass eine unionsrechtliche Pflicht zur Vorteilserstreckung unzweifelhaft in einem Spannungsverhältnis zur Steuerhoheit und dem parlamentarischen Budgetrecht stehen würde; die beihilfenrechtliche Rückforderungspflicht steht auch unzweifelhaft im Spannungsverhältnis zum

---

1148 Vgl. oben D. II. 4. a) zur Notwendigkeit der Existenz einer materiellen Rechtsgrundlage vor dem Hintergrund des verfassungsrechtlich verankerten Vorbehalts des Gesetzes.

1149 BVerfG, Urteil vom 7.9.2011, 2 BvR 987/10, BVerfGE 129, 124–186, Rn. 127 (juris); BVerfG, Ablehnung einstweilige Anordnung vom 12.9.2012, 2 BvE 6/12, BVerfGE 132, 195–287, Rn. 109 (juris).

1150 *Moench/Ruttloff*, in: Rengeling/Middeke/Gellermann, Handbuch des Rechtschutzes in der Europäischen Union, § 36 Rn. 63; BVerfG, Ablehnung einstweilige Anordnung vom 12.9.2012, 2 BvE 6/12, BVerfGE 132, 195–287, Rn. 110 (juris); *Kube*, in: Dürig/Herzog/Scholz, Art. 110 GG Rn. 50.

1151 BVerfG, Ablehnung einstweilige Anordnung vom 12.9.2012, 2 BvE 6/12, BVerfGE 132, 195–287, Rn. 110 (juris).

1152 BVerfG, Ablehnung einstweilige Anordnung vom 12.9.2012, 2 BvE 6/12, BVerfGE 132, 195–287, Rn. 112 (juris); BVerfG, Urteil vom 7.9.2011, 2 BvR 987/10, BVerfGE 129, 124–186, Rn. 104 (juris); *Kube*, in: Dürig/Herzog/Scholz, Art. 110 GG Rn. 52; *Moench/Ruttloff*, in: Rengeling/Middeke/Gellermann, Handbuch des Rechtschutzes in der Europäischen Union, § 36 Rn. 63; *Kahl*, DVBl. 2013, 197, 201.

1153 *Siekmann*, in: Sachs, Art. 110 GG Rn. 14a m.w.N.

Gestaltungsspielraum des mitgliedstaatlichen Steuergesetzgebers.[1154] Der Gestaltungsspielraum des nationalen Gesetzgebers wird von den beihilfenrechtlichen Vorgaben tangiert.[1155] Dies mag unter Umständen rechtspolitisch beklagenswert sein, es ist jedoch die Konsequenz einer supranationalen Rechtsordnung, der sich die Mitgliedstaaten selbst unterworfen haben.[1156] Die primärrechtlichen Rechtsmaßstäbe, zu denen auch das Beihilfenverbot gehört, beanspruchen nach Maßgabe des Anwendungsvorranges des Unionsrechts auch in mitgliedstaatlich vorbehaltenen Kompetenzbereichen wie dem Steuerrecht Beachtung.[1157] Die Beihilfenkontrolle greift in die Haushalts- und Ausgabenpolitik der Mitgliedstaaten ein, gleichwohl ist diese als solche nicht ihr Kontrollgegenstand.[1158] Eine Entäußerung bzw. ein Leerlaufen des nationalen Budgetrechts würde mit der Verpflichtung zur Erstreckung des beihilfenrechtswidrigen Vorteils vor diesem Hintergrund nicht einhergehen. Soweit die Rechtsfolge eines Verstoßes gegen das unionsrechtliche Beihilfenverbot zu erheblichen budgetären Folgen führen sollte, würde dies nicht die Ausgaben- und Haushaltspolitik nachhaltig beschränken. Die Pflicht, den Vorteil zu erstrecken, würde zwar einen nicht unerheblichen Zeitraum umfassen (mindestens zehn Jahre), gleichwohl würde sie sich nur auf die Vergangenheit beziehen. Eine Verpflichtung dazu, den Vorteil auch für die Zukunft sowohl für die rechtswidrig begünstigten Wirtschaftsteilnehmer als auch die benachteiligten Konkurrenten herzustellen, kann aus dem Rechtsverstoß gegen Art. 108 Abs. 3 Satz 3 AEUV nicht abgeleitet werden.[1159] Das alleinige Ziel der Vorteilserstreckung bestünde in der Wiederherstellung eines rechtmäßigen Zustandes, d.h. einem solchen Zustand, der bestünde, als hätte sich der Mitgliedstaat von Anfang an rechtskonform verhalten.[1160] Die Pflicht zur Erstreckung des Vorteils wäre lediglich die Konsequenz aus einem zuvor begangenen Rechtsverstoß gegen die unionsrechtlichen Vorgaben, genauso wie die grundsätzliche Pflicht zur Rückforderung unionsrechtswidriger Beihilfen es ist. Vor diesem Hintergrund und der Bedeutung des Beihilfenrechts für den

1154 Siehe oben Abschnitt A. III.

1155 Siehe oben Abschnitt A. III.

1156 Siehe oben Abschnitt A. III.

1157 *Kube*, in: Schön/Heber, Grundfragen des Europäischen Steuerrechts, S. 42; *ders.*, in: Becker/Schön, Steuer- und Sozialstaat im europäischen Systemwettbewerb, S. 99, 107; *Cordewener*, Ubg. 2012, 607; siehe oben Abschnitt A. III.

1158 Siehe oben Abschnitt A. III.

1159 Siehe oben Abschnitt D. III. 3. b) ee) (1) (i).

1160 Zum Sinn und Zweck der Rückforderung, die zugleich Sinn und Zweck der Vorteilserstreckung sind, siehe oben Abschnitt D. III. 1.

Europäischen Binnenmarkt[1161] wäre ein weitreichender Einschnitt in das parlamentarische Budgetrecht im Fall des unionsrechtswidrigen Verhaltens durch die Mitgliedstaaten gerechtfertigt. So zynisch es auch klingen mag, der Mitgliedstaat kann die Vorteilserstreckung als verpflichtende Rechtsfolge stets vermeiden, indem er die beihilfenrechtlichen Vorgaben nicht missachtet. Er ist sogar dazu verpflichtet, die Rechtsfolge zu vermeiden, indem die Anmeldepflicht und das Durchführungsverbot nach Art. 108 Abs. 3 AEUV eingehalten werden.

Das nationale Budgetrecht kann der Erfüllung der Pflicht zur Vorteilserstreckung richtigerweise nicht entgegengehalten werden, wenn es die einzige Möglichkeit ist, um einen unionsrechtskonformen Zustand wiederherzustellen.

e) *Unmöglichkeit als äußerste Grenze*

Hat der Mitgliedstaat die Wahl, ob er statt die Rückforderung durchzusetzen, die Vorteilserstreckung in Betracht zieht, um den Verstoß gegen Art. 108 Abs. 3 Satz 3 AEUV zu beseitigen, dann obliegt es auch dem Mitgliedstaat darüber zu befinden, ob dieser finanziell dazu in der Lage ist.[1162] Eine andere Wertung ist angezeigt, wenn der Mitgliedstaat unionsrechtlich hierzu verpflichtet ist. Hier kann es nicht dem Einschätzungsspielraum des nationalen Gesetzgebers unterliegen zu beurteilen, inwieweit der Staat dazu im Stande ist, seine unionsrechtliche Pflicht zu erfüllen. Gleichwohl müsste der Mitgliedstaat – analog zur Situation der Rückforderung – die Pflicht zur Erstreckung des Vorteils vermeiden können, wenn die Pflicht gegen einen allgemeinen Grundsatz des Unionsrechts verstieße. In Betracht könnte grundsätzlich der Einwand der tatsächlichen Unmöglichkeit kommen. Zu den allgemeinen Grundsätzen des Unionsrechts zählt u.a. der „*Grundsatz, dass niemand zu etwas Unmöglichem verpflichtet*" werden kann.[1163] Im Kontext des Beihilfenrechts stellen die Unionsgerichte an diesen Einwand allerdings sehr hohe Anforderungen.[1164] Voraussetzung ist, dass der Mitgliedstaat nachweist, dass er sich ernsthaft um die Wiedererlangung

---

1161 Siehe oben Abschnitt A. I.

1162 Siehe oben Abschnitt D. III. 3. b) ee) (1) (i).

1163 EuGH, Urteil vom 6.11.2018, *Scuola Elementare Maria Montessori/Kommission*, verb. Rs. C-622/16 P bis C-624/16 P, ECLI:EU:C:2018:873, Rn. 79; EuGH, Urteil vom 3.3.2016, *Daimler*, Rs. C-179/15, ECLI:EU:C:2016:134, Rn. 42.

1164 Bekanntmachung der Europäischen Kommission über die Rückforderung rechtswidriger und mit dem Binnenmarkt unvereinbarer staatlicher Beihilfen vom 23.7.2019, Abl. (EU), C 247/1, Rn. 48; *Geisenberger*, Der Einfluss des Europarechts auf steuerliches Verfahrensrecht, S. 59.

der rechtswidrigen Beihilfe bemüht hat. Dazu gehört u.a. der Versuch, mit der Kommission zusammenzuarbeiten, um die aufgetretenen Schwierigkeiten zu überwinden.[1165] Unzureichend ist es, wenn der Mitgliedstaat die Kommission lediglich auf *„rechtliche, politische, praktische oder interne Schwierigkeiten“* hinweist.[1166]

Überträgt man diese Grundsätze auf die Situation der Pflicht zur Vorteilserstreckung, dann ist daraus abzuleiten, dass die Grenze der Unmöglichkeit nur in Extremfällen zu bejahen sein dürfte. Denkbar wäre wohl nur der Fall eines tatsächlich drohenden Staatsbankrotts, über dessen Vorliegen im Zweifel aber nicht der betreffende Mitgliedstaat, sondern der Europäische Gerichtshof entscheiden müsste.[1167] Der Hinweis auf etwaige Staatsverschuldung darf nicht ausreichend sein, ansonsten würde die Pflicht der Vorteilserstreckung von keinem Mitgliedstaat erfüllt werden müssen.[1168] Spürbare budgetäre Folgen für den Staatshaushalt dürfen als Einwand der Unmöglichkeit nicht genügen. Diese sind mit der Vorteilserstreckung gerade intendiert, um die notwendigen Anreize zu schaffen, die beihilfenrechtlichen Vorgaben einzuhalten und dem Umstand entgegenzuwirken, dass sich Rechtsverstöße gegen das Beihilfenrecht „lohnen“.[1169] Im Übrigen würde es die Pflicht zur Vorteilserstreckung leerlaufen lassen. Dem Einlassungsgeschick der Mitgliedstaaten wäre Tür und Tor geöffnet, wenn sie sich stets mit dem Einwand budgetärer Folgen dieser Pflicht entziehen könnten.

Der Einwand der Unmöglichkeit sollte folglich nur theoretischer Natur sein.

1165 Bekanntmachung der Europäischen Kommission über die Rückforderung rechtswidriger und mit dem Binnenmarkt unvereinbarer staatlicher Beihilfen vom 23.7.2019, Abl. (EU), C 247/1, Rn. 48; EuGH, Urteil vom 12.2.2015, *Kommission/Frankreich*, Rs. C-37/14, ECLI:EU:C:2015:90, Rn. 67 (abrufbar nur in französischer Sprache).

1166 EuGH, Urteil vom 6.11.2018, *Scuola Elementare Maria Montessori/Kommission*, verb. Rs. C-622/16 P bis C-624/16 P, ECLI:EU:C:2018:873, Rn. 91; Bekanntmachung der Europäischen Kommission über die Rückforderung rechtswidriger und mit dem Binnenmarkt unvereinbarer staatlicher Beihilfen vom 23.7.2019, Abl. (EU), C 247/1, Rn. 50 m.w.N.

1167 Erkennt man die Vorteilserstreckung als unionsrechtliche Pflicht an, dann muss die Nichterfüllung durch den einzelnen Mitgliedstaat konsequenterweise im Wege des Vertragsverletzungsverfahrens gerügt werden können.

1168 Sämtliche Mitgliedstaaten der Europäischen Union sind verschuldet, vgl. https://ec.europa.eu/eurostat/databrowser/view/sdg_17_40/default/table?lang=de (letzter Aufruf: 15.3.2024).

1169 Vgl. oben Abschnitt D. III. 4. d).

IV. Fazit zu D.

Die Europäische Kommission kontrolliert in den einzelnen Mitgliedstaaten sowohl bestehende Beihilferegelungen als auch neu einzuführende Beihilfen im Rahmen umfangreicher Prüfverfahren. Sie allein entscheidet rechtsverbindlich durch förmlichen Beschluss über die (Un-)Vereinbarkeit staatlicher Beihilfen mit dem Europäischen Binnenmarkt. Die unionsrechtliche Stellung der Kommission als *„Hüterin der Verträge“*[1170] wird im Beihilfenrecht im besonderen Maße deutlich. Gleichwohl ist sie bei der Effektivität der Beihilfenkontrolle stets auf die Kooperationsfähigkeit und -willigkeit der Mitgliedstaaten angewiesen.

Die Unterscheidung zwischen bestehenden Beihilfen und neuen Beihilfen ist von elementarer Bedeutung. Von ihr hängt ab, welche Befugnisse der Kommission zustehen, um staatliche Subventionen zu beanstanden und welche Rechtsfolgen damit verbunden sind.

Bestehende Beihilferegelungen können von der Europäischen Kommission nach Abschluss der sog. repressiven Beihilfenkontrolle rechtsverbindlich nur mit Wirkung für die Zukunft (*ex nunc*) bemängelt werden. Solange die Kommission die Unvereinbarkeit einer bestehenden Beihilferegelung mit dem Binnenmarkt nicht mittels förmlichen Negativbeschlusses feststellt, darf der Mitgliedstaat Begünstigungen auf Grundlage dieser Regelung nach wie vor gewähren. Bestehende Einzelbeihilfen kann die Kommission mit bindender Wirkung in keiner Weise beanstanden. Die Qualifikation einer staatlichen Maßnahme als bestehende Beihilfe ist für die Beihilfenempfänger mit keinen negativen Konsequenzen für die Vergangenheit verbunden. Drohende Rückabwicklungssituationen sind ausgeschlossen.

Neue Beihilfen, dies betrifft sowohl Einzelbeihilfen als auch Beihilferegelungen, müssen dagegen grundsätzlich[1171] zunächst angemeldet werden und dürfen solange nicht durchgeführt werden, bis die Kommission über die Vereinbarkeit der Beihilfe mit dem Binnenmarkt entschieden hat. Diese sog. präventive Beihilfenkontrolle verfolgt das Ziel, den Europäischen Binnenmarkt vor Wettbewerbsverzerrungen effektiv zu schützen. Beihilfen, die unter Verstoß gegen Art. 108 Abs. 3 Satz 3 AEUV durchgeführt werden, sind stets unionsrechtswidrig. Adressaten der Anmeldepflicht sowie des Durchführungsverbots sind ausschließlich die Mitgliedstaaten der Europäischen Union. Ihnen allein obliegt die Pflicht, die

---

1170 So die gängige Charakterisierung der Europäischen Kommission, siehe nur *Haratsch/Koenig/Pechstein*, Europarecht, Rn. 297.

1171 D.h. soweit keine sekundärrechtliche Ausnahme besteht.

beihilfenrechtlichen Vorgaben zu beachten. Die Beihilfenempfänger werden von Art. 108 Abs. 3 AEUV nicht adressiert. Gleichwohl ziehen Verstöße gegen diese Vorschriften auf Seiten der Beihilfenempfänger negative Konsequenzen nach sich, namentlich die Rückforderung der Beihilfe. Insbesondere die (potentiellen) Begünstigungsempfänger haben daher ein großes Bedürfnis nach Rechtssicherheit betreffend die Legalität einer Beihilfe. Im Steuerrecht bedeutet das konkret, dass die steuerpflichtigen Unternehmer bzw. Unternehmen auf die Notifizierung durch den Mitgliedstaat sowie die Einhaltung des Durchführungsverbots auf Ebene aller drei Staatsgewalten angewiesen sind, damit eine zukünftige Nachbesteuerung als mögliche Konsequenz des Verstoßes gegen das Durchführungsverbot vermieden wird. Sowohl die Exekutive, Judikative als auch Legislative verfügen über effektive Möglichkeiten, das Durchführungsverbot im Rahmen ihres Handelns zu beachten. Ob dies in der Praxis auch stets im erforderlichen Maße geschieht, darf gleichwohl bezweifelt werden. Es darf aber auch nicht verwundern. Die Qualifikation einer steuerlichen Maßnahme als Beihilfe gem. Art. 107 Abs. 1 AEUV ist mit erheblichen Schwierigkeiten verbunden. Ob eine Steuervergünstigung – nach Auffassung der Unionsorgane – eine Beihilfe darstellt, kann nicht immer rechtssicher *ex ante* bestimmt werden. Bei der Frage der Reichweite der Anmeldepflicht und damit auch des Durchführungsverbots stellen sich noch weitere Auslegungsschwierigkeiten. Denn nur *„neue"* Beihilfen unterliegen der präventiven Beihilfenkontrolle. Aufgrund dessen müssen die mitgliedstaatlichen Institutionen über die Frage der Beihilfeneigenschaft einer staatlichen Maßnahme hinaus eine Abgrenzung zwischen einer *„neuen"* und einer *„bestehenden Beihilfe"* vornehmen. Des Weiteren sind die sekundärrechtlichen Ausnahmen von der Notifizierungspflicht in den Blick zu nehmen. Die Feststellung der Reichweite von Anmeldepflicht und Durchführungsverbot wird, insbesondere im Steuerrecht, nicht selten eine besondere Herausforderung sein. Während die mitgliedstaatlichen Gerichte die Möglichkeit haben, sich bei Auslegungszweifeln an den EuGH zu wenden, steht weder den Behörden noch dem Gesetzgeber eine solche Option zur Verfügung.

Wenngleich bloße Zweifel an der Beihilfeneigenschaft einer staatlichen Maßnahme nicht genügen, um die Anmeldepflicht nach Art. 108 Abs. 3 Satz 1 AEUV zu begründen, ist es dringend angezeigt, dass die Mitgliedstaaten – zumindest in Fällen erheblicher Zweifel – allein der Rechtssicherheit wegen ein förmliches Notifikationsverfahren einleiten. Rechtswidrig ist es, wenn die Kommission eine derartige Notifikation lediglich mit einem *„comfort letter"* abschließt, anstatt mit einem förmlichen Beschluss. Denn ein *„comfort letter"* kann nicht dasselbe Maß an Rechtssicherheit gewährleisten wie ein Beschluss im Sinne des Art. 288 Abs. 4 AEUV. Außerdem wird ein *„comfort letter"* gegenüber den

Beihilfenempfängern nach Maßgabe der Anforderungen der Unionsgerichte keinen Vertrauensschutz begründen können, wenn dieser nicht im Einklang mit dem geltenden Unionsrecht steht; steht dieser im Einklang mit dem geltenden Unionsrecht, dann besteht schon kein Bedürfnis für Vertrauensschutz.

Gewährt ein Mitgliedstaat Beihilfen unter Verstoß gegen Art. 108 Abs. 3 Satz 3 AEUV, dann ist dieser unionsrechtlich dazu verpflichtet, die dadurch eingetretene Wettbewerbsverzerrung aufzulösen, also Wettbewerbsgleichheit wiederherzustellen. Diese Pflicht resultiert unmittelbar aus dem Verstoß gegen das Primärrecht, nicht erst, nachdem die Kommission einen Rückforderungsbeschluss erlassen hat.

Die Rückforderung einer rechtswidrigen Steuerbeihilfe bedeutet grundsätzlich die Nacherhebung der zu Unrecht nicht erhobenen Steuer zuzüglich Zinsen nach Maßgabe des nationalen materiellen Rechts sowie des nationalen Verfahrensrechts. Die Nachforderung des nominellen Beihilfebetrags erfolgt auf Grundlage des materiellen Steuerrechts unter Außerachtlassung der beihilfenrechtswidrigen Maßnahme, d.h. auf Grundlage der Regelbesteuerung. Die Erhebung der Zinsen erfolgt gem. § 233a Abs. 1 Satz 1 AO i.V.m. den Berechnungsgrundlagen des unionsrechtlichen Beihilfenrechts.[1172] Unionsrechtswidrig erlassene Steuerverwaltungsakte können in den Fällen sog. sonstiger Steuerverwaltungsakte nach § 130 Abs. 1 AO zurückgenommen werden. Entgegenstehende Steuerbescheide und ihnen gleichgestellte Bescheide können nach den §§ 164 Abs. 2, 165 Abs. 2 AO korrigiert werden, wenn die Bescheide vorläufig festgesetzt worden sind oder unter Vorbehalt der Nachprüfung ergangen sind. Im Übrigen können Steuerbescheide und ihnen gleichgestellte Bescheide nach § 130 Abs. 1 AO zurückgenommen werden unter Nichtanwendung des § 172 Abs. 1 Nr. 2 lit. d) AO aufgrund des Anwendungsvorranges des Unionsrechts. Die Korrektur etwaiger der Rückforderung entgegenstehender Steuerverwaltungsakte kann zeitlich bis zum Ablauf der Verjährungsfrist nach Art. 17 VerfVO erfolgen.

Die strengen Vorgaben der Unionsgerichte betreffend die Geltendmachung des Einwandes des Vertrauensschutzes führen dazu, dass es für die von der Rückforderung betroffenen Unternehmen effektiv unmöglich ist, sich der Nacherhebung der Steuerbeihilfe zu entziehen. Speziell im Steuerrecht werden diese Anforderungen zu Recht als zu streng kritisiert. Das unionsrechtliche Vertrauensschutzkonzept ist im Übrigen ungeachtet steuerlicher Besonderheiten dogmatisch nicht überzeugend. In verfehlter Weise knüpft es nicht an das

1172 Siehe oben Fn. 818.

Verhalten des Beihilfenempfängers, sondern an das des Mitgliedstaates an. Es steht im Widerspruch zur Situation der Rückabwicklung von Unionsbeihilfen und schließlich enthält es paradoxe Anforderungen an die Beihilfenempfänger, bei deren Einhaltung sie auf Vertrauensschutz überhaupt nicht angewiesen sind. Insoweit ist eine Änderung der Rechtsprechung des EuGH dringend angezeigt.

Alternativ zur Rückforderung hat der Mitgliedstaat grundsätzlich die Möglichkeit, einem Beihilfenverstoß in der Weise abzuhelfen, dass die rechtswidrig gewährte Begünstigung auf die benachteiligten Wettbewerber der Beihilfenempfänger rückwirkend ausgeweitet wird. Diese Abhilfemaßnahme ist eine dem Unionsrecht *de lege lata* zu entnehmende Rechtsfolge des Beihilfenverstoßes. Sie ist jedoch beschränkt auf die Neutralisierung von Beihilferegelungen und kann, um den unionsrechtlichen Anforderungen zu entsprechen, nur durch den Gesetzgeber vorgenommen werden. Nichtsdestotrotz verliert diese Abhilfemaßnahme dadurch nicht an Bedeutung. Im Steuerrecht ist der Gesetzgeber das staatliche Organ, das mit dem Erlass beihilfenrechtswidriger Normen zuvörderst Rechtsverstöße gegen das Primärrecht begeht.

Die Möglichkeit der rückwirkenden vollumfänglichen Vorteilserstreckung als alternative Rechtsfolge beruht insbesondere auf der Erwägung, die Erfüllung des Tatbestands von Art. 107 Abs. 1 AEUV mit Wirkung für die Vergangenheit aufzuheben. Im Übrigen ist es die Konsequenz der gleichheitsrechtlichen Dimension des Beihilfenverbots. Aus der grundsätzlichen Offenheit der Rechtsfolgen des Verstoßes gegen das Durchführungsverbot in den Fällen gesetzlicher (steuerlicher) Begünstigungen folgt die Anerkennung der Pflicht des Mitgliedstaates, die Ausdehnung des Vorteils nachträglich mit Wirkung für die Vergangenheit zu kodifizieren, wenn die Nachbesteuerung als Rechtsfolge ausgeschlossen ist. Auf diese Weise kann die mit dem Beihilfenverstoß einhergehende Wettbewerbsverzerrung mit Wirkung für die Vergangenheit beseitigt und gewährleistet werden, dass der Mitgliedstaat für sein unionsrechtswidriges Fehlverhalten zur Verantwortung gezogen wird. Des Weiteren würden Anreize geschaffen werden, die unionsrechtlichen Vorgaben des Beihilfenrechts stets zu beachten. Darüber hinaus könnten vor diesem Hintergrund auf Seiten der Begünstigungsempfänger die steuerrechtlichen Besonderheiten, wie insbesondere die schwierige Vorhersehbarkeit von Steuerbeihilfen, in höherem Maße im Rahmen des Vertrauensschutzes Beachtung finden, da der Ausschluss der Beihilfenrückforderung nicht zwingend bedeuten würde, dass die Wettbewerbsgleichheit nicht anderweitig wiederhergestellt werden könnte. Die Herabsetzung der strengen Anforderungen des EuGH an den Einwand des Vertrauensschützes würde also nicht bedeuten, dass die Funktion des Beihilfenrechts, Wettbewerbsgleichheit zu gewährleisten, entwertet werden würde.

E. Thesenartige Zusammenfassung der Ergebnisse

1. Der Anwendungsbereich des Art. 107 Abs. 1 AEUV ist im Steuerrecht sehr weitreichend. Damit gehen Rechtsunsicherheit und mangelnde Vorhersehbarkeit bei der Qualifikation einer steuerlichen Vergünstigung als grundsätzlich verbotene Beihilfe einher.
2. Begünstigungen im Sinne des Art. 107 Abs. 1 AEUV liegen im Steuerrecht vor, wenn es sich um Ausnahmen von der Regelbesteuerung handelt. Die Regelungstechnik ist dabei nicht von Bedeutung, entscheidend sind allein die Wirkungen.
3. Das Tatbestandsmerkmal der Selektivität verleiht dem Beihilfenverbot eine gleichheitsrechtliche Dimension. Art. 107 Abs. 1 i.V.m. Art. 108 Abs. 3 Satz 3 AEUV verlangen von den Mitgliedstaaten der Europäischen Union die Beachtung von Rechtsetzungsgleichheit und Rechtsanwendungsgleichheit im Kontext staatlicher (Steuer-)Begünstigungen von Unternehmen.
4. Es ist dringend angezeigt, dass die Mitgliedstaaten, zumindest in Fällen erheblicher Zweifel an der Beihilfenrechtskonformität einer steuerlichen Maßnahme, allein der Rechtssicherheit wegen, ein förmliches Notifikationsverfahren einleiten und präventiv Vorkehrungen zur Vermeidung der Gewährung solcher Begünstigungen treffen bis die Kommission eine abschließende Entscheidung getroffen hat.
5. Die mitgliedstaatlichen Institutionen, namentlich Steuerverwaltung, Steuergesetzgeber und Finanzgerichte, verfügen über verschiedene Möglichkeiten, das Durchführungsverbot präventiv zu beachten; die Begünstigungsempfänger haben diese Möglichkeiten nicht.
6. Rechtswidrig gewährte Beihilfen sind von den Begünstigungsempfängern grundsätzlich zurückzufordern. Im Steuerrecht erfolgt die Rückforderung durch die Nachbesteuerung der Begünstigungsempfänger, die nach Maßgabe der mitgliedstaatlichen Rechtsgrundlagen umzusetzen ist. Das deutsche Steuerrecht gibt die dafür erforderlichen Rechtsgrundlagen in materieller und verfahrensrechtlicher Hinsicht – unter Beachtung des Anwendungsvorrangs des Unionsrechts – her.

7. Das von den Unionsgerichten entwickelte unionsrechtliche Vertrauensschutzkonzept im Kontext der Rückforderung rechtswidrig gewährter staatlicher Beihilfen ist dogmatisch verfehlt und abzulehnen. Richtigerweise müssten steuerliche Besonderheiten, insbesondere die Existenz formeller Parlamentsgesetze, mehr Beachtung finden.
8. Alternativ zur Nachbesteuerung haben die Mitgliedstaaten grundsätzlich die Möglichkeit, die rechtswidrige Begünstigung auf die benachteiligten Unternehmen vergangenheitsbezogen mit Wirkung *erga omnes* nachträglich zu erstrecken, um einem Verstoß gegen das Durchführungsverbot abzuhelfen. Weder das Unionsrecht noch das nationale Verfassungsrecht stehen dem *per se* entgegen. Diese alternative Rechtsfolge ist jedoch auf die Neutralisierung von Beihilferegelungen begrenzt und kann ausschließlich durch den Gesetzgeber erfolgen.
9. Die Möglichkeit der Vorteilserstreckung verdichtet sich konsequenterweise zur unionsrechtlichen Pflicht, wenn die Rückforderung als Rechtsfolge ausgeschlossen ist. Wo die Beseitigung eines Beihilfenverstoßes mittels Vorteilserstreckung möglich ist, besteht keine Rechtfertigung, die hohen Anforderungen an die Gewährung von Vertrauensschutz aufrecht zu erhalten. Der Ausschluss der Rückforderung würde nicht mit der Manifestation eines unionsrechtswidrigen Zustands einhergehen.
10. Die Anerkennung der Vorteilserstreckung als mögliche Pflicht würde dazu beitragen, dass die Mitgliedstaaten die unionsrechtlichen Vorgaben des Beihilfenrechts effektiver beachten und sich Rechtsverstöße nicht mehr „lohnen" würden. Der eingangs formulierte *„offensichtliche Webfehler"* des Beihilfenrechts, der darin besteht, dass die Rückforderung als beihilfenrechtliche Rechtsfolge nicht zu Anreizen bei den Mitgliedstaaten führt, um die unionsrechtlichen Vorgaben effektiv zu beachten, ist im Kontext gesetzlicher Steuerbeihilfen durch die Anerkennung der Vorteilserstreckung als alternative Rechtsfolge *de lege lata* korrigierbar.

Literaturverzeichnis

Arhold, Christoph: „Steuerhoheit auf regionaler oder lokaler Ebene und der europäische Beihilfenbegriff – wie weit reicht das Konzept von der regionalen Selektivität – Zugleich Anmerkung zu EuGH, Urt. v. 6.9.2006 – C-88/03, BeckRS 2006, 70646 – Portugal/Kommission“, EuZW 2006, S. 717.

ders.: „The Case Law of the European Court of Justice and the Court of First Instance on State Aids in 2006/2007 (Part 1)“, EStAL 2007, S. 151.

ders.: „The German Scheme on the Fiscal Carry-forward of Losses – a 'Selected Case'“, EStAL 2001, S. 71.

Austermann, Philipp/**Waldhoff**, Christian, Parlamentsrecht 1. Auflage 2020. [zitiert: *Austermann/Waldhoff*, Parlamentsrecht, Rn.]

Badura, Peter: Staatsrecht – Systematische Erläuterung des Grundgesetzes, 7. Auflage 2018. [zitiert: *Badura*, Staatsrecht, Kap. Rn.]

Balbinot, Chiara: „Europäisches Beihilfeverbot vs. mitgliedstaatliche Steuersouveränität – eine kritische Untersuchung der Anwendung des Art. 107 Abs. 1 AEUV im Steuerrecht“, FR 2018, S. 729.

Bartosch, Andreas: EU-Beihilfenrecht, 3. Auflage 2020. [zitiert: *Bartosch*, Art. Rn.]

ders.: „Die private Durchsetzung des gemeinschaftlichen Beihilfenverbots – Das CELF-Urteil vom 12.2.2008 und seine Auswirkungen auf Deutschland“, EuZW 2008, S. 235.

ders.: „Die Verfahrensverordnung in Beihilfesachen – Notwendigkeit und Chancen einer Generalüberholung“, RIW 2007, S. 401.

ders.: „EuGH: Ermessen der Behörden begründet nicht immer einen selektiven Vorteil“, BB 2016, S. 412.

ders.: „Nationale Steuersysteme im Fadenkreuz des EU-Beihilferechts – wer bestimmt künftig den Maßstab?“, BB 2017, S. 2199.

ders.: „(Neu-)Entwicklungen in der materiellen Selektivität“, EuZW 2017, S. 756.

ders.: „Neues zur Selektivität in der EU-Beihilfenkontrolle“, BB 2016, S. 855.

ders.: „Transferpreisvereinbarungen im international operierenden Konzern als unerlaubte Beihilfen – ein Paradigmenwechsel in der EU-Wettbewerbskontrolle?“, BB 2015, S. 34.

Basedow, Jürgen: „Das Sozialmodell von Lissabon: Solidarität statt Wettbewerb“, EuZW 2008, S. 225.

ders.: „Comfort letters – Komfort für wen?“, ZEuP 1995, S. 175.

Bäuml, Sven O./**Vogel**, Nina: „Die erbschaftsteuerliche Bedürfnisprüfung im Kontext des Verfassungsrechts und des EU-Beihilferechts", BB 2015, S. 736 ff.

Behrens, Peter: „Der Wettbewerb im Vertrag von Lissabon", EuZW 2008, S. 193.

Berg, Hans-Georg/**Szymczak**, Michael: „Umsatzsteuerrechtliche Vergünstigungen für gemeinnützige Unternehmen – unionsrechtswidrige Beihilfen?", UR 2018, S. 853.

Birk, Dieter/**Desens**, Marc/**Tappe**, Henning: Steuerrecht, 26. Auflage 2023. [zitiert: *Birk/Desens/Tappe*, Steuerrecht, Rn.]

Birk, Dieter: „Gleichheit und Gesetzmäßigkeit der Besteuerung – Zum Stellenwert zweier Grundprinzipien in der Steuerreform 1990", StuW 1989, S. 212.

ders.: „Verfassungsfragen im Steuerrecht – Eine Zwischenbilanz nach den jüngsten Entscheidungen des BFH und des BVerfG", DStR 2009, S. 877.

Birnstiel, Alexander/**Bungenberg**, Marc/**Heinrich**, Helfe: Europäisches Beihilfenrecht, Kommentar, 1. Auflage 2013. [zitiert: *Verfasser*, in: Birnstiel/Bungenberg/Heinrich, Art. Rn.]

Blumenberg, Jens/**Haisch**, Martin L.: „Die unionsrechtliche Beihilfeproblematik der Sanierungsklausel nach § 8c Abs. 1a KStG – Überlegungen zur Klage gegen die Kommissionsentscheidung vom 26.1.2010", FR 2012, S. 12.

Blumenberg, Jens/**Kring**, Wulf: „Europäisches Beihilfenrecht und Besteuerung", Institut Finanzen und Steuerrecht e.V., Schrift Nr. 473, 2011. [zitiert: *Blumenberg/Kring*, IFSt-Schrift Nr. 473 (2011), S.]

Blumenberg, Jens: „Aktuelle Entwicklungen des EU-Beihilferechts im Bereich der deutschen Unternehmensbesteuerung", Institut Finanzen und Steuerrecht e.V., Schrift Nr. 516, 2017. [zitiert: *Blumenberg*, IFSt-Schrift Nr. 516 (2017), S.]

Bode, Walter: „Steuerliche Begünstigungen als staatliche Beihilfe i.S.d. Art. 107 AEUV – Folgerungen für die Praxis der Fachgerichte", FR 2011, S. 1034.

Bösch, Rainer: „Die Inländerdiskriminierung", JURA 2009, S. 91.

Brandau, Janina/**Neckenich**, Lennart/**Reich**, Daniel/**Reimer**, Ekkehart: „Brennpunkt Beihilfenrecht: Das deutsche Steuerrecht auf dem Prüfstand", BB 2017, S. 1175.

Breuninger, Gottfried E./**Ernst**, Markus: „Der Beitritt eines rettenden Investors als (stiller) Gesellschafter und der ‚neue' § 8c KStG: Droht jetzt das Ende der Sanierungsklausel durch das EU-Beihilfeverbot?", GmbHR 2010, S. 561.

Brevern, Daniel von: „Die Umsetzung von Beihilfe-Rückforderungsentscheidungen der Kommission", EWS 2005, S. 154.

Bungenberg, Marc/**Motzkus**, Matthias: „Die Praxis des Subventions- und Beihilfenrechts in Deutschland", GewArch Beilage WiVerw Nr. 02/2013, S. 76.

Calliess, Christian/**Ruffert**, Matthias: EUV/AEUV, Das Verfassungsrecht der Europäischen Union mit Europäischer Grundrechtecharta, Kommentar, 6. Auflage 2022. [zitiert: *Verfasser*, in: Calliess/Ruffert, Art. Rn.]

Caspari, Manfred: „Die Beihilferegeln des EWG-Vertrags und ihre Anwendung", in: Mestmäcker, Ernst-Joachim/Möller, Hans/Schwarz, Hans-Peter (Hrsg.): Festschrift für Hans von der Groeben, „Eine Ordnungspolitik für Europa", 1987, S. 69. [zitiert: *Caspari*, in: FS von der Groeben, 1987, S.]

Cordewener, Axel, „Die asymmetrische Belastung von Wirtschaftssektoren im Lichte aktueller Entwicklungen des EU-Beihilfeverbots – ein Problem für die Kernbrennstoffsteuer?", Ubg. 2012, S. 607.

Cordewener, Axel/**Henze**, Thomas: „EU-Beihilfeverbot und nationale Unternehmensbesteuerung", FR 2016, S. 756.

Cremer, Wolfram: „Das Verhältnis der Beihilferegeln gemäß Art. 92 f. EGV zur Warenverkehrsfreiheit", EuR 1996, S. 225.

Dauses, Manfred A./**Ludwigs**, Markus: Handbuch des EU-Wirtschaftsrechts, Band 1, Stand: 59. Ergänzungslieferung Oktober 2023. [zitiert: *Verfasser*, in: Dauses/Ludwigs, Handbuch des EU-Wirtschaftsrechts, Buchst. Rn.]

Dautzenberg, Norbert: „EG-Kommission verwirft bestimmte steuerliche Fördermaßnahmen als verbotene Subventionen", StuB 2001, S. 443.

Demleitner, Andreas: „Beihilferecht: Deutsche Steuernormen im Fokus des europäischen Beihilferechts", ISR 2016, S. 328.

Desens, Marc: „Neid als Grundrechtsausübungsmotiv – Zur Durchsetzung des Gleichbehandlungsanspruchs bei gleichheitswidrigen Gesetzen", AöR 133 (2008), S. 404.

ders.: „Steuerprivilegien für Abgeordnete verfassungsrechtlich nicht angreifbar? – Kritik am Urteil des BFH vom 11.9.2008, VI R 13/06", DStR 2009, S. 727.

Desens, Marc: „Was folgt prozessual aus dem Verstoß gegen den allgemeinen Gleichheitssatz (Art. 3 Abs. 1 GG) durch Gesetze?", in: Kempny, Simon/Reimer, Philipp (Hrsg.): Gleichheitssatzdogmatik heute, Beiträge und Ergebnisse des Gleichheitsrechtlichen Arbeitsgesprächs vom 3. bis 5. April 2016 in der Fritz-Thyssen-Stiftung, Köln, 1. Auflage 2017, S. 133. [zitiert: *Desens*, in: Kempny/Reimer, S.]

Diezel, Björn: „Selbstbindung der Verwaltung und Gewährung von Vertrauensschutz durch Billigkeitsmaßnahmen bei BMF-Schreiben", StuB 2006, S. 454.

Dobratz, Lars: „Anhängige EuGH-Rechtssachen im Bereich der Ertragsteuern Überblick zum Stichtag 15.3.2016", ISR 2016, S. 173.

ders.: „Der EuGH als Teil der Finanzgerichtsbarkeit – Warum der EuGH ein Steuergericht ist – und doch wieder nicht", IWB 2015, S. 634.

Dolzer, Rudolf/**Waldhoff**, Christian/**Walter**, Christian/**Graßhof**, Karin (Hrsg.): Bonner Kommentar zum Grundgesetz, Ordner 2, Art. 2–3 GG. [zitiert: *Verfasser*, in: BK, Stand: Art. Rn.]

Drüen, Klaus-Dieter: „Die Sanierungsklausel des § 8c KStG als europarechtswidrige Beihilfe Anmerkungen zur Beihilfeentscheidung der EU-Kommission vom 26.1.2011", DStR 2011, S. 289.

Dürig, Günter/**Herzog**, Roman/**Scholz**, Rupert u.a. (Hrsg.): Grundgesetz, Kommentar, Stand: 102. Ergänzungslieferung August 2023. [zitiert: *Verfasser*, in: Dürig/Herzog/Scholz, Art. Rn.]

Ehlers, Dirk: „Rechtsfragen des Subventionsrechts", DVBl. 2014, S. 1.

Ehlers, Dirk/**Scholz**, Daniel: „Anmerkung zur Entscheidung des BGH vom 10.2.2011 (I ZR 136/09; JZ 2011, 580) – Zur Frage nach Rechtsschutzmöglichkeiten eines Konkurrenten des Empfängers einer unter Verstoß gegen Art. 108 Abs. 3 S. 3 AEUV gewährten Beihilfe", JZ 2011, S. 585.

Ehrmann, Oliver: „Beihilferechtliche Zulässigkeit des § 8c Abs. 1a KStG – Zur voraussichtlichen Europarechtswidrigkeit der Sanierungsklausel", DStR 2011, S. 5.

Eilers, Stephan/**Oppel**, Florian: „Fremdvergleichsgrundsatz als Instrument zur Feststellung beihilferechtlich relevanter Vorteile", ISR 2020, S. 356.

Eisendle, David: „Kurztext und Anmerkung zum EuGH-Urteil vom 21.12.2016, Rs. C-20/15 P und C-21/15 P", ISR 2017, S. 50.

Englisch, Joachim: „Das EU-Beihilfeverbot – der ultimative Anti-Missbrauchstatbestand?", DStR 2018, S. 2501.

ders.: „Die negative Konkurrentenklage im Unternehmenssteuerrecht", StuW 2008, S. 43.

ders.: „Spezielle Verkehr- und Verbrauchsteuern: terra incognita der Steuerrechtswissenschaften", StuW 2015, S. 52.

ders.: „Steuerliche Sonderbelastung als verbotene Beihilfe – eine unionsrechtliche Achillesferse der Kernbrennstoffsteuer", StuW 2012, S. 318.

ders.: „Zur Bedeutung des gemeinschaftsrechtlichen Gleichheitssatzes im Recht der Gemeinschaftsbeihilfen", EuR 2009, S. 488.

Englisch, Joachim/**Plum**, Beate: „Schutz des Vertrauens auf Steuergesetze, Finanzrechtsprechung und Regelungen der Finanzverwaltung", StuW 2004, S. 342.

Epping, Volker/**Hillgruber**, Christian: „BeckOK Grundgesetz", 56. Edition, Stand: August 2023. [zitiert: *Verfasser*, in: Epping/Hillgruber, Art. Rn.]

Epping, Volker: Grundrechte, 9. Auflage 2021. [zitiert: *Epping*, Grundrechte, Kap. Rn.]

Fehrenbacher, Oliver Steuerrecht, 8. Auflage 2022. [zitiert: *Fehrenbacher*, Steuerrecht, Rn.]

Finck, Christopher/**Gurlit**, Elke: „Die Rückabwicklung formell unionsrechtswidriger Beihilfen“, Jura 2011, S. 87.

Frenz, Walter: „Beihilfenverbot und Grundfreiheiten – Am Beispiel der Förderung im Gefolge des Kohleausstiegs“, EWS 2020, S. 76.

ders.: Europarecht, 3. Auflage 2021. [zitiert: *Frenz*, Europarecht, Rn.]

ders.: Handbuch Europarecht, Band 1, Europäische Grundfreiheiten, 2. Auflage 2012. [zitiert: *Frenz*, Europäische Grundfreiheiten, Rn.]

ders.: Handbuch Europarecht, Band 3, Beihilfe- und Vergaberecht, 2007. [zitiert: *Frenz*, Beihilfe- und Vergaberecht, Rn.]

ders.: „Selektivität in der Beihilfenkontrolle auf altem Kurs – nach dem EuGH-Urteil zur Kernbrennstoffsteuer“, EWS 2015, S. 194.

Frenz, Walter/**Roth**, David: „Steuer- und Abgabebefreiungen als Beihilfen“, DStZ 2006, S. 464.

Frotscher, Gerrit: Internationales Stuerrecht, 5. Auflage 2020. [zitiert: *Frotscher*, Internationales Steuerrecht, § Rn.]

Gambardo, Edoardo/**Nucara**, Alessandro/**Prete**, Luca: „Pearle: so much Unsaid!“, EStAL 2005, S. 3.

Geiger, Rudolf/**Khan**, Daniel-Erasmus/**Kotzur**, Markus/**Kirchmair**, Lando: EUV/AEUV, Kommentar, 7. Auflage 2023. [zitiert: *Verfasser*, in: Geiger/Khan/Kotzur/Kirchmair, Art. Rn.]

Geisenberger, Ute: „Der Einfluss des Europarechts auf steuerliches Verfahrensrecht“, 2010. [zitiert *Geisenberger*, Der Einfluss des Europarechts auf steuerliches Verfahrensrecht, S.]

Giesberts, Ludger/**Streit**, Thilo: „Anforderungen an den ‚Private Investor Test‘ im Beihilfenrecht“, EuZW 2009, S. 484.

Glaser, Andreas: „Regionale Steuerautonomie im Fokus des EG-Beihilfenrechts“, EuZW 2009, S. 363.

Glatz, Solvejg: „Zur Vereinbarkeit des Sanierungserlasses mit dem unionsrechtlichen Beihilferecht“, IStR 2016, S. 447.

Gosch, Dietmar: Abgabenordung/Finanzgerichtsordnung, Kommentar, Stand: 179. Ergänzungslieferung November 2023. [zitiert: *Verfasser*, in: Gosch, § Rn.]

ders.: „Entwicklung und Rezeption der Rechtsprechung des EuGH aus Sicht des BFH“, UbG. 2009, S. 73.

ders.: „Kurze, aber grundlegende Nachlese zur Nachlese von Meilicke zu den Schulgeld-Urteilen des EuGH“, DStR 2007, S. 1895.

Gräber, Fritz: Finanzgerichtsordnung mit Nebengesetzen, Kommentar, 9. Auflage 2019. [zitiert: *Verfasser*, in: Gräber, § Rn.]

Grabitz, Eberhard: „Europäisches Verwaltungsrecht – Gemeinschaftsrechtliche Grundsätze des Verwaltungsverfahren“, NJW 1989, S. 1776.

Grabitz, Eberhard/**Hilf**, Meinhard /**Nettesheim**, Martin: Das Recht der Europäischen Union, Stand: 80. Ergänzungslieferung August 2023. [zitiert: *Verfasser*, in: Grabitz/Hilf/Nettesheim, Art. Rn.]

Graevenitz, Albrecht von: „Mitteilungen, Leitlinien, Stellungnahmen – Soft Law der EU mit Lenkungswirkung“, EuZW 2013, S. 169.

Grimm, Sebastian: „Die negative Konkurrentenklage im Steuerrecht“, 2011. [zitiert: *Grimm*, Die negative Konkurrentenklage im Steuerrecht, S.]

Groeben, Hans von der/**Schwarze**, Jürgen/**Hatje**, Armin: Europäisches Unionsrecht, 7. Auflage 2015. [zitiert: *Verfasser*, in: von der Groeben/Schwarze/Hatje, Art. Rn.]

Gröpl, Christoph/**Windthorst**, Kay/**Coelln**, Christian von: Studienkommentar, GG, 5. Auflage 2022. [zitiert: *Verfasser*, in: Gröpl/Windthorst/von Coelln, Art. Rn.]

Grube, Friederike: „Der Einfluss des EU-Beihilfenrechts auf das deutsche Steuerrecht“, DStZ 2007, S. 371.

dies.: „Der Einfluss des unionsrechtlichen Beihilfenverbots auf das deutsche Steuerrecht – Dargestellt an den Beispielen der sogenannten Sanierungsklausel und der Steuervergünstigungen für gemeinnützige Unternehmen“, 2014. [zitiert: *Grube*, Der Einfluss des unionsrechtlichen Beihilfenverbots auf das deutsche Steuerrecht, S.]

Gundel, Jörg: „Die Autonomie des EU-Beihilfenrechts gegenüber der EU-Binnenmarktgesetzgebung“, EWS 2016, S. 301.

Haas, Julia/**Hoffmann**, Jan Martin: „Einstweilige Anordnung zur Rückforderung vertraglich gewährter gemeinschaftsrechtswidriger Beihilfen“, JA 2009, S. 119.

Haase, Florian: Internationales und Europäisches Steuerrecht, 7. Auflage 2023. [zitiert: *Haase*, § Rn.]

Hahn, Hartmut/**Suhrbier-Hahn**, Ute: „Einwirkungen des Europarechts auf die Abgabenordnung – Untersucht am Beispiel der Rückforderung von Investitionszulagen“, DStZ 2002, S. 632.

Haratsch, Andreas/**Koenig**, Christian/**Pechstein**, Matthias: Europarecht, 12. Auflage 2020. [zitiert: *Haratsch/Koenig/Pechstein*, Europarecht, Rn.]

Härtwig, Sven: „Beschluss der EU-Kommission gem. Art. 108 Abs. 2 Unterabs. 1 AEUV als Grundlagenbescheid i.S.v. § 171 Abs. 10 Satz 1 AO?", ISR 2019, S. 17.

Heger, Karin: „Die Steuerpflicht des Krankentransports und Rettungsdienstes – Möglichkeiten einer Konkurrentenklage – Zum BFH-Beschluss vom 18. September 2007", DStR 2008, S. 807.

Heidenhain, Martin (Hrsg.): Handbuch des Europäischen Beihilfenrechts, 1. Auflage 2003. [zitiert: *Verfasser*, in: Heidenhain, § Rn.]

Heidenhain, Martin: „Der richtige Weg zur Rückforderung einer gemeinschaftswidrigen Beihilfe", EuZW 2005, S. 659.

ders.: „Mittelbare Beihilfen", EuZW 2007, S. 623.

Helios, Marcus: „EG-beihilfenrechtliche Vereinbarkeit von gemeinnützigkeitsabhängigen Steuervergünstigungen (Teil 1)", EWS 2006, S. 61.

ders.: „EG-beihilfenrechtliche Vereinbarkeit von gemeinnützigkeitsabhängigen Steuervergünstigungen (Teil 2)", EWS 2006, S. 108.

ders.: „Indirekte Steuern als Gegenstand des EG-Beihilfenrechts", EWS 2005, S. 208.

ders.: „Steuerliche Gemeinnützigkeit und EG-Beihilfenrecht", 2005.

Helm, Thorsten: „Konkurrentenklagen im Steuerrecht – Prozessuale Instrumente des Wirtschaftsordnungsrechts", StuW 2021, S. 265.

Heuermann, Bernd/**Brandis**, Peter: EStG, KStG, GewStG, Kommentar, Band 1: §§ 1–8 EStG, Werkstand: 169. Ergänzungslieferung November 2023. [zitiert: *Verfasser*, in: Brandis/Heuermann, § Rn.]

Hey, Johanna/**Klein**, Martin/**Wendt**, Michael (Hrsg.): Herrmann/Heuer/Raupach, Einkommensteuer- und Körperschaftsteuergesetz, Kommentar, Stand: 322. Lieferung November 2023. [zitiert: *Verfasser*, in: Herrmann/Heuer/Raupach, § Rn.]

Hey, Johanna: „Steuerbefreiung für Sanierungsgewinne und EU-Beihilferecht: Zum Notifizierungsverfahren", FR 2017, S. 453.

dies.: „Umsetzung der Rechtsprechung des Europäischen Gerichtshofs im nationalen Steuerrecht – Geltungserhaltende Normreduktion und gesetzgeberische Korrekturpflichten zwischen gemeinschaftsrechtlichem Anwendungsvorrang und Verfassungsrecht", StuW 2010, S. 301.

Hinder, Jens-Uwe/**Hentschel**, Fabian: „Luxemburger Bestätigung für Beihilferechtswidrigkeit der Sanierungsklausel", GmbHR 2016, S. 345.

Hoffmann, Jan Martin/**Bollmann**, Michael: „Rückforderung vertraglich gewährter Beihilfen durch Verwaltungsakt? VA-Befugnis aus dem Europäischen

Gemeinschaftsrecht bei Verstoß gegen die Beihilfevorschriften des EG-Vertrags“, EuZW 2006, S. 398.

Höfinghoff, Dirk: „Notarrelevante Probleme des Europäischen Beihilfenrechts“, RNotZ 2005, S. 387.

Hofmann, Hans/**Henneke**, Hans-Günter (Hrsg.): Schmidt-Bleibtreu, Grundgesetz, Kommentar, 14. Auflage 2017. [zitiert: *Verfasser*, in: Schmidt-Bleibtreu/Hofmann/Henneke, Art. Rn.]

Hübschmann, Walter/**Hepp**, Ernst/**Spitaler**, Armin u.a. (Hrsg.): Abgabenordnung/Finanzgerichtsordnung, Kommentar, Stand: 277. Lieferung November 2023. [zitiert: *Verfasser*, in: Hübschmann/Hepp/Spitaler, § Rn.]

Hufen, Friedhelm: Staatsrecht II, Grundrechte, 10. Auflage 2023. [zitiert: *Hufen*, Staatsrecht II, § Rn.]

Hummel, David: „Das nationale Steuergesetz unter der umfassenden Kontrolle des unionsrechtlichen Beihilferechts?“, GmbHR 2019, S. 390.

ders.: „Zur Unionsrechtskonformität des ermäßigten Steuersatzes nach § 12 Abs. 2 Nr. 8 Buchst. a UStG Sowohl im Hinblick auf die Neufassung der Anlage III Nr. 15 MwStSystRL (als auch) im Hinblick auf das Beihilferecht (§ 12 Abs. 2 Nr. 8 Buchst. a UStG)“, UR 2023, S. 345.

Hüttemann, Rainer: „Steuervergünstigungen wegen Gemeinnützigkeit und europäisches Beihilfenverbot“, DB 2006, S. 914.

Körber, Torsten/**Schweitzer**, Heike/**Zimmer**, Daniel (Hrsg.): Immenga/Mestmäcker, Wettbewerbsrecht, Band 5. Beihilfenrecht, Kommentar zum Deutschen und Europäischen Kartellrecht, 6. Auflage 2022. [zitiert: *Verfasser*, in: Immenga/Mestmäcker, Art. Rn.]

Isensee, Josef/**Kirchhof**, Paul: Handbuch des Staatsrechts der Bundesrepublik Deutschland/Finanzverfassung – Bundesstaatliche Ordnung, Band IV, 2. Auflage 1999. [zitiert: *Verfasser*, in: Isensee/Kirchhof, HStR, Band IV, § Rn.]

Isensee, Josef/**Kirchhof**, Paul: Handbuch des Staatsrechts der Bundesrepublik Deutschland/Rechtsquellen, Organisation, Finanzen, Band V, 3. Auflage 2007. [zitiert: *Verfasser*, in: Isensee/Kirchhof, HStR, Band V, § Rn.]

Isensee, Josef/**Kirchhof**, Paul: Handbuch des Staatsrechts der Bundesrepublik Deutschland / Grundrechte: Wirtschaft, Verfahren, Gleichheit Band VIII, 3. Auflage 2010. [zitiert: *Verfasser*, in: Isensee/Kirchhof, HStR, Band VIII, § Rn.]

Ismer, Roland/**Karch**, Alexandra: „Das Referenzsystem bei der beihilferechtlichen Überprüfung nationaler Steuervergünstigungen“, IStR 2014, S. 130.

Ismer, Roland/**Piotrowski**, Sophia: „Falsche Begründung – richtiges Ergebnis? Zur beihilferechtlichen Argumentation im Vorlagebeschluss zum Sanierungserlass“, DStR 2015, S. 1993.

Ismer, Roland/**Piotrowski**, Sophia: „Selektivität von Beihilfen: Dogmatische Grundfragen am Beispiel von IP-Boxen", IStR 2015, S. 257.

Jacobs, H. Otto: Internationale Unternehmensbesteuerung: Deutsche Investitionen im Ausland. Ausländische Investitionen im Inland, 9. Auflage 2023. [zitiert: *Verfasser*, in: Jacobs, Internationale Unternehmensbesteuerung, S.]

Jaeger, Thomas: „Fehlstellungen im Verhältnis von Steuer- und Beihilferecht: Ein Plädoyer für mehr Ausgewogenheit", EuZW 2012, S. 92.

ders.: „Schwächen der Prüfung von Steuerbeihilfen am Beispiel der Urteile Fiat und Starbucks", EuZW 2020, S. 18.

ders.: „Zusammenwirken von Kommission und nationalen Gerichten im Beihilfeaufsichtsverfahren", in: Hummer, Waldermar (Hrsg.), Neueste Entwicklungen im Zusammenspiel von Europarecht und nationalem Recht der Mitgliedstaaten, 2010, S. 417. [zitiert: *Jaeger*, in: Hummer, Neueste Entwicklungen im Zusammenspiel von Europarecht und nationalem Recht der Mitgliedstaaten, S.]

Jahndorf, Christian/**Oellerich**, Ingo: „Bestandskraft von Steuerbescheiden und rückwirkende Durchsetzung von Europarecht", DB 2008, S. 2559.

Jansen, Bela: „Vorgaben des europäischen Beihilferechts für das nationale Steuerrecht – Zugleich ein Beitrag zur Identifikation steuerlicher Beihilfen im Sinne des Art. 87 EGV", 2003. [zitiert: *Jansen*, Vorgaben des europäischen Beihilferechts für das nationale Steuerrecht, S.]

Jarass, Hans. D./**Beljin**, Saša: „Die Bedeutung von Vorrang und Durchführung des EG-Rechts für die nationale Rechtsetzung und Rechtsanwendung", NVwZ 2004, S. 1.

Jarass, Hans D./**Pieroth**, Bodo: Grundgesetz für die Bundesrepublik Deutschland, Kommentar, 17. Auflage 2022. [zitiert: *Verfasser*, in: Jarass/Pieroth, Art. Rn.]

Jennert, Carsten: „Der Anspruch aus Notifizierung beihilfeverdächtiger kommunaler Maßnahmen – Gibt es einen Anspruch der Beihilfe gewährenden Kommune und des Beihilfeempfängers gegen den Mitgliedsstaat auf Notifizierung einer beihilfeverdächtigen Maßnahme bei der Europäischen Kommission?", KommJur 2005, 364.

Jennert, Carsten/**Ellenrieder**, Benedikt: „Unternehmensbesteuerung im Lichte des EU-Beihilferechts", EWS 2011, S. 305.

Jochimsen, Claus/**Kleve**, Guido: „Steuerpraktiken und das Verbot unzulässiger Beihilfen – merkliche Zuspitzung einer komplexen Fragestellung", IStR 2017, S. 265.

Jung, Christian/**Neckenich** Lennart: „Die Schlussanträge im Gerichtsverfahren zur Beihilfenrechtswidrigkeit der deutschen Sanierungsklausel – ein Appell für eine Stärkung der Vorteilsprüfung im Kontext der bestehenden Kompetenzordnung“, ISR 2018, S. 83.

Kahl, Wolfgang: „35 Jahre Verwaltungsverfahrensgesetz – 35 Jahre Europäisierung des Verwaltungsverfahrensrechts“, NVwZ 2011, S. 449.

ders.: „Bewältigung der Staatsschuldenkrise unter Kontrolle des Bundesverfassungsgerichts – ein Lehrstück zur horizontalen und vertikalen Gewaltenteilung“, DVBl. 2013, S. 197.

Kahl, Wolfgang/**Bews**, James: „Letztes Rückzugsgefecht der Atomenergie? – Die Kernbrennstoffsteuer vor dem EuGH“, NVwZ 2015, S. 1081.

Kirchhof, Ferdinand: „Das Leistungsfähigkeitsprinzip nach dem Grundgesetz – Zustand und Zukunft“, BB 2017, S. 662.

ders.: „Der Weg zur verfassungsgerechten Besteuerung – Bestand, Fortschritt, Zukunft –“, StuW 2002, S. 185.

ders.: „Verbrauchsteuern im Lichte des Verfassungsrechts“, BB 2015, S. 278.

Kirchhof, Gregor: „Diskussion: Perspektiven des Europäischen Steuerrechts“, in: Kube, Hanno/Reimer, Ekkehart (Hrsg.): „Europäisches Finanzrecht: Stand – Methoden – Perspektiven“, Heidelberger Beiträge zum Finanz- und Steuerrecht, Band 6, 2017, S. 235. [zitiert: *G. Kirchhof*, HFSt 6 (2017), S.]

Kirchhof, Paul: „Der bestandskräftige Steuerbescheid im Steuerverfahren und im Steuerstrafverfahren“, NJW 1985, S. 2977.

ders.: „Erläuterungen Karlsruher Entwurf zur Reform des Einkommensteuergesetzes“, DStR 2001, S. 913.

Kirchhof, Paul/**Seer**, Roman: Einkommensteuergesetz, Kommentar, 22. Auflage 2023. [zitiert: *Verfasser*, in: Kirchhof/Seer, § Rn.]

Klein, Friedrich: Abgabenordnung, Kommentar, 17. Auflage 2023. [zitiert: *Verfasser*, in: Klein, § Rn.]

Klemt, Felix: „Richtungsentscheidung für Kompetenzen in Europa – lässt das Beihilferecht die Sanierungsklausel in § 8c Abs. 1a KStG zu?“, DStR 2013, S. 1057.

Knobbe-Keuk, Brigitte: „Die Konkurrentenklage im Steuerrecht“, BB 1982, S. 385.

Koenig, Christian/**Kühling**, Jürgen/**Ritter**, Nicolai: EG-Beihilfenrecht, 2. Auflage 2005. [zitiert: *Koenig/Kühling/Ritter*, EG-Beihilfenrecht, Rn.]

Koenig, Christian/**Pickartz**, Thomas: „Die aufschiebend bedingte staatliche Beihilfengewährung nach der Verfahrensverordnung in Beihilfesachen“, NVwZ 2002, S. 151.

Koenig, Christian/**Schreiber**, Kristina: Europäisches Wettbewerbsrecht, 1. Auflage 2010. [zitiert: *Koenig/Schreiber*, Europäisches Wettbewerbsrecht, S.]

Koenig, Ulrich (Hrsg.): Abgabenordnung, Kommentar, 4. Auflage 2021. [zitiert: *Verfasser*, in: Koenig, § Rn.]

Kohlhepp, Ralf: „Konkurrentenklagen im Umsatzsteuerrecht – Hoheitlicher Bereich von Körperschaften des öffentlichen Rechts und Relevanz von Wettbewerbsbeziehungen", DStR 2011, S. 145.

Kokott, Juliane: Das Steuerrecht der Europäischen Union, 1. Auflage 2018. [zitiert: *Kokott*, Das Steuerrecht der Europäischen Union, § Rn.]

dies.: „Steuerrecht und unionsrechtlicher Beihilfebegriff", in: Lang, Michael (Hrsg.): Europäisches Steuerrecht, 42. Jahrestagung der Deutschen Steuerjuristischen Gesellschaft e.V. Wien, 18. und 19. September 2017, Band 41, 2018, S. 535. [zitiert: *Kokott*, DStJG 41 (2018), S.]

Korn, Klaus/**Carlé**, Dieter/**Stahl**, Rudolf/**Strahl**, Martin: Einkommensteuergesetz, Kommentar, Stand: 148. Lieferung September 2023. [zitiert: *Verfasser*, in: Korn, § EStG Rn.]

Kreße, Bernhard: „Das Verbot des venire contra factum proprium bei vertraglichen Beihilfen", EuZW 2008, S. 394.

Krumm, Marcel: „Verfahrensrechtliche Aspekte steuerlicher Beihilfen", in: Lang, Michael (Hrsg.): Europäisches Steuerrecht, 42. Jahrestagung der Deutschen Steuerjuristischen Gesellschaft e.V. Wien, 18. und 19. September 2017, Band 41, 2018, S. 561. [zitiert: *Krumm*, DStJG 41 (2018), S.]

Kube, Hanno: „Die Gleichheitsdogmatik des europäischen Wettbewerbsrechts – zur Beihilfenkontrolle staatlicher Ausgleichsleistungen", EuR 2004, S. 230.

ders.: „Die Schwierigkeit judikativer Systembildung im Europäischen Ertragsteuerrecht", in: Schön, Wolfgang/Heber, Caroline, Grundfragen des Europäischen Steuerrechts, MPI Studies in Tax Law and Public Finance, Band 5, 2015, S. 41. [zitiert: *Kube*, in: Schön/Heber, Grundfragen des Europäischen Steuerrechts, S.]

ders.: „Nationales Steuerrecht und europäisches Beihilfenrecht", in: Becker, Ulrich/Schön, Wolfgang (Hrsg.), Steuer- und Sozialstaat im europäischen Systemwettbewerb, 2005, S. 99. [zitiert: *Kube*, in: Becker/Schön, Steuer- und Sozialstaat im europäischen Systemwettbewerb, S.]

Kube, Hanno/**Reimer**, Ekkehart, (u.a.): „Liste deutscher Steuerrechtsnormen mit beihilfenrechtlicher Relevanz", in: Kube, Hanno/Reimer, Ekkehart (Hrsg.): „Das Beihilfenrecht als Innovationsmotor des Steuerrechts", Heidelberger Beiträge zum Finanz- und Steuerrecht, Band 8, 2018, S. 291. [zitiert: *Verfasser*, in: HFSt 8 (2018), S.]

Kühn, Julia: „Die Rückforderung unionsrechtswidrig gewährter Steuerbeihilfen nach deutschem Recht", ISR 2018, S. 360.

Kühn, Martin: „Das strukturelle Vollzugsdefizit in der Rechtsprechung des BVerfG – eine Bestandsaufnahme nach dem Nichtannahmebeschluss vom 10.1.2008", FR 2008, S. 506.

Kußmaul, Heinz/**Licht**, Daniel: „Richtungswechsel bei der beihilferechtlichen Würdigung von § 8c Abs. 1a KStG? – Die EuGH-Urteile zur Sanierungsklausel (§ 8c Abs. 1a KStG)", BB 2018, S. 1948.

Lang, Michael: „Das Gibraltar-Urteil des EuGH: Neue beihilferechtliche Vorgaben für das Steuerrecht?", ÖStZ 2011/1070, S. 593.

ders.: „Der Anwendungsvorrang der Grundfreiheiten auf dem Gebiet des Steuerrechts", in: Tipke, Klaus/Seer, Roman/Hey, Johanna/Englisch, Joachim, Festschrift für Joachim Lang, 2010. [zitiert: *M. Lang*, FS Lang, 2010, S.]

ders.: „Seminar J: Steuerrecht, Grundfreiheiten und Beihilfenverbot", IStR 2010 S. 570.

ders.: „Tax Rulings und Beihilferecht", IStR 2015, S. 369.

Larenz, Karl: Methodenlehre der Rechtswissenschaft, 5. Auflage 1983.

Lausterer, Martin: „EG-Steuerpolitik zwischen Harmonisierung und Wettbewerb der Systeme", IStR 1997, S. 486.

Lehnert, Sabine: Die Korrektur von gemeinschaftsrechtswidrigen Beihilfen in Form von Steuervergünstigungen, 2009. [zitiert: *Lehnert*, Die Korrektur von gemeinschaftsrechtswidrigen Beihilfen in Form von Steuervergünstigungen, S.]

Leisner, Walter Georg: „Gesetzmäßigkeit von Verwaltungsvorschriften im Steuerrecht: Legitimationswirkungen und Grenzen einer ‚Typisierung zur Vereinfachung'", StuW 2007, S. 241.

Lenaerts, Koen: „Diskussion: Perspektiven des Europäischen Steuerrechts", in: Kube, Hanno/Reimer, Ekkehart (Hrsg.): „Europäisches Finanzrecht: Stand – Methoden – Perspektiven", Heidelberger Beiträge zum Finanz- und Steuerrecht, Band 6, 2017, S. 236. [zitiert: *Lenaerts*, HFSt 6 (2017), S.]

Lenz, Carl-Otto/**Borchardt**, Klaus-Dieter: EU-Verträge Kommentar, EUV/AEUV/GRCh, 6. Auflage 2012. [zitiert: *Verfasser*, in: Lenz/Borchard, Art. Rn.]

Linn, Alexander: „Die Anwendung des Beihilfeverbots im Unternehmenssteuerrecht", IStR 2008, S. 601.

ders.: „Die Beihilfeverfahren in Sachen Amazon, Apple, Fiat und Starbucks – Eine neue Dimension der Selektivität?", IStR 2015, S. 114.

Linn, Alexander/**Pignot**, Benedikt: „Mögliche Verstöße gegen das unionsrechtliche Beihilfeverbot in nationalen Begünstigungstatbeständen", StuB 2016, S. 573.

Lübbig, Thomas/**Martin-Ehlers** Andrés: Beihilfenrecht der EU, 2. Auflage 2009. [zitiert: Lübbig/Martin-Ehlers, Beihilfenrecht der EU, Rn.]

Marquart, Christian: „Die Möglichkeit der Verlustverrechnung als selektive Begünstigung sanierungsbedürftiger Unternehmen? Wider die Beihilferechtswidrigkeit der Sanierungsklausel (§ 8c Abs. 1a KStG)", IStR 2011, S. 445.

Martini, Ruben: „Rechtsfolgen unionsrechtswidriger Beihilfen im Steuerrecht", StuW 2017, S. 101.

Maurer, Hartmut/**Waldhoff**, Christian: Allgemeines Verwaltungsrecht, 21. Auflage 2024. [zitiert: *Maurer/Waldhoff*, Allgemeines Verwaltungsrecht, § Rn.]

Meickmann, Till Valentin: „Schattenhaushalte und parlamentarisches Budgetrecht – Verfassungsrechtliche Grenzen nicht rechtsfähiger Sondervermögen", NVwZ 2022, S. 106.

Mellinghoff, Rudolf: „Europäisches Steuerrecht und grenzüberschreitender Rechtsschutz", in: Kube, Hanno/Reimer, Ekkehart (Hrsg.): „Europäisches Finanzrecht: Stand – Methoden – Perspektiven", Heidelberger Beiträge zum Finanz- und Steuerrecht, Band 6, 2017, S. 221. [zitiert: *Mellinghoff*, HFSt 6 (2017), S.]

ders.: „Identifikation von Regel und Ausnahme im Steuerrecht", in: Kube, Hanno/Reimer, Ekkehart (Hrsg.): „Ausnahmen brechen die Regel", Heidelberger Beiträge zum Finanz- und Steuerrecht, Band 12, 2019, S. 103. [zitiert: *Mellinghoff*, HFSt 12 (2019), S.]

ders.: „Verfassungsbindung und weiter Gestaltungsspielraum des Gesetzgebers", in: Mellinghoff, Rudolf/Schön, Wolfgang/Viskorf, Hermann-Ulrich (Hrsg.), Festschrift für Wolfgang Spindler, „Steuerrecht im Rechtsstaat", 2011, S. 153. [zitiert: *Mellinghoff*, in: FS Spindler, 2011, S.]

Milutinović, Anđela: „Mittelbare Begünstigung von Unternehmen", in: Kube, Hanno/Reimer, Ekkehart (Hrsg.): „Das Beihilfenrecht als Innovationsmotor des Steuerrechts", Heidelberger Beiträge zum Finanz- und Steuerrecht, Band 8, 2018, S. 85. [zitiert: *Milutinović*, HFSt 8 (2018), S.]

Möhlenkamp, Andreas: „Steuerfreie Sanierungsgewinne, EU-Beihilfenverbot und Wettbewerb", ZIP 2018, S. 1907.

Morgenthaler, Gerd: „Finanzverfassungsrechtliche Maßstäbe für den Abbau von Steuersubventionen", in: Depenheuer, Otto/Heintzen, Markus/Jestaedt, Matthias/Axer, Peter (Hrsg.), Festschrift für Josef Isensee, „Staat im Wort", 2007, S. 911. [zitiert: *Morgenthaler*, in: FS Isensee, 2007, S. 911]

Müller-Glöge, Rudi/**Preis**, Ulrich/**Schmidt**, Ingrid (Hrsg.): Erfurter Kommentar zum Arbeitsrecht, 21. Auflage 2021. [zitiert: *Verfasser*, in: Erfurter Kommentar zum Arbeitsrecht, Art. Rn.]

Musil, Andreas/**Weber-Grellet**, Heinrich: Europäisches Steuerrecht, Kommentar, 2. Auflage 2022. [zitiert: *Verfasser*, in: Musil/Weber-Grellet, Art. Rn.]

Nieskens, Hans: „Wettbewerbsverzerrungen durch wirtschaftliche Tätigkeiten der öffentlichen Hand – Zur umsatzsteuerrechtlichen Bevorzugung der öffentlichen Hand im Bereich des Friedhofswesens –", UR 2013, S. 739.

Nordmann, Matthias Johannes: „Die negative Konkurrentenklage im EG-Beihilferecht vor europäischen und deutschen Gerichten", 2002. [zitiert: *Nordmann*, Die negative Konkurrentenklage im EG-Beihilferecht, S.]

Orthmann, Mark: „Die Klage auf Notifizierung einer Beihilfe", BRZ 2013, S. 69.

Pelke, Christian: „Irland und Apple vs. EU-Kommission", BB 2020, S. I.

Quardt, Gabriele, „Die Rückforderung staatlicher Beihilfen und ihre Grenzen in der Insolvenz", EWS 2003, S. 312.

Rast, Florian: „Perspektiven der Förderung sozialen und nachhaltigen Unternehmertums im Rahmen des EU-Beihilfenrechts – zugleich ein Beitrag zum Kriterium der Selektivität", EWS 2018, 142.

Rau, Günter/**Dürrwächter**, Erich: Umsatzsteuergesetz, Kommentar, Stand: 190. Lieferung Oktober 2020. [zitiert: *Verfasser*, in Rau/Dürrwächter, § Rn.]

Rehm, Helmut/**Nagler**, Jürgen: Europäisches Steuerrecht, 1. Auflage 2012. [zitiert: *Rehm/Nagler*, Europäisches Steuerrecht, S.]

Reich, Daniel: „Rechtsfolgen steuerrechtlicher Verstöße gegen das Beihilfenrecht", in: Kube, Hanno/Reimer, Ekkehart (Hrsg.): „Das Beihilfenrecht als Innovationsmotor des Steuerrechts", Heidelberger Beiträge zum Finanz- und Steuerrecht, Band 8, 2018, S. 219. [zitiert: *Reich*, HFSt 8 (2018), S.]

Reimer, Ekkehart: „Diskussion: Perspektiven des Europäischen Steuerrechts", in: Kube, Hanno/Reimer, Ekkehart (Hrsg.): „Europäisches Finanzrecht: Stand – Methoden – Perspektiven", Heidelberger Beiträge zum Finanz- und Steuerrecht, Band 6, 2017, S. 241. [zitiert: *Reimer*, HFSt 6 (2017), S.]

ders.: „Reform der Erbschaftsteuer: Verschonungen verstoßen gegen EU-Recht", BB 2016, S. I.

Reimer, Philipp: „‚Keine Gleichheit im Unrecht': dogmatische Rekonstruktion eines Verfassungssprichworts", RW 2017, S. 1.

ders.: „Stundung, Erlass und Niederschlagung von Forderungen der öffentlichen Hand – sämtlich verbotene Beihilfen?", NVwZ 2011, S. 263.

Rennert, Klaus: „Beihilferechtliche Konkurrentenklagen vor deutschen Verwaltungsgerichten“, EuZW 2011, S. 576.

Riese, Christoph/**Noll**, Paul: „Europarechtliche und verfassungsrechtliche Aspekte der Inländerdiskriminierung“, NVwZ 2007, S. 516.

Rode, Stefan: „Steuervergünstigungen, Beihilfen und Steuerwettbewerb – Zur Relevanz des europäischen Beihilfenrechts für das nationale Steuerrecht der Mitgliedstaaten“, 2006. [zitiert: *Rode*, Steuervergünstigungen, Beihilfen und Steuerwettbewerb, S.]

Rosenberg, Malte: Das beihilfenrechtliche Durchführungsverbot im Steuerverfahren – Konsequenzen für die Normanwendung durch die Finanzverwaltung, 1. Auflage 2014. [zitiert: *Rosenberg*, Das beihilfenrechtliche Durchführungsverbot im Steuerverfahren, S.]

Roth, Wulf-Henning: „Nationales Steuerrecht und europäisches Beihilfenrecht – Kommentar“, in: Becker, Ulrich/Schön, Wolfgang (Hrsg.), Steuer und Sozialstaat im europäischen Systemwettbewerb, 2005, S. 119. [zitiert: *Roth*, in: Becker/Schön, Steuer und Sozialstaat im europäischen Systemwettbewerb, S.]

Rust, Alexander: „Rechtsfolgen EG-rechtswidriger Normen“, IStR 2009, S. 382.

Rust, Mathis: Regionale Steuerautonomie vor dem europäischen Beihilferecht, 2013. [zitiert: *Rust*, Regionale Steuerautonomie vor dem europäischen Beihilferecht, S.]

Rüthers, Bernd/**Fischer**, Christian/**Birk**, Axel: Rechtstheorie mit juristischer Methodenlehre, 11. Auflage 2020. [zitiert: *Rüthers/Fischer/Birk*, § Rn.]

Sachs, Michael: Grundgesetz, Kommentar, 9. Auflage 2021. [zitiert: *Verfasser*, in: Sachs, Art. Rn.]

ders.: Verfassungsrecht II Grundrechte, 3. Auflage 2017. [zitiert: *Sachs*, in: VerfR II, S. Rn.]

Säcker, Franz Jürgen (Hrsg.): Münchener Kommentar zum Wettbewerbsrecht, Band 5, 4. Auflage 2022.

[zitiert: *Verfasser*, in: MüKo, Art. Rn.]

Schacht, Klaus P./**Steffens**, Teresa: „Möglichkeiten zur Durchbrechung der Bestandskraft von Steuerbescheiden – Aufhebung bestandskräftiger Umsatzsteuerbescheide gegen Automatenaufsteller, zugleich eine Besprechung des EuGH-Urteils vom 12.2.2008 – C-2/06 – Willy Kempter KG / Hauptzollamt Hamburg-Jonas“, BB 2008, S. 1254.

Schamell, Judith: „Beihilfenkontrolle von Verrechnungspreisen“, ISR 2019, S. 28.

Schaumburg, Harald/**Englisch**, Joachim: Europäisches Steuerrecht, 2. Auflage 2020. [zitiert: *Verfasser*, in: Schaumburg/Englisch, Rn.]

Schaumburg, Harald: „Internationales Steuerrecht", 5. Auflage 2023. [zitiert: *Verfasser*, in: Schaumburg, Internationales Steuerrecht, Rn.]

Scheffler, Wolfram: Besteuerung von Unternehmen III, Steuerplanung, 3. Auflage 2020.

Scheuing, Dieter H.: „Europäisierung des Verwaltungsrechts – Zum mitgliedstaatlichen Verwaltungsvollzug des EG-Rechts am Beispiel der Rückforderung gemeinschaftsrechtswidriger Beihilfen", Die Verwaltung 2001, 107.

Schlücke, Katharina: „Die Umsetzung von EuGH-Entscheidungen in das deutsche Steuerrecht – Das Beispiel der Betriebsstättenverluste", 2014. [zitiert: *Schlücke*, Die Umsetzung von EuGH-Entscheidungen in das deutsche Steuerrecht, S.]

Schmidt, Jan: „Der Unternehmensbegriff", in: Kube, Hanno/Reimer, Ekkehart (Hrsg.): „Das Beihilfenrecht als Innovationsmotor des Steuerrechts", Heidelberger Beiträge zum Finanz- und Steuerrecht, Band 8, 2018, S. 63. [zitiert: *Schmidt*, HFSt 8 (2018), S.]

Schmidt-Bleibtreu, Bruno/**Klein**, Franz/**Bethge**, Herbert (u.a.): Bundesverfassungsgerichtsgesetz, Kommentar, Stand: 63. Ergänzungslieferung Juni 2023. [zitiert: *Verfasser*, in: Schmidt-Bleibtreu/Klein/Bethge, § BVerfGG Rn.]

Schnitger, Arne: „Der Einfluss des Beihilferechts auf die direkten Steuern in Deutschland", IStR 2017, S. 421.

Schön, Wolfgang: „Besteuerungsgleichheit und Subventionsgleichheit", in: Festschrift für Wolfgang Spindler, Mellinghoff, Rudolf/Schön, Wolfgang/Viskorf, Hermann-Ulrich (Hrsg.), Steuerrecht im Rechtsstaat, 2011, S. 189. [zitiert: *Schön*, in: FS Spindler, 2011, S.]

ders.: „Sonderlasten: Eine Lücke im europäischen Wettbewerbsrecht?", in: Engel, Christoph/Wernhard, Möschel (HRsg.), Festschrift für Ernst-Joachim Mestmäcker zum achtzigsten Geburtstag, „Recht und spontane Ordnung", 1. Auflage 2006, S. 438. [zitiert: *Schön*, in: FS Mestmäcker, 2006, S.]

ders.: „Steuerliche Beihilfen", in: Koenig, Christian/Roth, Wulf H./Schön, Wolfgang: „Aktuelle Fragen des EG-Beihilfenrechts", Beihefter 69, ZHR 2001, S. 106. [zitiert: *Verfasser*, in: Koenig/Roth/Schön, ZHR 2001, S.]

ders.: „Tax Legislation and the Notion of Fiscal Aid: A Review of 5 Years of European Jurisprudence", in: Richelle, Isabelle/Schön, Wolfgang/Traversa, Edoardo, State Aid Law and Business Taxation, 2016, S. 3.

Schönfeld, Jens/**Ellenrieder**, Benedikt: „Vertrauensschutz bei steuerlichen Beihilfen", IStR 2018, S. 444.

Schroeder, Werner: „EU-Beihilfenverbot und Staatlichkeit der Mittel", EuZW 2015, S. 207.

Schulze, Reiner/**Zuleeg**, Manfred/**Kadelbach**, Sefan: „Europarecht – Handbuch für die deutsche Rechtspraxis“, 3. Auflage 2015. [zitiert: *Verfasser*, in: Schulze/Zuleeg/Kadelbach, § Rn.]

Schwarze, Jürgen (Hrsg.): EU-Kommentar, 4. Auflage 2019. [zitiert: *Verfasser*, in: Schwarze, Art. Rn.]

Schwarze, Jürgen: „Der Staat als Adressat des europäischen Wettbewerbsrecht“, EuZW 2000, S. 613.

Schweyer, Eckart/**Dannecker**, Achim: „Der neue § 17 EStG und das alte Problem mit der Rückwirkung“, BB 1999, S. 2375 ff.

Schwintowski, Hans-Peter: „Staatlich veranlaßte Wettbewerbsbeschränkungen auf europäischen und internationalen Märkten“, RabelsZ 1994, S. 232.

Sedemund, Jochim: „Funktionswandel der Beihilfenaufsicht im Ertragsteuerrecht“, EuZW 2001, S. 609.

Seiler, Christian: „Steuerstaat und Binnenmarkt“, in: Depenheuer, Otto/Heintzen, Markus/Jestaedt, Matthias/Axer, Peter (Hrsg.), Festschrift für Josef Isensee, „Staat im Wort“, 2007, S. 875. [zitiert: *Seiler*, in: FS Isensee, 2007, S. 875]

Sinewe, Patrick/**Frase**, Henning: „Die Praxis der steuerrechtlichen Konkurrentenklage“, BB 2011, S. 1567.

Sinnaeve, Adinda: „Die neue Verfahrensordnung in Beihilfesachen – Ein weiterer Schritt bei der Reform des Beihilfenrechts“, EuZW 1999, S. 270.

dies.: „Der Kommissionsvorschlag zu einer Verfahrensverordnung für die Beihilfenkontrolle“, EuZW 1998, S. 268.

dies.: „Die Rückforderung gemeinschaftsrechtswidriger nationaler Beihilfen – Kollisionen im Spannungsverhältnis zwischen Gemeinschafts- und nationalem Recht“, 1997. [zitiert: *Sinnaeve,* Die Rückforderung gemeinschaftsrechtswidriger nationaler Beihilfen, S.]

Sodan, Helge: Grundgesetz, Kommentar, 4. Auflage 2018. [zitiert: *Verfasser*, in: Sodan, Art. Rn.]

Soltész, Ulrich/**Hellstern**, Mara: „Mittelbare Beihilfen – Indirekte Begünstigungen im EU-Beihilferecht“, EuZW 2013, S. 489.

Soltész, Ulrich/**Kühlmann**, Felix: „‚Dulde und liquidiere!‘ – Schadensersatzansprüche eines von Beihilferückforderungen betroffenen Unternehmens“, EWS 2001, S. 513.

Soltész, Ulrich: „Das EU-Beihilferecht und der Brexit – Folgen, künftige Modelle und Vorwirkungen“, EuZW 2016, S. 846.

Soltész, Ulrich/**Wagner**, Christian: „Wann werden ‚Altbeihilfen‘ zu ‚Neubeihilfen‘? – Anmeldepflichtige Umgestaltung bestehender Beihilfen und Verlust des Bestandsschutzes“, EuZW 2013, S. 856.

ders.: „Die Belastung des Staatshaushalts als Tatbestandsmerkmal einer Beihilfe i.S. des Art. 92 Abs. 1 EGV", EuZW 1998, S. 747.

ders.: „Die Entwicklung des europäischen Beihilferechts im Jahre 2014", EuZW 2015, S. 127.

Spilker, Bettina: „Verfassungsrechtliche Anforderungen an steuerliche Lenkungsregelungen am Beispiel des ErbStG 2009", StB 2013, S. 345.

Stelkens, Paul/**Bonk**, Heinz Joachim/**Sachs**, Michael u.a. (Hrsg.): Verwaltungsverfahrensgesetz, Kommentar, 10. Auflage 2023. [zitiert: *Verfasser*, in: Stelkens/Bonk/Sachs, § Rn.]

Stern, Klaus (Hrsg.): Das Staatsrecht der Bundesrepublik Deutschland, Band IV/2: Die einzelnen Grundrechte, 1. Auflage 2011. [zitiert: *Verfasser*, in: Stern, Staatsrecht IV/2, § S.]

Stern, Klaus/**Sodan**, Helge/**Möstl**, Markus: Das Staatsrecht der Bundesrepublik Deutschland im europäischen Staatenverbund, Band IV: Die einzelnen Grundrecht, 2. Auflage 2022. [zitiert: *Verfasser*, in: Stern/Sodan/Möstl, Band IV, § Rn.]

Stewen, Tobias: „Der EuGH und die nationale Steuerhoheit – Spannungsverhältnis und Konfliktlösung", EuR 2008, S. 445.

Stöbener de Mora, Patricia Sarah: „Überall Beihilfen? – Die Kommissionsbekanntmachung zum Beihilfebegriff", EuZW 2016, S. 685.

Streinz, Rudolf: Europarecht, 12. Auflage 2023. [zitiert: *Streinz*, Europarecht, Rn.]

Streinz, Rudolf: EUV/AEUV, Vertrag über die Europäische Union und Vertrag über die Arbeitswese der Europäischen Union, 3. Auflage 2018. [zitiert: *Verfasser*, in: Streinz, Art. Rn.]

Sühnel, Steffen: „Der Private Investor Test im Beihilfenrecht", EWS 2007, S. 115.

Sutter, Franz Philipp: „Das EG-Beihilfenverbot und sein Durchführungsverbot in Steuersachen", 2005.

ders.: „EG-Beihilfenrecht: Zwei Grundsatzfragen zum Durchführungsverbot vor dem EuGH", EuZW 2006, S. 321.

ders.: „EuGH: Beihilfencharakter der Vergütung von Energieabgaben", EuZW 2002, S. 213.

Tappe, Henning: „Festlegende Gleichheit – folgerichtige Gesetzgebung als Verfassungsgebot?", JZ 2016, S. 27.

Thalmann, Peter: „Die Anwendbarkeit des beihilferechtlichen Privateinvestortests auf staatliche Kapitalzuführungen an öffentliche Unternehmen", EuR 2013, S. 432.

Thiede, Jesko: „Das Beihilfeverfahren und die Rechte und Pflichten der Beteiligten", IStR 2017, S. 51.

Tipke, Klaus/**Lang**, Joachim: Steuerrecht, 24. Auflage 2020. [zitiert: *Verfasser*, in: Tipke/Lang, § Rn.]

Tipke, Klaus/**Kruse**, Wilhelm: Abgabenordnung/Finanzgerichtsordnung, Kommentar, Stand: 178. Ergänzungslieferung November 2023. [zitiert: *Verfasser*, in: Tipke/Kruse, § Rn.]

Vanistendael, Frans: „Steuerliche Hilfsmaßnahmen und schädliche Steuerkonkurrenz“, in: Pelka, Jürgen (Hrsg.), Europa- und verfassungsrechtliche Grenzen der Unternehmensbesteuerung, Veröffentlichungen der deutschen Steuerjuristischen Gesellschaft e.V., Band 23, 2000, S. 299. [zitiert: *Vanistendael*, DStJG 23 (2000), S.]

Vogel, Nina: „BB-Kommentar zu EuGH, Urteil vom 16.3.2017, C-493/15“, BB 2017, S. 933.

Vögler, Michael: „Rückforderung vertraglich gewährter Subventionen ohne Rechtsgrundlage? – Zum Warnow-Werft-Beschluss des OVG Berlin-Brandenburg vom 7.11.2005“, NVwZ 2007, S. 294.

Wachter, Thomas: „Sind die geplanten Verschonungsregelungen im deutschen ErbStG europarechtswidrige Beihilfen?“, DB 2016, S. 1273.

Wahl, Rainer: „Verwaltungsvorschriften: Die ungesicherte dritte Kategorie des Rechts“, in: Schmidt-Aßmann, Eberhard, u.a. (Hrsg.), Festgabe 50 Jahre Bundesverwaltungsgericht, 2003, S. 571. [zitiert: *Wahl*, in: FG 50 Jahre BVerwG, 2003, S.]

Wassermeyer, Franz, u.a. (Hrsg.): Doppelbesteuerung, Kommentar zu allen deutschen Doppelbesteuerungsabkommen, Band I, Kommentierung OECD-MA, 82. Auflage Stand: 163. Ergänzungslieferung September 2023. [zitiert: *Verfasser*, in: Wassermeyer, DBA, Art. Rn.]

Weber-Grellet, Heinrich: „Lenkungssteuern im Rechtssystem“, NJW 2001, S. 3657.

Weiß, Wolfgang: „Bestandskraft nationaler belastender Verwaltungsakte und EG-Recht“, DÖV 2008, S. 477.

Weerth, Jan de: „Bestandskraft von deutschen Steuerbescheiden und europäisches Gemeinschaftsrecht“, DB 2009, S. 2677.

ders.: „Deutsche Gewerbesteuer und europäisches Beihilferecht – Anmerkung zum Urteil des EuGH vom 11.9.2008, C-428–434/06, UGT Rioja u.a.“, IStR 2008, S. 732.

ders.: „Neues zur ‚Selektivität‘ im EU-Beihilferecht“, DB 2017, S. 275.

ders.: „Die neuen Verschonungsregelungen im ErbStG als gemeinschaftswidrige Beihilfen?“, DB 2016, S. 2692.

Werder, Alexander/**Dannecker**, Achim: „Entwicklungen bei der verbindlichen Auskunft", BB 2015, S. 1687.

Wienbracke, Mike: „Defizitäre Sachverhaltsermittlung und gesetzesinkongruente Rechtsanwendung durch nationale Finanzbehörden – Individueller Steuervorteil als Beihilfe i. S. des EU-Rechts", IWB 2016, S. 784.

Winkler, Beate: „Die Durchsetzung der Pflicht zur Rückforderung einer gemeinschaftswidrigen Beihilfe nach deutschem und europäischem Recht", DVBl. 1979, S. 263.

Zimmer, Tim-Niklas: „Von der A-Brauerei und der Grundsteuerbefreiung des § 6a GrEStG. Ein Beitrag zum Selektivitätskriterium im EU-Beihilfenrecht", in: Kube, Hanno/Reimer, Ekkehart (Hrsg.): „Geprägte Freiheit 2019/2020", Heidelberger Beiträge zum Finanz- und Steuerrecht, Band 13, 2019, S. 79. [zitiert: *Zimmer*, HFSt 13 (2019), S.]

Finanz- und Steuerrecht in Deutschland und Europa

Herausgegeben von Klaus-Dieter Drüen, Hanno Kube
und Rainer Wernsmann

Band 1 Gordon Dreher: Das Alterseinkünftegesetz. Systematische Darstellung und verfassungsrechtliche Zweifelsfragen. 2007.

Band 2 Nils Meyer-Sandberg: Die Duale Einkommensteuer als Modell ungleicher Besteuerung von Arbeit und Kapital. 2008.

Band 3 Alexander Pfab: Die Behandlung von Bildungsaufwendungen im deutschen Einkommensteuerrecht. 2008.

Band 4 Christian Johannes Müller: Einnahmeverzicht im Einkommensteuerrecht – insbesondere durch verbilligte Wohnungsüberlassung an nahe Angehörige. 2009.

Band 5 Melanie Falkner: Die Einkunftserzielungsabsicht als subjektives Besteuerungsmerkmal. Eine Analyse subjektiver Tatbestandsmerkmale im Steuerrecht. Zugleich ein Beitrag zur Liebhaberei im Steuerrecht. 2009.

Band 6 Steffen Ott: Die Vertreterbetriebsstätte nach OECD-MA. 2009.

Band 7 Christoph Wagner: Steuergleichheit unter Standortvorbehalt? Verfassungsrechtliche Grenzen einer ungleichen Einkommensbesteuerung von Kapital und Arbeit. 2010.

Band 8 Andreas Goetze: Die Ersetzung der sieben Einkunftsarten des EStG durch eine einzige. Zur Gleichheit aller Erwerbsgrundlagen in einem vereinfachten Steuerrecht. 2010.

Band 9 Hanno Kube: Der bundesstaatliche Finanzausgleich. Verfassungsrechtlicher Rahmen, aktuelle Ausgestaltung, Entwicklungsperspektiven. 2011.

Band 10 Katharina Brauer: Abgrenzung der Lebensmittellieferung von der Restaurationsdienstleistung im Umsatzsteuerrecht. 2011.

Band 11 Marc Schubert: Die Verfassungswidrigkeit der Erbschaft- und Schenkungsteuer und die verfassungsrechtlichen Anforderungen an eine Neuregelung. 2011.

Band 12 Martin Rehberg: Der Zuzug und Wegzug von Kapitalgesellschaften in gesellschafts- und steuerrechtlicher Hinsicht. 2011.

Band 13 Dirk Wünschig: Perspektiven eines europarechtskonformen Gemeinnützigkeits- und Zuwendungsrechts. Eine Untersuchung nach „Stauffer" und „Persche" bei gleichzeitiger Kritik an der Neufassung des Gemeinnützigkeitsrechts nach dem Jahressteuergesetz 2009. 2011.

Band 14 Sebastian Grimm: Die negative Konkurrentenklage im Steuerrecht. 2011.

Band 15 Arne von Freeden: Minder- und Mehrabführungen nach § 14 Abs. 4, § 27 Abs. 6 KStG. Ausgleichspostenlösung und Einlagelösung. 2011.

Band 16 Anne Keller: Rechtsschutz gegen Maßnahmen der steuerlichen Außenprüfung. 2011.

Band 17 Larissa Maier-Bledjian: Sondervermögen des Bundes. 2011.

Band 18 Philipp Riedl: Die internationale Doppelbesteuerung im EU-Binnenmarkt. 2012.

Band 19 Anna Schwarz: Die Pensionszusage an den Mitunternehmer der Personengesellschaft im Einkommensteuerrecht. 2012.

Band 20 Carsten Höink: Nichtsteuerbare Vermögensübertragungen im Umsatzsteuerrecht. Eine rechtssystematische Analyse der Entwicklung des Rechtsinstituts der Geschäftsveräußerung im Ganzen. 2013.

Band 21 Christian Kniese: Europarechtlicher Rahmen einer steuerlichen Förderung von Forschung und Entwicklung. 2013.

Band 22 Katarina Günther: Vertrauensschutz bei Angaben Dritter im Umsatzsteuerrecht. 2013.

Band 23 Andreas Königer: Ertragsteuerrechtliche Behandlung grenzüberschreitender Spaltungen von Rechtsträgern. Unter besonderer Beachtung der Vorgaben des Unionsrechts. 2014.

Band 24 Matthias Diete: Das obligatorische Schiedsverfahren in der deutschen DBA-Praxis. Erweiterung des zwischenstaatlichen Rechtsschutzes bei Doppelbesteuerungskonflikten. 2014.

Band 25 Friederike Grube: Der Einfluss des unionsrechtlichen Beihilfenverbots auf das deutsche Steuerrecht. Dargestellt an den Beispielen der sogenannten Sanierungsklausel und der Steuervergünstigungen für gemeinnützige Unternehmen. 2014.

Band 26 Tobias Loscher: Präventive Aufsicht der Europäischen Union über den Bundeshaushalt. 2014.

Band 27 Jochen Lutz Tillmanns: Divergenz und Konvergenz von Umsatzsteuer und Einkommensteuer. Zur problematischen Verwendung ertragsteuerlicher Konzepte und Begriffe im Umsatzsteuerrecht. 2015.

Band 28 Cornelia Zirkl: Die Neutralität der Umsatzsteuer als europäisches Besteuerungsprinzip. Inhalt, Herleitung und der Umgang mit Neutralitätsverletzungen. 2015.

Band 29 Matthias Ernst: Die Dienstleistungsbetriebsstätte im Abkommensrecht. Begriffsbestimmung, Abgrenzung und Analyse eines alternativen Betriebsstättentatbestands. 2015.

Band 30 Michael Brandl: Mehrfachansässigkeit im Ertragsteuerrecht. 2016.

Band 31 Stephanie Krebbers-van Heek: Die mitunternehmerische Besteuerung der Komplementäre der Kommanditgesellschaft auf Aktien. 2016.

Band 32 Felix Klemt: Körperschaftsteuerliche Verluste junger innovativer Unternehmen. Rechtliche und wirtschaftliche Analyse, Alternativen de lege ferenda. 2016.

Band 33 Nina Erm: Personengesellschaften in Steuerverfahren. Verfahrensklarheit trotz Einheit und Vielheit. 2016.

Band 34 Christian Erich Rödel: Der Teilbetriebsbegriff in den Einbringungstatbeständen des Umwandlungssteuergesetzes. 2016.

Band 35 Florian Wenk: Einkünfte aus Leistungen nach § 22 Nr. 3 EStG. Eine Untersuchung zum Belastungsgrund der Einkommensteuer. 2017.

Band 36 Ralf Haendel: Treaty Overriding im Internationalen Steuerrecht als Verfassungsproblem. Insbesondere zur Reichweite der Völkerrechtsfreundlichkeit des Grundgesetzes. 2017.

Band 37 Nadine Schader: Fiskalische Immunität internationaler Organisationen und ihres Personals in der Bundesrepublik Deutschland. 2018.

Band 38 Sebastian Cloppenburg: Eine Finanztransaktionssteuer im „kleinen Kreis“. Unionsrechtliche Zulässigkeit der Durchführung einer Verstärkten Zusammenarbeit im Bereich der Finanztransaktionsbesteuerung. 2018.

Band 39 Volodymyr Izrailevych: Der Begriff der Betriebsstätte im deutschen und im russischen Ertragsteuerrecht und im deutsch-russischen Doppelbesteuerungsabkommen. Ein Rechtsvergleich. 2018.

Band 40 Jan Popel: Das vorgeprägte und intendierte Ermessen im Steuerrecht. 2018.

Band 41 Marcel Sandberg: Internationale Vollstreckungshilfe im Besteuerungsverfahren. Insbesondere zum EU-Beitreibungsgesetz und zu Doppelbesteuerungsabkommen nach Art des Artikels 27 OECD-Musterabkommen. 2019.

Band 42 Sven Sobanski: Die Rechtsbeständigkeit von Steuerverwaltungsakten und finanzgerichtlichen Urteilen bei Verstößen gegen Unionsrecht. 2019.

Band 43 Delia Maria Palenker: Die Bindung der gesonderten Verlustfeststellung an den Einkommensteuerbescheid. Eine Rechtsprechungsanalyse zu § 10d Abs. 4 EStG vor und nach Inkrafttreten des JStG 2010 und ihre Folgen für den Rechtsschutz. 2020.

Band 44 Theresa Siebing: Wohnsitz und gewöhnlicher Aufenthalt als nationale Anknüpfungsmerkmale der Besteuerung. 2020.

Band 45 Julian Siller: Steuerliche Amtshilfe nach dem Übereinkommen über die gegenseitige Amtshilfe in Steuersachen vom 25.01.1988 im System der internationalen steuerlichen Amtshilfe. 2020.

Band 46 Sebastian Fernkorn: Verfassungsrechtliche Anforderungen an nichtsteuerliche Umweltabgaben am Beispiel des Brennstoffemissionshandels. Eine finanzverfassungsrechtliche Untersuchung der nationalen CO2-Zertifikate. 2022.

Band 47 Hanna Brentrup: Methoden der Einkunftsartenabgrenzung sowie der Bestimmung des steuerbaren Bereichs im Einkommensteuerrecht. 2023.

Band 48 Elisabeth Catherine Wöhrle: Der finanzgerichtliche Prozessvergleich. 2024.

Band 49 Jan Luis Lemli: Das Multilaterale Instrument im System des internationalen Steuerrechts. 2024.

Band 50 Michael Szymczak: Nachversteuerung als Rechtsfolge des Verstoßes gegen das unionsrechtliche Beihilfenverbot. 2024.

www.peterlang.com

www.ingramcontent.com/pod-product-compliance
Ingram Content Group UK Ltd.
Pitfield, Milton Keynes, MK11 3LW, UK
UKHW021849290926
8980IPUK00005B/733

9 783631 919415